十力丛书

十力语要

熊十力 著

上海古籍出版社
上海书店出版社

图书在版编目(CIP)数据

十力语要 / 熊十力著，—上海：上海古籍出版社，
2018.12(2022.12 重印)

（十力丛书）

ISBN 978-7-5325-9052-0

Ⅰ.①十… Ⅱ.①熊… Ⅲ.①熊十力(1884-1968)
-哲学思想-文集 Ⅳ.①B261.5-53

中国版本图书馆 CIP 数据核字(2018)第 276022 号

十力语要

熊十力 著

上海古籍出版社出版、发行

（上海市闵行区号景路 159 弄 1-5 号 A 座 5F 邮政编码 201101）

（1）网址：www. guji. com. cn

（2）E-mail：guji1@guji. com. cn

（3）易文网网址：www. ewen. co

常熟市文化印刷有限公司印刷

开本 635×965 1/16 印张 26 插页 2 字数 314,000

2019 年 1 月第 1 版 2022 年 12 月第 4 次印刷

印数:4,201—5,250

ISBN 978-7-5325-9052-0

B·1076 定价：78. 00 元

如有质量问题,请与承印公司联系

"十力丛书"出版缘起

大约在 2006 年，我动念想出版熊十力先生的书，遂与熊先生后人联系。其时我不过是初入出版界的资浅编辑，没想到万承厚女士欣然慨允，给予我极大的信任。万女士为此事咨询王元化先生，元化先生又委托时任上海书店出版社社长的王为松先生主持出版事宜，事情很快落实，由当时我所在的世纪文景公司与上海书店出版社联合出版。

熊十力先生的曾孙女熊明心博士参与了丛书的编校工作，现代新儒家的传人罗义俊先生担任丛书的学术顾问。罗先生不顾久病体弱，亲自参与审稿或复校。王元化先生则将旧文中有关熊先生的片段连缀成《读熊十力札记》以代丛书序，并在前面写了一段引言，据说这是王先生亲撰的最后文字。丛书自 2007 年 8 月起陆续出版，历时两年，而王先生于 2008 年 5 月去世，未及见到丛书出齐。

转眼间十多年过去了，万女士也于今年仙逝。今由上海古籍出版社联合上海书店出版社再版"十力丛书"，因记其始末。新版"十力丛书"改正了不少初版未校出的错讹和不当的标点，将初版遗漏的《论六经》与《中国历史讲话》《中国哲学与西洋科学》等合为一册，《熊十力论学书札》增补了若干新发现的书信，"十力丛书"庶几完备焉。

当时为初版所撰"出版说明"，仍录于下：

1947 年门人刘虎生、周通旦等于熊先生家乡谋印先生著作，名之曰"十力丛书"。盖先生亲定名焉。丛书原拟印先生前期主要著作，因

1

赀力不继，仅印出《新唯识论》语体本及《十力语要》各千部。先生晚年自筹付印《与友人论张江陵》《原儒》《体用论》《乾坤衍》诸书，亦以十力丛书为名，显见先生续成之意。然亦止成数百部以便保存而已。今汇集出版先生前后期主要著作，成为一完整系列，仍决定沿用"十力丛书"之名，亦为完成先生夙愿云。

本丛书编辑体例如下：

一、采用简体横排，以广流传。

二、以原始或原校较精之版本为底本，并参考其他版本点校。

三、依熊先生原文之句读，重施标点。通假字保留；异体字酌改为通行字；凡显系手民误植者，径改不出校记。

四、引文约引、节引或文字与出典稍有出入处，一般保持原貌；与出典差异较大者，予以说明。引文或正文少数缺略的内容有必要补出者，补入文字加〔　〕。原版个别无法辨识的文字以□示之。

补记：《新唯识论》立"翕阖成变"之义，系熊十力哲学的重要概念，为尊重故，丛书中与此相关的"阖"字不简化成"辟"，而写作"阖"。另外适当照顾作者的用字习惯，如"执著"之"著"熊先生习惯写成"着"，古印度论师世亲之兄，熊先生也写作"无着"，今亦仍其旧。

刘海滨

2018 年 12 月 5 日

目录

目　录

十 力 语 要

题　记

　　《十力语要》，为 1947 年湖北印行十力丛书之一种，此次即以 1947 年本为底本，参照其他版本点校。原书卷首附有刘虎生等撰《印行十力丛书记》，并附记熊十力因此记文而写的一封短札。今删去记文，而将短札收入《熊十力论学书札（增订本）》。

十力語要

1947 年此书印行著者自题书名

增订十力语要缘起

　　《十力语要》，始于乙亥在北庠时。云谢二子录吾笔语成帙，锡以斯名，为第一卷。丙子至丁丑，旧京沦陷前，此类集稿又盈帙。避寇携入川，旅居壁山，钟生芳铭集诸同志，为讲习会。诸子随时记录，及余手答者，又不少，并入北来稿，已辑成《语要》卷二至卷四。己卯夏，携赴嘉州，毁于寇弹，余亦几不免。是秋，反壁，旋定居北碚金刚碑勉仁书院。世事日益艰危，问学者渐少，余手札亦稀。昨春，由川返汉，复略有酬答。友人孙颖川学悟，拟于黄海化学社附设哲学研究部，请主讲席。黄海旧在津沽，战时移川之五通桥，尚未北迁。余重入川，栖迟桥上，乃取积年旧稿复阅一过，多为番禺黄艮庸所选存。因属威海王星贤汇成两卷，次第一卷之后，又以昔时高生所记《尊闻录》编入《语要》，为卷之四。此四卷之书，虽信手写来，信口道出，而其中自有关于哲学思想上许多问题，及作人与为学精神之砥砺者，似未容抛弃。今当返教北庠，友人桐庐袁道冲怂惠付印，余亦不忍遽藏吾拙。呜乎！吾老矣！唯此孤心，长悬天壤间，谁与授者？

　　　　　　　　民国三十六年三月十五日黄冈熊十力

十力语要卷一

十力语要卷一印行记

病后返北庠，文昌云生_{颂天}邵阳谢生_{石麟}间来共处。吾每当笔札与人，值两生在座，辄简有关论学者，录副存之，积久盈帙，请付印。曰："布帛之言，菽粟之味，此其庶几。"余复视之曰："何敢云尔，但不妄语而已。"然当今之时，吾与同好所游意者，果为何事，即此亦可略见，是不可弃也。遂如其请，命名《十力语要》，为第一卷。他日如有续辑，当以次分卷云。

民国二十四年乙亥九月十日

熊十力记于旧京莽苍室

答张季同

作文与读览，两不能废，两不可废。然真工夫实有在作文读览之

6

外者。《论语》"默而识之",《易》曰:"默而成之,不言而信,存乎德行。"此是何等工夫!贤者大须留意。子曰:"学而不思则罔,思而不学则殆。"此"思"字不是常途所谓思想;此"学"字亦非读书之谓。《论语》"博学于文","文"不谓书册也。凡自然现象皆谓之"文",<small>如云天文与鸟兽之文等。人事亦曰人文</small>。《易系传》言:"仰观于天,俯察于地,近取诸身,远取诸物。"皆博文之谓,皆学之谓也。故学则不外感官经验,而思则不限于感官所得,其默识于不言之地,炯然自明。而万物之理,通于一而莫不毕者,故贞信而无所罔也。此思也,吾亦名为证会。如唯限于感官经验,则可以察物则之分殊,而万化根源终非其所可窥也。令兄前有信来,以谓今人只知张目求见,不悟闭眼始有深会。见处甚高,时贤哪得语此。又东方学术归本躬得,孟子"践形""尽性"之言,斯为极则。<small>形谓身。身者道之所凝,修身以体道,此身即道之显也,是谓践形。性亦道也。人禀道以生,既生而能不拘于形气之私,乃有以复其性,即弘大其道,而性分无亏欠,故曰尽性。</small>故"知行合一"之论,虽张于阳明,乃若其义,则千圣相传,皆此旨也。欧风东渐,此意荡然。藐予薄殖,无力扶衰。世既如斯,焉知来者?前函令兄,欲贤者得暇且图把晤,想尚未见此函也。

与张君

昨承枉过,深觉贤者有笃厚气象,至为欣慰。力蹉跎忽忽将老,稍有窥于此土先哲遗文,返在当躬体验,益信此理昭然,无可置疑。遭时衰乱,吾先哲之绪,殆已垂绝。端居深思,若有隐痛。此种隐痛,初不能明其所以,直为爱护真理,而恒怦然恻然,不能自已。宗门大德,传授衣钵,必勖其徒曰:"好自护持,毋令断绝。"少时不知此意,今每展览语录至此,未尝不怆然悲从中来也。承属撰一短文,略述东方思想与西洋思想根本异处。此事乌能以短文言之。即欲表以长文，又谁肯留意。此土先哲深穷宇宙人生真际，其入处，要在反之身心践履之间，却不屑衍为理论。虽未始遗弃知识，儒家不反知，道家却反知。要其归极，在体真理而与之为一。所谓形色即天性者，固非徒事知识可臻斯诣。曾见一译本，述罗素语，哲学不能为禽兽讲，亦不能为一般人讲。此可谓如语者，实语者。凡夫无深广智慧，无卓特眼光，无高远胸抱，便于无上无容真理至极绝待，故云无上无容。不生希求想，根本不能与之谈此理。况欲其能相契入耶？今日学子，安于卑陋怠散，虽剽窃西学，而于知识方面实不曾作过有根据有体系的探求。彼对其所标榜所崇信者尚如此，若更欲引之以其所不及，则适为彼所诟詈已耳。此正佛家所谓末法时代。吾侪唯有留心物色善类，相与护持，任重道远，毫无恐怖。此自是久远事业，不必规规于目前影响。报章何足言耶？

来示所谓昏昏闷闷之苦，昏闷只是心为物役之故。若此心不为物役，即念念昭昭明明，昏闷从何而有？人心本自昭明，本转物而不为物转。其所以为物役，而至如庄子所呵"直为物逆旅"云者，则缘习心用事，而全障其本心，即已失其昭昭明明之本体故也。仁者已精察到此。幸其深勘到底，抉发贼窝，用快刀斩乱丝手段，切莫随顺他去。君子无终食之间违仁，造次颠沛必于是。要在一念振起，不甘堕落而已。欲言不尽，诸维亮察。

答李生

前次谈话，谓《论语》好处只是记录孔子日常生活间事，不空谈道理。然吾恐记者见地，亦只合及此。子贡曰："夫子之言性与天道，不可得而闻也。"子贡且不得闻，况其他乎？但证以子贡之言，孔子未尝不谈高深的道理，只是能闻者少耳。《论语》底记者，当是很老实的人，只是他闻得着的便为记录，他所不可得闻的便不妄传。他于夫子底态度和语气很能作切实的描写，似是不曾妄下一字的。吾人由《论语》底记录，亦可寻玩孔子哲学思想的根柢与体系。

杨仁山居士疑《论语》有后人掺加字句处，常举"厩焚，子退朝，曰：伤人乎？不问马"。以为"不问马"句，后人妄增，记者必不无端置此闲语。盖夫子入朝，必以马驾车，今方退朝，马不在厩可知，何须问马？记者置"不问马"一语有何意义？吾谓杨氏说未妥。此处正见记者记录必求详实，其于夫子一言一动，直是仔细留心，朴实描写。夫子不曾问马，他便据当时情态记录。然已于上文记"子退朝"，则所以"不问马"之故，自可见得，并非如朱注所谓"贵人贱畜"也。

《大学》《中庸》为孔学总纲，盖七十子后学所述，汉儒亦有掺杂。二书言治理之部分，皆以太平大同为归趣，实《公羊》所本。来问：举凡有血气，莫不尊亲，疑尊亲为尊王。大误。盖谓大同之世，人莫不互相尊、互相亲也。此章首"唯天下至圣"云云，非谓太平大同时，犹有王者君临天下。儒者本以王道寓其至治之理想，必人人皆有王德，然后天下可言太平大同。

与张申府

胡煦之《易》，兹因谢石麟由北大借出，乃匆匆一读。其人确具有哲学头脑，而其立说则毛病极多，无从说起。此由当时环境所限，固难过责。渠主象数，而根本反对王辅嗣。实则，王氏之"得意忘象"是乃深于《易》者也。胡《易》宗邵氏先天图，而更以己意补伏羲图，似可不必。自汉以来，除辅嗣外，言象数者，大抵承术数之遗，曲意穿凿，劳苦而无功，繁琐而无理。吾意《易》之始兴，本缘占卜，及经孔子修定，则纯为哲学思想之书，永为吾民族玄文鸿宝。今之言《易》者，但据《周易》，即辞以究义，毋取拘牵象数。六十四卦，以类万物之情，以尽万化之故，其根本原理，则以太极之一元，显为阴阳对待，相反相成而变动不居也。老子"一生二，二生三"之说，盖本于卦。每卦皆以三爻明变，老氏申述此旨也。庄子尊孔而述老，其学渊源于《易》，又不待言。魏晋人推本《周易》《老》《庄》，谓之三玄，不为无见。

与张君

前见某文，言中国哲学以"一"字或"本根"、"本原"等词，为本体之代语。此皆有据，但于此等字似尚欠训释。"一"者，绝对义，显无分别相。"本根"等者，则克就现象而推原其实相之词。实相，犹云本体。此等处，大是困于言说，却须善会。若错解时，便将现象本体打成二片，便成死症。从来哲学家谈本体者，都于"体"字不求正解，而与原因意义相混。须知言因，则以彼为此因；言体，则斥指此物之体，无所谓彼也。故体非原因之谓，即是现象之本体，固非立于现象背后，而为其原因也。自来谈本体者，多与原因意义混淆，实足使人迷惑也。中国儒道诸书极难读，须会通其整个的意思乃得之。至云向、郭是无体论，亦未谛。彼所谓"独化"，特遮遣造物主耳，非遂谓无体也。无体即无用，何化之云？物各独化于玄冥，有味哉斯语也！用则万殊，故谓物各独化也。玄冥者无物也，无物而非空无，只是不同于情见所执为实物之有耳。物各独化于玄冥，不是无中生有，实乃大用流行，历然众象，而实泊尔皆寂，故谓玄冥也，若果无体，如何杜撰得有来？魏晋人言老庄，大抵主从无肇有。原彼所谓无，亦不为本体空无，大概计宇宙元始有个万物都无的时候,故谓之无;其后万象滋生,乃谓之有。此等意见,由其根本执着现实界,故有这般推论。若真见体者,则了一真现起万变,宛然有物。万变皆即一真。本无实物。于此说有说无,只是戏论,而况可云从无肇有乎?但如在科学上说,则假定宇宙万象为实有,而寻其发生,如由无生物以至生物,似亦可逆而推求,最初有一个无物时,即无生物亦未形成之时,而可谓之无矣。然世间知见可作此量度,玄学家却要超过这般见地,未知吾贤以为如何?

答友人

《般若》空诸行相,行者,如物的现象,心的现象,皆说为行。行相者,谓诸行之相状。参考《新唯识论》语体本《转变章》。正为执着行相而不了诸行实性者遮其执耳。故空者,空其所执也;所执既空,则悟即诸行相即真实相,更无可空。肇公云:“觌目皆真。”彼游什公门下,已得正解,发语不妄。佛法原无多子,见到时亦恶用纷纷者为耶?佛是遍智,及一切智智,谓其已究了一切法真实相,即谓本体。故以是称之。若谓佛于万事万物无所不知,则今科学上所发明及佛灭以后世变,皆佛尽所预知,有是事耶?又云,护法、清辨之争,多少问题,俟诸异日。力亦未敢闻命。护、清两公皆千年前陈死人,吾为彼争个甚?吾唯自求此理之真而已。吾自求之,而诚得乎其真,则彼立说之是者,吾亦以为是也;其非者,吾不忍谓是也。是非以理为准,不容以人为准。这家那家是非之争,此是考据家食古不化者所作活计,孰有智人究心理道,而肯为此者耶?兄若疑弟未见到真处,则须将鄙说不合处,真指而痛斥之,敢不拜嘉?若不直指其失,而横断为妄见,何以服人?

文字般若是从清净心中流出,终古不见自心,终古翻弄文字,文字则文字矣，般若则未也。朋友之义，存乎直谅，采纳与否，是在吾兄。

答敖均生

来函不主离器而言道，此说甚是。吾向阅译籍，细玩西洋哲学家言，私怀以为现象与本体，名言自不能不析，而实际则决不可分成二界。哲学家于此，总说得欠妥，由其见地模糊故耳。实则现象界即其本体之显现，犹言器即道之灿著。苟于器而识道，则即器即道，而"道不离器"之言，犹有语病。夫唯即现象即本体，故触目全真。宗门所谓"一叶一如来"，孟子所谓"形色即天性"，皆此义也。佛家《般若》，说"照见五蕴皆空"，五蕴通心物两方面现象言之，亦现象界之异名。即来书所谓"呵形器为虚妄"是也。然佛氏所以如此说者，正以众生皆迷执形器为实在的物事，而不悟形器无自体，皆道之所凝也。故于形器而不作形器想，即于形器而识道者，此唯大觉能尔，而众生不知也。以是故，佛乃呵破形器，以除此妄执，欲众生悟形器无实，只是道之灿著而已。"一叶一如来"，色色现成，头头真实，何不当下识取，岂可骑驴觅驴？此其归趣，与儒宗亦自不二。唯儒家直下于形色显天性，故不必呵形器为虚妄，即俗诠真，融真入俗，所谓"极高明而道中庸"是也。释子必欲卑儒崇佛，非唯不知儒，又岂得为知佛者乎？

与张季同

前次与李君枉过，匆匆未尽欲言。嗣承李君寄《论山水画》一册，拨冗展阅，见其择精语详，足以快意矣！但亦有极待商榷者，略举二事。如第五段"画境与真境"中有云:"但造物所造世界,都不如画家所造世界之完全。盖因造物所造之世界,即现实世界中,万类均为个体;画家所造之世界,即艺术世界中,一切概属共相。个体多具缺陷,共相则甚圆满。"此一段话,颇觉不安。李君谓"造物所造之世界",辞亦欠妥。宇宙岂真有造物者耶? 然姑不深论,第以推原万象,而不得其朕,乃假为造物之名,则亦未始不可,但须知是假名耳。然李君谓"造物世界即现实世界,万类均为个体",此则不应道理。须知现实世界与造物世界,不可并为一谈。何谓现实世界? 即吾人在实际生活中一切执着的心相是已。如说窗前有一颗树,这一颗树在吾人意计中是与其他底东西互相分离而固定的,这样分离而固定的东西决不是事物底本相,只吾人决计中一种执着的心相而已。李君所谓现实世界即此是也。至于事物底本相,本非可以意想计度而亲得之者。此处恕不及详谈。李君所谓"造物世界"当是指事物底本相而言,此即实理显现,法尔完全,_{法尔犹言自然}。本来圆满。吾人必须荡除执着,悟得此理,方乃于万象见真实,于形色识天性,于器得道,于物游玄。如此,便超脱现实世界,而体合造物世界。虽无妨顺俗,说有个体的东西,而实不执着有个体相,并共相之相亦复不执,荡然泯一切执,更何缺陷可言? 总之,真正画家必其深造乎理,而不缚于所谓现实世界,不以物观物,善于物得理,故其下笔,微妙入神,工侔造化也。岂唯画家,诗人不到此境,亦不足言诗。"鸢飞戾天,鱼跃于渊",《中庸》引此而申之曰:"言其上下察也。""上下察"者,即实理昭著之谓。故未尝滞于物,而乃妙得此理矣。如果画师、诗人执着有现实世界,即妄计有个体的缺陷的世界,不能入理证真,此等人哪得创造艺术世界来? 李君此处失不在小,愿虚怀一究此事。

又其第二段有云"国人思想向重二元",而引《周易》"立天之道曰阴与阳"等文为证。此复甚误。《易》之乾元坤元实是一元,非有二元。

坤之元，即乾之元也。自来《易》家言象者，以乾为天，以坤为地，然皆曰"天包地外，地在天中"，则坤非离乾而别有其元。此义甚明，如何不察？《系传》言："立天之道，曰阴与阳；立地之道，曰柔与刚；立人之道，曰仁与义。"夫道，一而已。立天者此道，立地者此道，立人者此道。然道本不贰而至一，但其发现则不能不化而为两。阴阳柔刚仁义者，言乎道之发现耳，本非谓阴阳柔刚仁义之即道，然亦不妨说阴阳柔刚仁义为道者，以其为道之发现故也，不能外阴阳柔刚仁义而求道故也。若不明乎此，而遂谓阴阳为二元，则道将成两片死物，又安得有圆神不滞、变动不居之大用耶？至老子言"大道废，有仁义"，明与《系传》"立人之道，曰仁与义"之旨相反。盖以为道之散著而为仁义，则已失其浑全，此老氏之误也。道非顽然的物事，随在发见，皆其全体流行。其发而为体物之仁，仁者会物为己，无差别相，故云体物。仁即道也；其发而为制事之义，义即道也。吾尝言老子之学本出于《易》，而往往立异以反《易》，喜为偏至，终乖至道，故并论之。昨日病发，意绪不佳，写此，未能达意，愿贤者相与究明。

答刘生

《易》者象也。象义云何？吾尝因此别有会心，欲俟作《量论》时，别明象义。如吾意中观想天上一颗星时，即现星相，而此星相明明非天上之星，只是彼星之一种征符，应即名之以象。但此象者，实交缩意义与物而为之名，并不可分别为在意之象或在物之象，又且不可分别执定有实意与实物。此义当别详。总之，意与物，无非依变化流行的全体之过程中所诈现为二方面的能所相，而假名意及物。所以说到象，自然有能所相。无所相，能不独构其象；无能相，所亦不自显其象。

故象是依能所之交而成。但能者非有实意之谓,所者非有实物之谓,只是诈现为此二方面。然虽诈现,却是能所宛然,非无力用。故当能所相诈现时,其所的方面,自有势用引发能;而能的方面,即缘所的方面底接触,而起一种势用,现似所的相状,即此名为象。故知象者,是能所融一相,所以说象是交绾意与物而为之名。

又来稿云:"器未有时,已有其器之理在。"余以为"理"字看如何说法。若克就本体而名之以真理,则此理乃绝待,是为器之所由成,王辅嗣《老子注》云:道者,万物所由之而成。道犹言理也。万物之本体,名为理,亦名为道,故曰"物由之以成"。备众理而不穷。所谓一为无量,一理含无量理,即无量器之所资始,其妙如是。一理谓本体。无量为一,无量理统于一理,无量器资始于一理。其妙有如此者。若克就本体之流行而言理,于此当云"理者器之理",不可离理与气,而疑其有无不相俱也。于一真实流之过程中有众相现,谓之器;相者,流行所现之迹象。相万殊故,曰众相。如燃香楮,猛力旋转,有火轮相现。由此譬喻,可悟宇宙间众相皆非实物,元是流行不住。器,即众相之称。器有其则,谓之理。俗所见为每一器之现,只是一真实流之过程中之一种节序,而甲乙等等节序,相互间莫不有则。盖所谓流行,元非乱冲而无则者。无则即无以成其流行。易言之,无则即无以成为众相或器。《诗》云"有物有则",其义深远极矣!则亦名为理。一真之体,含蕴无量理,即含蕴无量器之可能。此处吃紧。谓器未有而理先在,是离理与器而使之可不相属也。其实器未形时,即其理俱隐;器之已形,而其理俱显。然则器只有未形已形之分,不可云先无后有。器之理随其器之未形已形而为隐显,故不可析理与器为二,谓理先在而其器尚无也。无量理与无量器之可能,皆为一真之全体内所含蕴而无或亏。器未形时,有将形之可能性在,不得曰先本无是器,但其理固在也。"不得曰"三字,一气贯下。须知克就流行言,器之理与是器本不可离。即此真实流,现似众相,则曰器;"现似"之"似"字,吃紧。似有其相而已。实则流行不住,原无实物。众相有则而不可乱,斯曰理。理与器安可离之,使或不相属乎? 余颇欲于作《量论》时更详之。

与张君

李教授曾为一文,就中国历史甄明循环之理。此文吾未之见,唯吾意有与彼不同者。闻彼偏持循环论,则吾主张循环与进化交参互涵而已。进化论创自达尔文,然后之谈进化者,犹以达氏为堆集论,而以生源动力、创造不息明进化,_{生源动力,特复词耳。动力即是生源。}此"动"字义,即变化义,生生义,非是如物体依一定时间通过一定空间之为动。此实合于吾《大易》之旨。吾言进化,义主《大易》。循环者,俗计万象周而复始,所谓重规叠矩是也,此亦说得过于死煞。吾谓循环,只是事象推迁,有若一往一复而已。虽万化之情,往必有复,然后之往复,持较前期,自不必质量相等。此其所关甚大,不容忽视。

进化、循环两辞涵义略加上述。今更略明二者交参互涵之妙。先征自然现象。日月交推,寒暑迭更,此属循环,莫为异议。然前刹那日月未尝延续至后,后刹那日月乃是创起,乃属新生,特与前状相似续流耳。故日月现象,实即动力新新健创之表现。即此日月,刹那刹那,恒是进化。若徒据循环一方面之观察,将谓今兹日月,犹是故物复现,云何应理? 准此而谈,循环法则实与进化法则交相参,互相涵。道以相反而相成也。日月如是,推之寒暑,乃至万象,成亏生灭,消息盈虚,化机往复,莫匪循环。往者未尝暂留,复者创新而不用其故,则亦何适而非进化耶?

次征人事。世间无绝对之美,善恶治乱,亘古相待。《易》言《既济》,而必终以《未济》,斯义玄微,小知难喻。夫《未济》者,《既济》之始也;《既济》则《未济》之兆也。故积恶之世,善若不复,而善几实潜焉。浸假恶往，而善来复矣。积善之世，恶若不复，而恶几实隐焉。亡何善往，而恶来复矣。善恶往复，故谓循环。治乱相待，亦应准知。夫治乱善恶，恒相往复，此其往复，即率由乎循环法则，而万象若无甚殊怪诡异者。然必谓后后之治乱与前前之治乱同其质量，后后之善恶与前前之善恶同其质量，则又审事甚肤，而无以察夫进化之理也。如今之党治独裁，或中央集权，亦可谓为革命自由以后仍复于专制之形式。又如苏俄共产，亦得说为元始社会共产制之复兴，此皆受循环法则之支配，莫之预期而自尔者。然经过资本主义之技术及工场组织等等积累而复兴之共产，其与元始社会共产制质量迥别，此稍有识者所共知也。革命自由以后之中央集权或党治独裁，与往昔君主专制异其质量，又不待烦言而喻也。则安得偏执循环之论，而不究其进化之实耶？此就人事推征，亦足证成循环与进化本交参互涵而成其至妙。

循环之理，基于万象本相待而不能无往复；进化之理，基于万象同出于生源动力而创新自不容已。进化之中有循环，故万象虽瞬息顿变，而非无常轨；循环之中有进化，故万象虽有往复而仍自不守故常，此大化所以不测也。

答韩生

吾前日面谭，一般人不曾自察识他曾否有思惟作用，吾子却不肯印可，以谓人都是善用思的，何可如此菲薄人？子之意固厚，然于"思"字未了在。王船山先生《读四书大全说》云："只思义理便是思，便是心之官。思食思色等，真非心之官，则亦不可谓之思也。孟子曰'先立乎其大者'，元只在心上守定着用功，不许寄在小体上用，以耳目有不思

17

而得之长技，一寄其思于彼，则未有不被其夺者。"此段话精察入微，才分明显出思之所以为思了。须知思之发虽不能不藉耳目官能为用，此中"用"言，犹云工具。但思确是一心内敛，以主宰乎耳目官能，专一融摄义理才叫做思。若心外驰而不得为主，即寄其思于耳目官能，便以小体役其心而夺心之用，小体谓耳目官能。乃为食色安佚等等是殉焉。此殉于食色安佚等等之思，据实，则本不是思，只是耳目夺心之用而自逞其技，所以成乎聋盲爽发狂，如老氏所呵也。心不宰乎耳而任耳夺其用，则耳殉没于声而失聪，故聋也；心不宰乎目而任目夺其用，则目殉没于色而失明，故盲也；心不宰乎口而任口夺其用，则口殉没于味而失其正，故爽也；心不宰乎四体而任四体夺其用，则四体殉没于散乱，故发狂。吾子谛察一般人的生活，几曾把握得他底心住，使不被夺于耳目官能，外驰殉物而能保任其心，以宰制耳目官能，显发思底妙用，融摄万理而无滞耶？吾子谛察至此为句。所以，一般人大概没有思惟作用，直不自察识耳。

再答韩生

闻吾说思，已有领悟。但于"心纯属内敛"之说犹乏深解。子能不以所未解者为已解，此甚可喜。为学最怕轻心人，遇事肤泛过去。只有明睿作用，专一内敛，这才是心，否即无心。内敛者，谓不随耳目官能迷乱奔流故。唯然，故能主宰耳目官能而神其用。此中"用"者，作用之谓。禽兽有知觉运动而不得谓之有心，以其精神作用不能内敛故也。人禽几希之异在此，其可忽哉！佛家《阿含》说"系心正智正念住，守护根门"，与孔子告颜子"四勿"之旨，皆指示真切。即以心不随五官流散，故成为心也。《易系传》曰："仰观于天，俯察于地，近取诸身，远取诸物。"曰观曰察等者，何常废耳目等官能而不用，只是神明为主于中，_{神明谓心}_{官，即思也。}发之于耳目等官能，而交乎天地万物，尽其观察之妙用。而复其性分上物我一体流通无碍之本然，此即"思不出位"之义也。若下等欲望之思，便是思出其位，而为耳目等官能所役，以从乎欲，而殉没于物。故云思出其位，言其被役于小体，而不是心之官也。

答友人

嗣续观念，在儒家视之，所谓"生生不息"之诚，"於穆不已"之实，即于此而显著。故重嗣续者，非宝贵其氏族的形气之蕃衍，而实于此见天理之流行。古者新妇庙见，必隆其礼；采蘋采藻，必洁其仪。有夫妇而后有嗣续，所以不可亵也。儒家伦理，可谓致广大而尽精微矣。但自印土佛家思想输入，其徒始弃室家，而绝嗣续。圣人忧乾坤之熄，若有先见。又自西洋思想输入，青年流荡者，夫妇之离合既易，而嗣续观念亦失去往日所持底神圣意义。实则人类之嗣续观念，乃即于形气之递禅，而见为实理之不容已，宇宙人生所以为至真而非妄也，至善而无恶也，至美而不可厌丑也。道家之言曰"子孙者，天地之委蜕耳"，此以破私其子孙为己有之执则可矣。若以理言之，子孙之继继绳绳，无有断灭，是即道之不穷也，性之无尽也，而曰"委蜕"云乎哉？故道家者流，必卒诉合乎释氏。又乃"委蜕"之云，不知形即理之昭著，亦将与唯物思想同其陋。荀卿谓庄周"蔽于天而不知人"，此正确之评。天与人不可二之也。儒者于人道见天德，深远极矣。庄子于人生欠真切体认，故不了天理之实，而妄以哀死为未达，将趣于无生矣。弟尝谓老庄终不识得"天行健"的意义，此其根本差误。儒家之学，确为至理所在。惜乎后生靡于狂潮，无可与言斯事耳。

答某生

中国自汉以后学者，类皆无民族思想。盖史家实播此毒。魏收诸贱竖，为胡虏作史，谄颂凶猘，上拟虞夏，刘知幾虽尝讥之，然亦谓其记载失实耳，非真能辨华夷之类也。大抵两汉盛时，群胡内附，天下一家，学者喜张《春秋》太平之义，遂缺乏民族观念。典午以降，士大夫屡屈于强胡，浸假则以豢养于外人为乐而自残其类，此真吾民族之危机也。尝谓世界未能遽跻大同，则民族思想无可遽泯，只须导之以正。大抵各民族间必各有其民族思想，即各能自爱其类，各图自立自存，自强自创，乃能共进于太平。故民族思想善导之，乃所以促进太平，实与太平之理想不相背也。若使有甲民族焉，绝无民族思想，则必涣散乱亡，以招他民族之侵略；又或有乙民族焉，过持狭隘自私的观念，专以侵略他民族为事，终必有弗戢自焚之忧。甲本不及，乙又太过。过与不及，皆为世界进化的阻碍，为人类理性发达的障害，人类幸福的绝望即由于此。"春秋无义战"，诛侵略也；《春秋》于征战之事，无有以为义而予之者。书虞亡，罪被侵略也。中国汉以后儒者，不通《春秋》之义，而民族思想日益式微。南宋之儒尝持《春秋》以呼号复仇。复仇者，复赵氏一姓之仇也，于民族何与？故民志终不振，则胡人又起而乘之矣。若乃明圣挺生，独知民族思想之可贵，而以哀号于族类者，其唯衡阳王子，郑所南、吕晚村亦其亚也。今外侮日迫，吾族类益危，吾人必须激发民族思想，念兹在兹。凡吾固有之学术思想、礼俗、信条，苟行之而无敝者，必不可弃；凡有利于吾身吾家，而有害于国家民族者，必不可为；凡有益于公而有损于私者，必不可不为；日常服用，除药品外，有可不需外货者，宁崇俭素而誓不买外货，以此誓于皇天后土，慎守终身，是则吾平生持奉《麟经》之志也。凡吾之所自期与期诸人者，皆人之所易知易行，然而人多莫之知莫之行也。

与汤锡予

看《大智度论》，镇日不起坐，思维空义，豁然廓然，如有所失，_{如拨}云雾。如有所得。_{如见青天。}起坐觉身轻如游仙，惜此境暂而不常耳。

答王生

礼者履也。吾人践履中无不由礼者，日常作止语默，何在非礼之表现。动作必不乱，_{不乱即礼。}静止必不昏，_{不昏即礼。}言语必成章无悖，_{成章无悖即礼。}含默时必中心昭昭而不昧，_{昭昭不昧即礼。若动于游思，妄想纷扰，即非礼。}无在不实践乎此礼也。故曰礼者履也，是吾人所日常践履而无须臾违失者也。朱子以天理之节文、人事之仪则言礼，意义甚深。推礼之原，则本乎性矣，所谓"天理之节文"是也。礼之用，则显于万事而无不在，所谓"人事之仪则"是也。礼之原即天理，此不变者也。礼之用即仪则，此随时而酌其宜者也。故曰"三王不袭礼也"。今后生无知，妄曰吃人的礼教而必欲打倒之，是既昧其原，又不知其用也，是将同人道于禽兽也，恶乎可？

与友人

承转示曹君函，知彼谓宋儒末流近禅，或不免禁欲，要非程朱诸老

21

先生之过。弟则请曹君将程朱诸大师遗书细玩一过,看他有禁欲意义否?弟虽粗妄,何故读《论语》不起此感,而读有宋诸大师书便起此感?如欲检取文证,亦不难具举,顾不必如是烦琐耳。明儒陈白沙先生亦云,斯理也,宋儒言之备矣,吾恶其太严也。此言婉而深。夫束缚甚者,不足向上,而反益趋下。宋人委靡自私,终以覆亡。程朱诸大师所振救者几何?又云,末流乖本,故不得以其末之失,为其本之过。然何故成为如此之末流,则自其本必已有不得不如此之趋势。履霜坚冰,由来者渐,此义不可不知。独谓矫弊不当为过激之谈,是见道语。尝以为老庄非礼,薄仁义,岂谓礼与仁义真可非可薄哉?亦恶夫礼与仁义之名立,而以之率天下,则人遂袭而取之以作伪耳。矫伪之弊,遂不惜过激而为已甚之词。故非礼,薄仁义,将使人尽去其一切可尚之迹,而反之天性,自然莫非仁也,自然莫非礼也,老庄用心盖亦如此。然而老庄过激之论,其影响卒至废礼而灭绝仁义。如魏晋人之颓废放纵,此岂老庄所及料哉?世人或以魏晋尚虚玄者,亦不尽可非,如王辅嗣之睿智,阮嗣宗之孤心,何可多得?不知任何衰俗中总可得一二佳人。魏晋习老庄者,以其颓废放纵,习为风尚,传播社会,自是当时事实。唯其薄仁,故流于麻木、昏暗、冷酷、无生理,而颓放矣;唯其薄义,故流于委靡、污贱、虚诳、无生气,而颓放矣;唯其非礼,故流于摇荡、散乱、内容空虚、无以自固,而颓放矣。魏晋人以颓放故,沦于胡虏,蔑能自振。此在历史可按。安得谓其间有王辅嗣辈,遂饰称尔时尚虚玄者无颓放恶俗耶?即就辅嗣辈而论,亦少惇大笃实气象。嗣宗畏蒽,而托放荡以自免。君子居仁由义,吉凶与民同患,履虎尾而不惧,何至若是?要之,魏晋人之颓放,实为老庄非礼薄仁义之过激主张所必有之影响,此可戒也。弟亦知当今之患,诚在纵欲,固宜诵法程朱以拯生人。然欲不可纵,亦不可禁。故弟自中年以来,于程朱诸大师拳拳服膺,不敢轻叛。虽谓禁欲主张稍过,然深以不许纵欲为真理所在,实未敢攻击程朱。如老氏所为过激之论,终不忍效尤也。今人破坏固有的道德,社会上也是一种颓放现象,如魏晋人一般。有问,如袁世凯一辈人虽是作恶,却甚勇猛,似非颓放。曰:否、否。看他勇于作恶,正似飞蛾奔火。他是无生命无理性的东西才忙迫胡乱去,此正是颓放,非勇猛。唯强为善者,才是勇猛。

曹君又云,饮食男女之欲,性也,此不可禁,外此则皆习气耳。此说大有病在。宋儒有知,决不愿闻。饮食男女之欲,谓为非性乎?则生人之欲,岂有不依天性而动者耶?而天性又岂是顽空耶?若谓饮食男女之欲即性乎,则"紾兄之臂而夺之食","逾东家墙而搂其处子",是为顺其性耶?而谓宋儒见地乃如此乎?曹君本不识性,吾亦无从与之言性。必不得已而有言,则将曰:饮食男女之欲,自然有则而不可乱者,是所谓性之欲,即此谓之性可也。若饮食男女之欲,发而无则,以成乎乱,此即阳明所谓随躯壳起念,全乖其性,而纯成乎物之动。以其天性沦没殆尽,只是一团物质,故其动也,但为物之动,而不得言性之欲也。此事须切己体会,不可徒作道理讲说。至曹君别习气于饮食男女之欲之外,亦复未审。欲动而失其则者,即染污习气现行也;欲之发而有则者,亦即清净习气现行,是顺本性而起者也。凡欲皆是习,曹君殆未体究及此。

答云颂天

中国人头脑重实践而不乐玄想。故其睿圣者,恒于人伦日用中真切体会,而至于穷神知化,是得真实证解,而冥应真理者也。然在一般人则拘近而安于固陋,其理智不发达,则明物察伦之工疏,欲不为衰萎之群而不可得矣。西洋人头脑尚玄想而必根事实,又不似中人但注意当躬之践履,而必留神此身所交涉之万物,故其探赜索隐,而综会事物之通则者，乃无在不本诸经验，根据事实。即凡上智之所创明，中才皆得寻其思路，循序而进。印度人头脑尚玄想而过在蹈空，其智本足以察物，然乃厌患物质的宇宙而求灭度，此固不免于智之过。然穷玄，则至印度佛家大乘，而高矣！美矣！至矣！尽矣！此难为不解者言也。佛家虽主灭度，要是从其大体言之耳，若如《华严》《涅槃》等经，其思想亦接近此土儒家矣。

讲词

为诸生讲《逍遥游》，至"御六气之辩"，因举郭庆藩解云："辩读为变。《广雅》：辩，变也。《易·坤·文言》：犹辩之不早辩也。荀本作变。辩、变古通用。"大有精意。辩必有对。宇宙底变化，也是有对这个道理。无对则何变之有？

答邓君

来书云："若无轮回，生则桀纣，死则腐骨；生则尧舜，死则腐骨。何所惮而不为恶耶？"此见甚劣，直是不堪酬答。昔宋儒有遇此类诘难者，彼应之曰，人性本善，谁教汝自家作贱来？此老实话，若深玩味之，其义无穷。吾人自性清净，恒沙功德，万善庄严，直从自性流出。其或有不善而至于恶者，则以心为形役，而迷失其本性故也。君子尽性之学，一息尚存，即一息不容松懈，不使心为形役以丧其真。故朝乾夕惕，所以扩充其在己之所固有，而为生理之不容已者。岂复借助轮回，以惩恶而劝善哉？若必待轮回而为劝惩，则其人已迷失本性，毫不知有人生价值。将见未来之祸福，终不胜其现在之私欲，虽笃信为不善之无利于来生，而悍然纵恶，毫无忌惮，以取快当前者，无始时来众生大抵如此。足下又何说耶？世变以来，商人、军人、官僚、名士鲜不念佛拜僧，奉持佛典者。而其人大抵罪恶贯盈，贪欲无餍，毫不自省，反以归依佛法僧为其藏身之固，若有所托庇者然。吾平生究佛法，而决不交接僧徒与居士，有以也。吾亦非必破斥轮回，只以此理唯存在于信念之中，谈哲学，不须惹此葛藤耳。朱子信根深厚，其集中许多祭文，读之想见其精神直与幽灵感通者然。他人祭文，看来不必信神，只是奉行故事，朱子却不如此。想他未尝不信轮回，以既信有神灵，则人死而神必不亡，轮回自可成立。朱子虽有反对佛家轮回的话，自是他理智作用对信仰起个冲突。然而他底信仰毕竟潜伏着，是摇夺不了的，如主张无鬼论的人，到昏夜仍是怕鬼一般。读朱子书，玩其生活，觉得他时时在在，如对神明。此种独与天地精神往来的生活，直令我有虽欲从之莫由也已之感。

与赖生

南回后，得子两函，无心作复。欲将《新唯识论》译以英文，此意甚好，此事甚难。"书不尽言，言不尽意"。吾年三十以后乃知此义。子以为《新论》易解耳，实则所解者，未必得吾意。子但求之区区言句之间，不知真解者，当求之言句所不能尽之意。吾四十余年来辛苦，其间层累曲折，吾不能自言也。《新论》之所得表者，至有限也，然欲识吾意者，又不得不借《新论》为敲门砖子。吾贤必由《新论》以通吾不尽之意，而与吾无间，方可译《新论》，否则罨吾而已矣。欲通吾不尽之意，抑必旁求印土大乘空有诸宗，及此土晚周儒道，迄魏晋宋明诸子，夫而后有以得吾之意。且知吾与前哲所为旁参曲证，而议论之间，虽有许多出入，终自有其大通而不相悖者。于此可见穷至真理,吾与前哲自有同符,即吾之意,果非私意也。至此而后可译《新论》。否则字字而拟之,句句而解之,知其曲不知其全,见其表不见其里,谓之然而莫通其所以然,妄谓得吾之意,吾又于何处呼冤耶?闻子将南行,果尔,可来杭小住数日。颂天亦甚望也。吾体气亏虚,今年在平绝未看书,良用悼叹。生事又无良策,只合听之。

答赖生

前函谈译事不易,得毋有未契耶?译事且置,读者又真不易言。须知东方高文典册,皆万理昭晰,归之浑括,故非学者涵养功深,自有甚深义蕴,断未可与之凑泊也。吾子勿谓某书我已得解也,即如此土《周易》,若通其训诂名物,便谓得解,可乎?又如龙树《中论》,若通其名相及因明法式,便谓得解,可乎?读《易》而仅通训诂名物,读《中论》而仅通名相及因明法式,则其于《易》、于《中论》也,安见其有无穷无尽之义味耶?唯胸中自有甚深义蕴者,其读《易》、读《中论》,乃感发万端,而叹其括囊大宇,果为无尽宝藏也。此意古今几人识得耶?《新论》亦自有含蓄,而人见而易之者,此必有故矣。愿子且置之,而博求夫此土晚周儒、道,迄魏晋宋明诸子学,以及印土大乘性相诸宗,深穷其蕴,反之当躬,加意涵养,至于真积力久,必有豁然油然,而与吾莫逆之一日也。九江私塾教书,初料子必不就,不意遂已允之。凡人若无志深远,但以教书糊口,则随地可居;若欲努力学术,则所居之处,必不容不择。尘俗之地,断无缘引发理想。吾每至武汉,顿觉市廛气味,令人心中茅塞。自计足迹所经,唯北都荒廓,南京广漠,最宜修学。南京今不可居。不得已而求其次,则杭州秀丽,差可怀也。九江比于武汉,又不及远甚,其地直无一毫趣味也。为子计者,南北两都不得资生,则随处觅一教席,度有一二好学者共事,亦足感发意趣,而相与向上,则神智自尔开豁。若私塾苦闷,恐于学人不宜。然子既有约,姑以半年为期可耳。如过杭州,即径来广化,小住数日,亦少慰阔怀矣。

答客问

佛学诚难言,流派太多,典册太繁。然扼要而谈,则欲求元始释迦氏之意思,宜以《阿含》为据。四《阿含》中,而《杂阿含》更重要。及小宗廿部起,便已渐分空有两派思潮。小空发展至龙树、提婆而成大乘空宗,小有发展至无着、世亲而成大乘有宗。大乘空宗根本大典,则有《智度》《中》《百》《十二门》四论,而《般若》为其所宗之经;大乘有宗根本大典,则有六经、十一论,如基师《三十述记》所叙。是故大乘空宗,集小乘诸谈空者之大成;大乘有宗,集小乘诸谈有者之大成。准此,则《阿含》以后之思想,宜详求大乘空有二宗学,即一龙树、提婆学,一无着、世亲学。故佛家思想之演变,虽极复杂而久长,然扼要言之,不妨假定《杂阿含》等四《阿含》为元始佛家思想。大空龙树、提婆,大有无着、世亲,均为后来新兴的佛家思想。吾尝据《杂阿含》等,以求元始佛家思想,而谓是期思想只是人生论,及大空大有分途成熟,大有便进而谈宇宙论。空宗颇谈本体论,此皆为新兴的佛家思想云。

《般若》及四论,专遮拨一切我法执,欲令人空其所执故,自见真实。真实,即是本体异语。后皆准知。真实理地,心行路绝,语言道断,不可直表。故因人之妄识迷执,不能自见真实,而以种种方便,破其迷执。将见所执既空,而真理自喻于不言中。此中真理,本体代语。犹如拨云雾,便见青天也。谈本体者,东西古今一切哲学或玄学,唯大乘空宗远

27

离戏论,此真甚盛事也。

大乘有宗,初说五蕴。十二处,十八界,不过将五蕴色心法另变一种编排法耳。分析色心现象而明无我,以此破外道之神我论,其义尚承空宗。及无着造《摄论》,成立阿赖耶,以授世亲。世亲复造《百法》及《二十》《三十》等论,于是建立阿赖耶,说为种现缘起,而实任臆构造宇宙。吾所著《破破新唯识论》颇详此义。盖小乘谈有一派之思想,至大乘师无着、世亲而始完成其宇宙论。理论虽极精严,而其失空宗义旨则已甚矣。

佛家人生思想,自其元始以及后来大乘皆主超脱生死海。《阿含》迄于大乘空有经论,都有此一贯精神。大乘虽有无住涅槃之说,较元始佛家思想为进步,然只反对元始之独善主义,故不许入无余涅槃、作自了计,必求无上菩提,发大悲心,行菩萨道。虽不住生死,而亦不住涅槃。必度尽一切众生,有一众生不作佛,则我亦不成佛,此为大乘特异之点。然要以度脱一切众生,令出离生死海,为最后蕲向。无论事实作得到否,而毕竟以度脱众生令出生死为归趣,即以出世与寂灭为归趣,此或是印度民族性之特别处,吾人亦不必论其是非。

答某君

《新论》其云《新唯识论》。之出,解人甚鲜,或可谓之绝无。区区常有意于贤者,不图来函又出意外。大抵吾子一向用力于西洋思想,与迂拙本不同路向,宜其隔膜乃尔。今就来简,粗答如次。

一、来函云:"摄聚与离散相对,坠退与健行相对。摄聚与坠退,似无必然之关系。"

观此所难，于吾书翕阖义，似绝不相干。翕阖义，首须细玩
《转变章》。《新论》二十五、六等页。此处纯据宇宙论之观点立言。余
以为哲学上之派别虽繁，要其解说宇宙之所以形成，其根底终不
出唯心、唯物二派之论。如现代罗素，虽云非心非物，实则其根底仍不妨说
是唯物论。迂拙平生始于积测，终于反验，确信宇宙本体不是世所
唯之心，亦不是世所唯之物。易言之，本体是什么，此非想所及、
非言可表。然则毕竟无说乎？曰：只有在本体之流行处，假设言
诠而已。不识此意，正是未曾读过《新论》。本体不可拨无，若云
无体，即是顽空，云何而有流行？又不可说流行即体，以流行唯是
幻相，顿起顿灭故。《转变章》谈此义甚微，须于言外会意，若以忽心遇之，便
不相应。流行无实自性，故说诸行性空。诸行者，色心万象之代语。所谓
色心万象，即依流行幻相而假名之也。《般若》说"诸行性空"，即谓流行幻相本空，
无实物故。说流行即体者，何异说体是空？此即还成无体论，义不
应许。万象泡幻，了无根据，不应理故。当知流行是用，用必有
体，但体不可以知识推度而知；知识由经验事物而起，于其所知，
恒作物解。今此云本体者，实不可作一物想。如作物想，即是倒
妄，即成戏论。故前说言本体是什么，非想所及，非言可表。无
已，则唯即用显体，庶几方便，而得相应。用者流行之异语。盖流
行非即是体，而体要非超越流行幻相之外而别为独存之死体，此
处端赖超然神会，而难以言议者也。体必有用，亦定不离用。定
不离用者，即定不离流行故。定不离流行，故乃于流行中识体，是
谓即用显。旧师亦未始不欲即用显体，以其于用上建立，便将
体用打成二片，于是陷于邪计。《新论·唯识章》末段，备详此意。
《破破新唯识论》发挥斯义尤详尽，惜乎时人多莫之览，即览亦莫
之识也。《新论》假说功能为本体。内学院某君驳之，不知"即用而
言，体在用"，语本阳明。故可假诠恒转功能名体，以彰本体之流

行,否则必如旧师将体用截作二片,又何可即用显体乎?《新论》全部旨音,只是即用显体。易言之,只是谈本体之流行。此根本旨意,若忽焉不察,则此书直可覆瓿,尚何必较量于单词片义之间耶?

若复了知《新论》唯是谈本体之流行,应知流行定不是单纯的势用。流行即是势用之谓,但此势用非单纯的。即此势用决定有一个翕。不翕,便莽荡空虚,哪有宇宙人生? 宇宙没有一刹那空虚过的,设想诸星体将有毁灭的,即宇宙便空虚,然方其毁灭时,必即生成相续。此种假定是合理的。即是翕的势用这个翕,便叫做一种势用。没有一刹那间断,若有一刹那间断,即是空虚无物,亦即无所谓宇宙。如此,却成印土古者空见外道之论,定不应理。故《新论》以恒摄聚言翕,自注"恒"字吃紧。翕即幻成无量动点。而此动点幻似有质,实非固定的物质性。科学家计元子、电子等等为实质的物事,在经验底范围内固可云尔,在玄学或哲学中必欲穷究所谓物质的小块粒如元子、电子等等者,是否果为实质,则大是问题。依吾人之见解,分析物质至最终之小块粒,实不应执为固定的实质,只是一个翕的势用所形成的动点而已。动点幻似有质,究无实质。此所谓幻,元是事实。一般人闻说"幻"字,便作劣义会,此大错误。幻义是活义,《转变章》固言之矣。昔朱子亦尝谓造化合有一个翕聚的道理,不然便是空洞无物。此说似见《语类》,兹不及检。吾所参悟,质之彼说,适足印证。夫翕既即是本体之流行,易言之,即是本体所显现底一种作用,而且是自为矛盾的一种作用。因为本体无方所、无形相,元不是物质的,但其作用显现,不能不有所谓翕,翕即幻似成物。是则翕之用,翕即是用。疑与体不相顺。易言之,即此翕者,乃本体上显现自相矛盾之一种作用。《新论》云:"翕则疑于动而乖其本也。"二十六页左《转变章》。又曰:"翕而幻成乎物,此所以现似物质宇宙,而疑于不守自性也。"五十七页右,《明心上》。又曰:"翕则若将不守自性,而至于物化,此退义也。"二十七页左,《附识》语。凡此皆明其作用之自为矛盾,即以其将至物化而不守自性故也。夫本体以不变为义,岂果物化而不守自性者耶? 理必不然。夫其翕也,若故与其自性反,乃若其自性固具至健纯净之力用,则正待翕而后显。此处吃紧。诚以翕而成物,故所谓本体底自性力本体固具至健纯净之力用,曰自性力,犹《易》之乾也。得有所利用以表现。《新论》云:"恒转毕竟常如其性故。恒转者,本体之代语。唯然,故有似主宰用,乃以运乎翕之中而显其至健,有战胜之象焉。即此运乎翕之中而显其至健者,名之为闢。"第二十六页左。据此,则所谓翕者,乃以显闢。《新论》有言:"造化之几,不摄聚则不至于翕,不翕亦无以见闢。"第二十七页左。又曰:"一翕一闢,若将故反之而以成乎变也。"第二十六页左。又曰:"一翕一闢之谓变。自注云,两"一"字,显动力之殊势耳,非谓翕闢各有自体,亦不可说先之以翕,而后之以闢也。"第二十六页左。据此,则翕闢同为纯一之本体所显现之两种作用,乃相反相成,相待相涵,而为万化之源。《破破新唯识论》曰:"闢必备翕,若令故反;翕实顺闢,而非果反。"初版七十三页。此所谓"玄之又玄,众妙之门"者欤。《破破论》又曰:"彻内彻外,只此翕闢之流,而实无有内外可分。自此实悟无所谓小己,无所谓宇宙,只此翕闢之流,刹那刹那,顿起顿灭;刹那刹那,顿灭顿起。如此流行不息,犹如闪电,至活无迹。"初版七十六页。至哉翕闢! 造化之秘,天人之蕴,尽此矣。所谓"妙万有而为言","冒天下之道如斯而已者也"。

是故翕闢之论出,而色心之执始空。《新论》有云:"夫翕,凝而近质,依此假说色法;色即谓物。夫闢,健而至神,依此假说心法。以故色无实事,心无实事,只有此变。"第二十六页左。《新论·唯识》一章,先遮境执,彰无实色;非有实外物故。次遮识执,显无实心;而后次之以《转变》,明色心虽复无实,要依翕闢假立。依闢假立心,以为之能;依翕假立色，以为其所。摄所从能，故名唯识。科学泯能归所，曲尽物则；玄学摄所从能，妙尽己性。《中庸》云"尽己性则尽物之性"，此己非小己之己。盖滞形即物我区分，见性则物我同源。物莫非己也。佛说"万法唯识"，孟氏说"万物皆备于我"，皆摄所从能之谓。《新论》寄意深远，虽时贤所弃，唯真理之所在，敢媚俗而内疚？

又复应知，翕辟同为纯一之本体所显现之两种作用。作用亦省言用。用之为言，显其非异本体而有别自体。《破破论》曰："顽空不可谓体，故必有用，假说流行。原注：流行即是用之代语。流行即体，元非异体有别实物。原注云，流行者，即是本体之流行，故不可说其异于体而别有实物。若认流行为有实物者，便与体对待而成二片矣，此不应理。"初版三十五页。如稻依谷子起，乃异于谷子而别有自体，截然二片，体用切不可作如是理会。夫体用难言，强以喻明，或喻如波与水。波相幻生幻灭，而举波是水，非异水而别有波之自体，非如稻异谷子而别有自体故。此略可喻用。水起用，即幻现波相，而水性恒自如常，定不变改自性，此略可喻体。如是举喻，虽若易明，然至理迥超思议，理之至极，超出思议范围。毕竟不容执喻以相猜卜，执即过患无边。若执着譬喻，在喻上刻求全肖，即去所喻益远。夫翕辟是用，故克指翕辟，即不名体。犹如波不名水。用依体起，犹如波依水起。而非异体有别实物，犹如波非异水而有别自体也。故说即用即体。易言之，此翕辟相，即是生灭相，即是变动相，正复于中，证见实性。何以故？用无自体故。实性者，本体之代语。翕辟相，即生灭相，即变动相，此是依体所起之用。然用非异于体而有别用之自体，故乃即用见体。《新论》有言："生即无生，以生而不有故；生者绝不暂住，故未始有物也，然则生相本幻，其本体无生。如波相幻现，实无自体。其本体即水，而水性恒自如如不变，实未曾有波。故万象滋生，而实即无生。无生者，言其体也。灭即非灭，以灭而不息故；灭故生新，其用不息，于此见本体常昭矣。若无本体，灭便永断，故曰"不诚无物"，诚即谓体。变即不变，以变而恒贞故；如水起用，即幻波相，然水性如常，是谓恒贞。夫山峙川流,鸟啼花放,寒来暑往,夜晦昼明,可谓极变化之致矣。然万有现象及其法则,宛然各如其所如。此何以故?良由本体真实无妄,故大用流行,自然有则,所谓"至赜而不可乱"也。据此,则变化万端,而其体之恒贞者,固乃历万变而未始有渝,故云变即不变。**动即不动,以动而不迁故。**"凡物幻现动相,然物本无实,只是刹那生灭相续,幻似动转,其实物无暂住,前不至后,此不至彼,何迁之有? 夫物无迁动,即于物不容作物想,而其本体真常已灼然矣。**此皆应真之言,穷玄之极。《新论》了义,**于斯略结。参考四十八九页《功能章》末段。《破破论》亦云:"**观于流行,乃即用以识体。**"初版五十七页。又曰:"**流者不流之流,万有波腾而常寂;行者不行之行,众象森罗而皆空。**"于众象而见体,即众象空;如于波而见水,即波相空。此与前所征叙,互相发明。**短复默尔反观,灼然有宰,声色杂投,而应感寂然不乱。《破破论》曰:"反之当躬,而得夫阒恒运翕而不肯物化者,于此见自性之恒如,而灼然于流行中识主宰,当下承当而无疑也。"**初版七十六页。又案《新论·明宗章》所以权说心为本体者,以于心识主宰故。然即心名体,究是权说,义当别详。内学院有攻及此者,殊昧吾旨。**持此胜解,印诸《般若》《涅槃》,一一吻合。**世有不了吾旨,妄计《新论》以一翕一阒名真如,其厚诬亦已甚矣! 总之,《新论》主张即用显体,即变易即不易,即流行即主宰,即用即体。而其立论,系统谨严,实以翕阒二义为之枢纽。若于翕阒义一有误会,即全书便不可通,直可谓为毫无价值之书。尝欲别为杂录,疏通其旨,而精力短促,苦无意绪,不知将来得便为之否。特因来难,略述所怀。本义既明,其诸疑滞,或可豁如。是在仁贤,不鄙刍荛,降心加察。入理浅深,存乎往复体验,如人交友,非相与至深,非容以泛泛遽定其贤否也。

复审来难,谓"摄聚与离散相对"。常途训释名词,固可云"摄聚者离散之反"。然哲学上之用语,其包含深广,不当作一般名词理会。又承难言:"摄聚与坠退似无必然之关系。"此或据《转变章》附识引汉儒阳动而进,阴动而退一段文字而有是难。查该文中有云:"翕则若将不守自性，而至于物化，此退义也。"引见前文。此中文旨，本甚明白，词简义赅，无须繁说。来难于此，且没干系。大凡不了翕之为退义者，只由不识本体故。此处吃紧。本体底力用亦云作用。诚不可思议，然强为形似，则《易》所谓健行者为近。言健则赅净，无滞碍故净也。凡染污相，都是滞碍相，都是缘形气而后起之私。惟本体之流行至健，即无滞碍，法尔清净故。夫其行之至健而纯净，是固不落形气者矣，此处吃紧。乃以表现其自性力之故，不得不有摄聚之一种反作用。老氏云："反者道之动"，是知化者也。然摄聚即翕而幻成乎物，便有重浊的意思。重浊即是坠退，以其与本体底自性力不相顺故。自性力见前注。在此种意谓之下，即说摄聚得有退义。然义匪一端，不容边执。《新论》本不曾言摄聚与坠退有必然关系，摄聚毕竟是健行之所资藉，所谓"阖以运翕，翕以显阖"是也。全书实以此意为骨子，贤者顾未之察，何耶？昔在杭州，与一二友好谈及今人读书大抵不务理解人家意思，只立意欲拣取人家坏处。而其结果，则见谓人家坏处者，倒成自家坏处了。迂拙不敢以此度贤者，然来难于著者意思，未免疏忽过甚，此何故耶？

　　二、来函有云："山峙川流，鸟飞鱼跃，莫非生命力之直接显示。自性俱足，各无亏欠。若就分别论，则木石生命力，自是较低较弱。但就木石本身论，则未尝不生机充盛而有绝对自由。自注：自由谓内有主宰故。《新论》六一页，谓生命力亦常沦于物质之中，胶固而不得解脱。此征之植物与动物而可见者，私意颇不谓然。盖健行不息，为宇宙之自性，自注：就其分殊言之，可说为万物之通则。因本无束缚，故不得谓由束缚中求解脱。由本来自由，故所谓精进者，亦仅谓在自由中获更大之自由而已。草木禽兽，一切活动悉任自然，虽无自觉，自注：但不得谓之无主宰。亦未有束缚，故无染净可言。自注：就其悉顺自然而言，谓之至净亦可。及人类而自造束缚，自

注：其故另详。但有自觉，或云良知。因得凭其力量而超脱已成之束缚。”

如上一大段话，迁拙初不欲酬答，因彼此意思相距大远，恐答辨徒劳。然复自念，心所不然。安于默尔，此虽高谊，要非与人之忠，故乃略申微意，不暇致详。夫谈义理者，贵在义界分明。来函谈生命力，殊觉未洽。依佛家言，一真法界，本无差别，事法界即万殊。事法界即谓现象界。儒者亦有理一分殊之论。来函似绝不注意及此。就其理之一而言，山峙川流，鸟飞鱼跃，莫非生命力之直接显示，自性具足，各无亏欠，夫何间然？征诸故言，释子说微尘、芥子都有佛性，庄子且谓道在屎尿，儒氏玄经亦曰物与无妄。言真实无妄之理，遍与万物为体故。道理见到真处，彼此都无异论，自昔已然。迁拙与吾贤有何己见可执，而不惟理之从耶？然吾贤徒见夫理之一，而忽其分之殊，遂于《新论》所谓动植物之生命力，常沦于物质之中，胶固而不得解脱者，乃甚不谓然。不知吾贤何以有这般见地？动植物之所以停滞于一定底阶段而不得进化至人类者，此正是分殊处。将他与人类一例看待不得，他底有机体，省云机体。其组织显然不同乎人，因之，其生命力之表现较难，而不得不受其机体即物质底锢缚。吾子纵欲跻动植与人并立，然试问人类生命力之表现，而为极高尚的智德力，或高等精神作用者，其可求诸动植物否耶？此事本不成问题，可无深论。唯来函更有可商榷者。

一、以木石生命力并言，此殊未安。草木属植物，在今日固视为有生命者，然在印度古代，外道多说植物有生命，而佛家独不许。佛家以植物与矿物同名无情，即同为无生物。由今观之，外道说是也。土石属矿物，此则难说为有生命，然若以万物之本体说为浑一之大生命，则土石亦是此大生命力之所显现。易言之，土石即呈现着活泼泼地底生命。前所引"物与无妄"及"道在屎尿"等说，胥此意也。但须知，此是克就

35

本体而言，即泯其分之殊而归诸理之一以言之耳。若就作用显现，成事法界，万有分殊而言，则无生物与有生物显然极端差别。土石一般视为死物质。在哲学上，究实而言，亦不可说为无生机，然他土石等无生物。尚未成为生命力所可利用以自表现底生机体，故难得其有生命之征，即不可说为生命。此迂拙所未能苟同于吾贤者。

二、来函云："就木石木身论，则未尝不生机充盛而有绝对自由。"此说尤所未喻。夫云植物生机充盛犹可也，若言绝对自由便难索解，而况于土石无生物亦复云尔耶？绝对自由一词，亦无义理。自由而果绝对，则又何所待而以自由名耶？绝对的自由直是无从想像之境，或宗教家所谓上帝者有之耳。草木固着于一定之土壤，是其绝对自由耶？设复就草木之生活力以言自由，则亦属废话。生活力底本身，只是个不容已，或说名神，神之为言，不只是个具足众妙的意思，却更有迅利的一直进进的意思。此无所谓不自由，却亦用不着加上他一个自由。又注云："自由谓内有主宰。"此释自由却好。然言主宰者必归之内心，心托境生而能适应或改造乎境，于此见心之有主宰义。即由如是主宰义故，见其不受环境限制而有自由可言。故自由待限制而后见，无所谓绝对。绝对自由，只是一个幻想。然据此以谈自由，则草木虽或许其有知觉等，但其作用暧昧，虽不得直谓之无心，要其去无心之程度亦不远，故草木不得谓其有内心的主宰用。纵许其本性上储有此用而不得发现故，即等于无。因此，不得许草木有自由。动物容当另谈。草木如是，土石更何论乎？

三、来函有"健行不息，为宇宙之自性，本无束缚"云云。谁能发痴而胡乱道宇宙本体上着得束缚耶？但请吾贤认清观点，《新论》那段文字不是直下显体，却是在本体流行显现万类处，甄明生命力之表现其自己，不得不发生一种反作用，即物质的作用，特别是其物质的身体，即植物底形干等，也叫做身体。乃生命力之所利用以自表现者。然利之所在,害即伏焉。就是利之中涵着害。因此,亦常沦于物质之中,胶固而不得解脱。故从植物以至人类,即生物底全体过程之中,而见夫生命力之一步一步从物质的锢缚中逐渐解脱。吾子若不肯承许植物动物之生命力受其物质的身体之束缚,而必以木石之生命力为本无束缚、绝对自由,将必欲人类脱去人底官骸,还原到木石去,此亦有趣味之极矣。

四、来函谓"草木禽兽悉任自然"。迂拙每谓"自然"一词,谈者多不求的解。窃谓言自然者,略有数义:(一)在宇宙论上,大抵以无所待而然者,谓之自然。但此一词又各从其学说底全体之内容而得一定之涵义,如此土老庄之言自然,固即无所待而然之义,印度自然外道亦何常不是无所待而然之义。如云鸟自然黑,鹄自然白,即不待造物主或他因而然也。但老庄学说与印度自然外道,实际判若天壤。唐以来释子每混视为一致,极可叹。因之,其无所待而然之涵义,宜视两家学说底全体之内容而定。(二)在社会观上,大抵以淳朴而不尚诈伪技巧等等者,谓之自然。(三)在人生论上,大抵以纯任天真,谓之自然。来函所云"草木禽兽之自然"或是第三纯任天真义耶? 草木本无所谓不天真,亦似用不着加上他一个天真。禽兽之天真,便极须分析,其良能之发现,如所谓虎狼之父子等等者,固是天性流露,可谓天真;如虎狼之父子等等良能,是超越个体底利害的;若捕食避害等等本能,便是为着个体的利害而有的。凡超越个体底利害的才是天性,反之,如为着个体利害而有的,便属后起,此个辨别,却甚吃紧。又禽兽有良能而无良知,此义亦当别详。若其牝牡之合,不知匹偶有伦,又互相吞噬,乃至噬人,则是缘形气而后起者。又凡捕食避害等等本能,据实亦即习气,以从串习熟练而得故。然禽兽从习气与形气所发之意欲与动作,皆是任运而动,不有作意,不事隐匿饰伪,亦得假名天真,实则已不是天真也。来函并不分析,又乌可乎? 自来文学的哲学家,大抵赞美野蛮人之天真。然野蛮人虽有羞恶、恻隐、是非、辞让等等良知发现,可谓天真,而其识别事物之知识尚未发达,良知与知识确不是一事,此义别详。即其良知不得扩充。如野蛮人之习惯、信条等等,自文明人视之,多不能认为合乎道德,此固其知识不发达之咎,而即于此等处见其良知之未能推致也。至于开化之群,尤其有高尚文化者。其人知识特别发达,长处在遇事物有精审之识别,短处却在诈伪奸巧滋多,哲人多怀想太古者以此。是其知识发达而固有虚灵不昧之良知反被凿而亡失。故此土哲学家,如老庄则欲屏知而反之天明,天明即谓良知。儒者乃不反知,但重涵养,以全其诚明之本体。诚明亦即良知。大本既立,大本,谓诚明之本体。却非守其孤明,必致其知于事事物物而得其理,乃知明而处当,于是而识别事物之知识,亦莫非诚明之用。此则良知扩充而可谓全其天真者矣。此与野蛮人之天真,奚止天壤之别?故重天真者,不当回向野蛮人之天真。从来自然论派之哲人罕有见及此者,是亦不思之过。今吾子更赞扬草木禽兽,何故作此怪迂?

三、来函云:"《新论》泯除心物之对峙,但似未能完全贯彻,至少文字上易引人误会。如六一页:其生命力几完全物质化。又云:生命力受物质缠固。六二页:既为无生命力之物,似主张生命力之外仍有一物存在与之对抗,几使人疑每一个体乃生命力与物质两者之决斗场。"

此段疑难,完全摘字句取义,如此理会人家文字又争得?查六一页云:"植物徒具形干,其生命力几完全物质化;动物则官能渐备,然其生命力受物质缠锢,竟未有以远过植物也。"此中大义,具如前说。若使通达大义,则上述文旨自无滞碍。至六二页文中,首明生命力包宇宙,挟万有,息息周流,不以形气隔。后文言人私其形气而小之,乃至生理剥极而卒为颓然之一物,纵其残余之形气不即委散而既为无生命力之物,何如速朽之为愈乎?云云。此呵责夫人之殉物而丧其生理,不图贤者竟误会到二元论去。须知,谈到本体,心物俱非。若言本体流行,即作用显现,亦即所谓翕阖者是。阖,即本体固有底大用,所谓健行者是;而大用流行势必自起一种反作用,因而利用之以表现自力,此反作用,即名为翕。依阖,假说为心,亦云生命力;详《明心》上。依翕,假说为色,色即物之异词。《新论》根本意思,约略如此。夫翕者,本即阖之自力所发生之一种矛盾作用,故其势既成则亦有对抗之情,此何足怪?又阖之自力发生反作用时即成翕时。亦有物化之惧。若其根本无翕而物化之堪虞,则何以见夫阖之力用为至健而神者乎?又从何得见生命力乎?唯其动而可以失其常,而毕竟不失其常,即可以物化而终不物化。所以谓之健而神也。阖必故翕,翕而幻成乎物,物成而疑于阖之不存矣,然阖终不舍其健,毕竟转物而不为物转,于此见阖之即是生命力也。来函疑每一个体乃生命力与物质两者之决斗场,此不应理。个体之发展必与宇宙之发展相应。个人底生命与宇宙本来非二。夫阖以运翕,翕以显阖,相反相成,毕竟不二,此为宇宙之理法。吾人常有涵养本原工夫,即于此心之不物于物处,识得阖以运翕之主宰力,即是识得本体。却是于发用处识体。由此涵养保任而勿放矢,即生命力常活跃,而物质亦随之顺化。耳目声色俱是聪明之用,即皆生命力之显发,安有所谓物质与生命力决斗者乎?若其心为形役,即阳明所谓随顺躯壳起念,必渐梏亡其生命力,而成乎颓然之一物。《新论》六十二页所云既为无生命力之物者,以此。是即反乎阖以运翕,翕以显阖之理法,此乃人生之变态,所谓失其恒性者也。

四、来函云:"诠释转变之生义。见《转变章》。第一义为非动义,似颇浅显,不必特为标出。活义中,交遍义似可并入圆满义中。至无作者义,则论据似不甚充足,因所谓作者,本不必非净即染等。又本段先后次序似不甚妥。鄙意宜先以不可思议义开端作引论,然后列举活义中各义,使各各独立,而将活义总名除去。"

此一段话,本无关宏旨,可无须答,然贤者既肯如是仔细评议,则吾亦安得忽置?吾子谓非动义为浅显,迁拙则谓谈道理只争个错误与不错误。或诚与妄。深的道理只是许多浅的道理底发见,都有根据,都有证验,都不错误,由此层累曲折推将上去便就深奥了。然人情迷妄多端,却有以深为浅、以浅为深者,所以者何? 凡夫各有见贪,见《新论》八十九页右。恒喜以其所见得到的自矜为深,而即以其所见不到的鄙之为浅,甚且以为不通,或云无道理。昔伊川见门下或交游谈道理中肯时,犹劝曰:且好自涵养。迁拙少年读语录至此,却完全不屑理会这般语句。后读朱子书,见其时常称道及此,便稍怀疑朱子是甚见地。迨后用过苦功,始觉得当初自谓明白底道理,到于今却别是一般意谓,翻憾当初明白不得。然则浅深之辨,何容易乎? 大凡穷理,不论自己直下发悟,或读书引发,但使一理傥得之后,总要随处体认,直教在在证实,然后欢忻鼓舞,俨然此理现前,如亲扑着相似。昔刘晏为计相,见钱在地面流转。学人用心,都要如此。今且析来疑,非动义如何说得过浅? 人底理智总是在经验范围内或实际生活底世界里练习增长,所以推穷道理,总是于无形中把做日常经验底实物来筹度。假令与之谈变化,他那惯用的理智,便把实际的物件底移动之观念即有实物,由甲点底空间经历若干时间,通过乙丙乃至戊点底空间之观念。结合到这里所谓变化上去,他以为变化应当是这样。如果说变化不是实物的移动,不是有空间和时间性的,他便计此是不可捉摸的幻想。我昨过沪上,遇一友人读《新论·转变章》就如此难我。当时虽颇怪之,然今观来函,沪友之不喻,或较贤者之浅视非动义,犹不失为慎虑。如前所说,人之心习如彼,则所谓非动义者又何容易实落地澈底了解耶? 读书最怕依文生解，自谓见到，却完全没有亲自体验过。试问非动义中有云："犹如吾手转趣前方，实则只有刹那刹那、别别顿转，无间似续，假说手转而无实手由此趣前。此段话，贤者果解到恰好处否？信得及否？须知，非动义必澈底了解，方许窥变，故于变之三义中特标第一。活义为甚要取消去？其中所列举各义何故不应包含于活义之中？留待世间有眼目人抉择。又交遍义不许并入圆满义者，一、显全体起用，用成万殊而各称体，一一具足。一、显用成万殊而重重无碍，故一真法界，非一合相。二义相关，不堪省略。如数一二，言一已有二，却不可说只须数一，不当及二；又不可说宁堪数二，不必及一。关于无作者义之论证，自觉只此便足。非净即染，非常即无常，此于逻辑有何过患？至云本段先后次序不妥，宜先以不可思议义开端作引论，尤所难喻。开端已是不可思议，向下还说什么？当知本段先之非动义，遮遣妄执，庶堪语变；次之活义，正显神变无方；结归不可思议义。明此理唯证相应；理解俗云理智。推度，终成隔膜，如盲人摸象，非无拟似，但不识真象也。如此次序怎生不妥？《新论》每下一义，累经秤量，愿且降心加察，不然亦姑置之可也。

复次，来函谓功能习气之区分，可以自然不自然为准则。又郑重申明草木禽兽之活动悉顺自然，故纯为发于功能，即全属生命力之自然显现云云。贤者最喜谈自然，迂拙却未知贤者所谓自然之意义云何？又云《新论》谓吾人生活内容莫非习气，似未允当。盖生活内容恒能习相混，但不易辨耳，非尽为习气也。此段话却是，然于《新论》未了在。《明心》上下谈心、心所相应同行，贤者奚不察耶？然论本四十六页左《功能章》有云："吾人生活内容，莫非习气。自注云：吾人存中形外者，几无往而非习，此可反躬自明者。"论文故甚其辞，正是欲人猛省。《诗》谓"周黎靡有孑遗"，岂果无孑遗耶？此类句法古书多有，然注中犹置一"几"字，正恐今人误解，奈吾贤终不留心何？《新论》文字，读者总多不了解。大抵自语体文流行以后,文言文便遭厄运。平情而论,朴实说理底文字,用唐宋下底古文固绝对不行,即规仿晚周诸子及魏晋注疏,如王弼、向秀等之作。在今日亦难适用。佛家译籍,其组织精严,极当取则,《新论》即规仿之。而属文造语过于高浑简重,又不宜学。高自可贵,过高则能领者希;浑便含蓄多义,过浑则失之晦;简能提要,过简则失之疏;重即深沉有力,引人沉思,过重则反令一般人不耐读。但如今日流行底语体文,却太不通顺。今日译本少价值,已是大家所公认。吾意欲改造一种文体,即文言白话随意杂糅,不限一格。朱子论学书牍便多如此。实则宋明儒书牍皆如此。船山《读四书大全说》亦复如此。病躯如得渐添生意,将来起草《新论》部乙之《量论》,即当试用新文体。惟文体既变更,则其书成,当离《新论》而别为单行本。即书之题名亦俟届时拟定。此意经多番审虑而后决,并曾质之林宰平先生也。伏暑困倦,强写此信,聊贡悃忱,苦难达意。

　　附记: 此书前面谈《新论》纲要即体用义,读者仍多茫然。今更略为阐述。治哲学者,须于根本处有正确了解始得,若根本不清,即使能成一套理论,亦于真理无干,只是戏论。哲学上的根本问题就是本体与现象,此在《新论》即名之为体用。体者,具云本体;用者,作用或功用之省称。不曰现象而曰用者,现象界即是万有之总名,而所谓万有,实即依本体现起之作用而假立种种名,天地人物等名。故非离作用别用实物可名现象界,是以不言现象而言用也。

　　本体现起作用,亦云体现为用,或云由体成用。此语须善会,不可妄计体用为二。哲学家往往误计本体是超脱于现象界之上,或隐于现象界之背后,而为现象作根原,此乃根本迷谬。《新论》谈体用,正救此失。

　　体是无方所、无形象而实备万理、含万善,具有无限的可能,是一真无待。故说不易。

用者，言乎本体之流行，状夫本体之发现。因为本体是空寂而刚健，空寂之空，非空无义，以无方所、无迷暗，故名空；寂者寂静，极虚灵故，无昏扰相故；刚健则力用至大至强至神。故恒生生不已，刹那刹那，新新而生，不守其故。化化不停。刹那刹那，变化密移。即此生生化化，说为流行，亦名作用或功用。

克就体言，是一极绝待，无方无相。无方所，无形相。

克就用言，是幻现相状，宛尔万殊。大用流行，有迹象现，如电光之一闪一闪而似有物事如赤色者现，此赤色即是闪动之迹象，亦云相状。本体之流行，幻现相状，义亦犹是。既有相状，便宛尔成众多之相，非是一相，故云万殊。所谓万有，即依流行之相而假立种种名。

体，喻如渊深渟蓄之大海水。

用，喻如起灭不住之众沤。

曾航行海洋者，必见大海水全体现作众沤，不可于众沤外别觅大海水；又众沤各各以大海水为其体，"各各"二字注意。非离大海水而各有自体。"非"字一气贯下。

体与用，本不二而究有分，虽分而仍不二，故喻如大海水与众沤。大海水全成众沤，非一一沤各别有自体，沤之体即是大海水故。故众沤与大海水本不二。宗教家说上帝造世界，而以上帝为超越于世界之上，即能造与所造为二。哲学家谈实体与现象，往往有说成二界之嫌，其失亦同宗教。然虽不二，而有一一沤相可说，故众沤与大海水毕竟有分。体与用本不二而究有分，义亦犹是。沤相虽宛尔万殊，而一一沤，皆揽大海水为体故，故众沤与大海水仍自不二。体与用虽分而仍不二，义亦犹是。

体用义至难言，如上举大海水与众沤喻最为方便。学者由此喻，应可悟入。哲学家或只承认有现前变动不居的万象为互相联系之完整体,即计此为实在。如此计者,实只知有现象界,而不承认现象之有其本体,是犹童稚临洋岸,只见众沤而不知有大海水。

或虽计有本体,而不免误将本体说为超脱乎现象界之上,或隐于现象界之后,致有二重世界之嫌。其于体用之本不二而究有分、虽分而仍不二者,从来哲学家于此终无正确。此《新论》所由作。

已说体用,再克就用言之,则用非单纯的动势,必有两方面,曰翕曰阖。翕阖只是方面之异,自不可看作截然二片的物事。阖乃谓神,神即心。翕便成物;现似物质,而非果有实质。物有分限,神无分限,心是无在无不在。《楞严经》"七处征心,十番显见",形容得甚妙。神遍运乎物而为之主,此理之常;物亦可以乘势而蔽其神,此事之变。物成,即不能无坠退之势。无机物犹不得发现心神,植物似已发现心神而仍不显著,乃至人类犹常有心为形役之患。物能障蔽心神,乃后天事势所有,不容否认。但神终为物之主,可以转物而不为物转,究是正常之理。然神毕竟主乎物,宇宙自无机物而有机物,有机物由植物而动物,而高等动物,而人类,乃至人类中之圣哲,一层一层,见心神逐渐显著盛大,确尔官天地,宰万物。而事势终亦不越乎常理矣。自《新论》问世以来,读者每不寻其底蕴与条贯,辄为不相干之攻难,故复撮要言之。

讲词

《新论》与佛家元来意思根本异处,其略可言。佛家思想毕竟是趣寂的,是超生的,"超生"二字见《慈恩传》。是出世的。如《阿含经》专以不受后有为归趣,不受后有,即是不受后生。此为本师释迦氏之思想。后来小乘大乘各派诸师,始终不离此宗极。大乘以无住涅槃为言,即谓生死、涅槃两无住著,然此确不是达观派的人生态度,却是他理想中一种神圣的境地。盖以众生未度尽,则菩萨必不舍众生,故虽不住生死而亦不住涅槃。如是,得随类现化,故其愿力终以度脱一切众生为薪向,即以出世为薪向。佛家哲学思想无论若何深广,要之,始终不稍变其宗教的根本观念,即为生死发心,而归趣出世的观念,此是佛家宗旨,万不可不认明者,《新论》则为纯粹的人生主义,而姑置宗教的出世观念于不议不论之列,此其根本不同者一。佛家本师释迦,其思想最精者,莫如十二缘生之说,此在《阿含》可见。是其为说,固属人生论之范围。及后来大小乘诸师,则始进而参究宇宙论,尤其本体论。旧著《破破论》《破破新唯识论》之省称。述此变迁概略,颇为扼要。至于大乘空宗,直下明空,妙显本体;有宗至《唯识》之论出,虽主即用显体,然其谈用,则八识种现,是谓能变,现行八识,各各种子皆为能变。现行八识,各各自体分亦皆为能变。是谓生灭。其谈本体,即所谓真如,则是不变,是不生不灭,颇有体用截成二片之嫌。即其为说,似于变动与生灭的宇宙之背后,别有不变不动不生不灭的实法叫做本体。吾夙致疑乎此,潜思十余年,而后悟即体即用,即流行即主宰,即现象即真实,即变即不变,即动即不动,即生灭即不生灭。是故即体而言,用在体;即用而言,体在用,此其根本不同者二。

《转变章》以翕闢与生灭两义,曲尽玄微。一方面随顺俗谛,成立心物万象,即所谓宇宙;一方面明翕闢与生灭都无暂住的实法,即无实宇宙,只是本体之流行幻现宇宙万象而已。然复须知,流行者,用之异名。用者体之用,无体即无用,离用亦不可得体,故乃于流行无住之用,识此即是如如不动之体,而万象又莫非真实。《功能章》末段,方承《转变章》,而结归真谛义趣。

《新论》以翕闢义破旧师聚集名心之说,而于西洋哲家唯心唯物之论,皆不蹈其蹊径。心物本相对得名。顺俗则心物两皆成立,证真则境空而心亦俱空。其所以顺俗而两皆可成者，则依翕阖而假说为心物云耳。翕阖便是本体之流行，这个流行的作用不是孤独的，所以一翕一阖。

答薛生

唯识书料子未堪自究，不治法相而研三论亦是无益。就治佛学次第言，未通小乘不可治三论。三论者，大空也。大空从小有小空而来，升堂循阶，登梯历级，乌容躐等。然在今日，学问知识如此其纷繁也，守一家言，所得亦隘，况所谓一家者，犹是数千年前古学。然则吾子纵精通三藏，由小入大，计其精力、复余几何？即以此博得一佛学家之名，亦只是数千年前陈人而已。吾非谓古书可不读，是在汝自定为学趋向。若于佛学方面欲成功一考据家，则非博览三藏而强识之，不足以穷原委、辨流别、析名相也。故于佛典必专力终身，若有一籍未窥，一部未睹，便是大缺陷也。

如其平日对于宇宙人生诸大问题苦心参究，因此，泛观百氏，藉资证明，矫吾偏蔽，博考之余，忽觉佛家义趣特有契合，遂于佛典寄怀深玩，自解资佛典而益开，佛典赖自解而可晓。此语吃紧。自家见地未到，读书决不通晓。迨其学成之后，虽复精多物宏，超然自得，不囿一家，然以其熏染于佛家者深，其精神特有歆契，终为佛家派下人。如此之流，方其披寻佛典，志在领会佛家真义。故其读佛书不必如考据家之博览强识，要在访求根本巨典，潜心体玩。粗之，则识其旨归，辨其脉络，得其系统，穷其枝流；精之，则冥极于所谓语言道断，心行路绝之地。或问：此言识旨归、辨脉络、得系统、穷枝流，与前言考据家须穷源委、辨流别、析名相者，又何所异耶？曰：此二之判，不止天壤，非真知学者难与言此。考据家所穷之源委,所辨之流别,所析之名相,只依文训释,依文甄述而已。取材博而能审,释词有据而不臆说,叙述有条贯而能断,能事尽于此矣。

若夫为自得之学者,其精研古学,凡所以识旨归、辨脉络、得系统、穷枝流者,虽复即文字以妙会古人之意理,而其意理所由形著,实不可以守文而得。易言之,即通古人之意理者,必非徒在文字上着功,要自有所致力于文字之外者。唯其平日仰观俯察、近取远观之余,反己以瀹其源,即事而致其知,既已洞见本原,明察物理。是故读古人文字,能以睿照而迎取古人意理。睿照故无主观之蔽。古人真解实践处,吾可遥会其所以;若其出于意计之私而陷于偏陋浮妄者,吾亦得推其错误之由来,而以吾之经验正之。以故,于古人之意理无不尽也。此其所以识旨归、辨脉络、得系统、穷枝流者,与考据家本领绝异,功用全殊。但此中义味难言,期人共喻,直是困煞。吾子果真志乎此学,则率由之涂,不能不辨。

子于佛学,如志不在考据,则佛家根本经典必不可不读者,得略举下方。先治四《阿含》,此为元始思想。余如本生、本事、因缘、譬喻,四分中共有经百余部,可与《阿含》参看。或不必尽读,但深玩四阿含亦得。小宗派别元有二十部,实则统为空有二派,略见《异部宗轮论》。二十部之分系佛灭后四百余年间事。尔后流变,又不必限于二十部,然终不外空有两轮。小论东来者,谈有一派较多,如《毗婆沙》《顺正理》《六足》《发智》《舍利弗毗昙》《成实》《分别功德》等,并宜浏览。若乃小径略涉,便入大空。大空本经唯《大般若》,群经之王,诸佛之母。此土什、奘,同其所归。大空论籍,四部居宗,曰《大智度》,曰《中论》,曰《百论》,曰《十二门》,义海深而无涯,玄峰峻而无极。大有宗经旧推六部:《华严》《深密》《功德庄严》《阿毗达摩》《楞伽》《厚严》,论则一本十支,羽翼六经。《瑜伽师地》是称一本,《显扬》《庄严》《集量》《摄论》

《十地》《分别瑜伽》《观所缘缘》《二十唯识》《辨中边》《集论》等,是谓十支。《五蕴》《百法》等等,亦十支摄。《成唯识论》糅集十师。此论之作,虽云以上述六经十一论为依据,一本十支,名十一论。但其组织可谓精严,观厥旨归,殊乖了义。斯固有宗之别派,抑乃释氏之末流。然其规模恢扩,结构严整,要是一大学派。至于大经,有《涅槃》《宝积》等等,尤堪玩味。论有肇公《物不迁》,乃此土杰作。因明译籍,《入论大疏》以及《理门》,详其法式,诸论可读。应知佛学问津,因明攸始,未了因明,难治诸论。如《中论》等,纯以形式逻辑凭空建立,因明未习,此何可通?又有声明,吕君有略,释辞毋滞,初学攸资。至于佛史,中土记载,材料虽多,尚待搜集。综前所述,必读而不可不读诸佛书,已揭其目。若求了解,凝神静虑,二三年功应可豁然;若言深造自得,则如朱子之于四书,终身由之而不能尽其蕴。此非朱子故示谦怀,体究道理,确尔如是。譬如《百法》开端一语曰:"一切法无我",语其平易,则随人理解,浅深广狭,各有所会。语其幽远,纵有智人,终身学问,毕竟于斯义趣领会无有穷尽。今人读书,能速为贤,遍翻三藏,自矜易事,轻心读过,何殊未读?读书要在深心体玩,"深心"二字煞是难言。神凝气聚,洞然无己。唯其无己,方乃有己。明鉴当空,无幽不烛。书册所言,吾以虚明沉思其义,假彼真是,吾必得其来历;彼有谬误,吾亦察其因由,其是其非,从不轻断。由其是而深求之,而义理日出不穷矣;由其非而深求之,而义理亦日出不穷矣。彼浅尝粗解、轻断是非者,恶在其能析义穷理耶?夫学之难讲,佛学为尤。聪明之士,辄喜撷拾玄言而不肯留心经论,求其实解。昔人如苏轼之于禅,今人如章太炎之于法相,皆是也。愚钝之人,莫名其妙而信仰,非不治经,非不习论,然其无知自封,混乱拉杂,不堪救药。吾十余年来教书经验,深感青年头脑少有宜于治佛学者。忆十一二年间选课最多,及阅试卷,仅有某生文辞稍为简适,亦无当于题旨。自昔迄今,从未得一可与共学者。吾总觉教书之无趣，每对人言，为吃饭故，方作是事。若不尔者，吾不教书。虽属愤词，亦是事实。大抵治佛书者，最低限度须具二种条件：一、必其抽象的作用高而强，二、必其分析的作用精而锐。佛学理境极高，先儒以穷大失居讥之，实则唯佛学能穷其大。谈理到至大无外处，即其理无在而无不在，谓不可以定居求之固也，谓之失居便非。因其不可以定居求，故短于抽象作用者常若不可捉摸而眩惑起矣。又凡玄学所表者，只是概念与概念之关系，而佛学尤为玄学之极诣。故短于分析作用者，于各个概念间相互的关系，即义理分剂之不可淆混者，乃常不能明辨，而陷于混沌状态矣。昔者屡与林宰平先生言，佛学所以超绝古今者，以其大处、深处令人钻仰无从耳。西洋哲学随科学之进步，经验日富，根据日强，理论日精，其始乎征实，而终乎游玄，岂不极堪宝贵。然而彻万化之大原，发人生之内蕴，高而莫究其极，深而不测其底，则未有如佛氏者也。世之言哲学者，孰不曰研究宇宙人生诸大问题，然试究其所发明者，则于宇宙之体原，或恣为种种戏论，或复置而不求，其于人生之体察尤为肤浅。虽复极其理智之能事，于日常经验的宇宙多所发明，而返诸吾人真理的要求，则哲学家所纷纷其说者，实不足以餍吾人之望。宇宙果无真理耶？人之生也，固若是芒耶？自吾有知，恒困于无量无边之疑问而不得一解，然吾终因佛学而渐启一隙之明焉。汝诚有志于此，吾岂不思得一同调以寄余之孤怀？然汝求学之心则诚矣，汝之聪明果宜于此学否？吾又不能遽断也。吾更有须言者，子诚嗜佛学，则于未研小乘以前，且准备科学常识，而西洋哲学亦必有相当素养。纵厄于家境，不能入学校，然关于科学常识未始不可以自力求之也。西洋哲学，访购稍好之哲学大纲及哲学概论一类译本，细心循玩。哲学所研究之对象为何？是否与科学同其范围？其中之大问题有几？古今哲人对于哲学上诸大问题之解释总有几派？哲学的方法究应如何？此皆必须经过甚深之苦心焦虑而不容疏略过去者。至于某一学派、某一名家之专著,坊间亦多译本,无论好坏,总须购阅。"舜好问而好察迩言",即令译本甚坏,总有原著几分意思,从而察之,讵不足比于迩言耶?观汝前后来书,其于佛学,盖亦笃于宗教方面之信仰而慨然系念乎生死之故。信仰极可贵,但汝既有信仰,吾则不必与汝谈信仰,却须为汝进知识。汝且留意求知的方法,先立定无妄的基础,而后可为大胆的玄想,将来深穷大乘经论,谈空说有,一任纵横,庶几远于谬迷矣。

又汝深信佛学,却未知中国儒家哲学尤可贵也。往尝与林宰平先生言,当今学哲学者应兼备三方面:始于西洋哲学,实测之术、分析之方,正其基矣。但彼陷于知识窠臼,卜度境相,终不与真理相应。是故次学印度佛学,剥落一切所知,荡然无相,迥超意计,方是真机。然真非离俗,本即俗而见真。大乘虽不舍众生,以众生未度故,而起大悲,回真向俗,要其愿力,毕竟主于度脱,吾故谓佛家人生态度别是一般,即究竟出世是也。故乃应学中国儒家哲学,形色即天性,日用皆是真理之流行,此所谓居安资深,左右逢源,而真理元不待外求,更不是知识所推测的境界。至矣尽矣!佛家大处、深处不能外是,其智之过而求出离,以逆本体之流行,吾儒既免之矣。天可崩,地可裂,吾儒之道"范围天地之化而不过",是无可崩裂者也。学哲学而不蕲至乎是,是安于小知间间,暴弃而无可救药者也。吾又何言?阳明子所以言"知行合一",其哀思人类也深哉!

吾年来极苦教书乏趣,而支生无术,只好靦颜其间。虽然,亦有一说。学无可讲,固也。但存此科目,亦是告朔饩羊之意。又此学更非登讲台作演说式可以讲得。吾欲商于主者,授之私室,倘得半个有心之士可与言谈,即此理在天地间亦有所寄。而不相干之学子亦不愿其与于斯课,是则吾近来教学之意也。人之所贵者诚也,一诚而天地以之立,万事以之成,吾于子之信而见子之远于虚浮矣。伏暑无聊,不得看书,不得作想,濡毫伸纸,答子之信,感尔绸缪,触吾诚悃,不觉道出心事如此之多。子其三思,反是不思,亦已焉哉。

答谢石麟

来问谓见《答薛生书》,颇有疑滞。今酬对如左。

一、伊川《易传》颇详士夫进退之节,足为世人贪残竞进之戒,固也。然试问贪残者何由竞进,岂非贤士无道则隐,不合则去,乃让此辈横行耶? 汉以后儒者,其言进退之义,大抵以个人立场,视君主与朝政昏明而衡其进退之当否。至于个人不能离社会而独存,必期改造社会以适于共同生活而不容昏乱势力之存在者,此当有进无退,而后儒罕有能申此义者也。《同人》一卦明明不取个人主义,《革》《鼎》二卦显示唯真革命而后有新创建。彼矜持小己,伺阴阳否泰之机运消长以为进退者,其不足与于《革》《鼎》明矣。易道广大精微,后儒虽不无独得,而能会通以尽其隐者谁欤?

二、疑吾读佛书,或任己见。此乃妄臆其然。吾尝言:凡读书者,须有主观方面之采获,有客观方面之探求。先言主观。读者胸中预有规模,有计画,则任读何书,随在有足供吾之触类而融通者;若无规模、无计画而茫然读古人书,读一书即死守一书之文义,读两书即死守两书之文义,是谓书蠧,何关学问? 次论客观。某一学派之大著,必自有其独到之精神,必自有其独立之系统。读者既有主观之采获,遂谓得彼之真,窥彼之全也,于是必以主蔽客也。故必屏除一己所独类融通者,而对彼之宏纲众目,为纯客观之探求,方见吾与彼之异,及吾与彼并其他诸家之异,益征理道无穷,宇宙无量,而免入混乱或管窥之消矣。吾任读何书,只是如此。

三、《中论》涵义，广远无边，幽隐无尽，所谓"冒天下之道，如是而已者也"。须将外宗见解及佛家整个意思完全了了于胸中，读去才有领悟。不然，只感觉空洞一无所有。"空洞"与"空脱"二词，意义全殊。空脱者，《易》之所谓"妙万物而为言者也"。今日治哲学的人，如有超出眼光，能理会《中论》玄旨于文言之外，必另有一般乐趣。宋人词云："众里寻他千百度，回头蓦见那人正在灯火阑珊处。"此言虽近，可以喻远。

四、世亲护法唯识，所以为有宗别派，释氏末流者。此派学说，实多从数论、胜论脱胎而出，吾于《破破论》中已略明之。如赖耶中种与现行互为缘起之说。种子即由数论自性、胜论极微，两相比较而立。胜数二宗并许有我，赖耶即变相之神我论，此其脉络相通，历然可辨者也。基师《述记》叙胜数二宗特详，盖隐索其源云。佛家初说赖耶，不过表明习气沈隐而为一团潜势，实为晚近心理学家言潜意识者导其先河。此就心理学之观点而言，极有价值。但自世亲迄护法一派，乃将赖耶说为神我，遂为其宇宙论上所建立之根本依。旧说赖耶名根本依，以宇宙依赖耶及彼所藏种子而现起故。此如何不是别派？如何不是末流？至其为繁琐而无据之分析，亦吾所不取。

五、来书举章太炎先生与吴生论宋明道学书数端。一云："阳明所谓良知者，以为知是知非也，此即自证分。八识皆有自证。知是知非，则意识之自证分也。"此说甚谬。旧唯识师四分义，其无当于理，吾已于《新论》及《破破论》略明之，此姑不辨。彼所谓四分者，就眼识言，色即相分；了色之了，即见分；相见二分所依之体，即自证分；此能证知自见分故，名自证；依自证体上而别起用，是能证知自证者，名证自证分。眼识如是，耳识乃至第八赖耶亦各各有四分云。至其所谓四分者，又有内缘外缘之不同。见分缘外，不缘内心；自证缘见，见即内心；证自证与自证二分互相缘，此皆内缘自心，不缘外相。又就意识言，见分缘相，容通三量；自证缘见，及与第四互缘，唯是现量，不起筹度分别。义见论疏，非吾臆说。今章氏乃指良知为自证分，则是良知不得外缘。吾人于应接事物时，对于是非之分辨作用，应只是见分，决定不是自证分。易言之，即应不是良知。何以故？良知即自证分，是乃内缘见及第四，不得外缘事物故。又唯是现量无有筹度分别故。如何说它知是知非？章氏既不解四分，又不了何谓良知，是真章实斋所谓"横通"者。二云："罗达夫称，当极静时，觉吾此心，中虚无物，旁通无穷云云。此亦窥见藏识之明征。其所谓主宰即流行，流行即主宰者，王学诸儒，大抵称之。而流行即恒转如暴流，主宰即人我法我。其执为生生之几者，亦是物也"等语。此一段话，章氏平生笔语盖亦屡见。章氏根本迷谬在此，殆无望其能悟，但后生不可为其所惑耳。赖耶恒转如暴流，只是习气流转，以此拟之吾儒所谓流行，其过不止认贼作子，其罪实当堕入泥犁。儒者所谓流行是生生不息真机，若视此为赖耶染法而为应断且可断者，则堕断见与空见。《系传》盖云：《易》不可见，乾坤几乎熄。圣人之忧愚妄可谓切矣！至云"主宰即人我法我"，就有漏妄执一方面言，执之异名为我，我即主宰义，章氏之说，固亦有当。然佛家破我后，复成立有我，义在《涅槃》，章氏岂未读耶？《涅槃》所说之我，是何义趣？岂可与二执之我混作一谈耶？儒家于流行中识主宰，即于流行之健而有则处见主宰义。运而不息者其健也，遍为万物实体而物各如其所如者，乃见其有则而不可乱也。验之吾心，流行不息，应感万端，而莫不当理，无有狂惑者，即此识得主宰，非别有物为之主宰也。此乃廓然无执而后识主宰，云何以彼之所谓执而拟此之所谓主宰耶？即主宰即流行，即流行即主宰，此为无上甚深了义，须深玩《大易》而实体之于心。老庄为《周易》之别派，亦多可参玩者，吾当别论。做过苦参实践工夫方有几分相应，此非猜度所及也。佛家《涅槃》谈主宰而不说即主宰即流行，西洋哲学亦有谈流行而不悟即流行即主宰。通变易_{流行}。与不易_{主宰}。而一之者，是乃吾先哲之极诣。此固非章氏境界，而实余之所欲无言者也。《新唯识论》一书在今日尚不堪复瓿，固其宜耳。三云："意有意识意根之异。诸儒未能辨也。独王一庵知意非心之所发。自心虚灵之中确然有主者，名之曰意，此为知意根矣。而保此意根，即是不舍我见，此一庵所未喻也。"章氏此段话，直是无可救药。大乘意根即第七末那识，此其所由建立，固自成系统。其根本主张则八识为各各独立之体，以各从自称生故。第七恒执第八见分为我，是谓染污。王一庵不曾分析此心为七个八个也，其所谓意与心之名，乃依义理分剂而多为之名耳。实则心意非有二体也，于心之有主宰义而别立意名。主宰于何见？吾常令学者玩颜子四勿，曰"非礼勿视，非礼勿听，非礼勿言，非礼勿动"。就在此四勿上识主宰也。依此主宰义而名之为意，是一庵真实见地，而章氏奈何以染污末那拟之耶？此而不辨，则是断绝性种，不止瞎却天下人眼目，自余无一字不妄，以无关宏旨，可置勿论。

佛学，头脑不宜者，勿习为佳。今日少年，稍涉佛书，名相既多，固足供其猎取，言无固宜。而不知抉择者，则适增其混乱。夫学子用思，窒塞不通者无伤也。一涉混乱，便误终身，其可不戒欤！

与赖振声

佛书中"法"字底意义，本略当于中文"事物"字义。_{略字注意。}如瓶等名法，即人造器具名法也；色声等亦名法，即一切物质现象通名法也。心亦名法，即一切精神现象名法也；推之一切为思维中之所构画，不论为实义，为虚名，_{如龟毛兔角等者，但有虚名，《大论》亦说名假法。}但为心上所现相，而皆可得法之名。即言有无之无，亦名无法，乃至宇宙实际_{亦云本体。}亦得法名，所谓无为法是也。"法"字意义，在思维方面总是表示好似有个物事的，这个意义仅据在思维方面说，才普遍适用于一切"法"字。若必就"法"字所指目者而言，则除色声等实境而外，大都在事实上却不曾如有个物事的那样存着。故"法"之一词，是至大无外之公名。然复当知，上来所说，是就"法"字底一般通用之意义而言，此本不含胜义，而亦不含劣义。至于诸经论中所说破我法二执之"法"字，便含有劣义，与在一般通用底情形之下其意义截然不同。此等处极须辨别，稍一含混，虽读破三藏，或高谈佛法，其实于佛家道理绝无丝毫入处。夫法执之"法"字亦是表示有个物事的意义，然于此独谓其含劣义者，则以"法"之一词在一般通用底情形之下，虽以之指目实境如色声等。与实义，如诸所作性者，皆是无常，是实有此义也。或思维中之所构画，但因思想与言说方便假施设故，此语吃紧。故无有过。若乃法执之"法"字，此则特就凡夫情识计度而言。凡夫情计，情识计度，省云情计。总是于一切心行处，都隐然看作有个物事的，心行者，心之所游履曰行。而且其意义甚是呆板，甚是固定，不独执着现前境界如瓶等者是如此，即其推求事物底共相时，他亦本其执着现前境界底迷谬观念以推诸一切，而无往不是妄执凝然。他底思维如此执滞，将以推度真理，哪得与真理相应？直似春蚕作茧，重固自缚，无所解脱。故所谓法执底"法"字，乃是含有此种意义。世尊十二部经何止千言万语，其要只是破法执。我执也是从法执中别出来说，此意当别谈。

写此已竟。有问：如来说法之"法"字何解者？答曰：如来为诸愚夫不了一切法相、法性而起妄执故，故假言说，令于诸法性相，如其实义而了知之，除迷妄计。是名说法。故此"法"字，即指一切法相义理乃至诸法实性，即无上了义而言之也。

附志：法相即谓色心诸行，略当俗云宇宙万象；法性者犹云万物实体。

上来释"法"字义，乃融会佛家底大意而谈。若必引据故训，则应以轨持二义训释"法"字。《论》云：法谓轨持是也。何谓轨持?《疏》云：轨谓轨范,可生物解;持谓任持,不舍自性。此二句殊费解。今释上句云：轨范者,略当于法则底意义,可生物解之物,即人之异语。盖法之为言,即明其所目事物之本身,具有一种轨范可以令人对之而起解也。如名白色以法,即此色法具有可变坏性底各种轨范,才令人对彼生起如是色法之解。上句之义略如此。复释次句。性者,体之异词。自性犹云自体。"任持"二字底意义在读者潜玩,似不好再下训释,若必强为训释,任是保任,持是持守。谁保任之? 只是它自己保任着;谁持守之? 只是它自己持守着。不舍犹言不失。盖凡言法者,即明其本身是能自任持而不至舍失其自体也。如前举白色是一种法也,此白色必能任持其白色自体而不舍失,方名白色;设若不能任持,则于彼_{白色}。才作白色解,而彼同时却已舍其自性而忽为红为绿。如此,即白色完全是不可捉摸的东西。易言之,只是没有物事了,还说甚白色? 故持之一义最要紧。综合轨持二义,即名为法。中文"物"字略含持义,前所谓有个物事的云者,即略通于持义也。中文"物"字亦是至大无外之公名,不论有形无形,皆得以物名之。王静庵文集中似有一文,_{不忆是《释理》否}。谓玄学中表示本体之词,"物"字不合用,只好用个"有"字。其辞吾不能全忆,而意似如此。静庵此说殊未安。如《中庸》云："其为物不贰,则其生物不测。"此中"物"字断无有作经验界底物事去解者;又如《老子》云："道之为物"。此"物"字乃是道之状词,稍有智者断不因此将道作呆板东西解去,孰谓"物"字不合用为表示本体之词耶? 中文"物"字底用法最普遍,佛书中"法"字的用法亦最普遍。若乃以"有"字用为表示本体之词,在佛家亦说真如名实有,然唯大乘先说空而后显有,_{此处吃紧}。故为善巧,故为诚谛。西洋哲家之所谓有者,吾恶知其所有之非妄执耶? 张申府教授读《中论》,美其空脱。吾函之曰："见到空脱了,须见实际始得。"渠甚然之。此说当与上言空有者参看。_{不悟}

空脱，难言实际。

轨持说竟。一生发问："所言法者即轨持义，如此则色声等等固可名之以法，以皆具轨持义故。心识亦可名之以法，一念心生，亦有无形之形，不妨谓其有任持自体义。心的现象亦自具有轨范，即轨义得成，所以心识可说名法。至于吾人一切思维中底东西，如空华，如龟毛，如兔角，如上帝，如神我等等者，云何亦得名法耶？"余曰：善哉问也。子思维中构画一个物事，不妨说为一个概念。虽非如外色等有实物，色境本无所谓外，姑随俗假说名外。然在汝思维上却是有个物事的了。此事汝自当承认。今随举龟毛为例。汝口说龟毛时，即汝心中已起了一个龟毛之想，然汝于作龟毛想时，分明是龟毛相，不是鳖毛相，岂非龟毛相上具有任持自体义耶？又岂非兼具有轨范义耶？故龟毛等亦名假法，《论》说为无体假故。思维上底龟毛相，本无自体，故谓之无体假。推之有无、一多、因果、迁流等等范畴，在《大论》及《百法论》中并名分位假法。凡此一一假法，亦皆具轨持义。若不尔者，如汝作无想时，分明此是无不是有，即此无具有任持自体义，亦兼具有轨范义，故无亦名法也。余准可知。

"法"字训释如上，殊嫌烦琐，然为使人了解起见，欲简之而不得也。吾每遇人问"法"字何解，有时简答，则彼且滞于一隅；有时详答，则彼又眩惑而不知分析，更不知综会。在私室晤对多遇此等，在学校讲授尤感此困。今日学子之头脑，不知何故如是窒碍，此番又因诸生问及，因与详说，且惧其遗忘，随笔如右。吾见许多高谈佛法者，于佛书中"法"字多未曾解，即有贤者亦不免模糊。大抵随文读去，如见色法字句，便模糊还它一个色法，乃至见无为法字句，便模糊还它一个无为法，正如中文作文，只是习惯用法，初不能言其文法之何以如此也。

附志：吾讲"法"字时，每遇人因轨范义，遂误会此"法"字为指万有通具之法则而言，此则差错太远，令人气愤。《论》云"法谓轨持"，明明以轨持二义作此"法"字底训释。易言之，只以轨持义来训诂这个"法"字,何曾谈到万有底法则上去?

答沈生

中国的哲学不似西哲注重解析。此个问题甚难置答。据我推测,大概中国人生在世界上最广漠清幽的大陆地方,他底头脑深印入了那广漠清幽的自然,他底神悟直下透彻了自然的底蕴而消释了他底小我。易言之,他底生命与自然为一。儒家"与天地合其德,与日月合其明",老子底"返朴",庄子底"逍遥游"。这些话都是表示他大澈悟大自在的真实境界。因此,他不愿意过计算的生活,不肯把本来浑全的宇宙无端加以解析,不肯把他本来浑一的生命无端分作物我,别了内外。他见到分析是因实际生活方面而起的一种支离破碎的办法。他并不是故意反知,却是超出知识猜度的范围而握住了真理。因此,应该说他是超知识的。我总觉得哲学应该别于科学,有他独立的精神和面目。科学之为学,是知识的;哲学之为学,是超知识的。《白虎通》说:"学者觉义。"觉者,自明自见自证,这是为哲学的"学"字下个确切的训释。哲学和科学底出发点与其对象以及领域和方法等等根本不同。哲学是超越利害的计较的,故其出发点不同科学。他所穷究的是宇宙的真理,不是对于部分的研究,故其对象不同科学;他底领域根本从本体论出发而无所不包通,故其领域不同科学;他底工具全仗着他底明智与神悟及所谓涵养等等工夫,故其方法不同科学。一般人都拿科学的眼光来看哲学,所以无法了解哲学,尤其对于东方的哲学更可以不承认他是哲学。因为他根本不懂得哲学是什么,如何肯承认东方底哲学?我觉得在今人底眼光里,好似东方硬没有学问。本来哲学上的道理,能见到的人便见得这道理是无在无不在,不能见到的人也就没有什么。先哲说得好:"百姓日用而不知。"可惜这句话底义味少人领得。

所谓超知识的也者,本无神秘,亦非怪迁。知识所以度物。而理之极至不属于部分,乃万化所资始,则不可以物推度,唯反其在己,自识本来。情蔽祛则物我之障都除,识想亡则内外之执顿尽。识想,谓虚妄分别。内外之界,起于分别故。一真无待,当下炯然,瞒昧不得,起想便乖,此非知识所行境界,何消说得? 向秀云:知生于失当。徇物故有知,可不谓之失当乎? 人生役于实际生活,不得不徇物,而知于此起焉,然至徇物而性命亏矣。

又哲学与美学及宗教不同者,美学是由情感的鉴赏而融入小己于大自然,此兴趣所至,毕不自识本来面目。宗教是由情感的虔信而皈依宇宙的真宰。这个真宰完全是他底意想所妄构。哲学则是由明智,即最高的理性作用对于真理的证解,实则这种理性的证解就是真理自身的呈露,故无能所可分,故离意想猜度,故真理不是妄构的境界。

与赖生

子笃实人也。忠信可以习礼,笃实可以为学,尽力所至,莫问收获,只问耕耘。著书是不得已,如蚕吐丝,如蜂酿蜜,非有所为而为之也。陈白沙诗云:"莫笑老佣无着述,真儒不是郑康成。"得此见地,方许通过要津。

与燕大明

朱九江先生涵养深厚,德性纯懿,潜不遗世,清不绝物,真醇儒也。生平著述多未卒业，临没悉取焚之。康有为虽尝称其师，顾其智实不足以窥师门之蕴也。吾顷读九江书牍，想见其胸怀洁净，意思深远。

与余生

魏晋以后，道家思想渐失其独立性。盖穷玄之徒，若果于孤往，则一涉道家，必以为未足而之于佛矣；若穷玄而不肯遗世者，则一涉道家，必以为未足而归于儒矣。儒者自有穷神知化与穷理尽性至命之学，道家又不及也。宋以后之儒与释莫不兼摄道家，但不能以道家名之。

答王维诚

昨灯下得来函，不便展阅。顷方开函。《老子》书作者，古鲜确征。然吾意即《庄子·天下篇》所称之老聃也。详此篇以老子与关尹同为古之博大真人，其师承在此可见。后人以老庄同列道家，自是定案。来函举嵇中散《卜疑》，以老聃清净，守玄抱一，庄周齐物变化，洞达放逸，明老庄不同。其说老尚合，其说庄则甚未妥。顺变化者存乎守玄，不得其玄，何能知变？物万不齐，任之而皆齐者，唯得一故。不贞于一，物云何齐？《老子》云："天得一以清，地得一以宁，神得一以灵，谷得一以盈，万物得一以生，侯王得一以为天下贞。"夫天也、地也、神也、谷也、万物也、侯王也，物之至不齐也，乃其以清、以宁、以灵、以盈、以贞者，同于得一则不齐而齐矣。庄周《齐物论》从是出也。故乃"举莛与楹，厉与西施，恢诡谲怪，道通为一"。若使无见于一，而徒曰彼此之别、是非之竞，纵而任之，不齐斯齐，此成何义？夫老子言天地万物皆得一以清以宁乃至以贞者，即凡物各各皆得此一以成。然任物之各成乎清、宁、灵、盈、生、贞等等者，要莫不皆一焉。故庄子本之，以泯小大之见，息封畛之患，玄同彼我，双遣是非，而休乎天钧。天钧者，一之谓也；一也者，非混同一一物以作一，乃即于一一物而皆见一，于屎见一，于尿见一，而香臭之情舍，故曰"道在屎尿"，否则其能谓屎尿为非屎尿乎？于泰山见一，于秋毫见一，而巨细之见亡，故曰"泰山非大，秋毫非小"，否则其能谓秋毫与泰山等量乎？理穷其至，现前皆一理平铺，事究其真，万有是一真显现，未有不能守一而可言齐物者。庄生其远矣！不达于一，猥言不齐故齐。清谈家无知之肤词而章太炎犹拾之。其独吾子能勿妄信耶？总之，老子开宗，直下显体，庄子得老氏之旨而衍之，便从用上形容。《老》《庄》二书合而观之，始尽其妙，师资相承，源流不二，嵇中散何能窥二氏底蕴？其所说特文人揣摩形似之词耳。老氏致虚守静，其言体但寡欲以返真，所谓"为道日损"，损只是寡欲。寡得尽，真体便显，其旨如此。儒家主张成能，详《易系传》。尽人之能，以实现其所固有之天真，欲皆理而人即天也，此老氏所不喻也。老氏谈体遗却人能而言，故庄周言用亦只形容个虚莽旷荡，全没有理会得天行健的意义，儒道见地根本异处在此，然此中意义深微，昔儒罕见及此。所以儒家说他不知人。其实庄子错处都从老子来，皆不免滞虚之病。然老子清净，及其流，则以机用世；庄周逍遥，及其流，则入颓放一路，二氏影响又自不同。学老子之清净而无其真知实践，其深沉可以趋机智；学庄周之逍遥而无其真知实践，其不敬，必归于颓放。魏晋玄家皆学庄子而失之者也。庄子言治术，本之《春秋》太平义，而亦深合老氏无为之旨，盖主自由，尚平等，任物各自适，而归于无政府。来问疑其与老氏有异，非是。

答谢石麟

函来多日,欲复屡止,意兴总不佳故也。哲学上之宇宙论、人生论、知识论,在西洋虽如此区分,而在中国哲学似不合斠画太死。吾心之本体即是天地万物之本体,宇宙、人生宁可析为二片以求之耶?致知之极,以反求默识为归,斯与西洋知识论又不可同年而语矣。总之,中土哲人,其操术皆善反,孔子言反求与默识,孟子言"万物皆备于我",则以反身而诚得之。张子曰"善反则天地之性存焉"。庄子云"自明自见",亦此旨也。其证解极圆融。即物即心,即外即内,即动即静,即器即道,即俗即真,即多即一,即现象即实体。西洋则难免庄子所谓"小知间间",不睹天地之纯全。间间者,分析貌。然西洋所以发展科学,其长亦在此。吾子新年仍能留平习学否?生事不至窘迫无可耐否? 吾今年畏冷特甚,血气遂衰,病躯仍是弱不胜衣,此极令人无生趣也。振声想聚处如故。为学当深心体玩道理,不可徒任肤泛见闻。佛典难通,宁可暂置,若妄从人授,为害实多。

戒诸生

中国学人有一至不良的习惯,对于学术根本没有抉择一己所愿学的东西,因之其所学无有不顾天不顾地而埋头苦干的精神,亦无有百甘受世间冷落寂寞而沛然自足于中的生趣。如此,而欲其于学术有所创阐,此比孟子所谓"缘木求鱼"及"挟泰山超北海"之类,殆尤难之又难。吾国学人总好追逐风气,一时之所尚,则群起而趋其途,如海上逐臭之夫,莫名所以。曾无一刹那,风气或变,而逐臭者复如故。此等逐臭之习，有两大病：一、各人无牢固与永久不改之业，遇事无从深入，徒养成浮动性。二、大家共趋于世所矜尚之一途，则其余千途万辙，一切废弃，无人过问。此二大病都是中国学人死症。吾且略举事例。远者姑置勿论，前清考据之风盛，则聪明才俊之士，群附汉学之帜，而宋明义理之学则鄙弃不遗余力。民国洪宪之变以后，时而文学特盛，则青年非为新文学家不足自慰。时而哲学特盛，则又非哲学不足自宠。时而科学化之呼声过高，则青年考大学者，必以投理工弃文哲为其重实学去浮虚之最高表示。实则文学、哲学、科学，都是天地间不可缺的学问，都是人生所必需的学问。这些学问，价值同等，无贵无贱。我若自信天才与兴趣宜于文学，则虽举世所不尚，吾孤往而深入焉，南面之乐不以易也。乃至自信我之天才与兴趣宜于哲学或科学，则虽举世所不尚，吾孤往而深入焉，南面之乐无以易也。如此，则于其所学必专精而有神奇出焉。试问今之学子，其习业果非逐臭而出于真正自择者有几乎？又试就哲学言，西洋诸名家思想经绍介入中国者，如斯宾塞，如穆勒，如赫胥黎，如达尔文，如叔本华，如尼采，如柏格森，如杜威，如罗素，以及其他都有译述，不为不多，然诸家底思想不独在中国无丝毫影响，且发生许多驳杂、混乱、肤浅种种毛病，不可抓疏。此何以故？则因诸家之学，虽经译述其鳞爪，或且移陈其大旨，然当其初入，如由一二有力者倡之，则大家以逐臭之态度而趋附。曾未几时，倡者已冷淡，而逐者更不知有此事。夫名家显学既成为一派思潮，则同情其主张而移译之者，必有继续深研之努力，方得根据其思想而发挥光大，成为己物。今倡之者既出于率尔吹嘘，逐之者更由莫名其妙之随声附和。若此，则诸哲学家之精神如何得入中国耶？夫学者之于理道也，不恬淡，则胸怀不得冲旷而与理道绝缘矣；不寂寞，则神智不得无扰而与理道绝缘矣；不专一，则思虑不得深沉而与理道绝缘矣；不恒久，则考索不得周遍而与理道绝缘矣。逐臭者，趋时尚，苟图媚世，何堪恬淡？随众势流转，侥幸时名，何堪寂寞？逐臭之心，飘如飞蓬，何能专一？自无抉择之智，唯与俗推移，无所自持，何能恒久？故一国之学子，逐臭习深者，其国无学，其民族衰亡征象已著也。中国人喜逐臭而不肯竭其才以实事求是；喜逐臭而不肯竭其才以分途并进；喜逐臭而不肯竭其才以人弃我取，此甚可忧！

与张东荪

北大转到惠书并大著《认识论》一册，纵主张与我不同，而在我自有了解之必要。平生服膺《大易》"天下殊途而同归"、"一致而百虑"两语，谓治哲学者不可无此理趣。贱体病亏日久，贫患加侵，居常镇日不能事事，宰平盖稍悉此情。自前冬，即欲阅书数种，再作《新论》未完部分。荏苒迄今，竟未知何日可能着手，草玄之愿徒悬，自强之气似馁，幼安危坐，犹因事导人；船山孤往，有著书遗后。吾当衰世，云何自靖？念此泫然，仰屋嗟语，公其有以教我耶？哲学年会亦自难言。若行数十笃志好学人，以时嘉集，各抒心得，振起玄风，本属盛举。如其悠悠浮士，招以虚声，聚如邹鲁之哄，散便各不相谋，此复成何事体？弟刻住漱溟宅，还须觅寓。俟觅定，当以奉闻。

答张东荪

弟以病躯，常有神伤不敢窥时报之感，故未阅《晨报》。昨闻人言，兄有一文，题曰"中西哲学合作的问题"，登在《北平晨报》思辨栏，系对弟前登天津《大公报》之文而发者。弟固素喜闻吾兄之言论，因觅取一读。关于"合作"一词,弟前文中尚未用及,只有如下数语:愚意欲新哲学产生,必须治本国哲学与治西洋哲学者共同努力,彼此热诚谦虚,各尽所长,互相观摩,毋相攻伐;互相尊重,毋相轻鄙,务期各尽所长,然后有新哲学产生之望云云。

兄或即由此段文字而判为主张合作,实则与尊意所谓中西分治元是一致也。分治之说,自社会言之,却是完成合作。如造针厂然,锻铁乃至穿鼻等等,人各分工而治,恰恰以此完成合作之利。但就个人治哲学而言之,是否应当中西兼治?弟颇因尊论而愿有所言。常以为如有人焉,能尽其诚,以兼治中西之学而深造自得以全备于我,则真人生一大快事,更有何种理由能言此事之不应当耶?如兄引《荀子》书云:"君子之学也,入乎耳,著乎心,布乎四体,形乎动静。端而言,蠕而动,一可以为法则。小人之学也,入乎耳,出乎口,口耳之间则四寸耳,曷足以美七尺之躯哉!古之学者为己,今之学者为人。君子之学也,以美其身;小人之学也,以为禽犊。"此段话确足代表东方各派哲学底一致的根本的精神。中国儒道诸家如是,印度佛家亦如之。佛家经典,形容佛身——毫端放大光明,表示宇宙底清净就在他身上实现着。易言之,他就是真理显现。所以他说真如一名法身,不是当作所知的外在境界。特各家所造自有浅深,此姑不论。然此等实践的精神,即把真理由实践得到证明,人只要不妄自菲薄,志愿向上,则从事此等学问,用一分力,有一分效;用两分力,有两分效。谁谓治西洋哲学者对中国哲学便当舍弃不容兼治耶?

尊论云:"中国人求学的动机是求善而不是求真;西方人底求知,志在发掘宇宙的秘密,便和开矿一样,其所得是在外的,与得者自身不必有何关系。所以西方能成功科学。这个态度是以求知道实在为目标,不是当作一个价值来看。总之,西方人所求底是知识,而东方人所求的是修养。换言之,即西方人把学问当作知识,而东方人把学问当作修养,这是一个很可注意的异点。"此段话是真见到中西文化和哲学根本不同处,非精思远识如吾兄者,何能道及此?但吾兄必谓中西可以分治而不堪融合,则愚见适得其反。吾侪若于中国学问痛下一番工夫,方见得修养元不必屏除知识,知识亦并不离开修养,此处颇有千言万语,当别为详说。唯于兄所谓西学求真、中学求善之旨,是以真善分说,弟不必同意。兄云:"西人态度以求知道实在为目标",则所谓真者,即实在之异语,然'实在'之一词或'真'之一词,似宜分别其用于何等领域之内,方好判定其涵义。而西洋哲学家真善分说之当否,亦将视'真'字之意义为何,然后可论。弟意哲学_{实只玄学}。所求之真或实在,与科学所求之真或实在本不为同物。科学所求者,即日常经验的宇宙或现象界之真。易言之,即一切事物相互间之法则。如凡物皆下坠,凡人皆有生必有死,地球绕日而转。此等法则即事物之真,即现象界的实在,科学所求之真即此。但此所谓真,只对吾人分辨事物底知识的错误而言。发见事物间必然的或概然的法则,即得事物底真相,没有以己意造作变乱事物底真相,即没有错误,故谓之真。是所谓真底意义,本无所谓善不善。此真既不含有善的意义,故可与善分别而说。西洋人自始即走科学的路向,其真善分说在科学之观点上固无可议。然在哲学之观点上亦如之,则有如佛家所斥为非了义者,此不可不辨也。哲学所求之真,乃即日常经验的宇宙所以形成的原理或实相之真。_{实相犹言实体}。此所谓真是绝待的,是无垢的,是从本已来自性清净,故即真即善。儒者或言诚,诚即真善双彰之词。或但言善_{孟子专言性善}。而真在其中矣。绝对的真实故,无有不善;绝对的纯善故,无有不真。真善如何分得开?真正见到宇宙人生底实相的哲学家,必不同科学家一般见地把真和善分作两片说去。吾兄谓中人求善而不求真,弟甚有所未安,故敢附净友之末,略为辨析。总之,中国人在哲学上是真能证见实相,所以他总在人伦日用间致力,即由实践以得到真理的实现。如此则理性、知能、真理、实相、生命,直是同一物事而异其名，此中"理性"、"知能"二词与时俗所用不必同义，盖指固有底而又经过修养的之明智而言。中人在这方面有特别成功，因此却偏留神践履之间，如吾兄所谓本身底修养，便不能发展科学。吾前言"修养元不必忽视知识"，须知不必云云，则已不免有忽视知识的趋势。周子曰："天下势而已矣。"势，轻重也。富哉斯言！古今几人深会得？凡事势流极，至于天地悬殊者，其肇端只在稍轻稍重之间，非析理至严者莫之察也。《易》云："差之毫厘，谬以千里。"有味哉斯言也！罗素常说，喜马拉雅山头一点雨稍偏西一点，便落入印度洋去；稍偏东一点，便落入太平洋去。中人学问，起初只是因注重修养，把知识看得稍轻，结果便似屏除知识，而没有科学了。西人学问，起初只因注重知识，所以一直去探求外界的事物之理。他也非是绝不知道本身的修养，只因对于外物的实测工夫特别着重，遂不知不觉的以此种态度与方法用之于哲学，他遂不能证得实相而陷于盲人摸象的戏论。因此，他底修养只是在日常生活间，即人与人相与之际有其妥当的法则，此正孟子所讥为外铄，告子义外之旨即此。后儒所谓"行不著、习不察"，亦谓此等。中人底修养是从其自本自根，自明自了，灼然天理流行，即实相显现。而五常百行，一切皆是真实，散殊的即是本原的，日用的即是真常的。如此，则所谓人与人相与之际，有其妥当的法则者，这个法则底本身元是真真实实，沦洽于事物之间的，可以说事物就是由他形成的，若反把他看作是从人与人底关联中构成的，那法则便是一种空虚的形式。这等义外之论是不应真理的。所以言修养者如果不证实相，其修养工夫终是外铄。所以站在东方哲学底立场可以说，西人的修养工夫还够不上说修养，只是用科学的知识来支配他底生活，以由外铄故。或谓康德一流人，其言道德似亦不是外铄的，可谓同于东方哲人的修养否？此则不敢轻断。然康德在谈道德方面亦承认神的存在，此为沿袭宗教思想，且与科学计度外界同其思路，斯与东方哲学复不相类。总之，西人学问纵不无少数比较接近东方者,然从大体说来,西人毕竟偏于知识的路向,而距东方哲人所谓修养不啻万里矣。有谓吾兄以修养专属中人为不必当者,是乃粗疏之见也。如上所说,可见中西学问不同,只是一方在知识上偏著重一点,就成功了科学;一方在修养上偏著重一点,就成功了哲学。中人得其浑全,故修之于身而万物备。真理元无内外。西人长于分析,故承认有外界,即理在外物,而穷理必用纯客观的方法。中西学问不同,举要言之,亦不过如此。弟数十年来感于国人新旧之争,常苦心探索其异处,常闻明季哲人方密之遗书谓中学长于通几,西学长于质测;通几由修养而得,质测乃知识所事。其与吾侪今日之论犹一辙也。弟唯见到中西之异,因主张观其会通而不容偏废。唯自海通以来,中国受西洋势力的震撼,中学精意随其末流之弊,以俱被摧残,如蒜精之美,不幸随其臭气而为人所唾弃。因是惶惧,而殚精竭力以从事于东方哲学之发挥。《新唯识论》所由作也。是书今人盖鲜能解者。吾兄一向用功,亦不同此路数,或不必同情此书。弟因触及素怀,便及此事,要不欲多所旁论。窃以为哲学与科学,知识的与非知识的即修养的。宜各划范围,分其种类,辨其性质,别其方法。吾侪治西洋科学和哲学,尽管用科学的方法,如质测乃至解析等等;西洋哲学从大体说来,是与科学同一路子的,虽亦有反知的哲学,较以东方,仍自不类。治中国哲学必须用修养的方法,如诚敬乃至思维等等。孔孟恒言敬、言诚。程子《识仁篇》云"以诚敬存之"。朱子所谓"涵养",即诚敬也。孔孟并言思,孟云"不思即蔽于物",甚精,孔云"思不出其位"者,此犹佛家所谓"思现观"。不流于虚妄分别,不涉戏论,是谓"思现观",是谓"思不出其位"。宋以后儒者言修养,大抵杂禅定而思维之功较疏,宜反诸孔孟。"道并行而不相悖",正谓此也。修养以立其本,则闻见之知壹皆德性之发用。而知识自非修养以外之事,智周万物,即物我通为一体,不于物以为外诱而绝之,亦不于物以为外慕而逐之也。孔孟之精粹,乃在是耳。孔孟主修养而未始反知也。当此中西冲突之际,吾侪固有良好模型，又何必一切唾弃之哉？

尊论有云："若以西方求知识的态度来治中国学问，必定对于中国学问觉得其中甚空虚，因而看得不值一钱。"此数语，恰足表示今人对于中学的感想。老子绝学无忧之叹，殆逆料今日事矣！忆弟年事未乃冠，似已得一部《格致启蒙》，读之狂喜。后更启革命思潮，六经诸子，视之皆土苴也，睹前儒疏记，且掷地而詈。及长而涉历较广，综事比物，自审浮妄，转而读吾古书，旷观群学，始自悔从前罪戾而不知所以赎之也。中国学者，其所述作，不尚逻辑，本无系统。即以晚周言之，《论语》《老子》皆语录体，《庄子》书则以文学作品发表哲学思想，《易》之《十翼》特为后儒传疏导先路，即法家墨家故籍稍存者，条理稍整，亦不得称为系统的著作。故有志中学者，恒苦古书难读，非徒名物训诂之难而已。其文无统纪，单辞奥义，纷然杂陈，学者只有暗中摸索，如何不难？此其难之在工具方面者也。至于儒道诸家所发明者，厥在宇宙真理，初非限于某一部分底现象之理。这个道理，"范围天地之化而不过，曲成万物而不遗"，《系传》形容得好。"语大，天下莫能载焉；语小，天下莫能破焉"，《中庸》形容得好。故高之极于穷神知化而无穷无尽，近之即愚夫愚妇与知与能。至哉斯理！何得而称焉？赫日丽天，有目共见，有感共觉。<small>感谓热度之感。</small>无目无感者，不见不觉，遂詈人称阳宗之显赫。今之谓中国学问不值一钱者，何以异是？尤复当知，中国学问所以不事逻辑者，其所从入在反己，以深其涵养而神解自尔豁如，然解悟所至，益复验之践履。故阳明所谓"知行合一"，实已抉发中国学问之骨髓。其视逻辑为空洞的形式的知识，宜所不屑从事。但此与西洋学问底路子，既绝异而无略同者。今人却自少便习于西学门径，则于本国学问自不期而与之扞格，此其难之在于学子之熏习方面者也。虽有诸难，然只将中西学问不同处详与分别，则学者亦可知类而不紊，各由其涂而入焉。久之则异而知其类，睽而知其通，何乐如之。

尊论又云："倘使以中国修养的态度来治西方学问,亦必觉得人生除为权利之争以外,毫无安顿处。"此段话,弟亦不无相当赞成,然终嫌太过。兄只为把知识看作与修养绝不相容,所以有这般见解。在西人一意驰求知识,虽成功科学,由中国哲学的眼光观之,固然还可不满足他,谓之玩物丧志,甚至如兄所云权利之争等等。然若有一个不挟偏见的中国学者,他必定不抹煞西人努力知识的成绩,并不反对知识,只须如阳明所谓识得头脑,即由修养以立大本,则如吾前所云,一切知识皆德性之发用,正于此见得万物皆备之实,而何玩物丧志之有? 西人知识的学问底流弊,诚有如吾兄所谓权利之争,要其本身不是罪恶的,此万不容忽视。如自然对于人生底种种妨害,以及社会上许多不平的问题,如君民间的不平,贫富间的不平,男女间的不平,如此等类,都缘科学发展乃得逐渐以谋解决。此等权利之争,即正谊所在,正如佛家所谓烦恼即菩提,现代卑劣的中国人万不可误解此义而谬托于此,千万注意! 何可一概屏斥? 东方言修养者,唯中国道家反知识,恶奇技淫巧,此在今日不可为训。儒家元不反知,弟前文已说过。印度佛家本趣寂灭,然及大乘始言无住涅槃,生死涅槃两无住著,名无住涅槃。小乘只是不住生死,却住着涅槃。及至大乘说两无住,即已接近现世主义。又不弃后得智,彼说后得智是缘事之智,即分辨事物的知识,此从经验得来,故名后得。斯与儒家思想已有渐趋接近之势。然趣寂之旨,究未能舍,此吾之《新论》所由作也。《新论》只把知识另给予一个地位,并不反知。儒家与印土大乘意思都是如此。弟于《大学》,取朱子《格物补传》亦由此之故也。朱子是注重修养的,也是注重知识的,他底主张恰适用于今日,陆王便偏重修养一方面去了。

弟于此一大问题研索甚久,自有无限意思,唯以五十病躯,略无佳趣,提笔便说不出来,拉杂写此,不知吾兄于意云何? 尊意有所不然,即请尽情惠教。又此信以东方之学为哲学，自时贤观之，或不必然，但弟素主哲学只有本体论为其本分内事，除此皆多理论科学。如今盛行之解析派只是一种逻辑的学问，此固为哲学者所必资，然要不是哲学底正宗。时贤鄙弃本体论，弟终以此为穷极万化之原，乃学问之归墟。学不至是，则睽而不通，拘而不化，非智者所安也。见体则莫切于东方之学，斯不佞所以皈心。此信请与张申府先生一看。吾与彼主张本自不同，但同于自家主张以外，还承认有他。

与张东荪

前答书，承布之《晨报》思辨，弟已见过，稍错落几字亦无关宏旨。顷奉惠书，敬悉尊意亦复印可。昨宰平过此，谓西人"哲学"一词本为知识的，而弟以中国学问为哲学，却主张知识与修养一致，此恐为治西洋哲学者所不许，盍若不用哲学之名词为得云云。弟以此问题要详细讨论便极麻烦，若扼要而谈亦自易易。数年前，吾兄似尝言，于宗教哲学外宜有一种东西，非宗教，非哲学，而亦兼此二者之性质。弟当时曾佩服兄之此说，以为东方学问当属此类，然最后卒不赞同，盖以为学术只宜分科哲两途。孔德谓哲学兴而宗教便成过去，此说欠妥；至谓科学兴而哲学便成过去，尤为无理。关于本体之参究，当属诸学问而无可属诸宗教，此意他日当另详。本体论既是学问的，非宗教的，而科学确不能夺取此一片领土，则哲学终当与科学对立，此又不待烦言而解。弟坚决主张划分科哲领域，科学假定外界独存，故理在外物，而穷理必用纯客观的方法，故是知识的学问。哲学通宇宙、生命、真理、知能而为一，<small>知能解见前答兄信。</small>本无内外，故道在反躬，《记》曰，不能反躬，天理灭矣。此义深严。非实践无由证见，故是修养的学问。如此说来，则不必

71

于哲学外另立一种非宗教非哲学的名目。分类贵简而能赅,毋取过为烦琐。宰平谓西人形而上学亦是知识的,与中国人修养的学问毕竟不类,如何可通称哲学?弟以为哲学之领域既经划定,即以本体论为其领域,而中西人对于本体底参究,其方法与工夫各因境习而有不同。境者环境,习者习染。因之,其成就亦各不同。此足征夫一致而百虑,终无碍于殊途同归。驰求知识者,反己自修,必豁然有悟"众里寻他千百度,回头暮见那人正在灯火阑珊处"。喻意,寻思熄处,冥证真理。专事修养者,大本即立,毋须"绝圣弃智",老云圣智,即谓知识。将见一切知识皆是称体起用,所谓左右逢源是也。严又陵云:行履五洲,学穷千古,亦将但见其会通而统于一而已矣。又陵尚有此识量,不审今人何故自狭自小乃尔?又今人知识在枝节处似有进步,但绝无宏通深远之虑,日趋浮浅,此甚可忧。若辈动诮人开倒车,实则若辈所倡导者,在今日西洋人视之,又何一不是倒车?又弟尝以为哲学上凡能自成其为一家言者,必有确实见到处,亦必有许多错误处。真理之旁隐有错误,错误之中伏有真理。吾人不能如今日青年一般见解,以为过去底哲学思想都应打倒。须知真理无古今,而一切错误又恒为真理之伴侣。真理常繁复的不绝的在错误之中发现。故古人错误处,由今观之皆有可贵。而古人确实见到处,则其理万劫常新而无可易也。安得谓过去悉可舍弃,而唯时尚是崇耶?今人对旧学观念除唾弃不顾外,只有玩古董之心理,此所以无"温故知新"之效。虽读吾先哲古书,究与躬行无与,如此士习,未知他日有转机否?暑热脑闷,语无伦次,唯兄教之。

与沈生

孔家经籍研究底程序,在哲学或元学思想方面,《大易》为根本巨典，诚不宜忽。《论语》、三《礼》《诗》《书》《孟子》，《学》《庸》仍属《礼记》。俱当参互以求。《老》《庄》则《易》之别派，并宜搜讨。至于社会政治伦理等等思想方面，《春秋》为根本巨典。《论语》《易》、三《礼》《诗》《书》《孟子》，均当参互以求。《庄子》《荀卿》皆《春秋》之支流，亦须并观。传《春秋》者，《左》《国》《公》《谷》乃至董、何，不治《左》《国》，不明其事；不治《公》《谷》、董、何，不明其义。下逮汉以后诸家，如唐、啖、陆、宋、孙、胡等，皆有所明。文成数万，其指数千，洋洋乎大哉，叹观止矣！《春秋》本素王改制之书，汉儒犹能绍述，宋儒程伊川亦言之，至近人康有为而益张。然有为虽扬三世义，但虚张条例。张孟劬先生讥其浮浅，诚然。故学者于康氏书可以涉猎，然必习群经、诸子并三传及诸儒著述。总之，孔学广大精微，学者不易研寻。汉儒虽略存古义，要是守文之徒。宋明诸大师于义理方面孔子哲学方面。虽有创获，然因浸染佛家，已失却孔氏广大与活泼的意思，故乃有体而无用，于物理、人事少所发明，于社会政治唯诵说古昔。今欲董理孔氏之学，谈何容易！后生可畏，唯拭目俟之尔。又今人每诋儒家为封建思想，此不通《春秋》故也。《春秋》有三世义，与《礼运》小康大同说、《易》《革》《鼎》二卦革故取新说，皆相互发明，谁谓其限于封建思想耶？以经济言，则《论语》曰"不患寡而患不均"。《大学》言理财，归之平天下；以伦理言，则孔子由孝弟而扩之泛爱众，孟子由亲亲而扩之仁民爱物，"老吾老以及人之老；幼吾幼以及人之幼。"至《论语》言"自古皆有死，民无信不立"，尤为千古言治者之金科玉律。人而无信，则终古无太平大同之希望。观方今五洲事变，益征圣言高远，其可忽耶？孔子之理想在太平大同，然不可骤及，故于《易》特著随时之义。时犹未至，则卫国宁人而足食足兵，不为敌侮，此尤为吾国今日所宜自觉也。

与友人

得惠书，吾两人意思本无多隔阂，只是兄讲格致必欲不取朱王二说而别为之释，致有向册子上寻图则之过，实则不须如此。兄既赞同格为量度之义，缘致吾之良知，要就事情上去致，其量度之准则一归之良知。兄于弟之说已莫逆于心，但谓须归重在诚意上。弟于兄此旨，固始终不相背也。经曰："欲诚其意者，先致其知。"审经文，自"古之欲明明德于天下者，先治其国"起，以下逐层用一"先"字，唯于致知则曰"在格物"，不曰欲致其知者先格其物，此处大须玩味。阳明讲《大学》，大旨甚谛，而释文义乃多差，由其于朱子格物之说预存一反对之心，所以自成颠倒。明翁云："《中庸》工夫只是个诚身，《大学》工夫只是个诚意。"兄亦赞同其说，弟亦何曾立异？顾经文明明曰"欲诚其意者，先致其知"。这一"先"字与上文各层"先"字是一样用法，大不可忽视。据此，则诚意必先致知，此知即良知，断不是常途知识之知。如不是良知之知，如何得说为诚意底先一着工夫耶？兄释意为端、为几，固是，却要将良知推致得出来，方无非几之萌，无邪端之干，而意始诚。兄总虑一般人不能识得自家固有家珍即所谓良知者，故欲补充敬恕一段工夫。若尔，是在《大学》文义之外另找个敬恕来补充。前人已以此讥朱子，而兄又何为蹈其故辙耶？弟意致良知"致"字甚吃紧，明翁后来禅味太深，似抛却"致"字，大是可惜。缘明翁也恐一般人不自识得良知，所以对初学说法，总指知善知恶、知是知非之知为良知。无论如何陷溺的人，他虽良知障蔽已久，然他若对人说一句欺心的话，他底本心总知道他是欺了人，此一个知，便是知是非、知善恶之知，便是他的良知，这是根本的，自明的，不待推求的，非由外铄的。他是本来明明朗朗的,不能瞒昧的。人底生命就是这一点,除却这个还有什么叫做生命?只是一块死物质而已。兄总怕人不自识得良知,实则人既非是无生命的东西,他底生命的自然的流行如何瞒昧得了?所以夫子说:"斯民也,三代之所以直道而行也。"此中意味深厚。吾兄不要把道理说得太高而轻蔑人类,须知良知在人,不患他不自识,而人之患只是分明自识却不肯致其良知。先儒云:人有知道事父当孝却不孝。此何故?缘他知孝的良知被私欲起来作障,他不能用力将他底良知推致出来,所以顺从私欲而陷于不孝。《大学》说个知就是良知,此是人人本有而且自识的东西,但是工夫吃紧在一"致"字。《大学》下这一个"致"字,表示多大的力量。知孝之知,知爱国之知,知廉洁为美德之知,知抑私利群为人生本分之知,乃至种种底知,人人都不假外求,只是他徇于口体,溺于私欲,一向柔靡而不能推致其良知,积习日久,遂亦不复识得良知。哲学家用许多思考来推求良知底起源。愈推愈谬,良有以也。这个要用力去致才识得,不致便无法识得,故"致"字即是工夫。才知道要廉洁,即将这一知推致出来,不为私欲所阻碍,便是即知即行,便谓之致,这工夫何等严毅!是何等气力!良知万善具足。知敬知恕,还是良知。如兄虑人不识良知却教人做敬恕,是谓敬恕非良知,而有袭义于外之过矣。弟屡说兄只是未见本体,良知即本体,不用更为他觅源头。若更觅,却是头上安头。此话要说便长。明翁咏良知诗"此是乾坤万有基",甚可玩。所以讲《大学》总不免节外生枝。

以上说致知确是诚意底先一着工夫。然经云"致知在格物"者,要讲此义须先说一段话。我常云《大学》首言止定静安,却与道家一味虚静的主张不同。老子便呵斥色声等物令人盲聋爽发狂,《庄子》七篇亦本此意,所以他们致知只是致个虚灵的知。庄子谓之"灵台"。王船山先生说老庄是守其孤明,此语极有见地。缘他总要绝物,他务排除人欲尽净,却剩下一个虚灵的知。所谓"灵台"即是一个孤明的状态。儒者却不如此，他根本要识得自家良知，而他很有气力的把他底良知推致得出来，不为私欲阻碍。他得着这个把柄却不绝物，而正要行乎事事物物悉量得其理，如所谓知明处当者，此与道家天渊不同了。"格"字训为量度，见《文选·运命论》注引《仓颉篇》。《玉篇》及《广韵》亦云："格，量也，度也。"朱子训格，不知取量度义，而以穷至言之，于字义固失，然即物穷理之意犹守大义。陆王议其支离，此乃错误。如不能致得良知而言即物穷理，是徒事知识而失却本智，本智即谓良知。谓之支离可也。今既言致知，则大本已立，何支离之有？"致知在格物"者，即以此知而行乎事事物物悉量得其理。事父而量度冬温夏凊与晨昏定省，固是格物；任职而量度其职分之所当为与得为以见之实行，亦是格物；入科学试验室而量度物象底必然的和或然的变化及法则等等，亦是格物；当夏而量舍裘，当冬而量舍葛，当民权蹂躏而量知改革，当强敌侵陵而量知抵抗，亦都是格物。凡所事于格物者，即致吾之良知于事事物物而量得其理，即以显良知之全体大用，即一切知识莫非良知。而反知与绝物底主张徒见其废掉此心之全体大用，故夫沦虚溺寂之学，吾儒所不取也，故曰"致知在格物"也。凡百事物，既本吾之知以为量度而得其理，即吾之良知不是空洞的，不是孤明的。下文云"物格而后知至"，"至"字，《说文》：鸟到地也。行而到焉谓之至，逼近不离谓之至。此言知必行至事物之中，元不是离却事物而孤存的物事。故曰"物格而后知至"。言于物量度，而后知不离物，此谓知之至也。夫知之至云者，即知与物全相应，而非用私意矫揉造作以违物之真，失物之宜。如此，故动念皆应理。程子所谓"体物无违之谓信也"。故意无不诚，乃曰"知至而后意诚"。此下易解，姑从略。依弟愚见，《大学》八条目，其关键却在致知格物，若详细发挥，义极深广。程朱诸大师特从《礼记》中出之，以为其建设新儒学底根本典籍，而格致之说尤为攻击释道二家思想底基本观念。直至近世，西洋科学思想输入，其初皆译为格致学，是又为西洋思想开其端。《大学》在中国哲学思想界价值甚大。从来疏记虽繁，而当理者少，尤以明儒最为芜乱。张申府訾宋明儒乌烟瘴气，诋诸老师，诚无理；若其末流确有如申府所云。弟颇欲于晚年作《大学》传疏，此际殊不暇及。偶因来书而略抒其意。病困，辞不能达，乞裁誉为幸。

与刘生

　　行唐尚君《焦氏易诂》，前由申府介绍之于《大公报》。近承季同赠阅。吾北旋，疲劳未复，匆匆展览一过。觉其以《易林》与《易》并《左传》等互证，而破斥东汉以来群儒误解，皆饶有义据，不为妄说。盖自西汉以后，谈《易》象者，果未有斯人。然吾亦只观大体，却未细详，因一向不肯究心象数。今五十病夫，精力无多，姑置之已耳。尚君书释象，其树义有四：曰对象，曰覆象，曰半象，曰中爻。互卦。持此四义而以《易林》所用之象与《易》互证，并援《左传》等以相参稽。而《易》象失传，自东汉以来为群儒所误解，甚至如虞翻之强命卦再三变，以成其曲解者，今乃一一可得正诂，如拨云雾而睹青天，此岂非大快事哉！吾尤感兴趣者，厥为所释对象义。少时，读王船山《易传》，其说以为六十四卦皆阴阳纯备之全体，无有有阴而无阳，无有有阳而无阴。试举《乾》《坤》二卦言之。乾非孤阳，有隐而未显之六阴也；坤非独阴，有隐而未显之六阳也。故《乾》《坤》皆有十二位。余卦准知。吾尝玩其说，以为孤阳不生，独阴不化，故一言阳而即有阴，一言阴而即有阳。然亦窃疑船山十二位之说徒以己意于每卦增益六位，未有所据，且将乾坤看作对待而不能融和的物事，必待船山于阳爻外增阴爻，于阴爻外增阳爻，恐非《大易》本义。今得尚君对象之说，则不须于每卦另增六位为十二位，而每卦本象与其对象，如《乾》以《坤》为对象，《坤》亦以《乾》为对象。乃相对待而实相融和。吾尝以为六十四卦壹是皆本于阴阳相反相成与变动不居之义,而特从多方面以形容之。故有许多卦,许多爻。只一气看去,不当视六十四卦为互相离隔,而妄臆有其孤阳独阴之穷于生化也。今得尚君说对象而益信。按尚君云:对象者,阳与阴相对,阴与阳相对。阴阳既相对,即常往来流通,合而为一,不能分析。如《乾·象》云"万物资始"、"品物流形",又曰"首出庶物"。夫曰万物,曰品物,曰形,曰庶物,皆《坤》象也,而《乾·象》言之。《坤·象》云"含弘光大",夫曰弘,曰大,则皆乾象,而坤能含之。光而大之。杭辛斋云,如《咸》《恒》则《坤》含《乾》之证,如《损》《益》则《乾》得《坤》始光之证。然则阴阳二气实不能分、不能离。见阴即知阳,见阳即知阴,《易·象》已如此。此由《易林》视本象与对象相通而推得之者也。尚君此说甚精。船山已明此理,但不以对象为释,而虚构十二位,所以失之耳。杭辛斋书,吾绝未之见,属郑石君觅之,亦不曾得也。尚君时引杭说,想其书必有可观也。然尚君于所树四义中,独以中爻为《易》之根本。《易诂》卷二。吾则取对象为根本义。何则? 对象者,明阴阳之相反相成,尚君所谓阴阳常往来流通者是也。此义立,而后有覆象,如不往来流通,焉有正覆。有半象,卦不往来相互,亦无半象。有互体,互体即中爻,亦由往来流通故。故谓对象为根本义也。然《系辞》云:"若夫杂物撰德,辨是与非,则非其中爻不备。"尚君重视,有以也。今但以对象为根本,余三义皆得贯穿,仍本《系传》乾坤易之蕴耶之旨。六十二卦皆不外乎乾坤,皆由阴阳相荡故也。相荡即往来流通之谓,亦即相反相成义。又尚君有云:"愚尝即《十翼》考之,是否为孔子所作则不敢知。然为一人之文无疑也。"《易诂》十卷第八页。尚君似疑《十翼》非孔子作,并不言出于孔氏之传。吾谓尚君过矣。《十翼》纵不全为孔子之手笔,要出于孔子之传授,则确无疑义。何以征之?《论语》为孔门记录最可靠之书,其所记"五十知天命"与"五十学易"恰相合。又记子贡曰"夫子之文章可得而闻也,夫子之言性与天道不可得而闻也"。据此则孔子确常言性与天道,而子贡自憾其不可得闻矣。然《论语》所记皆人生日用之常,罕有及于性道者,自余《诗》《书》《礼》《春秋》亦多详于人事,然则孔子性道之言,其必著之《易》也无疑。吾向主此说。昔者高赞非常记之《尊闻录》中,而交游间囿于时贤疑古之习,犹有不以为然者,真是怪事。《十翼》辞义断为孔子口授七十子。古者简策繁重,传写为难,学者常赖口说流传,其或七十子后学中,有依口说记录,而文字容有修正,恰似出于记者之手。尚君谓为一人之文,所见亦近似,但绝不言出自孔子,吾则期期以为未可。证以《论语》所记,则必出于孔子无疑。尝谓《易》无《十翼》则象数虽流传不失,亦只是占卜之书,有何价值? 唯自《十翼》出,而后《易》为哲学思想之书。《孔子》所以为哲学之宗,盖亦在此。尚君重象数而略义理,其于《十翼》既疑其不必出于夫子,而亦只从象数理会,又乃于辅嗣、伊川掊击太过。辅嗣知象而扫象以言理,未足为病。孔子《十翼》为言义理之祖,虽即象而引申触类,而《易》自此已成为孔子之创作,非复占卜之旧典。汉以后儒者治《易》,又莫能阐孔氏之旨。辅嗣起而扩之以玄言,犹孔氏之枝流也。伊川不知象而说《易》,固下于《辅嗣》,然不能谓其于孔门之大义无实得处,如其说"体用不二,显微无间"。尚君诘象,何曾外得此理? 昔儒有言: 伊川一部《易传》是他平生践履。此语万不可忽。诘象虽不必符,岂尽损其价值? 亭林所以推崇,不为无见。吾于尚君之书,深佩其精思果力,振兹绝学,独惜其抑辅嗣、伊川太过,乃至《十翼》亦疑其不出孔氏,此读其书者所不可不辨也。其他疑难,以未暇精研,姑从盖阙。

与某报

经书难读,不独名物训诂之难而已。名物训诂一切清楚,可以谓之通经乎？此犹不必相干也。此话要说便长，吾不愿多说，亦不必多说，只述吾少年读《诗经》之一故事。

我在少年读《诗经》之先，已经读过四书，当然不甚了解，但是当读《诗经》时，便晓得把孔子论《诗》的话来印证。《论语》记孔子曰："《关雎》乐而不淫，哀而不伤。"我在《关雎章》中，仔细玩索这个义味，却是玩不出来。《论语》又记夫子说："《诗》三百，一言以蔽之，曰思无邪。"我那时似是用《诗义折中》作读本，虽把朱子《诗传》中许多以为淫奔的说法多改正了，然而还有硬是淫奔之诗不能变改朱子底说法的。除淫奔以外，还有许多发抒怨恨心情的诗。变雅中许多讥刺政治社会昏乱之诗，其怨恨至深。如《巷伯》之怨谗人，曰"投畀豺虎，豺虎不食"云云。昔人言恶恶如《巷伯》，谓其恨之深也。夫谗贼之徒固可恨，然恨之之情过深，恐亦失中和而近于邪。《论语》又记子谓伯鱼："汝为《周南》《召南》矣乎？人而不为《周南》《召南》，其犹正墙面而立也欤？"朱注：正墙面而立者，一物无所见，一步不能行。易言之，即是不能生活下去的样子。人而不为二《南》，何故便至如此？我苦思这个道理，总不知夫子是怎生见地。朱注也不足以开我胸次，我又闷极了。总之，我当时除遵注疏通其可通底训诂而外，于《诗经》得不到何种意境，就想借助孔子底话来印证，无奈又不能了解孔子底意思。

到后来，自己稍有长进，仿佛自己胸际有一点物事的时候，又常把上述孔子底话来深深体会，乃若有契悟。我才体会到孔子是有如大造生意一般的丰富生活。所以读《关雎》，便感得乐不淫哀不伤的意味。生活力不充实的人，其中失守而情易荡，何缘领略得诗人乐不淫哀不伤的情怀？凡了解人家，无形中还是依据自家所有的以为推故。至于"思无邪"的说法，缘他见到宇宙本来是真实的，人生本来是至善的，虽然人生有很多不善的行为，却须知不善是无根的，是无损于善的本性的，如浮云无根，毕竟无碍于太虚。吾夫子从他天理烂熟的理蕴去读诗，所以不论他是二《南》之和、《商颂》之肃以及《雅》之怨、《郑》之淫、

《唐》之啬、《秦》之悍等等，夫子却一概见为无邪思。元来三百篇都是人生的自然表现，贞淫美刺的各方面称情流露，不参一毫矫揉造作，合而观之，毕竟见得人生本来清净。夫子这等理境，真令我欲赞叹而无从。宋儒似不在大处理会，反说甚么善的诗可以劝，恶的诗可以惩，这种意思已不免狭隘。朽腐即是神奇，贪嗔痴即是菩提，识此理趣，许你读《三百篇》去。

再说人而不为《周南》《召南》，何故便成面墙？我三十以后渐渐识得这个意思，却也无从说明。这个意思的丰富与渊微，在我是无法形容的。向秀《庄子注》所谓"彰声而声遗，不彰声而声全"，就是我这般滋味。如果要我强说一句，我只好还引夫子底话：道不远人，人之为道而远人，不可以为道。这话意义广大精微。孔子哲学底根本主张，就可如此探索得来。他确是受过二《南》的影响。话虽如此，但非对孔子底整个思想有甚深了解的人，毕竟不堪识此意味。我又可引陶诗一句略示一点意思，就是"即事多所欣"。试读《葛覃》《芣苢》《兔罝》诸诗，潜心玩味，便见他在日常生活里，自有一种欣悦、和适、勤勉、温柔、敦厚、庄敬、日强等等的意趣，这便是"即事多所欣"。缘此，见他现前具足，用不着起什么恐怖，也不须幻想什么天国。我们读二《南》，可以识得人生的意义与价值，大步走上人生的坦途，直前努力，再不至面墙了。这是孔子所启示于我的。

孔子论《诗》，是千古无两。唯孔子才能以他底理境去融会三百篇《诗》底理境；唯三百篇《诗》是具有理境的诗，才能引发孔子底理境。这两方面底条件缺一不行。

我想我个人前后读《诗经》和《论语》的经验，我深信读经之难，不仅在名物训诂。训诂弄清了，还不配说懂得经，这是我殷勤郑重向时贤申明的苦心。

关于中学生应否读经的问题，此亦难说。吾意教者实难其人。假设有好教员,四书未尝不可选读。如我所知,杭州私立清波中学经裘冲曼、袁心灿、蔡禹泽、张立民诸君选授四书,于学生身心很有补益。

答德国李华德

来函由邓君交胡生子康转来,知大驾已赴东邦,岛上多和风,想足乐也。力前云:"烦恼是生死因缘",闻尊意尚有所疑,实则此非力之臆说,乃确据佛家本义而谈。此不必单举某经某文为证,却须融会佛家整个的意思便深信得及。如必欲举某经某文以资证明,则力亦不妨略举,如大乘《涅槃经》卷四十第四页云:"善男子,一切众生,身及烦恼,俱无先后,一时而有。虽一时有,要因烦恼而得有身,终不因身有烦恼也。如炷与明,虽一时有,炷者灯炷。古时用一种草渍油燃之而发光明,其所燃草名炷。此中譬喻,只取炷与光明同时而有之意。明要因炷,易言之,即炷是明之因缘,喻烦恼是身之因缘。终不因明而有炷也。"此谓炷不是因明而有的,喻烦恼不是因身而有的。此经言因烦恼而得有身,即是因烦恼得有生死,亦即吾前所谓"烦恼是生死因缘"也。经文"身"字义,即吾所谓生死,有身即有生死故。吾意译者用"身"字,似不如用"生"字为好。今不可得梵本,无从对照。以上引经,申明前说。

又经言生死者,本斥指杂染法言之,亦即业识流转义。故此生死,无始而有终。小乘证无余涅槃,大乘断阿赖耶识,其时杂染法或业识伏灭,即此生死终断也。

烦恼无始而有终,不可说烦恼无终。假其无终,则佛法不必修行,以烦恼无终故。唯其有终,所以贵用修行,以折伏此烦恼而令其终断也。

先生意谓烦恼从何而来。佛家于此问题从不解答。此中意义深微,难以言显。烦恼本不实在,经论说为客尘。无所依据,故名为客。如何可追问来由？须知追问来由，便已是执着之心，即是烦恼发现也。此意不知先生能契否？

来书谓吾说烦恼由吾人自离失其清净本然之性故有，易言之，即由人类之堕落故有。力前次说过此话否？今亦不能全忆。姑承认是如此说，则此说亦无过失，却亦只与"烦恼"一词展转相训，终未曾说及烦恼来由。盖所谓离失清净本然，正是烦恼现行故。所谓堕落，亦是烦恼现行故，仍未曾说烦恼从何处来也。

答朱生

佛家不谈本体之流行，但假说缘生，以空现象界，而令证实相。然佛氏亦未尝不见到流行，只因出世的主张，便似要逆着流行的大用而体其不变之体，恐他也是智者过之。吾少时读《老子》，至"天地不仁，以万物为刍狗"。嘅然遐想，以谓世间无情有情，动植灵蠢，只是一场惨剧。是谁造化，何不把他遏绝？及读佛书，此种意思时在怀抱。无情无生物，有情者众生。迄中年以后，重玩《大易》，始悟生生不息真机，本无所为，为读去声。实不容已。无所为者，德之盛也；不容已者，化之神也。由此，故于流行识性。性者本体。流行是用，用必有体。然离用不可得体，故于用识体。一切物相，不容取着；取着犹言执着。无情有情，动植灵蠢，物相万殊，要皆依流行不息，幻有相现，而假名为物耳。若于流行识性，即一一物相皆空，即此流行不息，便是实体显现，何可执着有所谓物界耶？一切惨剧，本来清净。诸恶诸苦，都如幻化。人物本性，毕竟清净，无诸虚妄。吾人唯反己思诚，与物各正。吾与物，皆得至诚无妄之理，以各成其性命之正，故《易》曰"各正性命"。至诚无妄者，本体也。人生囿于形气，渐失其本体之诚，故孟子曰"反身而诚"。又曰"思诚者，人之道也"。尽性其至矣，性不可逆也。别纸所云，推穷宇宙人生，毕竟是黑漆一团，岂唯吾子与吴君有此叹？佛说十二缘生，无明为首。《数论》说三德，暗居其一。众生不见自性，所以如此。

佛书意在言外，善读者须言外会意，如善声者，能领弦外之音也。读《易》亦然。

与云颂天

近始真知精力衰者不堪静坐。凡古人所谓磅礴大宇等言，无他奇特，只是精神常凝聚得住耳。精神凝聚时，即湛然虚明而不作意。此时真是天地万物同体境界。才觉精神散漫，便已"憧憧往来，朋从尔思"，自家始觉从宇宙大生命中坠退下来，而成乎颓然之一物了。此事甚可畏也！

与读书周刊

读者须预定终身趋向。有一种人，乐以事功表见，所谓事功，非专就政治言，凡社会上各方面的业务，皆事功也。是必早定某种事功的趋向，而对于某种事功所必储备之学问，必坚其意志，鼓其兴趣，竭其才力，孜孜以求，不容松懈。如此，则其所读之书，必与其所治之学问有关，庶几读书有补于学问，而学问又与事功相应，则人无废才而国无废事。

又有一种人，性情不近事功，愿以书生的生活终其身，是必早定专门学问的趋向，而对于其所专治之学，亦必坚其意志，鼓其兴趣，竭其才力，孜孜以求，不容松懈。如此，则其所读之书亦与其所专之学问有关，而无泛涉不精之病。

前者可以说是持应用的态度而求学问，后者可以说是本纯粹求知的态度而求学问。后者属专门家，以其所造有精密的系统故；前者所学未尝无限域，而不得名专门家者，以适用而止故。今日学子不预定趋向，读书漫无抉择，故卒业大学之后，作事则无可胜任。其委身学校者，亦多是混饭吃，而不肯努力学问，此真吾国青年莫大之危机。吾愿有志者各自早定终身趋向，勿以有用精神作无意识的浪废。此读书所应注意者一。

读书必先有真实的志愿。前云须定趋向，然若无真实志愿，则不足以达其所趋向。凡人无志愿者，则其生活虚浮无力，日常念虑云为，无往不是苟且，无往不是偷惰，无往不是散漫，如是而欲其读书能有所引发以深造自得，此必不可能之事也。

人必有真实志愿，方能把握其身心，充实其生活，如诸葛武侯所谓"使庶几之志，揭然有所存，恻然有所感"。王阳明所谓"持志如心痛，一心在痛上，岂有工夫说闲话，管闲事?"人果能如此激发志愿，则胸怀广大，鄙私尽消。象山所谓"才一警策，便与天地相似"。诚非虚语。如此，则神明昭彻，而观物虑事，必能极其精而无蔽，综其全而不乱。其于读书也，必能返之己所经验而抉择是非，洞悉幽隐，曲尽书之内容而不失吾之衡量。故其读书集义，乃融化的，而非堆集的；乃深造自得的，而非玩物丧志的。如此读书，方得助长神智，而有创造与发明之望。若其人茫无志事，浑身在名利胶漆桶中，虽好博览载籍，增益见闻，要为浮泛知识，不可得真知正解，只是小知，不堪大受。社会上若只有此辈，其群必日益昏乱以趋于亡。故学者不徒贵读书而已，必先有志愿以立其本。

然复当知，"志愿"二字极不易了解。凡人高自标举我欲如何如何，以为此即其志愿，此正是狂妄之私耳，有志愿者所必克治也。志愿是从自觉自了的深渊里出发的，是超越物我底计较的，是极其洒脱而无俗情沾滞的，是一种向上的努力，自信自肯而不容已的。_{自肯是借用}

宗门语，意义甚深。唯真有志愿的人，才识此意味，一般人如何识得？

有志愿即有真力量，故其对于学问或事功的趋向，能终始贯彻而无所辍。譬若电之走尖端，电，喻志愿力量；尖端，喻所趋向。行所无事，而势不容已也。

或问：朱子《论语集注》释十五志学之"志"字曰"心之所之谓之志"。是则志即趋向也，而此以志愿与趋向分言之，何也？曰：朱子以心之所之言志，此朱子之失也。王船山《读四书大全说》"志者心之所存主"，斯为正义。孟子曰："人之所以异于禽兽者几希，庶民去之，君子存之。"船山存主之义，从是出也。诸葛武侯所谓"使庶几之志，揭然有所存"云云，亦此旨也。故人而无志，即去其几希而同于禽兽，甚至不如禽兽。今日中国人贪污淫侈，卑贱虚诳，甘为亡虏，毫不知耻，尚不如怒蛙之有斗志、有生气也。此何以故？以其觑然人面而中无存主，人理绝而生意尽也。《庄子》曰："哀莫大于心死。"心死者，无所存主故也，无所志故也。唯中无所存主，故种种竞逐于外，竞贪，竞淫，竞利，竞名，竞权，竞势，竞种种便利嗜好。竞争其私而背大公，国已亡而无所觉知，种将灭而不开痛痒，人气灭绝，一至此极。然则今人必须变而成人，始可与言读书，此老怀所日夕愿望者也。

答张生

来问举《新论》第一页第十行《明宗章》内小注云："'此言慧者，相当于俗云理智或知识。'按《新论》分别智慧，智为固有的明觉，慧则由经验而得。据此，知识属慧，自可无疑。唯西洋哲学上理智或理性等词，自是指心之知的作用而言，与《新论》所谓智或亦异名而同物"云云。吾子能发此问，足见用心甚细。昔者林宰平先生亦尝言及此。然吾作注时，又何曾不虑及此耶?《新论》百零二页左至百零五页左，说无痴数中，如留心研析，则此疑亦可释然。须知，《新论》所谓智者，是斥本体而名之也。西洋哲学所谓理智与理性等词，自不涵有东方哲家所谓本体的意义，此不容混淆。如谓性智是本体，则理智即是性智之作用，而体用毕竟不二，亦可说俗云理智，即是《新论》所谓智，奈何《新论》以理智别属之慧耶? 如此作难，似亦有理。吾亦知将有兴是难者，故于无痴数中有云："人生常拘于形气，造诸染习，遂使固有性智，恒受障蔽而有得显发，故其固有性智之作用发现于障蔽中者，既杂夫形气与染习之私，而其缘境，遂成乎物交物之势，此慧所以不得名为智之用也。"此一段话，是东方哲家精意所在，而正为今人所不肯注意，且不知有此问题者。料读者至此，亦不过脑闷短趣而已。夫理智理性等词，自是指人心之知的作用而言。既曰作用，则分明不是外于《新论》所谓性智而别有的。今《新论》所谓智，必不肯与理智等词并为一谈，此何故耶? 元来吾人底理智，虽是依着固有的性智而起之作用，但其发展确是从实际生活里面滋长出来的。故云杂形气与染习之私。他虽有先天的根据，而毕竟成为后天的东西，所以可与知识一例看，而不能说他即是《新论》所谓智。至若《新论》之智，元是固有的灵明的真体，清净离染，无定在而无不在，无知而无不知。此虽一般人所固有，然常受障蔽而不得显发，则等于亡矣。注文意义，大略如此。

与陈生

凡人神凝与否，必现于眼;气充与否，必形于威仪动静之间。

向见吾子眼光欠凝聚，其气亦似不盛，此或保养未至之过也。心窃欲言之，而惧夫谓某也以老大自居而喜教人。继念吾子之贤，或未至此,故函达吾意,而以二事相规。

一事,曾文正独宿之说。此是养神养气之本,要在能坚守力行。

二事,读书之说。最精透者,莫如孟子"理义悦我心,犹刍豢悦我口"之言也。真领略此味者,其生活较常人必另是一般。读书多,积理富。只此蓄积义理,足以悦心,便是对于吾人生命直接加以滋养料。视饮食之滋养肉体,其效益大小,岂不天壤悬隔哉?凡人真能蓄积义理以悦心,使其生活内容日以充实,即神澄而明,气盛而畅,人格日以庄严伟大,穷足以善身,达足以善天下。不然,则日就委靡销耗以终,同于块土顽石无生命之物。人生何可遽如是乎?

与高碯庄

凡学问家之创见,其初皆由傥然神悟而得。但神悟之境,若由天启,其来既无端,其去亦无踪,瞥尔灵思自动,事物底通则,宇宙底幽奥,恍若冥会。然此境不可把捉,稍纵即逝。必本此灵感,继续努力,甄验事物,精以析之,而观其会通。又必游心于虚,不为物挂,挂者滞碍。凡夫心思常滞碍于现前物事,而不得悟真理。方令初所傥悟得以阐发,得以证实,而成创见,且推衍为系统的知识。如其虽有灵机,恒任乍兴乍灭而无所努力,久之心能亦渐弛废,尚有何发现可言耶?向怀此意,惜可与语者殊少耳。

答邓念观

《楞严经》是否为中国人所伪造?吾意就文体上看,此经所设施张罗者甚大，其组织又甚谨严，极不似中国人手笔。中国人一向不喜讲逻辑，因之其著作亦不成系统，其文章又专以清简浑易胜，清者清灵；简者简要；浑者浑含，而少条析层累，不似印人著作，分条析理而又层折回环累积上去；易者，平易近人。极少长风鼓众窍的气概。中人译佛经虽多能翻出原书浩荡之致，然至其所自作则又不如此。唯其译经时，竭力以求忠实，又有所据依，所以能尔。及其自作文字，仍是中国人面目。观《楞严经》组织及其文气，中国人决伪造不来，其网罗甚宏富，复不类中国人好为精简。论者或谓其抄撮众说而成，此甚不谛。抄撮则杂乱无统纪，此书确有系统，何可等诸类书杂录？至男佛女佛、真佛假佛诸名词，在经文叙述为出自魔口，此与佛家本义无关，不能以此为中人伪造之证。若疑此等译名于梵文无本，则译名亦时有改变原文之事。经中虽有《掌珍》语，然经与论孰为先出而被称引，今颇难为质断。吾意此经或是印度外道入佛者所为，颇有摄取外道材料以会归于佛而自成一家之言。虽不无微疵，要其大端甚精，无背佛旨，是在具眼者详之。弟读此经，已是二十余年前事，如欲详核，必须重习，又当参考他籍，病躯不耐此烦，至希谅宥。以上皆民国廿四年以前录。

重印周易变通解序

《易》之为书，广大悉备，所谓"范围天地之化而不过，曲成万物而不遗"是也。《乾凿度》说《易》有三义，余窃取变易不易二义。不易而变易，是举体成用；于变易见不易，是即用识体。此义深谈，在《新唯识论》。持此以抉择梵欧玄学，如秤在手，不可与物低昂。大哉《易》也！孰得而违诸？夫《易》书至《十翼》而始备。《十翼》义理，则孔子所发明也。故言作《易》者，必归之孔子。微孔子，则《易》犹滥于占卜，而焉得为哲学界万世永赖之根本大典耶？孔子即作《易》，七十子后学递相传述，遂为儒者宗。老聃得孔氏之旨而别有会心，乃创立道家之帜，以自异于儒。故《易》自孔子后，始分二派：曰儒家之《易》，此正统派也；曰道家之《易》，此别派也。旧说孔老同时，老氏为孔子师，今人多考核其说之不足据，而谓老后于孔，但无谓老氏之学出于《易》者。余谓老氏当稍后于孔子，而前于孟子，其学实本于《易》。曾略说见《语要》卷二答意大利人书中。儒家体乾而贵刚健，故说行健不息；老氏法坤而守虚静，故曰绵绵若存。此儒道二家所为异也。道家之易，其后浸微，仅得王辅嗣为能衍柱下之绪。周元公则援道以入儒也。儒家之易，其流甚广，综陈大别，约分汉宋。汉儒务守师说，有保存古义之功，后来学者每病其杂谶纬。顾纬非谶比，时有微言大义，足资深究，盖《十翼》之支流。谶则纯为诬妄。汉儒治《易》，其思想盖有大部分杂入晚周阴阳家，容当别论。唯扬雄子云著《太玄》，超然独步；张衡平子神解俊拔，为吾国天算大发明家，而酷嗜子云书，每自谓读《玄经》，使人难论阴阳之事，其崇信笃深可见。顾子云从数理阐《易》，学者非通律历则难读其书。《玄经》于后儒无甚影响，职是故也。辅嗣神解卓特，独出两汉经师蹊径之外，秉智炬而叩玄关，堪与子云异曲同工。唐代义疏，虽宗辅嗣，鲜有发明。爰及炎宋，儒风丕变，濂洛关闽诸大师迭起，为学贵创获而不以墨守传注为贤，务实践而亟以驰逐虚玄为戒。故其治《易》也，一方面超脱汉师，一方面排斥辅嗣，其精神气魄不可不谓之伟大。唯然，故人自成说，家各为学，如周濂溪、邵尧夫、张横渠、程伊川、朱汉上、朱晦翁皆精思力践，各有独到。夫汉世诸师，无弗杂阴阳家言者，迹其繁琐名相之排比与穿凿，于《十翼》本旨可谓无关。但间存古义，斯足珍贵。宋之诸师，其言皆根于践履，虽复不无拘碍，要其大较，归本穷理尽性至命之旨，而体天地神化于人生日用之中，则《十翼》嫡嗣也。自宋迄明，言《易》者大概无出周程诸贤之轨范，而《易》家自是有汉学宋学之分。晚明有王船山作《易内外传》,宗主横渠,而和会于濂溪伊川朱子之间,独不满于邵氏。其学尊生以箴寂灭,明有以反空无,主动以起颓废,率性以一情欲,论益恢宏,浸与西洋思想接近矣。然其骨子里自是宋学精神,非明者不辨也。其于汉师固一切排斥,不遗余力也。当有明季世,诸大儒并出,悲愤填膺,为学期活泼有用,而亟惩王学末流空疏之弊,浸以上及两宋。清儒继起,本无晚明诸老精神,而徒以抨击宋学为帜志,用汉学高自标榜,则诸老所不及料也。于是治《易》者,上稽汉籍,俯视宋明诸师,以谓非诬则陋耳。濂溪与邵氏之图尤受攻诋。盖自清以来,学者尊汉抑宋之积习牢不可破,不独于《易》学为然,其治群经皆然。风会迁变,一往一复,当其迁变之势,已成而不可御。乃若有大力者负之而趋也,非夫豪杰之士,旷怀孤往,孰能岸然拔出于时风众会之外,自抒所见,自行其是,而一无所锢蔽耶? 同县万澍辰先生著有《周易变通解》,不肖儿时闻先父其相公常赞扬先生潜德睿思,谓其治《易》不囿于当时风会,颇参稽汉宋而一证以己之所神悟独得,未尝谬于经旨者。此其命世独立者乎! 惜其书为当时汉学风气所掩,罕行于世,乡里后生或莫能举其姓字,可悲也已! 予小子闻而识之,不幸早失怙恃,流离四方,顾未得读先生书。丁丑夏,先生从曾孙耀煌武樵始重印先生易书于汉皋,罗田王葆心为之序,只印千册。余时讲学北庠,亦未得见。今冬,武樵函余,将再重印先生书于成都,谓余不可无一序。余追忆趋庭音旨,忽忽四十余年,泫然不知涕之所自。又念武樵能守其家学,一再重印先生遗著。昔船山幽晦,曾公以乡邦后学传其书,而先生更有贤裔,视船山尤幸矣! 天之眷斯道,以无负明哲,其所以酬之者,宁可度哉? 余是以忘其固陋而序之云尔。

民国三十一年十二月十五日同县后学

熊十力序于陪都近区北碚寓庐。

答诸生

《史记》大谬者，莫如《世家》。汉世诸侯王皆受封国，传之子孙，名义似同古诸侯，而实质乃截然不相类。古代诸侯乃各为独立国之君长，各国人民之习性、思想、学术以至政治制度、社会组织、道德信条，殆莫不各有特点，莫不各有其上下一致之建国精神。《史记》于春秋及战国时代之诸国，自当国别为记，如云鲁国载记、齐国载记之类，方符其实。当时诸国本各有史，如《鲁史记》等。古代诸侯国盖由上世部落演进，诸部之间，大并小，强兼弱，渐成为多数分立之小国家，是为诸侯国。又因世运渐开，诸国中有强盛者独出，渐成为各侯国之共主，所谓帝或王是也。帝王者出，始于列国之上建立王朝，而列国仍各为独立国，只奉王朝之公法耳。王者新兴之际，固有废除旧侯国而另行分封其子弟功臣，如周之初兴，其封建之侯国为最多。然新封之国仍承古代侯国之遗规，因其人民之习性与愿欲而为治。群众相保，有其组织；土地世守，固其疆域。其国既建，历世久远，政治经济文化各方面，各有其特殊精神，试钩稽故籍，犹不难窥见一二。史迁之《史记》，通史也。自当于古之侯国，国别为记，于古代神州万国，各详其政俗文物与文野强弱之异。当迁之时，列国史料犹可搜集，惜其见不及此，乃以汉初诸侯王之制而例视古代诸侯，遂作《世家》，以为受爵分土，世传家业而已。不知古代侯国各为独立之国家，诸侯仅为其国之君长，君统以外，其宜搜考记述之事甚多。而迁立《世家》则以一姓传家之业为主，实因习见汉初诸侯王制度而妄谓古之侯国亦如是，此大谬也。汉之封诸侯王，承秦郡县制之后，虽有封国之名，而民间已无国界之观念，实无由造成国家。虽齐鲁晋楚始封之英主，若生汉初而受封为鲁王、吴王等，纵其身及子孙贤能可以拥土称雄，终不能以其受封之鲁地造成鲁国及以吴地造成吴国也。自秦一统而后，天下之人人无复有古代列国并立时之国界观念，故后王虽慕封建之名，而受封者终不能有建国之实。史迁《世家》之标目，其观念实缘汉初诸侯王之制而起，只以为诸侯王受封传业而已，不悟古之侯国各为独立国家，诸侯是其国之君，不即是其国，史迁于此全不辨，奚其可哉？《史记》之书，以郡县大一统之眼光而忽视古代列国之史实，遂使列国之民性、国故与学术、政俗或文化不可详考。迁之用心甚粗略，不务访求列国文献，精思详述，以垂诸后。其识过短，非良史也。

因论生论。因论此事而引生旁论也。此用佛典语。中国自秦以后，大一统之局既开，不独封建侯王不能各自建国也，即有枭杰之资，力征经营，割据土地以立国号者，或及身而覆，或不数传而覆，卒不能建立国家。盖建国本于人民之公共意念，人民只知有大一统之中国而已。彼有位或有力者，虽乘权处势，可以宰制若干地区，而实为人民所不与，则欲不覆亡而不得矣。虽汉季三国之英仅可据地称尊，犹不能谓之各自建国，况夷狄盗贼之乘时窃据，其不能分崩我中国也，历史事实昭然矣！

春秋列国纷争，战国时众小国已亡，只余数大国，相煎益急，故诸子思想多趋向大同。六国政乱，秦人以武力夷之，而大一统之局成。惜乎帝制日固，而民治思想被摧，人民无有表现其公共意力之机构，漫无组织，朝政昏乱，则任其所为，而夷狄盗贼反得乘机劫持天下以祸苍生。悲夫！

答王生

章太炎先生平生不肯任大学教席，马一浮氏亦然。虽或失之隘，要未可厚非。今之大学教育茫无宗旨，政府奴畜师儒，而教授流品亦极猥杂，不学无行，滥竽者众。自好者宜视庠序为污途。然吾独在其间者，一等于世尊行乞之义，二为自修与冀接引一二善类计。吾宁随俗浮沉，期有以自尽也。君子当浊世，虽随俗亦当有一尺寸在。吾常闭户，不敢妄谒学校当局，不敢交接诸名流，守其孤介，无所攀援，无所争逐，兢兢业业，不敢负所学，以获罪于先贤圣也。和光同尘，别有义在。假以媚俗，老氏能无痛乎？

谈墨子

张溥泉君常欲提倡墨学。民国以来，墨学由新人物之宣扬，早已成为显学，而溥泉犹欲加提倡何耶？新人物之所弘扬者，逻辑也。墨子注重逻辑之精神，诚为后人所当承续而不容忽视，其在逻辑上之所发明，亦有可与印度西洋古代逻辑家言，互相参稽比较之处。但古学毕竟简略，要不过历史上之价值而已，若谓墨学精采只在此，则毋乃太悖。吾悼墨学之大全，久湮而不彰也，常欲为专篇以发之，其目略如下：一、墨学渊源，二、墨子之天志说与伦理思想，三、墨子之政治与社会理想，四、墨子之逻辑，五、墨家团体组织与其运动涂径并其流派。以上五目，余虽拟定，但今犹不能着笔，一则余方有极重要之工作未曾下手，不暇遽及此事；二则乱离中参考书籍太缺乏；三则老来颠沛，意兴又太不足也。

吾于此有欲略提及者，则墨子平生愿力所在，实即第三目中所谓政治社会理想，其根本原则即"兼相爱""交相利"六字尽之。墨子生竞争之世，悼人相食之祸，而谋全人类之安宁，固承孔子《春秋》太平、《礼运》大同之旨而发挥之。谓墨子于儒学为异端，则非知墨者也。世儒徒见孟氏辟墨，不悟孟子只于伦理思想方面力辟之。儒家以孝弟为天性之发端处特别着重，养得此端倪方可扩而充之，仁民爱物，以至通神明光四海之盛。若将父兄与民物看作一例而谈兼爱，则恐爱根已薄，非从人情自然之节文上涵养扩充去。"人情自然之节文"一语，宜深玩。人情未即是天理，于人情上而有自然之节文方是天理。易言之，乃于情见性也。而兼爱只是知解上认为理当如此，却未涵养得真情出，如何济得事？不唯不济事，且将以兼爱之名而为祸人之实矣。世界上服膺博爱教义之民族，何尝稍抑其侵略之雄心耶？王船山先生《四书义》，于《有子孝弟为仁之本》一章中，痛辟佛家外人伦而侈言大悲，教人在念虑中空持大愿，却不从人伦日用或家国天下事为之际切实去陶养，只空空悬想无量众生沦溺生死海中而作意去发大悲大愿。其行出世，故不露破绽；使其涉世，则败阙立见。船山所云，确有至理。余老来教学者，只依四书，虽研佛学，而不敢轻取其大悲大愿之文以腾诸口说。德性须于天伦处立根基，于日用践履中陶养，不可于心上空作大悲大愿想，自居救主而卑视众生，反损其本来万物一体之性分。悲愿非不当谈，却须如孔孟谈仁谈志始得。吾怀此意久，未及发抒，他日当别为论。孟子辟墨之兼爱，船山辟佛之空谈悲愿，佛经中谈悲愿，多托为神话，造作种种故事，如马鸣《庄严经论》中可见一斑。均有深旨。非于人生有深切领会及于生活真留意者，难与论此义。孟子以能言距墨为圣人之徒，其自任如此之重，诚不偶然。但孟子融摄墨义处却亦不少，如云"天下定于一"，云"善战者服上刑"，此皆与墨氏主张相通。其曰"国必自伐而后人伐之"，与墨子抵抗侵略之意亦近。其称墨子曰"摩顶放踵以利天下，则为之"，亦可谓尊仰之极已。庄子仅叹为天下之好也，才士也夫，则犹未道得墨子之精神也，孰谓孟子一概辟墨耶？道家本放任主义，其于墨氏救世之积极精神，故不深体之，而孟子远矣。墨子盖深受儒家思想之影响，而卒与之反。其于老氏或亦不无关，如非乐、节葬等等主张，与反朴守俭意思皆相通。老子当稍后于孔子，但相距决不远。道家之徒伪托老为孔子师，可见其时代较接近。孔老皆于玄学或哲学特有发明，墨子却不谈玄哲而唯依信仰，独崇天志。其所谓天志，非必谓大神也，盖一极超越的理念而为一切道德规律之所自出耳。墨子并未常以天志来说明宇宙，只以全人类兼相爱、交相利之一大原则为本于天志，其伦理思想之根据在此，其政治社会思想之根据皆在此。墨子之天志，既不是宗教家之神，又不同玄学或哲学家要组成一套理论，彼直诉诸其超脱知识与计较之最高纯洁信念而承认之，此等信念简单而有力，其能摩顶放踵以利天下，非偶然也。然墨子当各种思想发达之世，单提此等信念，又恐人之莫我从也，故又提倡逻辑，欲使人类思想避免错误，使皆得到正确的知识，即知兼相爱、交相利者为顺于天志，为人生合理的生活，是为真知，否则悖。在《墨辨》中随处可见此等密意。

墨子不唯言兼爱，而必益以交相利，此最切实有用。世界经济问题，唯依此一大原则乃有大同太平之休。只要人类的思想能免除自私自利的错误，此事并不难作到。

墨子极富于信仰的宗教精神，又具有极理智的科学态度，此在世界思想史上是一个最奇特的人，不独在中国为仅见而已。

然今欲提倡墨学，不仅在其逻辑，而在其具有坚实深厚的信仰。对于真理无信仰，只搬弄浮泛知识，此为人生堕落而不成乎人之一种衰象，尤以吾国人今日为更可哀。墨学如何提倡得起？吾不禁感慨系之。

答袁道冲

所论圣人求治出于内在的自觉云云，真千古正法眼藏。方今人类自毁，浑是佛氏所云无明。安其危，利其灾，乐其所以亡者，何可自觉？何可以求治望之乎？大著《官与师》一篇，明政教合一乃中国治化之本，所见甚的。古者儒家政治理想本为极高尚之自由主义，以个人之尊严为基础，而互相协和，以成群体，期于天下之人人各得自主而亦互相联属也；各得自治而亦互相比辅也。《春秋》太平之旨在此。然太平未可骤几，民德未进，民质未优，岂可遽期至治？故必在官者以师道自尊，以身作则，生心动念，举足下足，悉由乎礼与法之中，然后亿兆知所向风，天下莫不隆礼奉法，而世乃太平，师道毕矣。今言训政，似亦张官师合一之帜。顾其实，则国败官邪，强贪巨污，剥削百姓，以成乎官僚资本主义，而族类危矣！世道至斯而惨极，不忍言矣。思惟古义，孤坐黯然。

答周生

重阳来信，吾精力短，倦作函。"父母在，不远游，游必有方"，玩下一语，仍非不可远游也。男子生而悬弧矢，岂当守一邱之壑耶？孝之道广矣，年少力强，问学四方，真积力久，超然自得，将以"为天地立心，为生民立命，为往圣继绝学，为万世开太平"，非孝之至欤？硁硁自守，虽无败行，何补人群？贤者可造才，何自画如是？吾子勿以为已看古今书，已能明了当世名流。其实，吾子恐犹未得真眼目。此意难言，子之闻此也，纵不吾怒，决不得无疑于斯。然若能共处，困学一番，当渐见此意耳。佛学最难得解人，谈有谈空，说玄说妙，其不模糊笼统者无几人。读书谈何容易？乡下蒙师教《学而》《时习》等章，字字讲得来，经师则以为不通也。经师自负讲得好，程朱陆王诸老先生又必以为未通也。乡塾穷竖不通训诂，而经师非之；经师无神解，无理趣，不得言外意,而理学诸大师又非之。《学而》一章书,元是那几字,而各人随其见地以为领会,则千差万别也。凡人无真见,无底蕴,读天地间大著反鄙为寻常,读无知之谈反惊为神奇或富有。海上有逐臭夫,千古学人不陷此惨者有几耶? 产业直须渐舍,向后此为祸根。

与薛星奎

来信收到。闻近读理学书,不知如何读法。若不善抉择,恐难获益也。治宋明儒学,于其反己体验之真切处,固宜以之自勘;于其许多精理名言,却宜再三寻绎,得其条贯与体系而后衡其得失。理学究是禅与老气味重,栖神虚寂,而难语于孔子乾元行健、富有日新及孟子扩充之妙。其思想方面亦往往过拘于身心之间,而于《易》所云仰观于天、俯察于地、近取诸身、远取诸物数语,则只有近取诸身一句,而失先圣至周万物之神。今日言哲学,宜向西洋理智、思辨路数多用功夫,然后荡之以佛老,严之以宋明儒,要归于乾元行健、富有日新、扩充无已之盛。今人智劣,不足谈斯事。幽居念此,仰屋咨嗟。星奎屡函,赞我之辞,适以谤我。茫茫斯世,知我者希,星奎何尤。子曰:"莫我知也夫","知我者其天乎?"古今独至之诣,旷百世难索解人,乃求默契于苍昊。余诚不敢妄引宣尼,然自有独获,汉唐巨儒之业,皆不屑为;宋明大师之学,何当墨守? 矫首八荒,游神千古,阖辟无碍,万变皆贞,非窥大化之奇,讵测圆通之境。

答刘公纯

治哲学者,研穷宇宙人生根本问题,有所解悟,便须力践之于日用之间,实见之于事为之际。此学此理,不是空知见可济事。若只以安坐著书为务,以博得一世俗所谓学者之名为贵,知与行不合一,学问与生活分离,此乃浅夫俗子所以终身戏论,自误而误人。吾子何慕于斯,必以业务为厌患哉?

答韩裕文

信、思、证,此三方面之功,不可少其一。始乎思,终于证,彻终始者,信也。人无信不立,自信有力,能得能成。《新论·明心章》谈信心所处,宜细究。思者思辨,或思索、思考,皆谓之思,此理智之妙也。极万事万物之繁赜幽奥,而运之以思,无不可析其条贯,观其变化。思之功用大矣哉!心之官则思,系于日常实际生活者,情识也,非心也。情识之役于境,是系缚也,不能思也。离系而后能见心。心不为情识所障,而后思无不睿也。证者,本体呈露,自明自喻之谓也。学至于证,乃超越思辨范围而直为真理实现在前。《论语》所谓"人能弘道",《阿含》所谓"身作证"是也。思辨则与理为二。佛家所呵为有所得心,非独体透露也。独体即谓本体。无对名独。哲学极于证,至于证而犹不废思。周通万物,亦神用自然不容已之几也。

与周生

士先器识而后文艺,此定论也。考核之长,切勿自熹。宇宙无量,理道无穷。古今大哲人、大科学家所知皆有限,即综古今来各大学者之知识而总计之,仍是有限。庄生知也无涯之叹,可谓明智。然以其无涯而遂不求知，则小器也，废物也。知无涯，吾求之之力亦与之为无涯。君子自强不息，学不厌，诲不倦，发愤忘食，乐以忘忧，不知老之将至，人生所以体天行之健也。吾望汝为大人，为君子儒。以上系近年能旦手录，姑存于此。时在川也。

附录传文六首志一首

王汉传

王汉，字怒涛，一字竹庵，湖北圻水人也。少从姊夫同里何焜阁孝廉问《易》。焜阁学于同县熊太晶孝廉。太晶讲姚江学，践履纯笃，焜阁能传其学。汉学有渊源，而深嗜《易》，所至恒持《易》书一卷，未尝须臾去手。尝与黄冈何自新、熊十力等为讲习会于圻一黄间。汉同宗有老儒王经在者，治《易》精术数。咸同间，乡人避兵者，未知东西等方何走为利，请经在卜，吉凶辄验。事为府县官所闻，言之胡文忠，召卜兵事，亦验。文忠欲留之，经在固有道者，坚请还乡，且曰："术数不可为训，若淹留军中，恐腾笑于外。"文忠笑而遣之。汉尝闻老辈道经在旧事。一日与自新、十力燕谈曰："《易》故有数理，奈何流于术？"十力曰："汉世易家已多方术，宋邵子犹然。吾不解术数，亦不欲知之。吾唯据本经以求数理。夫数原于虚，立于一，太极是也。一变而为二，虚者将实，《坤》之－－是也。《易》曰'坤作成物'，成物故实。物成而有对，故－－者二也。二与一反，既成乎实，则乖其虚之本然故也。然一终不予二之反，复变而成三，《乾》之'保合太和'是也。太和者，虚以运实而无相反也。故《老子》曰'一生二，二生三'，造化之秘，如是而已。夫数以奇偶相生，无穷无尽，此贞常之理，于术数何与哉？"汉闻而然之。自新以童稚补博士弟子员，天资豁达，豪迈不可一世。读《易》至"群龙无首"，悠然若有会心，即试问汉、十力曰："此何义耶？"汉曰："人各自立，人各自主，则群龙也。天下不得有君，故无首也。"三人者相与抚掌大笑。汉学《易》初宗程传。自新、十力读王船山书，极感奋，以语汉，汉取读之，至《易内外传》曰："此足以补伊川之不逮矣。然伊川切于践履，船山固未离此本根也。"自新曰："汉学贵笨功，宋学尚超悟。吾将求悟而无废笨可乎？"十力曰："审若是，可以为通儒矣。"汉曰："言之易，学不厌难也。"会清政不纲，外侮日亟。汉、自新同师何君。何君走京师，知天下将大乱，归语汉、自新。汉、自新忧之曰："亭林有言：'天下兴亡，匹夫有责。'吾忍安坐以书生自了乎？"十力儿时观剧、见汉衣冠而美之，曰："今何不然？"父老告之故。十力曰："胡人与汉人孰多？"曰："汉人多。"曰："奈何以多制于少？"父老不能对。十力极愤闷。稍长，闻父谈历代史事，至衰亡惨状，辄痛心泣下。至是，十力从汉、自新赴武昌。武昌闻见较广。三人者益熟知中外情势，以为清室不去则民权无可伸张，何以御外侮？慨然有革命之志。汉、自新共居旅舍，十力独入军营为兵。时科举未废，人皆怪三人为疯狂。未几，汉、自新多结纳诸豪俊，相与组织科学补习所，未久而败。十力在营中，潜通诸悍卒。清光绪三十年，铁良以钦差大臣南下考察。汉谓桃源胡瑛曰："天下之祸已亟，而士大夫犹昏昏无所觉知，此可奈何？清廷派亲贵重臣南下，其以吾民为奴，而猜防之无已也。吾欲与此獠俱死，恐独力不胜，子能与吾共事乎？"瑛慨然许之。初拟待铁良于武汉。潜江刘敬庵曰："不可。此事一发，恐当道禁网日严密，吾侪欲有所经画于武昌，难立足矣。盍于省外行之？"汉曰："吾有老母在，亦惧牵累，因决赴河南彰德，候铁良乘车至，邀击之。"既抵彰德，汉语瑛曰："吾不敢强君俱死也。君可别寓一旅舍，待吾死后，设法收吾尸，以死状告于武昌同志足矣。"未几，铁良抵彰德，汉独持枪伺站上，猛击之。时天下承平久，书生故不习兵,枪连发不得中,卫兵来捕,汉急驰道旁井自溺。铁良仍乘车去,命彰德知府根究。吏发其尸井中,得汉绝命书数千言,皆阐明民族民权大义及愤亲贵乱政,愿以身殉,为天下倡。胡瑛貌为行商,向彰德绅商交涉,收汉尸殓葬之。年才二十有二。汉之行刺也,新婚仅一月,竟无子。汉死后,刘敬庵等闻耗,即成立日知会于武昌,自新、十力皆与焉。自汉刺满清权贵大臣,士人闻其风,多峻厉敢死。吴樾、徐锡麟皆继汉之后而以一死褫清廷之魄,作天下之气,其功顾不伟哉! 民史氏曰:"王怒涛之精神与功德,皆从易学中得来。两湖学者如王圻水、谭浏阳,皆以身命实践其所学,昭然与日月争光矣!"

附记:王公在彰德就义后,胡瑛即回汉,转赴日本。曾于东京报纸登载中国王汉在河南彰德刺清大臣铁良不中,自杀。国内仅江苏某报载其事,被官厅查封,后遂无敢道及者。故当时社会上多不知。民国初元,沪报载章太炎与民党人闲谈,谓宜调查清末志士殉义者,请政府表扬并优恤。时太炎随手书出名单,王汉居首列。盖王公为党人之最初就义者也,然当时民党曾向政府提出否? 殊不可知,仅好事者以太炎手书名单宣布报纸而已。初元之际,王公从兄子书访余武昌,余为之草呈文,请于副总统领鄂都督黎元洪,表扬王公烈行,恤其家属,并行文彰德,查明墓地,立碑纪念,或迁棺武昌,举行公葬。时饶汉祥居黎幕,颇抑民党,竟批云:候呈请中央。遂无结果。民国五年,余在南昌遇彰德一青年,问王公事。彼云:"童年受书,屡闻父老谈清末有王汉刺铁良事。今年岁已远,墓地不可知。"子书民元北上访胡瑛。胡云:"无暇赴彰德查。"略赠子书车费,子书不受而归。余平生孤露,于世无缘,未能表彰亡友,耿耿之心,要不忍忘。今王公之事,日益湮没。余已年衰,恐后更无知王公姓字者,故为之传。王公夫人高氏守节,立兄子为后。夫人尚存,极贫苦。窃念武昌日知会,当时实加入同盟会,民党老辈能忆王公之事者,犹当不少。国史不详其行实,武昌及彰德无纪念,似非所以慰忠烈而励人心也。王公生前少交游,孤寂如余者,无力宣扬,终生抱痛而已。

民国三十一年十一月二十二日十力谨记

吴崐传

吴崐,字寿田,号吼生,湖北黄冈人。县城东有茶村故里,晚明杜濬于皇先生所居也。崐少时游眺其间,慕于皇风义,慨然有光复之志。壮游武昌,与王汉、何自新、刘敬庵、宋遯初、张难先等,规设日知会,印行革命宣传文籍,分布军营及学校。旋东渡扶桑,追随孙公,参预同盟会,被选为评议员兼《民报》社干事。丙午五月,奉孙公命,偕法人欧几罗来鄂视察党务。十月,湖南萍醴发难,崐与日知会同志谋举义,不克,刘敬庵等九人被逮。崐回原籍。家故滨大江,捕者乘兵轮至,崐适在家,剃发及半,不动声色,给之曰:"吴崐刚外出。"捕者急返奔寻觅,崐乃从后户趋江滨,乘渔舟,经兵轮旁上溯,以示不疑。人服其镇静,能应变。丁未春,与宋教仁、白逾桓密赴关外,集合李逢春、金寿山诸马侠,设同盟支部于辽东。及夏,遍通关东大侠,众益盛。欲袭据辽宁,逼榆关,窥燕京。事泄,白逾桓被逮,崐亡走日本。时孙公、黄公俱赴南洋,同盟会本部事无大小,悉委于崐。民国肇建,被选为国会议员。时当选者,多由馈送得之,崐独以勋望为众所推。袁世凯擅贷善后借款,又贼杀宋公教仁。崐提案弹劾,遂引去。六年,段祺瑞解散国会。孙公南下护法,崐与参众两院议员同赴粤。后渐厌倦政治生活,贫乏不能自存。会居觉生出长司法院,月致常廪。迄抗日军兴,中央核减政费,乃免。崐复困饿。张难先乃以鄂省银行董事职让崐。武汉陷,携妻子走恩施。三十一年十月三日,殁于恩施旅舍。家贫不能殓,尸且腐。浠水王孟苏闻而伤之,为募资收葬。居觉生哀之,请于中央,明令褒扬,恤其子女。崐平生与宋教仁渔父交最笃。渔父洞悉世界大势,有经国长略。民国肇创,渔父以内阁制呼号南北,初不为人所注意,独章炳麟太炎知渔父政治怀抱,甚推重焉。未几,民党亦以袁氏渐专横,决推渔父组责任内阁。渔父拟以崐长交通,约崐北上。颇与袁氏左右周旋,冀解其羽翼。袁氏识渔父有雄才,乃急煎之。崐自是恒郁郁不得意,以酒色自放。同县熊十力尝憾之。鄂城刘芬伯垂曰:"寿田,天下才也,然不足为第一流。使渔父而在,彼当以功名自见。渔父丧,自度世无能用之者,亦不愿碌碌以取富贵,宁葬身花丛中。其志可谓苦哉!"十力曰:"伯垂,寿田知己也。然人生何可颓废如是乎?世日益下,蝇营狗苟以致通显,恣贪残者,滔滔皆是。求如寿田之死而腐其尸者,何可得哉?何可得哉?"十力盖追思寿田不置也。

何自新传

何自新,字季达,一字醉侠,湖北黄冈人。黄冈大县也,科举时,应试者常数千人。南皮张文襄公常按试吾黄,叹为多才。自新以童年预试得第一,居榜首,文名动一郡。少与圻水王汉同师何炳藜焜阁。炳藜以孝廉北上,知康有为上书事,念世变,归与汉、自新言之。汉、自新叹曰:胡文忠之在鄂也,江岸见英轮驶至,惊而昏蹶仆地,虑西夷之难敌也。前辈忧国之忧如此,吾侪敢不自勉乎?康有为欲拥清廷以图强,清室素内猜,非覆清不足自树立。遂与十力共游江汉,欲物色四方豪俊,而与之图天下事。十力径入军营充一卒,自新、汉居旅舍,常往来各学堂与新军间。未几,识宋邀初于文普通学堂,识吕大森于武备学堂,识刘敬庵于某军,识张难先、胡瑛等于工程营,又由胡瑛以与其师黄克强通音问。一时志士毕集,合谋创立科学补习所于武昌多宝寺街,武汉之有革命党团自此始。时有疑武昌不易发难者,十力、自新并辟其谬,谓武昌据长江上游,南北关键,天下安危所系。张彪以庸竖握兵柄,吾曹默运行伍,不数年可行大事矣。未几,黄克强规取长沙。事泄,湘抚电鄂督查封科学补习所,党人稍散。光绪三十一年春,王汉刺清亲贵铁良于彰德,不中,死之。语在《汉传》。是年夏,自新与前补习所同志假武昌圣公会堂成立日知会。及冬,十力由行伍考入陆军特别学堂。明年,十力与诸同志创设黄冈军学界讲习社,联络各军营兵士及各学堂学生,名为黄冈一县旋省人士之结集,以避警吏注目故也。久之,张彪侦悉,密令捕十力,营务处阴令十力先遁。张彪遣密探严缉,自新设法藏匿,备极劳顿。是年秋,湖南萍醴发难。事败,鄂督派军警围武昌日知会,捕刘敬庵等九人下狱。自新亦在名捕中,乃亡走江南数年,以病还黄冈,卒年二十九。自新英挺有大志,颖悟过人,少负时望,有刘青田之目。为学尚博通。及居武汉,以结纳豪俊为务,不免荒弃所学。自负有知人鉴。尝谓十力曰:"君弱冠能文,奋起投笔,可谓有英雄之气,然解捷搜玄,智穷应物,神解深者机智短也。学长集义,才愧经邦,学问与才猷不必合也。夫振绝学者,存乎孤往,君所堪也。领群伦者,资乎权变,君何有焉?继往开来,唯君是望。事业之途,其可已矣。"十力怫然曰:"天下第一等人,自足学问事功合辙,兄何薄吾之甚耶?"自新默然不复言。民国既建,乱靡有定。自新固死于辛亥前一岁,十力孤存天壤间,茕茕不自立。久之,从军湘鄂,浪游两粤,默察人心风会,益知来日大难。于是始悟我生来一大事,实有在政治革命之外者,痛悔已往随俗浮沈无真志,誓绝世缘,而为求己之学。每有荒懈,未尝不追思吾自新之言,以自愧自励也。呜乎! 吾老矣,所学犹在知解间,知及而不能仁守,其负吾友也深矣。自新稍长于吾,体弱多病,尝戏谓曰:"书生结习,难亡百世名。我将以传文累君。"十力闻之而惧。德业不进,己则无闻,而可传自新耶? 三十余年来,未忍忘此嘱,而不敢一执笔。今以鄂人征集先烈事迹,以自新传见责。老怀怅触,辄搔首望天,而不知泪之所自也。

附记:自新夫人杜氏,贫苦守节,与怒涛夫人高氏同一艰辛备历,大节凛然。自新有一子,杜夫人教之成立。民三十五年春,余由川回汉上。适全椒王东原主鄂政,始以王何二公崇祀案提交省府会议公决,就武昌抱冰堂侧建王公专祠,以刘公敬庵、何公自新配享。议既定,王君适奉命调主湘政,此案或复搁置。姑志此以待后之人,夫崇德报功,风化之原也。鄂中先烈湮没如此,可以观世变矣!

彭太公传

贵溪彭凌霄程万有峻节孤谊。辛亥武昌首义,赣省诸郡县率先响应,而各建军府,不相统属。凌霄始定全赣,绥民庶,厚军实,推李烈钧率师北伐。滔滔江汉,波涛不惊,革命大业,于是粗定。凌霄之功,可谓巨矣!及南北统一,曾主江西省政。维时党嚣士哗,无复深虑。袁氏盗柄,违反民治。凌霄忧大乱将至,扶倾无力,潜焉高蹈,终守穷约,不易其操。志定而节苦,行晦而忧深,视富贵如腐鼠。余与凌霄为昆弟交。叹美至行,而知其先德贻谋远也。凌霄尝以太公状来,属为之传。余曰:"义不敢辞也。"谨按状。公姓彭氏,名兴邦,后改名大兴,字桢祥。世居江西贵溪县北乡流岭村。曾祖大年,始习儒术,举茂才,文章书法,时人推重。屡应乡试不遇,家资中落。父松林,读书未成,亦不事生产。母刘氏,本出豪宗,未堪操作,常倚外家为活。公生而赤贫,不能就学,自幼与诸弟并习农业,勤苦备至。力田之余,旁及副业。天才恢豁,亿度屡中。性行强毅,足以干事。开源节流,靡不精究,虽卫公子荆善居室,殆无以过之。家业既丰,不务私殖。济困扶危,施舍无吝。闾里无告,呼为善人。桥梁道路,斥资修举,岁岁踵行,众享其利。邑中金沙镇故有十方丛林一所,佛像塑以金身,为费颇巨,终无伐善之心。平生笃于信仰,礼神祀祖,必诚必敬。外出遇妇女辄折回,人以迂固议之，不稍变也。事父母能孝。母年至八十余，常畏寒，冬春必伴母眠食，奉养不忍俭。性豪迈，好客。词峰峻利，邑之名士，多所交纳，尝以辩才周旋，莫或能屈之也。平居严毅，衣履整洁，坐不歪邪，行必端正，昂首直视，岸然自尊，于人鲜当意者。邑俗故趋武科，武举人及官侍卫者颇众。公顾欲兴文教，自以幼时贫苦失学，年二十以后，便令诸弟从塾师受经，习章句。入夜，遂与诸弟籥灯共读，以故粗通文义。立身行事，多本经训，非举业之徒所及也。娶朱夫人，籍安徽泾县。其祖父某，商于贵溪，遂家焉。朱氏之门，多以词林至大官。夫人归于公，浑忘华贵，事姑尽礼。与家人及邻里处，数十年从无疾言遽色，族党称之无间言。盖公有乾刚之美，而夫人承之以坤顺，此其家道所由成也。公两子，长克勤，人武庠。次克亮，册名程万，字凌霄，以茂才留学日本，辛亥光复，都督江西。而公已前卒，不及见矣。

傅以平墓志

余昔以《新唯识论》讲授于北京大学。镇宁傅生以平，方肄业师范大学，每远来参预讲会，未尝旷废。旋与其同学闽侯李生景贤来谒。察其貌，欿然恒若不自足，而奋厉之志，潜蓄于中者已甚深也。默然不敢逞其辞于人前，而明慧内蕴，于当世少所可，人益感觉其不可轻也。隐然民物在抱，而汲汲焉吾斯之未能信，人益知其所自待者不薄也。温然不言，而饮人以和，使人亲之不敢狎，敬之而毋或惮也。窃叹生之年方少，而卓尔有远致。自是约课暇即来，来则寂然相对，少所语。兴之所发，谈言微中，而生自以为天地万物之理，上下古今之变，若有相喻于幽默中，视课堂所得，乃真粗迹耳。余喟然曰："生勉乎哉！"未几，生以父丧回黔。适抗战军兴，余亦来川，遭逢多难，无缘合并。忽报生不幸短命死矣，年不及而立，遗孤才半岁。呜呼哀哉！天之生才，既予之厚，而夺之速，其可问耶，不可问耶？生之友好，集赙公葬生于贵阳禹门外虎峰之原。其妻袁孟英乞余一言志其墓，不忍却也。民国三十一年十一月。

邓彦芬小传

邓彦芬，字晴皋，四川古蔺人。父礼堂，学宗程朱，持身严峻。彦芬少承家学。清光绪丁酉，以拔贡举于乡。入太学六年，学成，授博野知县，派赴日本考察。居大学时，值庚子之变，同舍有议悬白旗于学宫以免外兵蹂躏者，彦芬力持不可，议卒寝。宰博野，廉让为治，士民化之。以课最膺荐，大府阴索贿，彦芬峻拒，即告终养而归。是时清政已腐坏，彦芬知清运将终，无仕进意。中国既建，彦芬悯政俗益敝，乡居三十余年，不一接新贵与军阀。老而好学，日亲经史，于《易》《诗》尤耽玩。与井里后生言，援引古训，以绳时俗，辞气婉和，闻者感动。好为诗，有《默声堂集》，余未之见也。古蔺之学者，昔在旧京，多从余游，皆称其乡有邓先生，潜德弗曜。余询诸子，邓先生方古之高隐，可与谁匹？潘从理曰："先生解悟所至，视管幼安何如？不敢知。然其胸次萧然世外，其行履平实，无丝毫矫异乎乡人，恐幼安无以远过也。"余曰："有是哉！清而不激，和而不流，可谓安且成矣。"及余避寇入川，古蔺许息卿来问学。其母邓先生侄也。时称说邓先生孝友之行为难能云。

刘慧凡小传

刘慧凡，湖北罗田人。少与麻城严重立三同学保定军官学校。立三诚挚，念念与生民痛痒相关。慧凡谨厚，有行一不义虽得天下弗为之守。立三曾任文武大官，自度才具不足济一世，耻不义而富贵，弃官隐庐山，躬耕自给，长服菜羹，竟以苦至死。所著书有《大学考释》《通论中国学术流变》，自出心裁，识者重焉。人或疑立三矫激，然兽蹄鸟迹盈天下，世顾有矫激如立三者乎？立三与阳新石蘅青瑛、沔阳张难先义痴,天下号为鄂中三怪。人失其性非一日,见有人焉者,安得不群相骇以为大怪哉!慧凡亦尝任军职,人皆称其材兼文武,将大用,顾愤举世习于狼贪虎噬,乃谢交绝游,闭户读书。晚居黄州城隅,租地自耕。民国二十四年冬,余自旧京南归度岁,与番禺伍庸伯游赤壁,同访慧凡。黄城僻在荒江,不当孔道,居人稀少,庐舍萧条。慧凡室大如斗,颓垣败瓦,不蔽风雨。日以菜羹稀粥果腹,怡然自得,别有天地非人间。余甫坐定,慧凡问曰:"昔访公杭州,问《大学》致知,朱王二义,孰得孰失?虽承剖析,犹未释然。"余曰:"君何不超然朱王二家之外,反诸自心,斯理岂远乎?"慧凡忽有省。立三与余同寓杭州近一年,慧凡才两面。余知慧凡,自立三也,今两人皆逝矣。然立三有盛名于天下,慧凡姓字不出乡里,余尤哀慧凡也。

十力语要卷二

与周开庆

昨秋君毅来函,论及罗整庵薄阳明知心而不知性。此一问题在程朱陆王诸师派下所争至剧。吾昨欲详答之,当时意思极多,会《语要》卷一校刊亟,遂置不答,尔后遂无执笔兴致。久之,此等意思亦消失于无形。大抵此问题亦是儒佛所由分。儒者即心见性,尼父"五十知天命",而其功效所极,则曰"七十从心所欲不逾矩"。心即性也,于此征矣。孟子曰,尽心则知性知天,犹孔氏之旨也。佛氏亦何能于心外觅性? 然其言性,终偏于寂静,则宗门作用见性,似犹是权词。而性体真寂,不即是虚灵知觉之心也。程朱犹近于佛,陆王反合于儒,此前儒所不审耳。

不朽之问题,若以知解推论,自可敷陈十义百义至无量义,实则都是闲言语。吾年三十以往迄于四十,追求此问题至切,然终以其求之而不可得真实解,愈索解而愈迷离,卒乃止息追求,任之自尔,而无不适矣。尤复须知,人之不甘心于死而遂朽者,其根本要求毕竟在灵魂永存而已。灵魂是否永存? 其本仍在有无灵魂。果其有之,是否即永恒？犹有问题在。然灵魂有无一大问题，古今聚讼。由科学言之，则完全无征，而可断言其无；_{可断者，科学家以为可也。}由哲学言之，则事不可征，而理不必无，因此而信以为有者，在哲学家中亦不乏其人；由宗教言之，则根于信仰，而坚执为有。三占从二，其唯虚怀而默于所不可知，虽不能信，亦勿遽遮拨焉，斯可矣。总之，人皆有要求灵魂永存之观念似不容疑，即其以知解作主张而否认灵魂者，恐其持论是一事，而其骨子里对于灵魂永在之要求未必能扫除净尽也。人果无死而不亡之要求，则其生活必无力，而且不欲以瞬息生矣。须知有生之物，其生活力量皆由阴驱潜率之势力使之然，非知解所得为功，此非深于反观者每不自知也。反观工夫唯人得有。人之尤灵而为圣哲，则此工夫更精透，一般人则不足以语此，禽兽更不得有此。近世学术，重客观而黜反观，虽于物理多所甄明，而于宇宙真理、人生真性之体验，恐日益疏隔而陷于迷离状态矣。吾不欲断言灵魂之为有为无，但确信人皆有灵魂永存之要求。此等要求恒伏于潜意识，而人或不自觉；正唯其不自觉，其势力乃极大无垠；又以其属于不自觉也，故终是信仰上之事，而不是知解可以解析之事。开庆必欲知吾对于不朽之观念如何，吾之所可言者，止此而已。

又今日中国人之生活力最贫乏，其生活内容至空虚，故遇事皆表见其虚诳、诈伪、自私、自利、卑怯、无耻、下贱、屈辱、贪小利而无远计。盖自清末以来，浮嚣之论，纷纭而起，其信仰已摧残殆尽。宣圣曰："人而无信，不知其可也。"

复张东荪

北大转到来教一封，系弟未抵平时所发。本日又得惠书，兹略答如左。一、前函谓宋明儒实取佛家修养方法,而实行儒者入世之道,其内容为孔孟,其方法则系印度云云。弟于此微有异议。果如来教,则宋明儒学乃两相搭合而成,如此拉杂,成何学术?为学方法与其学问内容,断无两相歧异之理。向来攻宋明诸师者,皆谓其阳儒阴释,此真横议。吾兄不谓宋明学全出释氏,但谓其方法有采于彼,是其持论已较前人为公而达矣。然弟犹有异议者,何耶?则以孔孟儒学之内容,必不能全用印度佛家方法故也。夫孔曰"求己",曰"默识";孟曰"反身",曰"思诚",宋明儒方法皆根据于是,虽于佛家禅宗有所参稽兼摄,要非于孔孟无所本而全由葱岭带来也。朱子讥陆象山之学由葱岭带来。今借用其语。凡一学派之传衍,恒缘时代思潮而使旧质料有所蜕变,新质料有所参加,此中外所莫不然。宋明之世,佛家禅宗思想已盛行,诸儒不能不受其影响,亦何足怪?实则宋明儒于孔孟之形而上学方面确属深造自得,而有伟大之成绩,其思想皆自成体系,但散见语录,非深心体玩则莫之能知耳。至若甄验物理人事,足以利用,则晚周儒生之学所为广博,而不偏于玄学一途,宋明儒则不免疏于实用,亦参融禅学之过也。陆王之徒既反对程朱《大学》格物之训,而程朱以即物穷理言格物,又但有主张,而未尝详究方法。其平居体验人事物理,盖不外暗中摸索与凭颖悟所傥获。既无精核之方法,则虽明物察伦,亦往往冥会其通,而未尝解析部分、明征定保,以构成某一部门系统的知识,此科学所由不发达也。兄疑其方法全采印度,或以此欤,然弟则以为宋明儒本偏于玄学一途,其玄学方法仍承孔孟,虽有所资于禅,要非纯取之印度,故于尊论微有异议也。夫孔门注重六艺,礼、乐、射、御、书、数,即简单的科学。孟子精研政治与社会问题,特有发明,非但为鞭辟近里之功而已。及宋明儒则一意反身默识,以充其德性之知,而于征事析物,即所谓闻见之知则不免视为外驰,虽此言容稍过,至少亦有此倾向,是其视晚周儒家已变而狭矣。大抵东方哲学与西洋科学各有范围,各有方法,并行则不悖,相诋终陷一偏。科学以由感官所得经验为依据,非用客观的方法不可。哲学所穷了者为本体,而宇宙本体实即吾人所以生之理,斯非反求与内证不为功。故东方之学终非科学所能打倒。明知此论为时贤所不许,但不妨向吾兄一倾吐耳。

二、第二函谓英人怀特海之哲学与弟之《新唯识论》颇有相通之点,余生撰一文以相比较。余生于怀特海既未知所得如何,其于《新论》至多不过粗通文句。文句有限也,而文句所诠之意义乃无限。余生目前尚未了解《新论》,又何从比较耶?今学子习于肤浅。吾侪从事论述,唯此孤心长悬天壤耳,若欲索解人于当世,恐为自苦。

三、前夕尊寓畅谈,孟劬先生略及今之治史志者,异执朋兴,此诚无可如何。弟以为今日考史者,皆以科学方法相标榜,不悟科学方法须有辨。自然科学可资实测,以救主观之偏蔽;社会科学则非能先去其主观之偏蔽者,先字是着重的意思,非时间义。必不能选择适当之材料以为证据,而将任意取材,以成其僻执之论。今人疑古,其不挟私心曲见以取材者几何?真考据家亦须有治心一段工夫。特难为今人言耳。

　　附张东荪答函云:复书拜悉。所论宋明儒学与佛学之关系一段,细绎之,与弟所见亦无大差。特弟前函太略,未将所欲言者充分说出耳。弟以为反身、思诚等,在孔孟本人或有此种体验,但当时并未厘为固定之修养方法。自宋明诸儒出,有见于禅修,乃应用印度传统之瑜伽方法从事于内省,由敬与静而得。遂得一种境界。此境界虽同为明心见性,然与佛家不同。盖佛家所得者为实证真如,而宋明儒家所得者为当下合理。二者所达不同,而其为内修则一也。以西方术语言之,则一为玄学的,一为伦理的;一为求见宇宙之本体,一为体合道德之法则。潜修以窥破本体,其结果得一"寂"字。一切皆空,而空亦即有。于是事理无碍,事事无碍。潜修以体合道德，"道德"二字似太狭，不如直呼为做人较妥。其结果得一"乐"字。宋明儒者之诗如有云"万物静观皆自得"，与时人不知予心乐者，不可以寻常句子看待也。故印度之文明始终不离为宗教的文明，而中国之文明则始终不失为伦理的文明。宗教的文明，无论其本质何似，而总不免有出世色彩。至于伦理的文明则纯粹为入世之物。此点可谓宋明儒者在人类思想史上一大发明。弟将为长文以阐明之，不知公亦赞成否？漱溟于此似已稍稍窥见，特不知与弟所领会者果相同与否耳。

再答张东荪

答教拜悉。弟以为儒家与印度佛家同为玄学，其所不同者，一主入世，一主出世而已。真如不是一件物事，除却当下合理，又何所谓真如？《涅槃经》乃最后了义，即于心之"常乐我静"而说为如。具云真如。故"乐"之一字不必为儒佛之判也。唯佛主出世，故其哲学思想始终不离宗教；儒主入世，故其哲学思想始终注重伦理实践。哲学不止是求知，而是即知即行，所谓体神化不测之妙于庸言庸行之中，此儒术所为可贵也。总之，儒佛二家之学均广大渊微，浅智所不能了，今人亦无肯肄习者。尊论何时脱稿，甚愿得一读也。

又"当下合理"一词，若深究其涵义便甚难言。其所以为当下合理者，以是本体呈显故耳。若不见体，又何当下合理可言？夫子"七十从心所欲不逾矩"，才是当下合理之极致。佛位亦不过如此。凡夫本有此种境地，但习染所蔽，不克发现，不自证得耳。吾兄以求见本体归之佛，而谓儒者为体合道德之法则，似谓当下合理即缘体合道德法则之效果，此弟所未能印可者。须知若不见体，则所谓道德法则便纯由外铄而无内在的权度,此告子义外之论,所以见斥于孟子也。唯见体故,斯有道德之法则可言。孟子所谓居安资深,取之左右逢源者,乃无往不是天则,无时无在而非当下合理。宋儒诗所谓"等闲识得东风面,此喻见体。万紫千红总是春",可谓善于形容。到此境地,佛谓之"大自在",儒者谓之"乐",《涅槃经》亦谓之"乐"。

儒者的然实证本体,而不务论议,专在人生日用间提撕人,令其身体力行,而自至于知性知天。知性知天即证体之异语。故儒家之学,自表面观之,似只是伦理学,而不必谓之玄学,实则儒家伦理悉根据其玄学,非真实了解儒家之宇宙观与本体论,则于儒家伦理观念必隔膜而难通。

儒家注重践履,此其所长。而由此不务敷陈理论,则了其精义宏旨者,仅少数哲人。而大多数人乃无从探索,而不见其有何物,此亦儒术所以衰也。

《华严》四法界,归于事事无碍,到此与儒家无二致,会通四子、六经,便见此意。

弟每欲有所论述,顾衰世百艰,苦无意趣,若有少数同志随时短简商榷,必不无所解发。朱子诗云"旧学商量加邃密",至有味也。

　　附张东荪答函云:二次复书拜悉。弟意尚有未伸者,请再为公陈之。弟以为所谓玄学的与道德的云云,甚至于本体论、宇宙论、认识论之分别,皆基于西方学术重分析之精神而出,遂有此种分别部居之事。至于东方则根本上为浑一的,故谓宋明儒学为道德的一语,却决不包含有宋明儒学为非玄学之义在内。以在西方所谓道德的与玄学的二义可以互相排斥,而在东方中国则此二义非但不相排拒,且常并为一义,不可强分。尊函论及本体一层。弟自西洋哲学之观点以观,觉稍有伸论之必要。盖弟始终以为本体论为西方哲学之特色。有人谓认识论为西方所独有,殊不知印度哲学上之认识论实甚精微。印度哲学亦讲本体,但其本体即是所谓如,并不是一件东西,以西方术语言之,乃系以宇宙论代替本体论也。中国思想亦然。中国最古之玄学自是《易经》。《易经》只讲宇宙论,而无本体论。若以不甚正确之言表之,则可谓西方确有本体论,印度只是以宇宙论当本体论讲,中国又只是以人生论当本体论讲。吾谓宋明儒者修证之结果得一"乐"字者,其玄学的背景当然根据于《易》,此即生生不息之理。以大宇宙之生生不息,遂致小宇宙即个人。能有此心活泼泼地之一境也。因其玄学的背景不同,故佛家之修证与宋明儒者亦不同。弟尝谓佛家之修证在于得见,其为见也,犹如庖丁解牛;宋明儒者之修证在于所行,其为行也,恰似行云流水。因其为见,故为当下直指;因其为行,故为遍体流行。其结果,得见者只能得一"澈"字;而得行者乃可得一"乐"字。此二者之别也。且弟始终觉得西方之道德观念与宇宙见解、本体主张可以相关联,但仍必为三者,不可混而为一。中国不然,其道德观念即其宇宙见解,其宇宙见解即其本体主张,三者实为一事,不分先后。此种态度,在西方则统名之曰神秘主义而鄙视之。弟则以为中国思想之优点亦正在此,特如何以保留此种优点而仍能卓然自立于西方文明大昌之今日,则颇为问题。诚以东方之自得之乐与西方之驭物之智,如何融合并存,不得不大费苦心矣!弟极思有以解决之,而深感一人之力有限,此则非区区短笺所能尽述者也。

答朱进之

寄汉寓函早收到。吾南还忽忽一月,家居扰攘不宁,精神散乱。

老来岁月如此虚度,惶惧可知。顷率池生来黄州赤壁寺中。黄州系故郡城,今为县治,但距吾故宅尚九十里。赤壁虽由苏轼得名,然江山之胜,确足以千古矣。余坐卧读书于危楼之上,俯瞰大江东去,真乃海阔天空,西湖无此胜也。故乡风月宜人,冬暖如春。早起江干缓步,生趣油然。病躯得此,乐可知矣。自平同来者,老友伍庸伯先生亦于兹共处,可谓不孤,唯念贤辈不得相聚,是一憾耳。

来函谓东西文化各有毒质,其说自是。世相,一切相待者也。优质所在,即毒质所存,天下皆知美之为美,斯不美矣;皆知善之为善,斯不善矣。老氏所以为达也。东方文化,其毒质至今已暴露殆尽,然其固有优质之待发扬者,吾不忍不留意也。西方文化之优质既已显著,然率人类而唯贪嗔痴是肆,唯取是逞而无餍足,取者,向外追求。杀机充大宇,既造之而亦畏之,既畏之而又力造之,飞蛾投火,猛虎奔阱,犹曰无毒质也,自非小知溺俗,其谁肯信?夫无超世之量者,必无超世之识;无超世之识,则不足与究真理。昧真理故,斯眩于目前得失,苟且随俗,不敢违众而独有所主。无所主故,即偷活人间,而无所谓愿力。吾子疑余有终身之忧,而意不谓然,因以独善为得计,以杜门讲习为清醒合理之生活。夫杜门讲习,子如是,吾亦如是。清醒合理则子恐未然也。正法沦亡,众生惑染,吾不知忧,是谓昏扰,何清醒之有?是谓浊乱,何合理之有?哀哉群生颠倒而不知忧也!无始时来,已如此矣。吾正惧夫陷于颠倒而不知忧也,子且以有忧为吾虑哉。

来函意谓大法已衰,势无可挽。不知衰故须挽。法若不衰,则世尊出世亦了无意义矣。见其衰也而靡然随之,则化育于此熄。昔者释尊悬记:过千载后,我教法灭。时当有非法出于世间,十善悉坏。其后果如佛所预言。诸邪见辈诤竞,佛法索然顿灭。尔时佛母摩诃摩耶夫人天上来,下诣诸众僧所,号咷啼泣,呜呼苦哉!是我之子,经历阿僧祇劫,修诸苦行,不顾劳体,积德成佛。今者忽然消灭,而说偈言:

我是佛亲母，我子积苦行，经历无数劫，究竟成真道，悲泣不自胜，念法忽磨灭。尔时世尊语释提桓因、四大天王、诸天世人，于我灭度之后，法尽之相，如上所说。是故汝等今者不可不以勤力，加于精进，护持正法，久令在世。尔时诸天世人间佛所说，各各悲颜，以手挥泪，顶礼佛足，各自退去。详见《杂阿含》卷二十五。夫世相无常，佛之教法亦不得无灭时，然有不可灭者，即此法之本真与夫佛之愿力，此皆不可灭者也。当佛法灭尽时，佛母啼泣悲苦，而佛犹语诸天曰：不可不以勤力，加于精进，护持正法，久令在世。呜呼！斯言也，斯心也，非本于至真至实而不容已者，其得有是欤？推此志也，国虽亡必图强，种虽危必保世滋大，岂惟正法不终微而已哉！愿吾进之，反诸此心，而得其不容已之真实，必将与吾同忧，以共相策励而不懈也。夫儒之论学，始于立志；释之论学，始于发心。志趣不正，心愿不宏，纵勤求世智辩聪，终为细人之归耳。进之夙闻正法，其忍自居劣俗，虚负此生哉？吾得来书而愀然不怡，屡欲函进之，顾不获拨冗以凝神。心所欲言，难于畅达，执笔而停者数矣。然与其含忍不言也，盖若言之而不达。故仍略申吾意，唯进之加察焉。

答君毅

来函所说二端，其前一端，固吾夙所主张也。体会之功，所以自悟。论辩之术，虽为悟他，而自悟亦资之。此土儒道均尚体会而轻论辩，其得在是，失亦在是也。测物之知毕竟欠缺也。印土佛家自悟悟他，双方兼顾，诚如所云。然诸大论师毕竟尚玄悟而不基实测，与远西学者论辩之术又不同途。至云根本道理与各部门散殊的知识，本非睽而不通。此则诚谛，吾何间然？宣圣曰"一以贯之"，《般若》说"如，非一合相"。如者具云真如。唯如非一合相，所以非混条然万法而为如，乃即此条然万法而皆是如也。故一贯之旨，非混万为一，正于万见一。唯其如此，故智者依本智而起后得，佛家依根本智，起后得智。德性之知既扩充，而闻见之知亦莫非德性之用。儒家认识论中以此为极则，实与佛家本后二智义相通。故学者求知，虽不遗散殊，而要在立本。来书所举第二端与第一义自相关，毋须别答。

吾贤次难，似于《语要》卷一未尝措心。卷一《答张东荪先生书》中曾言所以作《新论》之意。此土著述，向无系统，以不尚论辨故也。缘此而后之读者求了解乃极难。亦缘此而浅见者流不承认此土之哲学或形而上学得成为一种学。《新论》劈空建立，却以系统谨严之体制而曲显其不可方物之至理。学者诚肯虚心、细心、熟习此论，必见夫此土晚周儒道以迄宋明，旁及印土大乘，其诸哲学家中，对于宇宙人生诸大问题无不网罗融合贯穿于《新论》之中。旁皇周浃，无所遗憾。又其针对西洋哲学思想以立言，而完成东方哲学的骨髓与形貌。若治西洋哲学者而头出头没于其推论设证之间，不获昂首网罗之外，一究真理蕴奥，则于《新论》寄意亦必漠然，谓为无物。此诚无可如何之事，而亦无所用其计较者也。《新论》只是完成东土哲学或形而上学，其立言自有领域，然未尝排除知识，即非不为科学留地位。须知讲哲学者只不反对科学与知识，其为书也，非必取世间各种知识而悉叙说之也。

儒者何尝专讲一本而遗万殊？假设阴阳，以明变易不易之理，而天道之奥天道者，本体之代语。与夫人事物理之至动至赜而不可亚、不可乱者，莫不究明焉。《易系》曰："言天下之至赜而不可恶也。"案荀爽恶作亚，次第也。设举一事一物而推寻其因果关系，实无穷无尽，乃展转相缘以俱有。莫究其始，莫究其端，何可为之次第耶？荀说是。此《大易》所以与天地准也。《春秋》本玄以明化，董子《春秋繁露·重政》云："元犹原也。"何休《公羊》注云："元者气也，无形以起，有形以分，造起天地，天地之始也。"深察百国政俗与人群变端，因推三世以明大同太平之休美。甚盛哉！制割万有而赞襄大化者，是所以文成数万，其指数千也。《易》与《春秋》，其义皆在辞外，宜乎守文者所不与知。若乃《礼》《乐》之隆，原本性情，周行万物万事而莫不畅。《诗》则极人情之真，而人生意义之丰富，于兹可识。儒者之道，如此其广大悉备也。而吾贤乃谓其专论一本而遗万殊，何哉？夫学者，读古书贵通其意。六经之言，虽运而往矣，若其微意所存，则历劫常新，而未尝往也。学者求之六经而得圣人之意，则学不当陋，而道岂容拘？智周万物而后不陋，易简理得乃始无拘。善学者，博约兼资，约以造微，微者单微。理之极至，则易简也，故谓单微。又微者微妙，所谓"众妙之门"是也。约者，实践实证，实有诸己之谓。博者徒务多知，纵上究乎玄，而仍不离知见也。约则极玄，而体之日用践履之间，心与理冥为一，不只是一个空洞的知见。博以尽物，尽物者，谓穷尽万物之理。夫物理不可胜穷也，而精炼于或种部分之知识者，勿以一曲之见而衡一切，足以知类不紊，又必观其会通而究其玄极，其斯之谓尽物矣。君毅有才气而能精思，吾所属望至切，倘得缘会，析诸疑义，则孤怀寥寂之余，良得所慰已。

答满莘畲

来教久稽裁答，因闻乡间匪患，心绪总不宁帖，今略酬如下。

一、来函云："唯识旧师建立种子，为一切现行之因，处处皆死煞，真如几等赘物。而《新论》具云《新唯识论》。则以刹那顿变义显诸行相为流行不住，此即到处皆是活的，始见真如之大用。"

旧师关于宇宙论方面之见地，则建立种子以为万有肇始之说明，此与西洋谈本体者有建立一元或多元等同一戏论。《新论》《功能》诸章及《破破论》具云《破破新唯识论》。辨之已详,而守文者多不悟,非吾兄之明睿,何能及此?

二、来函云:"旧师关于心理方面之见地,则以一切心及心所皆由种子生,而于种子,复许有染净混集之本有种。夫染污种子既属本有,则何须断之乎? 如谓去染留净,如淘金沙然,去渣滓而存纯金,则将心理看作矿物一般,而心其果如是耶? 况与染污杂居之净种,自非绝对的纯净。然已许其为法尔本有,则又从何觅本心? 即如何见所谓常乐我净之真心耶? 因此染净二种本有之上,不能更建立本心,义不应尔故。且种子既曰本有,则是无因而生,亦自违缘起正理。总之,旧师建立本有种子,最不可通。"

"《新论》既遮拨旧师种子义,而亦变通其旨,以言习气。习气潜伏沉隐,亦得名种子。其现起即名心所。凡今心理学上所谓心作用者,其全部几皆是习,其属于不自觉之潜意识,亦皆习气之潜隐而为种子者也。《语要》卷一第五十六页《答谢石麟书》内有一段亦言及此。其发明古义,纠正后来大乘师之失,可谓功不在禹下。"

"《新论》以心所即是习,亦得云习心,此与本心同行。本心即性也,是乃固有之也;即是功能,即是本体显现也。染习乘权则蔽其本心,然本心未尝不在,顺之以起净习,则本心力用增长,而固有之全体大用毕彰矣。本心者,随义差别而多为之名。以其虽主乎一身,而实浑然与天地万物同体,则谓之心;以其为吾人内在的生活力,有主宰用,则谓之意;以其发现为意知思虑见闻臭触等等了别作用,则谓之眼识、耳识乃至意识。如此真切,令人直下亲体承当,真是千古正法眼藏。旧师既分八个识,又且一向是染污现行，不知从何觅得本心来，岂不断绝佛种？"

此中弹正旧师，抉择新义，字字金玉。自《新论》问世以来，如此精鉴，得未曾有。旧唯识师建立种子，实乖释迦本旨。考释尊说法，以见于《阿含》者为最可依据。《杂阿含》卷二第二十页，佛告婆罗门："我今问汝，随汝意答，婆罗门于意云何？色本无种耶？"答曰："如是。世尊。""受想行识本无种耶？"答曰："如是。世尊。"详此，则色法、心法，本无自种，所以说诸行性空。《般若》犹承圆音而盛演之，至唯识则浸乖胜义矣。近常为韩生镜清说《阿含》，推寻释尊创见与后来佛家思想关系，颇有所获。惜乎随得随忘，未及条而理之。衰世百艰，不得畅心素业，此无可如何也。

三、来函云："翕辟之义，初未敢深信。窃以为非真见体后，不敢轻置可否故也。今每静心体察，乃于吾心之不物于物处，识得辟以运翕的道理，而豁然无疑矣。"

吾兄能于生活上体会此理，甚善。然翕辟义，就宇宙论方面言之，其待阐之义蕴甚多。弟常欲别为一书，以相辅翼，总苦精力不给。大抵此等处最感困难者，为科学知识之缺乏。吾侪不幸少年无治科学机缘，今已老大，夫复何言？每有思维所及，自惊神解，却未能搜检各种科学上之材料以为推证之助。即令笔述所怀，反惧单词奥义，无以取信于人，故提笔而又辍者屡然也。然思解以写述而愈精，不写不述则亦忘失，而甚至晦塞以殆尽。平生少成功，亦由此之故也。吾常谓后生不可轻发表文字，要不可不多作文字耳，老兄当同兹感耶？

四、来函云："《新论》能习之分，精义入神，举中国千余年来言性命者所未能言者,和盘托出。非真实见体,哪能道得只字?"

难言哉习也。佛家所谓赖耶一大识藏,充盈法界,只是习而已矣。释尊千言万语,无非破除染习,岂有他缪巧哉?谈哲学者,于此自勘不清,还说甚宇宙人生,皆戏论耳!皆虚妄分别耳!《新论》谈习气处,字字精贴,顾读者若不澄怀反察,则亦看作闲言语耳。世亲菩萨《二十论》曰:"我已尽我能。"弟亦假以自慰。又《新论》"习气"一词,涵义至广博,人生所有一切经验皆成为习,其云习气。遗传亦习也,即心理学家所谓本能,亦无非习也。

五、来函云:"《新论·明宗章》'心者不化于物'一语,若能体会得真,觌体承当,当下即是,千言万语皆赘辞也。妙极!"

一言心,便与境对。或亦云与物对。故心非即是本体,然心之可说为体者,正以此心虚灵而不物化故耳。若心为形役者,则其人之放失其心也亦已久矣。操存舍亡,君子所以弗忘戒惧。

附记:满莘畬先生,吾同县人。天资豁达。民二十七年,倭寇陷吾黄之前数日,悲愤去世。呜乎惨矣!十力补注。

答唐君毅

来书云:"毅觉徒谓玄学与科学领域不同、方法不同、分工而治,尚不能完全解决哲学之问题。盖玄学之真理与科学之真理,既同为真理,则人不能不问此种真理与彼种真理间如何流通。若玄学真理为究极的真理,则人不能不问科学之真理如何可汇归或依附于玄学真理。

自此点而言,西洋哲学实有其独特之价值,以西洋哲学之主要问题,实即此问题。即如康德、黑格尔、柏格森、怀特海等,均系自分析科学中之概念、假设,以指其必汇归或依附于玄学真理者云云。"此等问题太大,殊难简单作答,若详言之,必须成若干册,至少亦一巨册,焉得有此气力。无已,仍本吾意略答。玄学、科学,皆缘吾人设定有所谓宇宙什么叫做宇宙,自是一种设定。而试行穷究其中真理,即由穷究故,不得不方便善巧,姑为玄学科学之区别。科学尚析观,析观亦云解析。得宇宙之分殊,而一切如量,即名其所得为科学之真理。于一切法,称实而知,是名如量。玄学尚证会,得宇宙之浑全,而一切如理,即名其所得为玄学之真理。于一切法,不取其相,冥证理体,而无虚妄分别,是名如理。实则就真理本身言,元无所谓科学的与玄学的这般名字,唯依学者穷究之方便故,则学问不限一途,而或得其全,或得其分,由此假说有科学之真理与玄学之真理,于义无妨。

来函谓"科学之真理如何可汇归或依附于玄学真理"。余以为就宇宙论言,善谈本体者,一方面须扫相以证体,相者谓现象界。若执取现象界为实在者,即不能见体,故非扫相不可。然另一方面却必须施设现象界,否则吾人所日常生活之宇宙,即经验界,不得成立。因之吾人知识无安足处所,即科学为不可能。佛家说五蕴皆空,五蕴谓现象界。似偏于扫相一方面。《新论》说本体之流行,即依翕辟与生灭故;翕辟、生灭,皆谓流行。现象界得成立,亦复依翕辟与生灭故。说现象界无实自体,易言之,便于现象界而不取其相,即于此而见为真体之呈显,是即扫相证体。

由成立现象界之一方面而言,科学上之真理已有依据;由遮拨现象界之一方面而言,遮拨云云,即上所谓扫相证体。玄学上之真理即有依据。

设问:何故成立现象界?同时复遮拨现象界?答言:成即涵遮,

否则成立之名不立;遮即涵成,否则遮拨之名亦不立。

谈至此,君毅必犹谓科玄两种真理虽各有依据,但科学上之真理如何可汇归或依附于玄学真理,仍未解答。吾复诘汝,汝道真理是个什么东西,他既不是呆板的东西,何须以此一种理汇归或依附于彼一种理? 但学者探索真理,则有由科学之途,析观宇宙,得其分殊,而竟昧其全者,似其所得之真理,犹不免支离破碎,而须要有所汇归或依附。若尔,则赖有玄学明示宇宙之之为浑全的;其所以为浑全的者,乃于分殊相上不执取此分殊相。易言之,即于分殊相而见实相。实相即实体之异名。强以喻明:如于一一沤相不执取为一一沤相,而直于一一沤相皆见为大海水;此一一沤相虽复万殊,而一一沤相都无自性,其实体即是大海水故。故于众沤见大海水。即离分殊而得浑全,一味平等。前所云于分殊相而见实相者,义亦犹此。

如上所说,浑全不是离开一一分殊的而别为空洞之一境,又不是混合这些分殊的而作成一个总体,却是即此一一分殊的而直见其皆即实体之呈显。易言之,即于宇宙万象而不计著为物界,但冥证一极如如,一者言其无待;极者言其为理之极至;如如者,常如其性故。盖于分殊而识其本体,当下即是真常。其微妙如此。

总之,体则法尔浑全,用则繁然分殊。科学上所得之真理,未始非大用之灿然者也,即未始非本体之藏也。用者体之用,故《易》曰"藏诸用"。"藏"字义深。如本体是顽空的而没有用,即现象界不能成立,科学亦不可能,焉有所谓科学之真理? 唯体必有用,所以科学有可能,而其所得之真理亦可说是依实体显现故有;所以从本体方面说,此理亦是他所内涵的,故谓之藏。如此则玄学上究明体用,而科学上之真理已得所汇归或依附。余自视《新论》为一大事者,以此而已。君毅犹有疑焉何也? 西洋哲学家何曾识得体用,其谈本体只是猜卜臆度,非明睿所照,故往往堕于戏论。

以上略明吾所主张。以下就来函疏误处稍事解析。

来函云："玄学之真理与科学之真理，既同为真理，则人不能不问此种真理与彼种真理间如何流通？"此段话，于科玄真理直下断定之词未有说明，似觉不妥。吾于此将提出二问：一、玄学之真理果以谁家所见为真理乎？二、科学上之真理果与玄学真理同为真理乎？举此二问，仍自作答如下，聊以奉质。

答一问曰：玄学上之真理，果以谁家所见为真理？此自有哲学以来截至现在，常为不得解决之问题。即由现在以趋未来，其永远不得解决，当一如今昔之状态可知也。然则玄学上之真理果皆无据而不成为真理乎？非也。玄学家者，其根器利钝与熏修疏密，彼此相较，不止千差万别也。而玄学之对象又甚深微妙，非如日常经验界的事物可以质测也。故古今恒不乏少数之玄学家得到真理，而大多数不堪了达真理之学者，反与之为敌而不肯信，非独不信而已，又自以其迷谬之知见而为真理。于是朱紫淆而莫辨，雅郑乱而失鉴，此玄学上之真理所以难有一致印许者也。此事如欲详谈，便如一部《二十五史》从何处说起？吾亦唯有本吾个人见地而略言之。

吾确信玄学上之真理决不是知识的，即不是凭理智可以相应的。然虽如此，玄学决不可反对理智，而必由理智的走到超理智的境地。吾常求此而有契于佛家。佛家对于世间所谓宇宙万象确曾作过很精密的解析工夫，决不是糊涂的漫然否认现前的世界。所以在稍闻佛法的人，都承认佛家是凭理智来解决他对于宇宙人生诸大问题，不仅靠情感上的信仰作安慰。一般人对佛家这种看法似乎没有错，然或者只看到如此而止，则不同小小错误，却是根本不了解佛家。须知佛家唯一的归趣在证会。而其所以臻于证会之境地，在行的方面，有极严密的层级；如十信等等乃至十地。许多专门名词今略而不谈。在知的方面则任理智而精解析。至其解析之术，精之又精，则将一向情识计著，不期而自然扫荡，于是不见有少法可取。犹云无有些少实物可得。友人张东荪尝言，今日新物理学的趋势，反不承认有物。吾谓此无足奇。科学上解析之术愈精故耳。然佛家若只是解析，则可以有科学之贡献，佛家诚然富有极精深的科学思想。或不必成功玄学。就令本解析之术建设一种玄学，亦不过分析概念，构成许多理论，以建立某种本体。某种者，如心或物及一元与多元等。虽复持之有故，言之成理，然其所成立的真理毕竟是其脑筋中构画的一副图案，犹如一架机械，此与实际的真理决定不能相应。相应义深。能证入所证，冥合为一，方得名相应。佛家所呵为戏论者，正谓此辈。故在佛家虽精解析，但以之为扫相之一种方便，扫相说见上文。将情识中所计著的实在的宇宙，一经解析，如剥芭蕉，一层一层的剥去，便不见有实物了。他不独对物界来解析，就是对内心的观察亦用精严的解析术，所以他在心理学上很早就打破了神我或灵魂的观念。他更精于解析概念或观念，发见他是些虚妄分别或意计构画的东西，意计者，意识周遍计度曰意计。所以剥落这般僻执的知见。总之，佛家利用解析来破分别法执，佛家说执有二种，一俱生，二分别。凡日常思想见闻与学问上的思想及理论并主张等等，一切不依正智而生，只从妄识筹度而自坚执不舍者，总名分别法执。旧亦言我执，而此不及者。据实，我执亦法执摄，故但言法执可也。然分别执，尚粗，可以解析，作相当对治。俱生执便深细难晰，恃解析而无修养，则不能断执。每有学问家终不透悟真理者，无养故也。随顺入法空观，法执不空，无有见体。佛家"观"之一字，其意义幽奥难言。到了修法空观的时候，便超过了解析的工夫，这时理智作用便开始转化成正智，但未纯耳。观法亦可叫思维法。《解深密经》所谓"如理作意，无倒思维"是也。此不是常途所谓思维或思想，不可误会。又叫思现观，其功候浅深，极难言。为趣入证会境地之一种开导。但是知行须合一并进，如果只务解析而缺乏修行或涵养，决定无从达到证会的境地。所以，证会是很不容易谈的。后来宗门喜言顿悟，不独大小乘空有二派罕言之。即就《阿含》考察释迦氏的思想，便可见他注意解析与修养的工夫，哪可轻言顿悟？如果要说顿，除非一顿以前经过许多渐悟，譬如春雷，轰

127

然一声,阳气之积以渐故也。佛家确是由理智的而走到一个超理智的境地,即所谓证会。到了证会时,便是理智或理性转成正智,离一切虚妄分别相,直接与实体冥为一如,所谓正智缘如。此时即智即如,非有能所,后来唯识师说正智以真如为相分,便非了义。通内外、物我、动静、古今,浑然为一,湛寂圆明,这个才是真理显现,才是得到大菩提。佛家学问,除其出世主义为吾人所不必赞同外,而其在玄学上本其证会的真实见地而说法,因破尽一切迷执,确给予人类以无限光明,无论如何不容否认。

其次,儒家底孔子,尤为吾所归心。孔子固不排斥理智与知识,而亦不尚解析,此其异于印度佛家之点,然归趣证会则大概与佛家同。孔子自谓"默而识之"。默即止,而识即观也。止观的工夫到极深时,便是证会境地。《论语》记子曰:"天何言哉? 四时行焉,百物生焉。天何言哉?"非证见实相,何能说得如此微妙? 实相即实体异名,亦即真理之异名。孔佛同一证体,然亦有不似处。佛氏专以寂静言体,至于四时行百物生的意义,彼似不作此理会。缘他出世主义,所以不免差失。本体是寂静的,孔子若不亲证到此,便不会有"天何言哉"之叹。唯其湛寂,无为无作,故以无言形容之。然大用流行,德健化神,四时行而百物生,以此见天理之不容逆,夫子其至矣乎! 然孔子下手工夫与佛家又各有不同,当别为论。

《新论》发明实相,见前。融会华梵,斯于玄津,实作指南,所冀仁贤,降心加察。

答二问云:科学真理果与玄学真理同为真理与否? 此在主张科学万能者与哲学上之唯物论者,必绝对的肯定科学上之真理而唾弃玄学或哲学不值一钱,以为玄学上之真理只是幻想。今欲审核科玄两造之真理,必先将两造所谓"真理"一词其涵义各为何等加以刊定,然后科学真理与玄学真理为同与否,不辨自明。

"真理"一词，在玄学上大概有如下之意义：一、是遍为万法实体。亦云宇宙本体。二、是其为物也，真理非物也，而此云物者，不得已而强为指目之词。如《老子》云："道之为物。"法尔本然，法尔，佛书中名词，犹言自然；而不译自然者，意义深故。本谓本来，然谓如此，本来如此，曰本然，不能更问理由。不由想立，哲学家多任思想构画以安立本体，不悟此理周遍圆满，默而存之，炤然现前，岂假想立？一涉乎想，便构成一件物事，所谓捏目生华，早自绝于真理矣。不依诠显。此理不可以言诠显，言者所以表物故。《易》曰"默而成之，不言而信"。三、是唯证相应，智与体冥，无有内外、物我等等对待之相，离分别故，离戏论故。具此三义，方名玄学上之真理。《易》曰"易简而天下之理得"，即谓此也。

"真理"一词在科学上意义如何？姑且略说如下：一、必设定有客观的存在之事物，即所谓日常实际生活的宇宙或经验界，此理科学上之真理。方有安足处所。程子说"在物为理"，此理诚是在物的，不是由心所造的。易言之，即是纯客观的。二、此理之发见必依据感官经验得有证据。虽各科学上许多真理之发明常由玄想，然玄想与空想及幻想等不同，必其经验甚多，而神智开豁，不拘一隅，纵心于虚，妙观幽奥，及其发见之后，又可于经验界得其左证。三、如上所说，则此理之获得，必由纯客观的方法，又能为一般人所公认。四、此理之自身，在其所以存在之条件下，必有不变性，除非其条件因或种变故而更革或消失，则此理亦随之消失。如现时各科学上之许多真理，虽依经验界的事实为据，但这些经验的事实以何为标准而测定其相互关系与法则，此在吾人总不外以其所在之地球为标准。设一旦地球粉碎或失其常轨，则不独地质学与生物学等等之真理顿时丧失其真的性质与价值，即天文学上之真理亦起变革，即理化等等科学上之真理将无一不随地球粉碎而与之俱碎。如今日所测定电子之性质与振动速度及其相互关系等等，在今日视之为真理，然或一旦值地球运行失轨时，则今日所测定电子之速度等等或不能不起变异。如地球完全粉碎，则其时电子之波动为何状甚难设想，即令其时宇宙不能停止动力，而其动力仍将有形成电子之趋势，此或可以吾《新论》所谓形向者名之，然此形向之动势，不必与今日科学所测定于电子者相同，而今日所有关于电子之种种真理,尔时或不存在。然如其条件不曾有更革或消失,则此理仍自有不变性。如设想将来世界,太阳系统之关系一如今日,则太阳从东方出之真理一定如今日而不变,此为真理自身存在所不可缺之一义。如其无此,则一切事物都是不可捉摸的,更有何真理可言。五、此理虽有不变性,而非绝对无变易性。非绝对故,即是分殊的。因此理托足于经验界,而经验界的事物都是对待的现象,都是无量无边各种互相关联的事情。此理非他,就是存在于无量无边各种互相关联的事情中之法则或规律。就理对事情说,便是理存在于事情之中;就事情对理说,便是事情具有此理。须知理不是空洞的形式,事情不是杂乱无章,事情与理实际上是分不开的,但言词上又不能不别说。然复当知"事情"与"关联"两词只是言语上不能不分,实则关联非别为空架子,事情不是有如独立之一支柱。除了事情,固找不着关联;除了关联,也寻不着事情,只好说事情就是互相关联的。这样看来,事情自然不是绝对的无变易性。事情既是无量无边各种互相关联的东西,所以存在于其中之理是千条万绪而分殊的了。六、此理虽说是在物的,是纯客观的,实亦离不开主观的色彩。如物理学上之粒子说与波动说,毕竟不可征知世界的实相,而只是吾人主观上对于世界之一种图景。但科学总是力求避免主观的偏蔽与妄臆等等,而完全注重外在世界的事实的发现,所以说为纯客观的。举此六义,而科学上所谓"真理"一词,其意义已可了然。

科玄两造所谓"真理",既分别刊定如上,玄学上"真理"一词乃为实体之代语,科学上"真理"一词即谓事物间的法则。前者玄学真理。为绝对的真实,后者科学真理。之真实性只限于经验界,此其不同可知。

又科学上之真理,上来略以六义刊定。然第一义中设定有客观的存在之事物,即所谓经验界,以为其真理之安足处所。此即其根本义,自余诸义皆依此得成。据此而谈科学真理得所托足,实赖玄学给以稳固的基地。玄学唯以穷究实体为其本务。须知一言体便摄用,无用即是顽空,体义不成故;一言用便摄体,无体即是顽空,作用义不成故。所以,有体必有用。大用流行,幻现众相。幻义是活义。详见《新论·转变章》。科学便把住流行的幻相,而设定为客观的存在之事物即经验界,科学真理才有安足处所,换句话说,即是吾人的知识有了安足处所。假使没有玄学真理,则诚有如来函所虑,科学真理将无所汇归或依附。《新论》发明体用,可谓诚谛,而学者多不了。《破破论》与《语要》须参看。科学真理虽依玄学真理为基地,然不得与玄学真理同为真理。他的本身是站在一种设定之上的。或问:大用流行,有物有则,科学依此建立,如何说科学真理不得与玄学真理同其真实? 答曰:从一方面言,宇宙万象"至赜不可亚",亚义见前函。繁然万象,不可为之次第,正以其互相关联,而又向前扩张不已,所以说不可次第也。"至动不可乱"。繁然万象,实非静物,故次言至动,虽不可为之次第,而非无法则。佛家言增上缘法,所谓由此有故彼有,而互相关联与扩张不已之中,自有则而不可乱焉,则又未常不强为之次第也。《系传》此二语,其义相互发明,广博浩汗。于此见大用流行,即于此知科学上之真理皆玄学真理的内涵。所谓一为无量,一谓玄学真理,无量为科学真理。下准知。无量为一是也。但从另一方面言,科学把住流行的幻相,当做存在的物事去探寻,就因为吾人在日常实际生活方面一向享用实物的观念,不期然而然的要如此。虽说科学不断的进步,对于物理世界的观念并不是如常识一般的看作很固定的物事。然而无论如何,科学总要设定外界的独立存在,外界亦云物理世界,亦云自然界,亦云日常生活的宇宙或经验界。始终脱不开看静物的方法,所以在科学上无法体会流行的真际。就令谈变动,总要做一件物理的现象来解释,而流行的真际除非证体时才可得到。友人马一浮《新论序》曰:"穷变化之道者,其唯尽性之功乎。"此意从来几人会得。我常说,科学上安立了物,而玄学上虽一方面随顺科学,予他安立物界的基地,但其根本态度和方法却要把一切物层层剥落,乃至剥落净尽,才识得科学真理的基地之真相。谈至此,科学之真理不得与玄学真理同为真理,当可豁如。

玄学所以要归诸证会,这个道理儒家尽管去做工夫而不肯说,佛家却费尽千言万语,种种破执,无非欲引人入证会之路。佛家所谓执者何？就是一个计著有物的观念。《十力语要》卷一有一书谈佛书中"法"字义,值得深玩。

科学不应反对玄学,哲学家更不宜置本体而不究,除去本体论亦无哲学立足地。《新论》刊行之一部分只是谈体,但此书孤行,读者总多隔阂,诚如来函,须完成《量论》为佳。然衰世百艰,又且忽焉老至,精力实不堪用,此诚无可如何。

科学家或有轻视玄学、哲学家或有菲薄本体论者,此无他故,大抵人情封于成见,则难与穷神;滞于有取,则无皆证真。玄学上之真理,体万物而非物,故不可以物相求;体万物者,谓此真理遍为万物实体。肇群有而不有,故莫得以有形遇。有形者域于形。真理虽为群有所肇始,而真理不即是有。若执有之形貌以拟真理,则乖违已甚矣。虽复曰希曰夷,未脱视听;老云"视之不见名曰夷,听之不闻名曰希"。实则不可见闻之理,初未常遗脱见闻之物而独存。故体玄者一闻一见,莫非希夷之存,岂常拘于闻见,取物而遗理哉？无声无臭,不离日用,准上可知。而有碍之心,终不达夫神旨;下士之智,恒自绝于天德,天德用为真理之形容词。按《中庸》云："苟不固聪明圣知达天德者,其孰能知之？"此玄学所以难言也。

写至此,吾已倦极,即当截止,唯有所附及者。前答张东荪先生谈宋明儒书,彼最后有一答函,布在哲刊,吾未作复。东荪常考虑中国学术思想如何能得今后治西洋学术者之了解,而使中西有融通或并存之益。此诚极大问题,吾虽有些意思,但犹待研讨,未欲发表。东荪最后答吾函,以本体论为西方哲学之特色。吾谓西洋学者探索本体之精神固可佩,但其本体论大概是戏论。又云：《易经》只讲宇宙论而无本体论。此说殊不然。本体不可直揭,故就用上形容。若会《易》旨,即其中辞义，无非显体。"易有太极"与"一阴一阳之谓道"云云，《系传》固已分明指出，然玄奘法师亦谓《易》不谈体，奘师挟门户之见，本不能了解《易》义。不独东苏有此说。至谓佛家之修证在于得见，儒者之修证在于所行，揣其意，言见自不遮行，彼决不谓佛家是空洞的见解故；言行亦不遮见，彼决不谓儒者是冥行故。要之，儒佛异同，暂可不问。自家寻着落，却是要紧。总望吾贤虚怀大受，不独私衷之幸，而此学、此理将有所寄。吾同郡老儒毕斗山先生云：中国学人二大劣性，不肯服善，不肯细心。是可为戒。

答马格里尼

惠书至，适有兵事，又冬来贱体极不适，勉强作答，既有意思郁塞之困，兼有言不尽意之患。自惭无以酬明问，惟希谅之而已。按来问，略有四事：一、问吾对于老子哲学之解释。二、问道教在中国所影响于各方面者如何。三、问中国现代道教之教义、信条等等。四、问现代道教之信徒多寡与寺宇多寡。综观四问，其第一问，力当略答；第二问以下，则治民俗学者所专研，力不能详也。唯在答第一问之前，有须略言者如次。

吾闻欧人言及中国哲学，辄与宗教并为一谈。各国大学于哲学科目中并不列入中国哲学，或则于神学中附及之。此则于中国学问隔阂太甚，而为中西文化融通之一大障碍。私怀所常引为遗憾者也。中国民族之特性即为无宗教思想，此可于中国远古之《诗经》而征之。《诗经》以二南冠者，首篇曰《周南》，次篇曰《召南》，名为二南。其所咏歌，皆人生日用之常与男女室家农桑劳作之事，处处表现其高尚、和乐、恬淡、闲适、肃穆、勤勉、宽大、坦荡之情怀；不绝物以专求之内心，故无枯槁之患;亦不逐物以溺其心,故无追求无餍之累。日常生活皆顺其天则,畅其至性,则自一饮一食以及所接之一花一木乃至日星大地,无在非真理之显现。故不必呵斥人间世而别求天国。难言哉!《诗经》之旨也。孔子《论语》中谈《诗》者最多,其语伯鱼曰:"汝为《周南》《召南》矣乎?人而不为《周南》《召南》,其犹正墙面而立也欤?"朱子《集注》:正墙面而立者,谓"一物无所见,一步不能行"。人而不治二南之诗,便不能生活,犹如面墙。孔子之尊二南如此,非以其表现人生最极合理之生活而不远于神道故耶? 孔子之哲学思想实本于《诗》,故儒家学说在中国常为中心思想,而莫有能摇夺者,以其根据于中华民族性,有至大至深至远之基础,而于吾人真理之要求,确能使自得之而无所诞妄。此孔子所以为大也。《诗经》所载多属古代民间之作品,古者太史陈诗以观民风,是其征也。《诗经》中绝无神道思想,虽二南以外亦间有天帝等名词,然所云天者,即谓自然之理;所云帝者,谓大化流行,若有主宰而已。非谓其超越万有之外而为有意志有人格之神也。故《诗经》中之天与帝,不能与景教经典中之天帝等词同一解释。即此可见中华民族之特性。至其无宗教思想之为长为短,自是别一问题,此不欲论。唯中国人一向无宗教思想,纵云下等社会不能说为绝无,要可谓其宗教观念极薄弱,此为显著之事实。欧美人士传教中土者,凡所交接,多无知之官僚绅士与入教之徒来自下等社会者,中国人入教者多来自下等社会。故罕能了解中国文化之内蕴,而或以宗教观念解释吾国哲学思想之书,此其附会乱真,至为可惧。力愿欧人留心中国哲学者当于此注意。

中国哲学有一特别精神,即其为学也,根本注重体认的方法。体认者,能觉入所觉,浑然一体而不可分,所谓内外、物我、一异,种种差别相都不可得。唯其如此,故在中国哲学中;无有像西洋形而上学以宇宙实体当作外界存在的物事而推穷之者。"无有像"三字,一气贯下读。西洋哲学之方法犹是析物的方法,如所谓一元、二元、多元等论,则是数量的分析;唯心唯物与非心非物等论,则是性质的分析。此外析求其关系则有若机械论等等。要之，都把真理此中真理即谓宇宙实体。后皆同此。当作外界存在的物事，凭着自己的知识去推穷他，所以把真理看作有数量、性质、关系等等可析。实则真理本不是有方所有形体的物事，如何可以数量等等去猜度？须知真理非他，即是吾人所以生之理，亦即是宇宙所以形成之理。故就真理言，吾人生命与大自然即宇宙是互相融入而不能分开，同为此真理之显现故。但真理虽显现为万象，而不可执定万象，以为真理即如其所显现之物事。此中意义难言。真理虽非超越万象之外而别有物，但真理自身并不即是万象。真理毕竟无方所，无形体，所以不能用知识去推度，不能将真理当作外在的物事看待。哲学家如欲实证真理，只有返诸自家固有的明觉，亦名为智。即此明觉之自明自了，浑然内外一如而无能所可分时，方是真理实现在前，方名实证，前所谓体认者即是此意。

由体认而得到真理，所以没有析别数量性质等等戏论。由此而中国哲人即于万象而一一皆见为真理显现。易言之，即于万象而见为浑全。所以有天地万物一体的境界，而无以物累心之患，无向外追求之苦。但亦有所短者，即此等哲学，其理境极广远幽深，而以不重析物的方法故，即不易发展科学，若老庄派之哲学即有反科学之倾向。唯儒家哲学则自孔子以六艺教学者，皆有关实用的知识。六艺者：一曰礼，凡修己治国与纲维社会之大经大法皆具焉。二曰乐，制乐器，正音律，谱诗歌，于是而乐备，人心得其和乐。礼乐相辅而行，推礼乐之意，则通乎造化之奥妙，究乎万有之本原，而使人畅其天性。其绪论犹略可考于《礼记》之书。三曰射，修弓矢而教人习射，所以讲武事而御外争也。四曰御，车乘之用，平时则利交通，战时则为军备。五曰书，即语言文字之学。六曰数，即算学。孔门七十子后学于社会政治的理想尤多创发。下逮宋明儒，注重格物穷理与实用及实测之学者，若程朱诸子迄船山、习斋、亭林诸儒，代有其人。设令即无欧化东来，即科学萌芽或将发于中土儒家之徒,亦未可知也。然儒者在其形而上学方面,仍是用体认工夫,孔子所谓"默识",即体认之谓。默者,冥然不起析别、不作推想也;识者,灼然自明自了之谓。此言真理唯是自明的,不待析别与推求,而反之本心,恒自明自了。孟子所谓"思诚",所谓"反身而诚",所谓"深造自得",亦皆体认也。思诚者,诚谓绝对的真理;思者,体认之谓,非通途所云思想之思。思诚,谓真理唯可体认而得也。反身而诚者,谓真理不远于人,若以知解推求,必不能实见真理,唯反躬体认,即灼然自识。深造自得者,所谓真理必由实践之功,而后实有诸己。由儒家之见地,则真理唯可以由体认而实证,非可用知识推求,但吾人在日常生活的宇宙中,不能不假定一切事物为实有,从而加以析别,故又不可排斥知识。宇宙间的道理本是多方面的,本是无穷无尽的,若执一端之见、一偏之论,必贼道而违理。儒家于形而上学主体认,于经验界仍注重知识。有体认之功,以主乎知识,则知识不限于琐碎,而有以洞澈事物之本真;有知识,以辅体认之功,则体认不蹈于空虚,而有以遍观真理之散著。万事万物皆真理之所显。故真理者,从其为事物之本真而言,即说为绝对;从其显现为万事万物而言,即绝对便涵相对。由此而说事物之理即真理之散著,故知识不可排斥,为其遍观事物,而真理之散著可征也。然则儒家其至矣乎!

中国哲学以重体认之故,不事逻辑,其见之著述者亦无系统。虽各哲学家之思想莫不博大精深,自成体系,然不肯以其胸中之所蕴发而为文字,即偶有笔札流传,亦皆不务组织,但随机应物,而托之文言,绝非有意为著述事也。《论语》书中记孔之词曰:"天何言哉?四时行焉,百物生焉。天何言哉?"于此可窥孔子之胸抱。老子亦曰:"道可道,非常道。"后详。又曰:"俗人昭昭,昭昭驰辩智也。我独昏昏;自得于冥默也。俗人察察,察察,务别析也。我独闷闷。"欲无言也。庄子曰:"大辩不言。"自来中国哲人,皆务心得而轻著述。盖以为哲学者,所以穷万化而究其原,通众理而会其极,然必实体之身心践履之间,密验之幽独隐微之地。此理昭著,近则炯然一念,远则弥纶六合,唯在已有收摄保聚之功故也。不使心力驰散而下坠,名收摄保聚。如其役心于述作之事,则恐辩说腾而大道丧,文采多而实德寡。须知哲学所究者为真理,而真理必须躬行实践而始显,非可以真理为心外之物,而恃吾人之知解以知之也。质言之,吾人必须有内心的修养,真至明觉澄然,即是真理呈显,如此方见得明觉与真理非二。中国哲学之所昭示者唯此。然此等学术之传授,恒在精神观感之际,而文字记述盖其末也。夫科学所研究者,为客观的事理。易言之,即为事物互相关系间之法则。故科学是知识的学问,此意容当别论。而哲学所穷究者,则为一切事物之根本原理。易言之,即吾人所以生之理与宇宙所以形成之理。夫吾人所以生之理与宇宙所以形成之理本非有二,故此理非客观的,非外在的。如欲穷究此理之实际,自非有内心的涵养工夫不可。唯内心的涵养工夫深纯之候,方得此理透露而达于自明自了自证之境地。前所谓体认者即此。故哲学不是知识的学问,而是自明自觉的一种学问。但此种意义极深广微奥,而难为不知者言。须知哲学与科学,其所穷究之对象不同,领域不同,即其为学之精神与方法等等亦不能不异。但自西洋科学思想输入中国以后,中国人皆倾向科学,一切信赖客观的方法,只知向外求理而不知吾生与天地万物所本具之理元来无外。中国哲学究极的意思,今日之中国人已完全忽视而不求了解。如前所说,在吾国今日欧化之学者闻之,殆无不诮为虚玄与糊涂。想先生与欧洲之学者得吾此信,亦将视为糊涂之说也。然真理所在,吾宁受诮责而终不能不一言,是在先生谅之而已。

如上所说,中国哲学之特别色采已稍可窥见。今将略谈老子。老子书中之"道"字最难解说,必须完全了解老子思想之整个的、博大深微的体系,然后才能了解其所谓道。然欲了解老子思想之整个的、博大深微的体系,虽在读其书而求之其文字之间,但切不可泥执文字,而必会其意于文字之外，即必虚怀以体会老子之思路，而又必于老子所用之工夫有相当尽力，始能体会老子之思路。否则徒执着其文字而妄以己意训释，必与老子真意全不相干。

吾欲与先生谈老子，亦不知从何说起。但既承下问，又不能不强为之说。但期说得一分，便算一分，毋大谬戾，便为厚幸。

老子首章最为重要，中国从来学者为之注释不下数百家。但多失传。大抵各本其所见以说《老》，而其言之较有理致者，独推魏晋间人王辅嗣氏。今吾欲先取首章而为之解，亦不必主辅嗣也。兹以首章文字分段列出，而各为解说如次。《老子》文皆低二格，解说提高二格。

道可道，非常道；名可名，非常名。

句首"道"字，即前所谓真理也，此目宇宙实体。但西洋哲学谈实体似与现象界分离，即计现象之背后有其本质，说为实体。而中国哲学上则无持此等见解者，即如老子所谓道，决不是超脱现象界之外而别有物，乃谓现象界中一切万有皆道之显现。易言之，一切万有皆以道为其体。强以喻明，如一切冰相皆以水为体，非离水而别有冰相之自体。既冰以水为体，则水固非离冰而别有物。一切万象，以道为体，则道固非离一切万有而别有物。理之极至，微妙难言，不得已而举喻以明，欲使学者善会其指，但不可缘譬喻而妄起执着。设将至道作呆板事物一般理会，则其人终不可与语道已。若谓道果超越于一切万有之外者，则道亦顽空，而何得名为宇宙实体耶？老子之后学庄周曾有妙语云"道在屎尿"，可见道不离一切万有而独在也。

可道之"道"，犹言说也；常道之"道"与句首"道"字同义。常者真常。此道真实，无有虚妄，不可变坏，故说名常。

真常之道本非言说所及。言说所以表诠物事，而道不可说是一件物事,使道而可言说,则必非常道矣,故曰"道可道,非常道"。下句首"名"字,谓依道而立道之名也,可名之"名",诠召之谓也。诠者诠释,召者呼召。如白纸之名即呼召白纸之物,而且诠释其为此物也。道之一名,原是假立,非名可应其实也,故道毕竟不可名。缘名之起,必由知与物接,用斥指事物,造作形象,遂从而制之名。故名之所可诠召者,唯物象耳,必非真常之名也。此真常道,无物无象,何可执名以求之乎?故曰"名可名,非常名"。

上言道之得名,亦是假立,不可缘名而起执也。

无名,天地之始;有名,万物之母。

此言道之发用。无名者何?谓精神是也;精神者,运而不已,而未始有形,故说为无。以无形故,名无,非空无之无也。然不但言无,而曰无名者,凡有形者可名,名生于形。无形者不可名,精神无形,故谓之无名。"无名"一词,其意义仍是一"无"字。有名者何?谓由精神凝摄而显现为形本是也。形本者,形之始成而微者也。形本生而众形已具,异无形故,应复说有,缘有起名,故云"有名"。"有名"一词,其意义仍是一"有"字。

精神寂寞无形,寂寞者,虚无义。故全。有形则滞于一方,而不得全矣。全,故万化而未始有屈,屈者穷义。天地资始焉。

形本者,形之造端而微者也。由微至著,故为万物母。母者,因义。物之众著,莫不因于微也。

从来注《老子》者,于有无义都无确解,虽以辅嗣之睿智,亦只浮游其词曰:"凡有皆始于无。"终不明依何而言无。至唐陆希声辈,或以无为体,以有为用,其说近是而犹欠精审。当别为论。

今此以无言精神,以有目形本,此非吾之臆说也。按《庄子·知北游》云:"夫昭昭生于冥冥,有伦生于无形,精神生于道,生者发现义。下仿此。形本生于精，而万物以形相生。"以上诸"生"字，皆约义言之，非有次第。精神非异道而有自体，即道之发现也。形本依精神而有，即与精神同为道之发现，自非后精神而生也。非《老子》首章之的解耶？夫道一而已，一者绝对义，非算数之一。使其唯一而不化，化者变化及分化，即发起作用之谓。即不能显现万有，而何得说为天地万物之始母乎？故知道之发用，一方必发现为精神，所谓寂寞无形而谓之无名者是也；一方又由精神而发现一种反作用，即凝成形本。形本者，形之初凝而极微者也。形之造端，而为众形之本，故名形本。与今云元子电子者不必同，以其异于已成的物事故也。以其成形将著，故谓之有名。庄子所云精神，根据老氏之言无；所云形本，根据老氏之言有，至"万物以形相生"，则明物种嬗变，义亦征实，而衍老氏未尽之旨矣。然则以《庄》说证《老》，而有无皆有实义，无谓精神，有谓形本，故云皆有实义。世或以有无为玄谈，岂其然乎？

又即《老子》本书征之，第四十二章云："道生一，一生二，二生三，三生万物。万物负阴而抱阳，冲气以为和。"按"道生一"者，谓道之发现为精神也。生者发现义，下言生者准此。夫即神而言，便谓之一。然言神则涵形，神者精神，形者形本。下皆仿此。其与精神俱时发现者，则为形本。俱时犹言同时。形神对待成二，故曰"一生二"也。有二则有三。此"三"者，非一非二，而有一二，故有三。下文云"万物负阴而抱阳，冲气以为和"。阳则一，阴则二，冲和三也。夫阳为神，而阴为形，阴阳和，万物生焉。故知首章所云始万物之无，即是精神，其母万物之有，即是形本也。第四十章云："天下万物生于有，有生于无。"夫有者，形之始凝者也。其始虽微，而万物资生焉，微所以成著也。无者神也，神虚而形实，虚能生实，实不能生虚也。第十一章云："故有之以为利，无之以为用。"夫神至虚，而谓之无，明其无滞迹也。此虽道之发现，然即于此而道存焉。所谓即用而言，体在用也。神即无，乃道之用。体者实体，即道是也。言乎神，而道即神矣，离神不可得道也；言乎用，而体即用矣，离用亦不可得体也。形之始成，而谓之有。虽依神故有，但已为形本，则与神之无滞迹者相反而既成为物矣。虽推原而言，亦可说形与神同为道之发现，然形之既成，毕竟自成为物，而离失道之本然矣。故成形之有，但为精神作用所凭藉之具，故云"有之以为利，无之以为用"。如人视之明，必藉于目及色；听之聪，必藉于耳及声。夫耳目声色等形皆谓之有，而视之明、听之聪等等精神作用则虚而无形，故谓之无。唯无乃能用有。夫神，以其至虚而无，故能用有而无不利也。然则体无而全神者，其至矣乎！体无之体，是体合义，谓反之自心而去其逐物之累，即体合于无而神全矣。

故常无，欲以观其妙；常有，欲以观其徼。

此言体道之功。体者体认。斯道非思度所及，故必有体认功夫而后证得之也。吾心之本体，即是宇宙之本体，非有二也，故不可外吾心而求道。吾心与宇宙之本体，即道是也。本体元无内外可分，故不可于吾心外而求道。吾心发用处，即是道之发用。故善体道者，体者体认。下同。体之自心而得矣，岂外求哉？按"故常无"云云者，谓于此心常无之相而欲以观其始物之妙。"常无"，注家多主作一逗，今从之。下"常有"仿此。神用不测名妙。故"常有"云云者，谓于此心常有之相而欲以观其徼物之几。"徼"字，辅嗣训归"终"也，非是。按"徼"有希求义。《左传》"徼福于太公丁公"，是其证也。夫神之必资于形也，无之必待乎有也。此徼求之不容已者。如无徼求，则形物之成，但由偶尔。真知化者，必不云然。

常无而常有，常有而常无，此道体之本然也。其在于人，则谓之本心。此心不住诸相，住者住著。泯绝一切攀援妄想，于所缘相都无坚执，都无留碍，名为不住。故常无；离相寂然，故。行一切相，此心无不起时，而心起必有所缘境相，心于一切相无所不行。故常有。所谓冲寞无朕而万象森然。

心常无，即神全，心不能无，即非其本心；非其本心，则丧其神也。故可观始

物之妙。_{始物之妙者，神也。}

心常有者，神之不得不显也，_{必待形有，神乃显发。}于此观物之成，以有徵求故也。

此两者同，出而异名。同、谓之玄。玄之又玄，众妙之门。

两者，有与无也，"同"字逗。_{从严又陵点本。}形神毕竟不异，即有无毕竟不异，以同体故，故说为同。云何同体？谓形神皆道之发用故。出者别出。虽形神同体，而相用差别故，故于神言无，于形言有，其名异也。下"同"字一顿。由同体言之，则谓之玄。玄者冥也，默然无有也。_{绝诸戏论。}玄之又玄，极赞之而又无可形容之词也。神用周遍，_{周者充周，无穷尽也；遍者圆满，无限量也。}说名众妙。众妙从同而出，故曰"众妙之门"也。

上来解第一章已讫。以下当择取数章而略释之。

道冲，而用之或不盈。渊兮似万物之宗。挫其锐，解其纷，和其光，同其尘，湛兮似或存。吾不知谁之子，象帝之先。

此第四章，专形容道体。_{道体非言说所及，故强为形容之词。}"冲"字一顿。冲，深也，虚也。道体深而不可测，虚而不可象。其大用流行，虽无处不遍，而似"或不盈"，"或"亦"似"义。下文"似或"二字连用可见。夫似不盈者，谓其运而无所积也。运者，运行，迁流不息。积者，留滞义。无所积者，谓刹那刹那，灭故生新，无有过去实物留滞至今，即今亦无实物留滞至后，故云无积。以其无积，故云"或不盈"。有积即盈，盈于此者亏于彼，将使万物一受其成型而莫之变，则化几息矣。妙哉其用之不盈也。唯其妙用充周六合而似不盈，故万化而未有穷极，所以渊兮为万物之宗也。宗者，主义。然用之流行，任运而已，任自然而行，曰任运。未尝有心于为作也。喻如物之挫去锋锐，而处钝以示无用，故云"挫其锐"。夫无用之用，所以为大用欤！"解其纷"者，"曲成万物而不遗"，随物差别，而曲与成之。天成其为天，地成其为地，人成其为人，物成其为物，皆道与之为体，而曲成之也。道固未尝遗一物而不与为体，故无物不成也。如解众纷，令物各成也。夫道之散著而为万物，即与物随行，如人谦光逮物，故曰"和其光"，又如金处矿，故曰"同其尘"。然"锐挫而无损，无用之用，焉可损减？纷解而不劳，任物各正，何劳之有？和光而不污其体，如太空显现众象，虽与众象和光，而空体自尔不受染污。道之成物，其理亦尔。又如水凝冰已，而不失水性。道之成物，其理亦尔。下同尘，准知。同尘而不渝其真，不亦湛兮似或存乎？"借用王辅嗣语。夫道为因，无名有名，皆从道生，故假说道为因。而道更无因，故曰"不知谁之子，象帝之先"也。象者，似义；帝，天帝也。世俗或计有天帝先万物而存在，今此则说道又似在天帝之先，其意即不许有天帝也。

谷神不死，是谓玄牝。玄牝之门，是谓天地根。绵绵若存，用之不勤。

此第六章。以其冲虚，曰"谷"；以其用之不盈，曰"神"；以其湛兮或存，曰"不死"。三者皆道之相用。玄，冥也。牝，生也。冥然无作而生生不息，故谓"玄牝"。门，玄牝之所由也。本其所由，一极无上，故谓天地之根也。体离常断，故曰"绵绵"。若言是常，则岂顽然故物。若言是断，则岂灭尽不生。故知真体远离常断。理绝存亡，故谓"若存"。王辅嗣云："欲言存耶，则不见其形；欲言亡耶，万物以之生。"虚而不屈，至虚而备众妙，不可穷屈。故曰"用之不勤"。大用流行，无为而为，何勤之有？

此章所言，皆从反躬体认得来，非推度所及。章末曰"用之不勤"，尤宜深玩。盖已除其浮动之习心，而于虚静中，有以自见夫本心流行之妙，故曰"用之不勤"也。

附识：按道书分析吾人之心，略有二种：一曰道心，二曰人心。见《荀子·解蔽》篇所引。人心即吾《新论》中所谓习心是也。吾人有生以来，一切经验皆成为惯习力，亦名习气。即此习气种类无量无边，互相结集，势力极大，而成为支配吾人生活之机括。易言之，此无量无边习气直成为吾人之生命力。吾人意识中，无论自觉的部分与不自觉的部分，要皆此习气之众多体系互相结集，或潜或显而已。显的部分为意识的，即自觉的；潜的部分为下意识的，即不自觉的。此义详在《新论》，不及备述。凡《新论》所谓习气或习心，即是道书所谓人心，此属后有，其性质为机括的。亦可云物理的。故其发动极粗猛，而常具向外追求之锋锐，人心状态如是。道心者即是吾人所以生之理，亦即是宇宙所以形成之理。此心即道，故曰道心。就此心言，即吾人与宇宙同体，本无内外，但即其流行于吾身之中而为吾身之主宰以言，则名之为道心。此心是本有，而非机括性。诸葛公所谓"揭然有所存，恻然有所感"者，即此心之相用。此心无有内外，恒时自明自了，自识自证。吾人对于道之体用，或宇宙实体之认知，唯在此心呈现时乃得期诸此心之直接自证。若人心或习心用事，而障碍其道心，令不现起，则体认工夫乃万不可能。晚世哲家有言盲目的意志者，有言生之冲动者，此皆内观习心而见为如是，其去东土哲人体认之功，奚啻万里。

视之不见名曰夷，听之不闻名曰希，搏之不得名曰微。此三者不可致诘，故混而为一。

曰夷，曰希，曰微，非超绝于视听搏之外而独存也。特执色相以求之，则不可目见；执声相以求之，则不可耳闻；执形相以求之，则不可恃四体搏得。何则？其所以成色成声成形者，固非色非声非形也，故以曰夷、曰希、曰微言之。夷者，无状之谓；希者，无响之谓；微者，无象之谓。三者谓视不见，听不闻，搏不得也。既感知之所不及，故总言"不可致诘，混而为一"也。"不可致诘"，则与云不能致诘者异，亦与云不必致诘者殊，真是不可也。致诘即成戏论故也。混者混然无差别相。一者绝对义。以其混然绝待，故不可以情见推度，此明"不可致诘"之由。

其上不皦，其下不昧。绳绳不可名，复归于无物。是谓无状之状，无物之象，是谓恍惚。迎之不见其首，随之不见其后。

此反诸本心而体认之也。<small>本心即道心也。</small>唯"不可致诘"，故必体认而后得之。上之不至于皦，下之不至于昧，此即心平等相。凡夫之心，或时虚妄分别胜，其相粗浮，即名为皦；或时昏没暗劣，即名为昧。皦即心力上浮而失其平，昧即心力下坠而失其平，习心之相状如此。若道心现起时，恒无粗妄分别，是其上不皦；恒寂恒照，<small>照者，观照；寂者，湛寂。恒湛然而寂，恒朗然而照。</small>是其下不昧。故是平等一如之相也。此心即道体之本然也。绳绳，无始终也。道心无穷，故曰绳绳。无形，故不可名，然不可名，即其名也。无物者，至虚至明而无方相，<small>无方所，无形相。</small>"复归无物"，即由虚极静笃之功，以全其至虚至明之本体。"无状之状，无物之象"，显体非空无。王辅嗣云："欲言无耶，而物由以成；欲言有耶，而不见其形。故曰'无状之状，无物之象'也。"恍惚，辅嗣云："不可得而定也。""无状之状，无物之象"，本无时分方分，焉有定形可执耶？求其始，则无始，故"迎之不见其首"；究其终，则无终，故"随之不见其后"。

以上皆言道之体相，实由反诸本心而体认得之，学者所宜深玩。

执古之道，以御今之有。能知古始，是谓道纪。

此言修道于日用践履之间也。古者，古始。道之已然而不可易者，所谓朴是也。朴者，真义，无矜无尚，率乎其真。以道为美名，从而矜尚之，则其为道，实作伪也。今，犹现前。有者，"有其事"。用辅嗣语。一切日用云为皆现前所有事，是名"今之有"。执其真朴而勿失之，是谓"执古之道"。以其真朴而行乎日用云为之际，是谓"御今之有"。能知古始，是谓"道纪"。丧其真朴，则道纪毁裂，可畏也哉！道纪者，纪者纲纪，言道之流行于日用间，所以纲纪万事者也。即道即纪，故曰"道纪"。

以上释第十四章。

孔德之容，惟道是从。

王辅嗣云："孔，空也。惟以空为德，然后乃能动作从道。"此释极是。吾人有生以来，一切妄执习气，深藏固缚，皆为道心之障。空者即空其妄习染污。

道之为物，惟恍惟惚。惚兮恍兮，其中有象；恍兮惚兮，其中有物。窈兮冥兮，其中有精；其精甚真，其中有信。自古及今，其名不去，以阅众甫。吾何以知众甫之状哉？以此。

"道之为物"，此"物"字用为指目此道之词耳，非谓道果是一物也。恍惚，见第十四章。"无状之状，无物之象"，故谓"恍惚"。

窈冥，深远之叹。"其中有象"，"其中有物"，"其中有精"，皆显道体真实，虽无形相，而非空无也。"其精甚真"，"其中有信"。纯净离染曰精，内证离言曰信。此承上文，返复赞叹。欲学者反诸本心而深切体认之也。

至真之极，湛然无有动相，故云"自古及今，其名不去"。去者动义，由此之彼曰去。道体恒自如如，如如者，不变义。故自古及今，唯道名为不去。"众甫"，物之始也。唯道无去，故万物以之而始，若有去，则道亦物耳，何能始万物耶？"吾何以知众甫之状哉？以此"，言吾何以知万象所由盛显哉？以其为道之散著也。此，谓道也。上释第二十一章。

有物混成，先天地生。

王辅嗣云："混然不可得而知，而万物由之以成。故曰'混成'也。"天地者，万物之都称也。万物皆以道为体，故说道"先天地生"。道本无生，以其恒存，假说为生耳。凡物本无今有，方说为生。道本有而非无，故无所谓生也。

寂兮寥兮，独立不改，周行而不殆，可以为天下母。

寂寥，无形相也，无物与匹，故曰"独立"。用辅嗣语。常如其性，故云"不改"。凡有对待之物，即无实自性，皆改变不恒者也。唯无对待者，乃有恒性而无改易。大用流行，随处充周，随所成物，无不各足，何殆之有？故曰"周行而不殆"。万物以之成，故说"为天下母"。

摄心归寂，内自反观，即由自心照了自心，故云内自反观。炯然明觉，孤特无倚，是谓"独立"。孤特犹言独立。无倚者，无所偏倚。使其有倚，则明觉将围于一端，见色便不能闻声，思此更不能虑彼，有倚故也。今吾之明觉，既因应无穷，故是无倚。以其无倚，知此明觉迥然独立也。物感未至，而恒不昧；物感纷至，而恒不乱，是谓"不改"。赴感无穷，一无所系，是谓"周行不殆"。物之来感也，无穷；心之赴感也，无穷。而心恒不系于物焉。使心有所系，则何能赴无穷之感耶？道远乎哉？反求诸己而得矣。

吾不知其名，字之曰道。

辅嗣云："名以定形。混成无形，不可得而定，故曰'不知其名'也。夫名以定形，字以称可。言道取于无物而不由也，是混成之中，可言之称最大也。"

上释第二十五章。

以上各章皆言道体。凡上所说，皆属本体论方面之谈也。此下将择取一二章，就其有关于入道之修行与方术者而略释之。关于入道之修行与方术，亦可谓属于认识论或方法论中之问题。

不出户，知天下；不窥牖，见天道。其出弥远，其知弥少。

出户、窥牖，皆况喻词。以知能为务者，必用客观方法，故以出户喻之。出户名外，即设定外界事物，而行质测之术，此求知者之所尚也。窥牖，一隙之明也，此喻致曲之功。曲者部分也。致曲者，即于各部分致其精析，以为综观会通之地也，此又求知者所必由之术也。

今曰"不出户，知天下"，是不待外求，即不由客观方法而自知天下之大本也。此知非是知识之知，乃自证之谓。下言"见"准此。天下之大本，即谓道。"不窥牖，见天道"，是不待向事物散殊处作解析，而自见天道之浑全也。道，曰天道者。至真之极，无以名之，因赞之曰"天道"。天者，自然义。自然者，无待而恒然。夫知能，缘析物而起。即由其众著，以综观通理。要所谓通理，终限于对待之域。若夫至真之极，独立绝待，寂兮寥兮，无方无相，此可以向外析物之术求之耶？世之求知者，莫不向外析物，以为其知足任而日益多也，不悟其出愈远，出谓外求。其知反愈少。何则？彼自计外求而多知者，役心趣外，而转迷其本，疲神逐物，而莫知为己。此云己者，非小己之谓。吾人与天地万物本属同源，即约同源，名之为己。夫失己迷

148

本,则惑之至也,虽自诩多知,其足多乎?

是以圣人不行而知,不见而名,不为而成。

行者,用心于外,而起筹度析别也;"不行",谓摄心虚静,_{摄、收敛也。}收敛其心,归于虚静。而毋外驰,即不起筹度析别,默然冥契道真,故谓"不行而知"也。知,冥契也,_{自明自了,而无知解之相,故云冥契。}非知识之知。"不见",谓真常理,不可感官接知,而灼然可证故,故可得而名也。_{所以字之曰道。}众妙之门,无为而无不为,以虚静守之而已。若任知而有为作,必违道而无成也,故曰"不为而成"。

上释第四十七章。老氏反知,其说详在此章,义指深微,学者所宜切玩。

为学日益,为道日损。损之又损,以至于无为。无为而无不为。

习于辨析事物,而成为有统系之知识,是谓之学。故以为学之功而为道,必无当也。何则?为学必用功于外,方于事物致其精析,而知识日益增多,故曰"为学日益"也。为道必用功于内,损去私欲,务期尽净,然后复归无为,故曰"为道日损,损之又损,以至于无为"也。无为者,冲寂虚无,任运而无所为作,_{因任自然而运行,曰任运。}故曰"无为"。然妙用无边,故曰"无为而无不为"也。夫无为者,至真之极也,以万物由之而成言之,则曰"道"。_{此言万物,即摄人类在内可知。}若约在人而言之,则亦曰"心"。_{即心即道,故曰道心;是本有故,又曰本心。}

取天下常以无事,及其有事,不足以取天下。

此一节，注家皆以王侯之治化为言，_{辅嗣亦然。}与上文便绝不相属，此何可通？愚谓取者，即《易系传》"近取诸身"之取。"取天下"，犹言通天下之理；"天下"，犹言万物。无事者，不以私意或偏见矫揉造作而乱物之真也。_{不以，至此为句。}有事者反是。夫所以通万物之理者，唯不以意见造作变乱物理之真，_{唯不，一气贯下。}虚怀因物，而众理毕昭，故曰"取天下常以无事"也。若不能因物而核其实，将徒任意见造作，即无以通天下之故，故曰"有事不足以取天下"。

上释第四十八章。

古之善为士者，微妙元通，深不可识。夫唯不可识，故强为之容。豫焉若冬涉川，犹兮若畏四邻，俨兮其若容，涣兮若冰之将释，敦兮其若朴，旷兮其若谷，混兮其若浊。

此章言修行功力及其所至也。"微妙元通，深不可识"，孟子所谓"大而化之之谓圣，圣而不可知之谓神"，义亦近此。君子修道之功，自始学以至成德，无一息而可忘戒慎，故曰"豫焉若冬涉川"。虽中恒有主，而犹虑外诱易入，如国虽安，犹畏四邻，敬之至也。俨兮若容，恪然无懈，而若有所思也。_{此思不同世俗所谓思想，乃离倒妄而冥符正理故。}涣兮若冰将释，至明四达，无迷无惑也。敦兮者止貌。_{心不浮动名止。}朴，真也。旷兮若谷，虚寂也。混兮，无分别貌。若浊，凝聚也。_{心力能自收摄，不浮乱，不敢动，名为凝聚。}自"俨兮"，至"若浊"，皆形容此心虚静明达之相。_{第十章云："明白四达。"今省云明达。此明达之境界甚深，犹言大澈大悟。}

孰能浊以静之徐清？孰能安以久动之徐生？

浊，承上混兮若浊而申之也。心浮散，即不静，必凝聚而后静，故曰"浊以静之"。此不独在人为然，即造化亦必有收摄凝聚作用，始静而成物。若一味浮动而无凝聚者，宇宙焉得有物？清，虚也，明也，纯也，净也。不杂曰纯，离染曰净。心恒静，即虚明澄静，故曰"静之徐清"。宇宙全体大用，只是虚明澄净。相因而至曰"徐"。安，静且清之极也，脱然离系也。断一切杂染故，故离系缚。久者，恒久，无间断也。安安而恒无间，安安，重言之，形容其安之至也。故曰"安以久"。夫安以久，则恐其溺于虚静，而废生生之大用也，故必于动用中致涵养之功，而后见生生不息真机，故曰"孰能安以久动之徐生"？"孰能"，言其难也。修道之士，至于"浊以静之徐清"，"安以久动之徐生"，即功绪究竟，而道得于己矣。

附识：真体起用，真体，犹言宇宙实体。老子则谓之道。不外"浊以静之徐清"，"安以久动之徐生"十三字，此中义蕴无穷无尽，安得知道者而与之言耶？夫修道者，尽其功力所至，亦复其本来之体用而已矣，非能有所增也。

保此道者，不欲盈。夫唯不盈，故能蔽，不新成。

保者，保任之而勿失也。"盈"，辅嗣云："必溢也。"按心本虚无，以其无形而无所滞，谓之虚无，非空无也。而至于溢者，私欲盛也。私欲非本有，皆后起之染污习气也。修道在损去私欲，复归于无，故曰"不欲盈"也。"蔽"，辅嗣云："覆盖也。""夫唯不盈"，而复于无，以全其神。故德盛而能蔽覆万物，皆固有妙用，非新作成之也。不由后起，故曰固有。道无可增，故不新成也。

上释第十五章。

致虚极，守静笃。万物并作，吾以观复。

夫虚不离有也，言虚而有在其中矣；静不离动也，言静而动在其中矣。若夫执有者,狥物而失其虚;浮动者,从欲而舍其静,此道之所以丧也。故知道者,明知虚不离有,而必以虚为本;明知静不离动,而必以静为本。故曰"致虚极,守静笃"。致虚不极则犹未能虚也,守静不笃则犹未能静也。"万物并作",至虚而妙有,至静而善动也。动而不滞,故善。复,返之虚静也。有焉而未尝不虚,何物之系?动焉而未尝不静,何欲之累?故曰"万物并作,吾以观复"也。

夫物芸芸,各复归其根。归根曰静,是谓复命。复命曰常。

万物芸芸,各复归根。根者始义,明物各返其所始。始,谓人所以生之理。若失其所始,则生理绝矣。何以归根?曰唯守静耳。浮动而舍其静,即从欲狥物,以失所始,可不哀乎?夫物各受命于道。所谓道者,性恒虚静而动用不穷,本非废然之静也。然正惟静必涵动,故说静为动本。否则浮散之动,其本不固,而用亦将穷,道其如是乎?故体道者,体道,谓心与道合,而与之为一。必返之虚静,而性命乃全,故谓静则复命。若逐动而流,流者流散。则乖乎道之本然,即失其所始,而无以复命矣。常者,真常。夫道,渊兮为万物之宗,"独立不改,周行而不殆",故谓常道也。物能守静而复命,物谓人也。即与极同体,极谓道,复命即与道为一,乃云同体。故言"复命曰常"也。

知常曰明。不知常,妄作凶。

知者证知,非知识之知,以其为万物所共由,曰道;以其为至真之极,曰常;以其为吾心之明觉,曰知。故知常之知,即真常之用,非与常为二也。此明觉显现时,即断尽一切惑染,故云"知常曰明"。若未知常,即未得明觉,便为染习缠缚,动作皆妄,故云"不知常,妄作凶"。

附识:"知常曰明"之"知"即吾心之明觉。东方学者即于此明觉,认识本体。盖此明觉即道心呈显,舍此无所谓本体。吾人所以生之理,即此明觉昭显者是;宇宙所以形成之理,亦即此明觉昭显者是。何以故?就明觉的本体言,吾人与宇宙无内外可分故。此明觉凭吾人之官能而发现,以感通乎天地万物;天地万物待此明觉而始显现,足征此明觉为一切形物之主宰。所以说,明觉即是吾心与万物之本体,非可舍吾心而别寻造物主也。

知常容,容乃公,公乃王,王乃天,天乃道,道乃久,没身不殆。

知常,即与极同体,乃能包通万物,无所不容,故曰"知常容"。无所不包通,则乃至于荡然公平也,故曰"容乃公"。荡然公平,则乃为万物之主也,故曰"公乃王"。王者主义,心公平,故其感于物,自有主宰,而不为物所乱。能为万物主故,则乃无为而无不为,同乎天也,故曰"王乃天"。天者,自然义,非谓天帝也。无为而无不为,则乃体道大通,体道,见前。究极真常,故曰"天乃道"。得其真常,即无穷极,故曰"道乃久"。久者,无穷极义,非对暂而言也。既归于无穷极,即无所谓一己之身,乃浑然与宇宙常道同久,所谓死而不亡者寿是也,故曰"没身不殆"。

上释第十六章。此章明工夫吃紧处,即在"归根曰静"句。后来周子言主静立极,延平一脉相承,乃至聂双江、罗念庵,俱信归寂,皆从是出也。

以上关于老子哲学,即形而上学方面,大体可窥。至《老子》书中发抒社会与政治之理想,其言宏廓深远,并包万古。本欲详为疏释,质诸同好,顾以病躯,又苦俗冗,惮于用思,故付阙如。异时得暇,或有申述,亦未可知。

《老子》之书,文辞虽约,而理趣奥博,广大如天,博厚如地。吾国历来学者虽多留意钻研，然罕能追其宏通微妙，但各有所窥而已。又凡中国发抒哲学思想之文字，皆词约义丰，其意理广远，恒寓诸文言之外，善读者必于言外得意。故非深识精思之士，则读孔老诸氏之书，必漠然无所得也。即中土学人求了解先哲之书，已属凤毛麟角，而况学术思想素不同途之西洋人士乎？闻西洋有《老子》译本多种，往往谬误不堪，此甚可惜！吾甚愿有高瞻远瞩而能留意中西文化者，设法培植中西兼通之人才，为未来世界新文化植其根，以驯至于吾孔子所蕲向之大同主义。人愿同归至善，共臻至治，岂不休哉？

写至此，本欲截止，然又若有不能已于言者：一则《老子》书之作者与其时代，次则老子之后学，皆当略为提及。

老子为何许人？《史记》尚无定论，然当以《庄子·天下》篇所称之老聃为近是。至若老莱子与李耳等，则或为老聃之门人与后学耳。《韩非子·六反》篇、《淮南·原道训》及《道应训》所引《老子》书，皆称为老聃之言。史称老子为楚人，其生长地，大抵在今河南山东间，故习闻儒言，且熟知古帝王之事。楚之盛也，拓地最广，今豫鲁二省与苏皖鄂邻接之地，当时多入于楚。老子之先或出自小国，后为楚所并，故为楚人。

老子之时代大抵稍后于孔子而先于孟子。老子之学源出于《易》，而又别异于儒术，以自成一家之学。《易》之为书，固孔子之大义微言，而七十子后学展转传授，其文字虽不必皆由孔子亲手写定，而其义理固孔子所创发也。此事吾当别论。《易》以阴阳对待，相反相成而明变化，《老子》亦然。《易》以三画成卦，而《老子》则云："一生二，二生三。"《易》之旨，于变易见不易，而《老子》即于变知常。老氏于《易》，其根本大义未有改也。至老氏与《易》义不同处，则非深于孔老二家之底蕴者，又不便与之言。兹且从略。

老子之时代后于孔子，今人多已言之。此等主张吾大概赞同，唯至迟不当后于战国时期之孟子。其文字高浑，比于孟荀诸子书，气习较古。又《老子》书中侯王并称，足征其时列强犹未尽称王也。春秋时，周之王室早夷为群侯之列，楚以诸侯淫王号，故老以侯王并称。又孟子自称所处之时，上无礼，下无学，贼民兴，丧无日。盖是时六国已敝于暴秦，中原文物，销损略尽。今观《老子》书，谆谆然訾文而欲返之朴，足征其时文物尚盛，与孟子所处时代自不同。或谓孟子言仁义而老氏非之，不悟仁义乃孔子所雅言，详见《论语》与《易传》，以此征老子之后于孔子则可，不足为孟先于老之证，以仁义之谈非始于孟氏故也。

老子之后学，自昔推庄周。然庄周而外，厥有二家书仅存者，虽篇章缺略，不如庄书尚较完具，然其宏博渊微，皆足敷扬老氏之旨。二家者，一见于《管子》书中之《心术》《白心》《内业》三篇。《管子》书，世以为伪，然必晚周法家所托。此《心术》《白心》《内业》之言，皆衍《道经》之蕴奥，道经谓《老子》书。与本书谓《管子》书。不相类。唐房玄龄《心术篇注》云："今究寻文理，观其体势，一韩非之论。而韩有《解老》之篇，疑此《解老》之类也。"按玄龄说非是。此三篇与《解老》虽同为老氏之学，而复各成系统。盖此三篇精于谈心，其言与梵方佛家大乘颇有可通者。又且融会儒术，如《内业》云："止怒莫若诗，去忧莫若乐，节乐莫若礼，守礼莫若敬，守敬莫若静。内静外敬，能反其性，性将大定。"此与《解老》明明不类。《解老》云："礼者所以情貌也。"又云："所谓处其厚不处其薄者，行情实而去礼貌也。"是固绝无儒家气味。要之，《心术》等三篇本老氏之徒，而亦稍参儒术，其持论成统系，而义旨宏远，固老氏之宗子也。惜乎著者姓名无从考定，其全书当不止此，不幸散佚，唯此三篇杂入《管子》书中以传，而自昔以来亦无人焉能详其义者，是可慨也！异时有暇，当为作解。

二曰见于《韩非》书中之《解老》。此篇后人疑非韩非子之言，谓为简策误入。按此篇不必韩非所作，但必出于老氏之徒而融会法家言者

155

之手。故法家之徒取之以入韩非之书，断非简策误入。其为说颇综会法家，如云："万物莫不有规矩。""圣人尽随于万物之规矩，故曰'不敢为天下先。'"又曰："慈于身者不敢离法度，慈于方圆者不敢舍规矩。"皆深于法理之言。此篇最精处，在分别道与理之一段文字。其言"道者，万物之所以成"，"理者，成物之文"云云，按"文"者，条理，言万物以道而成，及其成也，即物自有其条理。唯条理灿著，方谓之物，故云"理者成物之文也"。详此，以理说明现象界有则而不乱。其言道即实体，又谓"道者万理之所稽"，则以理虽分殊，而穷至于道即合。稽者合义，其为说可谓上穷无极而下尽物曲者矣，故其谓"万物莫不有规矩"者，即物有理之谓。其言慈身必守法度者，亦从物有理之观念而来。由此，法家思想于玄学上得其根据。此篇义旨奥博，当非韩非所能为，必老氏之徒而融会法家言者著为此篇。其全书亦当不止此，或简策残缺，仅得此数。韩非之后学因取以编入《韩非》书中，要非误入之比。然此篇自是老学之一大支派也。此篇亦向无解者，暇当作释。又汉有《淮南子》，高诱称其旨近《老子》淡泊无为，蹈虚守静，出入《道经》。按《淮南》书为其宾客所辑录，乃杂家者流，所收材料皆晚周诸子之遗也，其间自得处盖鲜。然所集道家说间与庄子《外篇》以下相近，辞尚浮华而少实得，殆庄周之支派欤。《庄子·外篇》以下有为其后学所搀杂者。

　　如上所说，老子之后学，以《庄子》书及见于《管》《韩》二子书中者为最可考信。自余若关尹，仅见于《庄子·天下》篇所称述，当为《老子》之同调，然单词奥义，难可究详；《列子》见《吕览》等书，亦道家者流。《汉书·艺文志》有《列子》八卷。今所传《列子》书，考据家皆以为伪托，非《汉志》所称之《列子》也。屈原以文学而衍道家之旨，流风益广，其书见存。战国时，道家之学与儒术堪称两大，《吕览》有道家言，《荀子》亦称道书。惜其书策多散亡，而诸学者之姓字亦罕得而考云。

　　上来略说《老子》已讫。来问道教数事，力不能详也。中国古无宗教之名,晚周诸子各以学术称专家,如孔氏之徒曰儒家,儒之名,亦不始于孔。老氏之徒曰道家是也。自印度佛教入,而世俗始以儒道与佛并称三教。然儒道二家之学者并不自承为宗教也。印度佛家思想本以宗教与哲学相融汇,然其哲学思想实广大渊微,渊者渊深,微者微妙。卓然自成统系。中人治佛家言者,虽不遗其宗教精神,而于其哲学方面特有创获,史实可征。故以中国之儒、道、佛并称为教,此乃世俗相沿之失,而非学术界所认可,不能无辨。民初有以儒家孔子为教主请定为国教者,时士论大哗,皆谓孔学非宗教云。

中国民间流行之一种邪术,有所谓道士者,亦谓之天师道,俗称此为道教,实与道家全无干涉。兹不欲谈。

又有方士一流,以修仙之术伪托老庄,俗亦谓之道教。其炼丹与炼金术,以之修养求长生,虽可哂,然为化学之起源。静坐调息诸法,深有当于卫生之理,要不可薄也。自唐以下,此派亦渐远于方士而有学术可称,如宋初陈希夷辈托于此道,孤往山林,冥思独会,未易测其所诣,惜著述失传耳。此派之思想于中国学术、政治各方面,不能谓其绝无影响,如宋儒哲学,陈希夷实启其端。濂溪自有渊源,恐不止太极之图,其敦大淳实,亦似希夷也。《宋史·希夷传》杂谣俗诞妄之辞,殊乖其实。宋末道士邓牧,原本庄子而为抑尊之论,寄民治之思。至明季,而黄梨洲张之。迄清末叶,言民权谋改革者,皆祖述焉。是其彰著可述者也。此派在宋明间,时有孤遁清修之士,清世则未闻有异材。降及今日,流风歇绝,无复可言。凡栖处寺宇,服道士服者,皆无知之氓,无职业以自活而藉寺产以游手坐食者也。中国版图辽阔,民国以来,丧乱频仍,社会调查,尚难周遍,道教寺宇数量及其徒属多寡,无从置答。

来函属以英文作覆。力不能为英文,特以中文写定,而属钱学熙君为吾移译。钱君于吾之思想虽尝留意,但翻译之事,要难全达吾旨,此力所深为抱歉,即希谅察。抑更有言者,中西学术,各有特色,凡中国哲学上特别独至之理境,或为西洋哲学家一向所忽视者,往往而有,故翻译者于此必感困难。但此等困难非决定不可避免,若精熟于中国哲学之理解,其大无所不穷,其微无所不究,而又深通西洋哲学思想与其文字,能神明变化之,则中国哲学亦未尝不可以英文传译,且尽其信与达之能事。然此要非旦夕之功,必其养之有素而不蕲以速效,是在中西人士能向此而努力。

注:马格里尼君名罗雪亚诺,意大利米兰省大学教授。

答刘树鹏

得来书久,因《佛家名相通释》一书未脱稿,精力短促,未能写信。昨始完成,而犹有疲倦之感。天寒日短,又不堪作事,念来书旷答,姑写此以报。来书各条均深惬下怀,唯问欲不可全屏,如何处置始免泛滥为患。贤者于《新论》,尚未免在文字上转,故有此一重大障碍。若细玩文字,精熟条理,得其会通,而因以自反诸心,则必无疑于此矣。按《新论·功能章》分别性习,《明心章》分别心、心所。盖心即性,而心所则习也。自识本心,即是见性。便能顺其良知良能而起净习,故欲皆从理矣。如戴震之说,则欲当即为理。其所以为邪说者,正以不识性,即不识本心故耳。夫不见本心,则欲便从物,阳明所谓“随顺躯壳起念”是也。唯本心沦没,即一身无有主宰,遂纵任小己之私,乘形气之动,而成乎私欲,私欲如何得当? 如何为理耶? 若见性,即本心恒自昭明,而私欲萌时,自然瞒昧不得,即此瞒昧不得时,便一念向上,顺从昭明之本心,而后所欲皆当。如“非礼勿视”,即克去其非礼之私欲,非绝吾目视色之欲也;视而无非礼焉,欲即理也。《记》曰:“礼者理也。”“非礼勿听”,即克去其非礼之私欲,非绝吾耳闻声之欲也;听而无非礼焉,欲即理也。乃至"非礼勿动",即克去其非礼之私欲,非绝吾心动应万变之欲也;动而无非礼焉,欲即理也。准此,则欲之所可当,而不至流于私者,由其一准乎礼故也。《记》曰:"礼者理也。"以其发见而有条理,故谓之理或礼;以其为吾一身之主,则谓之心;以其为吾所以生之理,则谓之性。故《论语》言"克己复礼",其所谓礼者,非就仪制度数言,乃即礼之本质而言。"本质"二字或不必妥,然难得下一恰好之词,读者须善会。礼之本质,即心也,此谓本心,非心理学上所谓心。亦即性也,是吾所固有,故于此而言复也。若以仪制度数为礼,则礼是后起,是末节,如何言复耶? 夫唯本质即心即性。具备万善之条理,所谓固有。本此以为主宰,而后万变不恒之物感,凡足以起吾之欲者,一切不能眩乱此主宰,而所欲皆循其天则。天则即固有之条理。夫如是,始云欲当即为理也。《新论》所谓净习亦此旨也。戴震既不识性,不识心,则主宰既失,欲动而无节,如何能去私而皆当耶? 故学在识本心。非欲之可患,迷其本心而后有私欲泛滥为患也。

答李景贤

来函谈《论语》"四勿"章有云:究竟何者是礼? 何者非礼? 似属理智知识中事。此大误。知礼与非礼之知即《新论》所谓智。《语要》卷一答张生谈及俗云理智与《新论》所谓智者不同。阳明之良知即《新论》所谓智,《尊闻录》云明智。此信可细玩。智是本有,是先天的。理智即《新论》初版《明宗章》所谓慧,是从经验发展出来,是后天的,但后天的并不是别有来源,实即依智故有。唯后起乘权而恒迷其所本有,则如长江之水,离开源头以后,沿途夹杂泥沙而成浊流,犹谓是源头之水,则万不可得矣。《新论》之智,今之学者不能了,将疑吾为妄说,由其于东方先哲意思从不体会,所以至此。知礼与非礼之知,此即是智。这个知发现时,必怵然有动于中,自觉一毫瞒昧不得。此种意味唯曾留心作自反工夫者才能识得亲切。若果丧其本有之智而但任所谓理智知识者,如何有此?

人能涵养其本有之智而勿放失,则后起之理智作用与一切知识亦皆是智之发用。《语要》卷一固常言此,吾子乃不曾理会何耶?至云逻辑,虽吾先哲不曾于此留意,但在今日亦何至不相容纳?来函欲自任东西学术融通之责。须知凡百学问欲以一身备之,不独吾等地球上无此怪人,即他星球如有人类,当亦不能以一身而遍治天地间各种学问。汝用功不专不切,徒怀种种奢望,将何所成?吾今所望于国人者无他,凡讲习吾固有哲学思想者,宜发扬精要,并勤治外学,博采新知,更致力践履,求思想与行为之一贯,阳明所谓"知行合一"是也。以此养成一种学风,而吾学术始有独立发皇之希望。至研究西洋学术者,宜各自由研究,力求精到,但于本国学问如六经诸子等等,若有致力之暇,自当随分参稽,否则亦无妄言轻诋。今后学术界如有此气象,当无绝学之忧。民族虽危,终当奋起,而以自淑者拯全人类。鲁本积弱,而孔子谓可"一变至道",齐之强于鲁岂止百倍,而孔子犹谓须一变乃能至鲁也。孔子妄言欤?西人狃于物竞之习,始终未离兽性。夫人与动物,其本虽不异,但人既进化而能发展其秉彝之良,则恶可不致力于性分之涵养,而偏逞其种种侵略之兽性耶?东方人向注意于性分之自得自乐。今虽不振,然经此世变,倘能本正德、利用、厚生与足食、足兵、民信之旨,强力奋进,则"一变至道",非吾神州华胄,其将谁属?吾于世事,只是一时愤慨,要不甘为浅衷狭量悲观之徒也。

中国哲学明"天地万物一体"之义,已普遍浸渍于中华民族之心髓。曾闻犹太人来吾国者云,若适欧洲诸国,则常有异国孤羁、时见猜防之感。若入德国,此感尤甚。即至东方之日本,其猜防多忌,亦甚于德人。独至中国则如久客还乡，爰得我所，交其人，如饮醇酒，使人之意也消。犹太人此言，确足证明吾华人博大含宏之德量，实由其哲学思想所陶育而成。继自今，此种美德固应发扬，然同时必养成刚强威猛之风，期有以立己而立人。任重道远，是在吾人好自为之而已。

与友人

《佛家名相通释》部甲大意中有小注一段，谓陆象山兄弟并有民治思想，有疑为无征者，此未深考之故耳。按象山《语录》，严松所记有云："松常问梭山云：有问松'孟子说诸侯以王道，是行王道以尊周室，抑是行王道以得天位？'当如何对。梭山云：'得天位。'松曰：'如何解后世疑孟子教诸侯篡夺之罪？'梭山云：'民为贵，社稷次之，君为轻。'先生再三称叹曰：'家兄平日无此议论。'良久曰：'旷古以来无此议论。'松曰：'伯夷不见此理。'先生亦云。松又曰：'武王见得此理。'先生曰：'伏羲以来皆见此理。'"见《象山集》卷三十四。据此则象山兄弟确有民治思想，但其辞旨隐约，不欲深论，或恐触当时禁网及世儒攻击，故引而不发，是可惜耳！至云"伏羲以来皆见此理"者，则以《易》之为书首明民主自由。《乾》曰"群龙无首"，即其义也。无首谓不立政长也。晚世无政府主义者说亦近此。又象山状其兄子寿有云："湖之南有寇侵轶，将及郡境。先是建炎寇虏之至，先生族子谔尝起义应募。是后寇攘相次犯州境，谔皆被檄，保聚捍御，往往能却敌，州里赖焉。至是谔已死，旧部伍愿先生主之，以请于郡。时先生适在信之铅山，闻警报急归。抵家，请者已盈门，却之不去，日益众。先生与兄弟门人论所以宜从之之义甚悉。会郡符已下，先生将许之。或者不悦，谓先生曰：'先生海内儒宗,蹈履规矩,讲授经术,一旦乃欲为武夫所为。卫灵公问陈于孔子,孔子不答。今先生欲身为之乎?'先生曰:'文事武备,初不可析。古者有征讨,公卿即为将帅,比闾之长,则伍两之长也。卫灵公家国无道,三纲将沦。既见夫子,非哲人是尊,社稷是计,而猥至问陈,其颠荒甚矣,故夫子答以俎豆而遂行。夹谷之会,三都之堕,讨齐之请,夫子岂不知兵者?'或者又曰:'礼别嫌疑,事有宜称。使先生当方面,受边寄,谁复敢议? 此闾里猥事,何足以累先生? 今乡党自好者不愿尸此,尸此者必豪侠武断者也。今先生尸之,人其谓何?'先生曰:'子之心殆未广也。使自好者不尸此,而豪侠武断者卒尸此,是时之不幸也。子亦将愿之乎? 事之宜称,当观其实。假令寇终不至,郡县防御之计亦不可已。主者或非其人,乘是取必于闾里,何所不至? 是其为惨,盖不必寇之来也。有如寇至,是等皆不可用,无补守御,因为剽劫,仁者忍视之哉? 吾固以许之为宜。'先生于是始报郡符,许之。已而调度有方,备御有实,寇虽不至,而郡县倚以为重。"详此所云,则当时士大夫视地方自治自卫之大计,为闾里猥事,相率耻而不为,此实吾民族衰微之原因也。子寿当时独与兄弟及门人谋,而力排盲俗之非难,毅然身任其事。两汉以来,士大夫具此识力者,可得几人耶? 今虽效法民主之治,而知识分子犹无肯身入农村者。友人桂林梁漱溟独提倡村治,而身入穷苦乡邑,以实行其主张。漱溟固为陆王之学者,故有此一段精神。

又《通释》大意中有魏晋融佛于三玄其失则纵云云。贤者以为未妥,湛翁亦有是言。窃思后汉已有天竺及西域僧徒摄摩腾、竺法兰、安世高等先后来中土。梁慧皎《高僧传》称摩腾中天竺人,善风仪,解大小乘经;法兰亦中天竺人,自言诵经论数万章,为天竺学者之师,译经五部。_{近人梁任公等考汉明无求法之事。《僧传》称摩腾、法兰二人皆在明帝之世,尚难确信。然二人必于后汉时代来华,当无可疑。}安世高则安息国王之子，精阿毗昙学，讽持禅经，备尽其妙，所出经论，凡三十九部。又有支谶者，本月支人，志在宣法，传译《般若道行》《般舟》《首楞严》等三经。自余若佛朔、安玄之伦，并有宣译，见称后世。由汉末迄于六代，梵藏高僧来华宣法者，盖不胜数。然则魏晋间谈玄之风，自当感受佛家影响，不为臆测。纵云罗什以前，释宗学理犹未阐明，然由僧徒之仪轨与少数译述，未尝不沾被玄风，别有启悟。辅嗣之谈《易》《老》，向、郭之注蒙庄，虽妙悟独得，毋亦其时玄风已启，应运而兴者欤？然缙绅擅清谈者若王衍辈，本无学术，与辅嗣等玄家不当并论。若晋世僧徒多以玄旨而谈佛法，皆践履高洁，无所谓纵也。其陷于纵者，乃在清谈之缙绅，是亦曹魏之遗秽也，此与佛家无关。总之，谓魏晋玄家便已参入佛家思想，此说似稍过，但若谓其完全不有佛家影响，恐又不得无过。

与汤锡予

华严诸师，似以真谛为宗主，于《起信》特别尊崇。谓其学问，即以《起信》为骨子可也。《疏抄》中关于《起信》之部分，颇有讲得好处，若嘱镜清诸子汇抄成册，亦足为参考之资。《起信》纵是地论师伪托真谛，然其主张确与真谛一致，容当别论。《疏抄》亦时引慧远说，似不必有关宏旨。又于三论及天台、禅宗，往往有所称引，顾于吉藏不多提及。法藏主要思想，即在教义分齐中判教之说，自吾侪今日视之，实无意味。

杜顺之《法界玄镜》，理事圆融。龙树、无着两家，于此似都未及详。龙树与其弟子提婆依据《大般若》而演《智度》等四论，大抵欲令学者明诸法无自相，方好悟入实性。无着晚年说唯识，安立法相，而实欠方便。世亲承之，益复乖谬，致有性相打成二片之嫌。此须大着眼孔，能于空有二家学各会其总要，注意"各"字。于空宗能会其总要，又于有宗能会其总要，则两家面目自无混乱。今见某杂志有评吾书者，于吾《新论》评斥有宗处每不肯服，由其于有宗立说之系统未能总持故也。否则无疑于吾说矣。然后知理事圆融之旨。有家无着一派。固远不逮；即在空宗，龙树一派。其立说又别有机宜。为于法相起执而不了法性者，乃种种遮拨其执，其应机方便在此。虽则由其说可以悟即性即相、即相即性，然却总在相上遮拨，欲以方便显性，与杜顺等说法固自不同。要至中土杜顺诸师圆融理事，理即法性，事即法相，然后玄旨畅发无余矣。其《理遍于事门》云，谓能遍之理，性无分限；所遍之事，分位差别。一一事中，理皆全遍，非是分遍。何以故？以彼真理不可分故。是故一一纤尘，皆摄无边真理，无不圆足。又《事遍于理门》云，谓能遍之事，是有分限；所遍之理，要无分限。此有分限之事，于无分限之理全同，非分同。何以故？以事无体，还如理故，是故一尘不坏而遍法界也。言即于一微尘中而不坏此一微尘之相，却明此已是全法界也。此义深微，学者宜忘怀体之。于一尘如是，一切法亦尔。略举此门，已足会意。谁有智者玩心高明，而于此等妙义，乃不能契入耶？岂庄生所谓"至言不止于里耳"耶？西洋哲家谈现象与本体者，哪得会此意思？吾少年时，曾阅《华严经》文，蔽于老宿之论，以为杜顺宗下诸作与奘门不合，未欲浏览。今始遍阅一过，觉其中自有许多胜义，甚可推崇。惜未为札记，欲复检取，又不胜此劳，即置之已耳。总之，华严宗立说确已粗具系统，但其所短者，即有许多混乱处及无谓烦琐处。他日有暇，或择要条举，以告后之留心此宗者。又窃谓杜顺真是开山人物。法藏、清凉，其智稍短，然尚能张大一宗之学，亦未易得。至宗密则等诸自桧矣。

佛家著述过繁，亦颇有不必要者。今后学术门类已多，吾人所必需之新知识又不知多少，如欲此后研求哲学思想者皆得读佛书，以潜其神解而博其理趣，则非选择几部根本重要之经论不可。但择定之后，又必有人分任注疏之责，否则仍是难读。此等人材至不易得，必须学术机关注意培养。若北大研究院能收纳此等青年而予以资给，令其专治一经。学成之后始下笔为书，务期以今日活的语言详释古经名义，勿如昔日和尚之所为。和尚为疏者，皆杂取经论中文字而编缀之，故不可解。如此，则有益后学不浅。然此等人才既难得，而又必养之以渐，不可责以速成。未知他日有留心此事者否？

答张德钧

函悉。读佛书，须一面弄清名相法数并理其系统，一面须于文言之外识得旨趣所在。前者是经师或考据家之事，后一层方上穷理尽性路途。若仅有前项工夫，只是读书人，不名为知学也。佛家"真如"一词，其异名不下十余，而每一名各有其特别涵义。以其至真至实，不可变异，而为万法实体，则曰真如等。等者，等实际，与一真法界诸名。克就吾人当躬而言，即直指本心而名之，则曰涅槃。本心何以说名涅槃耶？此本心是固有的，非后起的，是照体独立，非依他的。妄识迁流无常，本心恒是寂静圆明，离无常相，故说名常。妄识种种攀援，种种缠扰，故苦。本心离如是等苦相，故乐。妄识逐境起缚，无有主宰，本心随缘作主，不随境转，故说为我。妄识是无量惑相，是杂染相。本心则离诸倒妄，湛然冲寂，故说为净。如上四德常、乐、我、净。须反之自心，切实体认。

答李生

来书谓念庵"天地万物一体"语，先辈以此教人则可，后生以此自任则近于妄。此正病根所在。"当仁不让于师"，何等真切！此处退让，则终其身为禽兽之归矣。夫天地万物一体云者,易言之,即不自私云耳。不自私者,本心也。自私者,后起染污习气也。阳明先生《大学问》,直就人心同然处言之,本自平易。而人固舍其平易,而不知自反,故曰"中庸之为德也,民鲜能久矣"。贤者无志作人,无志此学,则亦已耳。否则于此等处岂可不勇于自任耶?

　　来书又云:"佛氏不放逸,似与儒者主敬相似。先儒言敬,是彻上彻下工夫,又言常惺惺法,疑皆谓此。所以致此,将何由乎?"此段话总缘贤者平日为学只在名词上翻转,未曾返在自家身心上致力耳。既知敬是彻上彻下工夫,毋不敬,自然常惺惺。佛氏不放逸,亦只是敬之极致。贤者果能用功于敬,便一了百当,又胡为有何由致此之问耶? 玩吾贤语意,似谓如何才得到敬,殊不知欲得到敬,却只是敬。譬如学生读书不肯用功,却问如何才得用功,贤者所以答之者,必仍不外教以用功而已。如肯着实去用功,便改正其一向不用功之坏习,工夫即已得手。初学未能敬,只好着实去下敬的工夫,如夫子所谓"居处恭,执事敬"。常能如此,自然下学上达。即如贤者与吾写信时,若有一字不根于心,便是虚诳,便是不敬。若字字根心而出,便无虚诳,便是敬。又如读书时,绝无贪多斗美之念,亦无浅尝辄止与曲意误解及畏艰阻而倦于求通等等之念,只一味虚怀,静观此理,如此便是敬,反是者皆不敬也。敬的工夫是活泼泼地,不是强制其心,一味死板,可以谓之敬也。"执事敬"三字最妙。心不离事而存,日用间,语默动静,无非事也,_{语固有事矣,玄默之中亦非无事,《庄子》所谓}"渊默而雷声"_{是也。动固有事矣,寂静之中亦非无事,《庄子》所谓"尸居而龙见"是也。}即无非此心之大用流行。厌弃事为,而孤守其心以为敬,是鬼道也,而可谓之敬乎? 贤者细玩《论语》,当知所从事矣。

　　来书又云:"先儒言用功之方,不出涵养省察二途。二者宜何主?省察当于动之端,非昏沉之心所堪任;涵养须先见本心,又如何可以执持?"此段话亦缘不曾用过敬的工夫,故歧涵养省察为二。须知工夫只是涵养,涵养中自有察识,亦云省察。不可离涵养而言察识也。离涵养而言察识,不唯天良乍露于欲念偶歇之顷未堪为主,且恐陷于自欺而不觉矣。此中欲详谈,适行路疲困,未能尽所欲言,愿贤者自反求之。其实,察识自是涵养中所有事,而涵养又只是主静。但所谓主静者,非兀然内守其孤明之谓也。静之实际只是敬,通语默动静而毋不敬,此中动静之静,系以时言,与主静之"静"字意义自别。即恒无私意私欲之萌,而恒是静矣。贤者诚能用力于敬,则涵养、察识,皆在其中,又何患不能执持? 又何至流于昏沉耶?

来书又云:"平时读书,皆用心于剖析事理,自觉此心已伤,鲜柔嫩之象,未审如何可以反其天真。"又问:"明道读书不至丧志,上蔡便丧志,其故安在?"此缘不识本原,故生疑惑。阳明云:"学问须是识得头脑。"象山平生言学,主张"先立乎其大"。何谓立大? 何谓识头脑? 即不丧失其本心而已。只要时时在在是此本心发用,则读书时剖析事理皆本心自然之用也,何伤之有? 动于私意、私欲,斯伤矣。本心至健,健而无不胜,故和。虽宰百为,通万变,析众理,而无或失其健且和焉,此方是立大本,方是识头脑。若不了此而欲屏弃事理以求心,其结果必至以意见为天理,而害不可胜言矣。宋明理学家末流之病,非殷鉴哉!

来书有不宜置万物于我心之外云云。夫言心,则已备物,无物而心之名奚立? 但物本不在心外,使其在外,则心何由知物? 又何能用物耶? 故夫智周万物者,未尝置物于心外也。唯愚夫一向沉溺现实生活中者,则视万物为心外实有,而追求不已耳。

复性书院开讲示诸生

吾以主讲马先生之约,承乏特设讲坐,得与诸生相聚于一堂,不胜欣幸。今开讲伊始,吾与诸生不能无一言。唯所欲言者,决非高远新奇之论,更不忍为空泛顺俗之词,只求切近于诸生日用工夫而已。朱子《伊川像赞》曰:"布帛之言,菽粟之味,知德者希,孰知其贵?"愿诸生勿忽视切近而不加察也。

　　书院名称虽仍往昔,然今之为此,既不隶属现行学制系统之内,亦决不沿袭前世遗规。论其性质,自是研究高深学术的团体,易言之,即扼重在哲学思想与文史等方面之研究。吾国年来谈教育者,多注重科学与技术而轻视文哲,此实未免偏见。就学术与知识言,科学无论发展至若何程度,要是分观宇宙,而得到许多部分的知识。至于推显至隐,穷万物之本,澈万化之原,综贯散殊,而冥极大全者,则非科学所能及。世有尊科学万能而意哲学可废者,此亦肤浅之见耳。哲学毕竟是一切学问之归墟,评判一切知识而复为一切知识之总汇。佛家所谓一切智智,吾可借其语以称哲学。若无哲学,则知不冥其极,理不究其至,学不由其统,奚其可哉? 故就学术言,不容轻视哲学,此事甚明。次就吾人生活言,哲学者所以研穷宇宙人生根本问题,能启发吾人高深的理想。须知高深的理想即是道德。从澈悟方面言之,则曰理想;从其冥契真理、在现实生活中而无所沦溺言之,则曰道德。阳明所谓"知之真切笃实处即是行,行之明觉精察处即是知",亦此意也。吾人必真有哲学的陶养,注意一"真"字。有高远深微的理想,会万有而识其原,穷万变而得其则,极天下之至繁至杂而不惮于求通也,极天下之至幽至玄而不厌于研几也,极天下之至常至变而不倦于审量也。智深以沉,思睿曰圣。不囿于肤浅,学之蔽,真理之不明,皆由人自安于肤浅故也。肤浅者不能穷大,不能通微,其智力既浮薄,即生活力不充实。智短者,于真是真非缺乏判断。生活力贫乏者,必徇欲而无以自持,则一切之恶自此生矣。故人之恶出于肤浅,易言之,即出于无真知。不堕于卑近,沉溺于现实生活中,从欲殉物而人理绝,卑近者如是。以知养恬,恬者,胸情澹泊,无物为累,此必有真知而后足以涵养此恬澹之德也。无知者，则盲以逐物，而胸次无旷远之致，是物化也。此与《庄子》"以恬养知"义别。其神凝而不乱，恬故精神凝聚而不散乱也。故其生活力日益充实而不自知，孟子所谓"养浩然之气"者是也。哲学不是空想的学问，不是徒逞理论的学问，而是生活的学问，其为切要而不容轻视，何待论耶？又次就社会政治言，哲学者，非不切人事之学也。孔子曰，道不远人，人之为道而远人，不可以为道。孰有哲学而远于人事可谓之学哉？人者不能离社会而存，不能离政治而生。从来哲学家无不于社会政治有其卓越的眼光、深远的理想。每一时代的大哲学家，其精神与思想恒足以感发其同时与异世之群众，使之变动光明，此在中外史实皆可征也。或谓自科学脱离哲学以后，关于社会与政治方面的发见，亦是科学家所有事，何必归之哲学。此说似是而实非。哲学、科学本息息相关，而要自各有其领域，如形而上学，则科学所不及过问是也。即在所研究之对象无所不同者，易言之，即无领域之异者，如对于社会政治诸问题，而哲学与科学于此，仍自各有其面目。夫综事察变固科学所擅长也，哲学则不唯有综事察变之长，而常富于改造的理想。故科学的理论恒是根据测验的，哲学的理论往往出于其一种特别的眼光。哲学与科学相需为用，不当于二者间有入主出奴之见，更属显然。上来略说三义，可见哲学思想不容忽视。至于文学与历史诸学，在今日各大学属诸文科之范围，而为究心文化者所必探讨。今兹书院之设，本为研究哲学与文史诸学之机关，但研究的旨趣自当以本国学术思想为基本，而尤贵吸收西洋学术思想，以为自己改造与发挥之资。主讲草定书院简章，以六艺为宗主，其于印度及西洋诸学亦任学者自由参究。大通而不虞其睽，至约而必资于博，辨异而必归诸同，知类而必由其统，道之所以行，学之所以成，德之所由立也。诸生来学于此，可不勉乎？综前所说，则书院为何种研究机关，既已言之甚明，来学者当知所负之使命也。至书院地位，则相当于各大学研究院，而其不隶属于现行学制系统之内者,此有二意:一欲保存过去民间自由研学之风。二则鉴于现行学校制度之弊,如师生关系之不良,与学生身心陶养之缺乏,及分系与设立课目并所用教材之庞杂,其弊多端,难以详举。至于教育宗旨之不一,学风之未能养成,思想界之不能造成中心思想,尤为吾国现时严重问题。颇欲依古准今,而为一种新制度之试验。书院虽袭用旧称,而其组织与规制实非有所泥守于古。书院地位虽准各大学研究院,而亦不必采用时制。总之,书院开创伊始,在主讲与吾等意思,亦有欲专凭理想以制定一切规章,唯欲随时酌度事宜,以为之制。如佛家制戒,初非任一己一时理想以创立戒条强人就范也,唯因群弟子聚处而随其事实,因机立戒,久之乃成为有统系的条文。故其戒条颇适群机,行之可久也。书院创制立法,亦当如是。今后教者通指主讲与诸教职员。学者肄业生及参学人。俱各留心于学业及事务各方面之得失利弊等等情形,随时建议,毋或疏虞,庶几吾人理想之新制度将有善美可期矣!外间于书院肇创之际,多不明了,或疑此制终不可行,主讲与吾等时存兢业,亦望诸生厚自爱,期有所树立。岂惟书院新制得以完成,不负创议与筹备诸公之盛心,而发扬学术,作育人才,保固吾国家民族以化被全人类者,皆于是乎造端矣。诸生勉旃。

昔人有言,士先器识而后文艺。古者"文"字、"艺"字,并谓一切学术,如六籍乃备明天道、治法、物理之书,而号曰六艺,又曰六艺之文是也。汉以后始以词章名文艺,其意义始狭,非古也。今谓宜从古义。今学校教育,但令学子讲习一切学术,易言之,即唯重知识技能而已。知识技能一词以下省称知能。至于知能所从出与知能所以善其用者,则存乎其人之器识。器识不具,则虽命之求知能,其知能终不得尽量发展。必有其器与识,而后知能日进,如本固而枝叶茂也。抑必器识甚优,始能善用其知能,不至以知能为济私之具也。苟轻器识而唯知能是务,欲学者尽其知能以效于世,此必不可得也。今之弊在是,奈何其不察耶?夫器识者何?能受而不匮之谓器，知本而不蔽之谓识。器识非二也，特分两方面以形容之耳。以受则谓之器，以知则谓之识也。器识之义，最为难言，今略明之。先难后获者，器也，识也；欲不劳而获者，非器也，无识也。可大受而不可小知者，器也，识也；可小知而不可大受者，非器也，无识也。毋欲速，毋见小利者，器也，识也；欲速不达，见小利则大事不成者，非器也，无识也。颜子以能问于不能，以多问于寡，有若无，实若虚，犯而不校者，器也，识也；反是者，非器也，无识也。虚己以容物，故犯而不校。此言君子宅心之广，蓄德之宏，乃就私德言，非就国家思想言也。或有误解此者，以谓国土受侵，不与敌校，便逾论轨。敏而好学，不耻下问者，器也，识也；反是者，非器也，无识也。志于道，据于德，依于仁，游于艺者，器也，识也；艺谓一切知识技能之学。亡其道德与仁而唯艺之务者，非器也，无识也。行有余力则以学文者，器也，识也；此中"文"字，同上"艺"字解。驰逐于文而不务力行者，非器也，无识也。过则勿惮改，人告之以有过则喜，闻善言则拜者，器也，识也；文过遂非，拒谏而绝善道者，非器也，无识也。尊德性而道问学者，器也，识也；只知问学而不务全其德性，则失其所以为人，非器也，无识也。见贤思齐焉，见不贤而内自省也，器也，识也；妒贤忌能，见恶人而不知自反，或攻人之恶而不内省己之同其恶否，此为下流之归，非器也，无识也。人一己十，人十己百，人百己千，器也，识也；自暴自弃者，非器也，无识也。或生而知之，或学而知之，或困而知之，及其知之一也，或安而行之，或利而行之，或勉强而行之，及其成功一也，器也，识也；甘于不知，而不肯困以求通，怠于行而不务勉强以修业，非器也，无识也。任重道远，器也，识也；无所堪任，非器也，无识也。己立立人，己达达人，器也，识也；独善而无以及物，非器也，无识也。士志于道而耻恶衣恶食者，未足与议也。此有器识与无器识之辨也。夫器识有无，其征万端，不可胜穷也，然即前所述者一字一句，反而验之身心之间、日用之际，则将发见自己一无器识可言，而愧怍惶惧，自知不比于人类矣。昔王船山先生内省而惭曰："吾之一发，天所不覆，地所不载。"其忏悔而无以自容，至于若此之迫且切也。我辈堕落而不自知罪，岂非全无器识之故耶？夫器识，禀之自天而充之于学。人不学，则虽有天禀，而习染害之。故夫人之无器识者，非本无也，直蔽于后起之污习耳。扩充器识，必资义理之学，涵养德性而始能。主讲以义理为宗，吾夙同符。诸生必真志乎此学，始有以充其器识，器识充而大，则一切知识技能皆从德性发用。器识如模，知能如填彩；模不具，则彩不堪施。诸生顾可逐末而亡本乎？

学者进德修业，莫要于亲师。师严而后道尊，师道立则善人多，旧训不可易也。学校兴而师生义废，教授与诸生精神不相通贯，意念不相融洽，其上下讲台，如涂之人相遇而已。夫学者之于理道，非可从他受也，唯在自得之耳。其自得之者，亦非可持以授人，理道不是一件物事故也。然则为学者，何贵于有师耶？师之所益于弟子者，则本于其所自得者，而随机引发弟子，使之有以自得焉。弟子所赖于其师者，方其未至于自得，则必待师之有所引发焉。唯然，故师与弟子必精神、意念相融通，而后有引发之可能。若夫神不相属，意不相注，则如两石相击，欲其引发智虑而悟入理道，天下宁有是事耶？故弟子必知亲师而后可为学。且人之所以为人也，亲生之而师成之。成之之恩，与生均矣。在三之义，古有明训，而忍不相亲耶？虽然，语乎成，又当有辨。非寻常知识技能之相益便足谓之成也，必其开我以至道，使吾得之而成为人焉，不得则吾弗成为人也。有师如是，其成我之恩，均于生我矣。在三之义，正谓此也。其次则如章实斋氏所云，专门名家之学，虽不足语至道，要亦有得于道之散殊。吾从而受其学，亦不敢不尊之亲之，而严其分、尽其情。严其分者，己之于师，退居子弟行，不敢抗也。否则于情未协，于义为悖也。自此而下，若传授课本，口耳之资益，学无与于专家，人未闻乎至道，但既为吾所从受课之师，有裨于闻见，则亦以长者事之，以先进礼之，不得漠然无情谊也。亲师之义，虽有差等，毕竟不失其亲爱。古之学者未有不求师也，弟子之名位、年事过于其师者，往往有之，而退然以下其师者，道之所在故也，学之不可无所就正故也。今之学者耻于求师，不以其所未得为可耻，而耻其所不当耻，直无器识故耳。古之人有先从师游，不必有得，而后乃自得，反以其道喻师，而自展其事师之诚者，释迦牟尼是也，鸠摩罗什于其戒师亦尝行之也。有弟子先从师说而后与之异者，后之所见诚异，非私心立异也。亚里士多德曰：吾爱吾师，吾尤爱真理。有如是弟子，非师门之幸哉！亲师者，非私爱之谓也。然非有真知真见而轻背师说焉，则其罪不在小，学者所当戒也。

次于亲师而谈敬长。凡年辈长于我者，必以长者礼之，年辈长于我而又有学行可尊者，吾礼敬之不尽其诚，又何忍乎？清末以来，学风激变，青年学子习于嚣暴，而长幼失其序矣。有一老辈，平日与少年言议，皆非毁礼教者也，退而与人言，则又忿后生遇己之无礼。吾性褊狭，不欲轻接少年，偶遇之，勿多与言，亦无饰貌周旋之事，孤冷自持而已。夫所以敬长者，约有二义：少不凌长，后生不与先进抗，存厚道也。长者经验多于少年，少年勇于改造，而辨物析理不必精审，使其无轻侮前辈之心习，则将依据前辈之经验以为观摩考核之资者，必日益而不自知矣。西洋各国皆有年老教授居上庠，与吾国古时太学尊礼老师之意适合。明季有一儒者，自言其少时遇长德，辄以兄事，中年而后，自知无礼，于昔所称为兄者，今改称以先生，而自称晚生或后学焉。昔之视在等夷者，今知其德之可尊，学之可贵也，则不复等夷视之，而对之自名焉。此人可谓善补过矣。诸生来学于此，于亲师敬长，自宜留意，不可染时俗也，此亦培养器识之一端也。

学者以穷理为事，然其胸怀一向为名利声色种种惑染之所缠缚，其根株甚深细隐微，恒不自觉，本心全被障碍，如何而得穷理？"本心"一词，原于《孟子》，宋明儒者亦言之。"本"字宜深玩，但非可徒以训诂为得其解也，必切体之于己，而认识其孰为吾本具之良知能而不杂夫后起染污之习者。穷理工夫，非深心不办。真理虽昭著目前，而昏扰粗浮之心，终不得见，必智虑深沉冲湛，而后万理齐彰。深湛则神全，神全故明无不烛，而天下之理得矣。又非大心不办。大故不滞于一隅，观其散著，抑可以游其玄也；析其繁赜，抑可以会其通也；辨其粗显，抑可以穷其幽也；知其常行，抑可以尽其变也；见其烦琐，抑可以握其简也。故唯大心可以穷理。狭碍之心，触途成滞。泥偏曲而不悟大全，堕支离而难言通理，习肤浅而不堪究实，明者所以致慨于横通也。<small>狭碍之心非本心也，乃以染习为心故耳。</small>又非耐心不办。人心恒为染习所乘，安于偷惰而一切无所用心，惯于悠忽而凡百都不经意，苹果堕地与壶水热则涨澎，古今人谁不习见之，却鲜能于此发见极大道理者，必待奈端、瓦特而后能之，则以常人不耐深思故耳。夫事理无穷，要在随处体察，于其所未曾明了者，不惮强探力索，<small>四字吃紧。</small>毋忽其所习闻习见而不加察也。毋略其所不及见、不及闻而以为无复有物、无理可求也。毋狃于传说，必加评判。亦毋轻议旧闻，必多方考索：其果是耶，无可立异；其果非耶，自当废弃。毋病夫琐碎而不肯穷也。毋厌其艰阻而不肯究也。时时有一副耐心，真积力久，自然物格知至，而无疑于理之难穷矣。综前所说三心，曰耐，曰大，曰深，皆依本心而别为之名耳。耐之反为忽，<small>忽者疏忽或忽略。</small>大之反为碍，<small>碍者狭隘或滞碍。</small>深之反为浅，<small>浅者浅陋或浮浅。</small>有一于此，皆不足与于穷理之事，其所以成乎忽与碍且浅者，则以无量惑染根株盘结于中，而本心障蔽故也。学者必有克己工夫，<small>己者谓一切惑染，亦云私欲或私意。</small>常令胸怀洒脱，神明炯然，则能耐，能大，能深，<small>"耐"字意义甚深，即健七。</small>切宜<small>深玩。</small>而可以穷理尽性矣。王阳明先生云："学问须是识得头脑。"存心、养心、操心之学，于一切学问实为头脑。今之学子，顾皆舍其心而不知求，岂不蔽哉？就学术言，华梵哲学与西洋科学原自分途，东学<small>赅</small>

华梵哲学言。必待反求内证，舍此无他术矣。科学纯恃客观的方法，又何消说得？西洋哲学与其科学，大概同其路向，明儒所谓"向外求理"是也。西洋思想与东方接近者恐甚少。学者识其类别，内外交修，庶几体用赅存，本末具备，东西可一炉而冶矣。昔朱子言学，以居敬穷理并言。穷尽事物之理，合用客观方法，居敬即反求内证下手工夫也。敬是工夫，亦即于此识得内在的本体。明代治朱学者，诟王学遗物理而不求。王学之徒则又病朱学支离破碎。近世中西之争亦复类是。曷若同于大通之为愈耶？吾与主讲俱无所偏倚，诸生来学于此，须识得此间宗旨，无拘曲见，务入通途。

昔吾夫子之学，内圣外王。老氏崇无，亦修南面之术。老氏之无非空无也。本性虚寂，故说为无。儒者亦非不言无，《中庸》言天性曰"无声无臭至矣"。但儒者不偏着在无上，与老氏又有别。此姑不详。颜子在孔门拟以后世宗门大德气象，颇相类似，然有为邦之问，则孟子所谓"禹、稷、颜回同道"，诚不诬也。吾尝言，佛家原主出世，使世而果可出也，吾亦何所留系，其如不可出何？如欲逃出虚空，宁有逃所？世之言佛者，或谓佛氏非出世主义，此但欲顺俗而恐人以此诟病佛法耳。实则佛家思想元来自是出世，彼直以众生一向惑染、沦溺生死海中为可怖畏，而求度脱。经论具在，可曲解耶？但佛家后来派别甚繁，思想又极繁杂，如大乘学说渐有不舍世间的意思，华严最为显著。《金光明经》亦归于王者治国之道云。是故智者哀隐人伦，要在随顺世间，弥缝其缺，匡救其恶，所谓裁成天地之道，辅相天地之宜，本中和而赞化育，建皇极而立蒸民，古诗云："立我蒸民，莫匪尔极。"此吾夫子之道所以配乾坤而同覆载也。庄子曰："《春秋》经世，先王之志。"可谓知圣心矣。汉世经儒并主通经致用，不失宗风，故汉治尚可观。魏晋以后，佛家思想浸淫社会，曹氏父子又以浮文靡辞导士夫为浮虚无用，儒生经世之业不可复睹，遂使五胡肇乱，惨毒生民。延及李唐，太宗雄伟，仅振国威于一时，继体衰乱，迄无宁日。唐世士人，下者溺诗辞，上者入浮屠，儒业亡绝，犹魏晋以来之流风也。世道敝而无与持，有以也哉！唐世仅一陆宣公以儒术扶衰乱。祸极于五代。宋兴而周程诸老先生绍述孔孟，儒学复兴。然特崇义理之学，而视事功为末，其精神意念所注，终在克己工夫，而经国济民之术或未遑深究。虽述王道、谈治平，要亦循守圣文，非深观群变、有所创发也。至其出处进退大节，自守甚严，诚可尊尚。然变俗创制、一往无前之勇气，则又非所望于诸老先生矣。然而宋儒在形而上学方面实有甚多发见。当别为论。晚世为考据之业与托浮屠者，并狂诋宋儒，彼何所知于宋儒哉！唯宋儒于致用方面实嫌欠缺，当时贤儒甚众而莫救危亡，非无故也。及至明季，船山、亭林诸公崛起，皆绍述程朱而力求实用。诸公俱有民治思想，又深达治本，有立政之规模与条理，且皆出万死一生以图光复大业，志不遂而后著书。要之皆能实行其思想者也，此足为宋儒干蛊矣。颜习斋名为反对程朱，实则其骨子里仍是程朱。所攻伐者，但是程朱派之流弊耳。胜清道咸间，罗罗山、曾涤生、胡林翼诸氏又皆宗主宋学，而足宁一时之乱。诸公扶持清廷，殆非本志，直是现实主义耳。洪杨既不足辅，又惧同类莫能相下，故仍拥清以息一时之乱耳。曾氏刊布《船山遗书》，虽昌言民族革命之《黄书》而布之无忌，其意念深哉！故由宋学演变观之，浸浸上追孔氏，而求内圣外王之全体大用，不复孤穷性道矣。明季大儒与咸同诸公所造高下浅深，为别一问题。然其内外交修，不欲成为有体而无用，则犹孔氏之遗规也。今世变愈亟，社会政治问题日益复杂，日益迫切，人类之忧方大，而吾国家民族亦膺巨难而濒于危。承学之士，本实既不可拨，本实谓内圣之学。作用尤不可无。作用谓外王或致用之学，与俗以机智名作用者异旨。实事求是，勿以空疏为可安，深知人生责任所在，必以独善自私为可耻。释迦牟尼为一大事因缘出世。王船山先生自题其座右曰"吾生有事"。此是何等胸怀！吾人可不猛省！置身群众之外而不与合作，乃过去之恶习；因任事势所趋而不尽己责，尤致败之原因。西洋社会与政治等等方面，许多重大改革，而中国几皆无之，因中国人每顺事势之自然演进，而不以人力改造故也。此等任运自然的观念,未尝绝无好处,但弊多于利,当别为文论之。**诸生研求实用,尤贵于旧日积习得失,察识极精,而迁善必勇,否则虽有技能,不堪致用,况缺乏技能者乎?** 或曰:今世言致用,必须专门技术,此等人才必出自各学校之为专科研究者。书院系养育通材,恐徒流为理论家而不必可以致用也。此说只知其一,未知其二。夫专材与通材,专门技术省言专材。互相为用而不可缺其一也。专材恒是部分之长,虽其间不无卓越之士,然终不能不囿于所习,其通识终有限也;通材者,测远而见于几先,穷大而不滞于一曲,能综全局而明了于各部分之关系,能洞幽隐而精识夫事变之离奇。专材的知识是呆板的,通材的知识是灵活的;专材的知识是由积聚而得的,通材的知识多由超悟而得的;超悟本自天才,然天才短者,积学亦可致。专材的知识是显而易见的,通材的知识是运于无形的。专材与通材之辨略如上说。而通材实关重要。能用专材者,通材也。若无通材,则专材亦无所依附以尽其用。选任各种专材而位之各当其所,此则通材所有事也。凡理论家固可谓之通材,而通材不必悉为理论家,通材者,恒是知行合一之人物也。通材与专材,时或无定称,如一个工厂的领袖比于厂中技师等等则为通材,比于实业界中更大的领袖则又成专材矣;实业界中大领袖虽号通材,而对于主持国柄之大领袖则又成专材矣。凡求为通材者,必有宽广的胸量,远大的眼光,深沉的思考,实践的勇气,谦虚的怀抱。若不具此素质而求为通材,未之有闻也。查本院简章分通治别治二门:通治门,以《孝经》《论语》为一类,孟荀董郑周程张朱陆王诸子附之。别治门,《尚书》三《礼》为一类,名法墨三家之学附之;《易》《春秋》为一类,道家附之。凡此皆所以养通材也。

　　附识: 或问:本文有云,中国人每顺事势之自然演变而不以人力改造。此意未了。答曰:吾举一例明之,如数千年来君主政治,时或遇着极昏暗,天下自然生变,到变乱起时,也只任互相杀伐，俟其间有能者出来才得平定，仍然做君主。此便是顺事势自然，不加人力改造。若是肯用人力改造局面时，他受了君主政治许多昏暗之祸，自然会想到民治制度，同来大改造一番。西洋人便是这样，中国人却不如此。即此一例，余可类推。

国家设学校以养人才，人才虽出于其中，而就学者固不能皆才也。书院虽欲养通材，又何敢过存奢望耶？然在诸生，则不可妄自菲薄，必努力以求为通材，而后不负自己，不负所学。诸生纵不得胜国家栋梁之任，吾亦望其行修而学博，足以居庠序而育群材。今各大学于本国学术方面缺乏师资，此足见吾国人之不力学，不求认识自己。昔拿破仑自谓其失败根本不由于外力与刀枪，而在于德国理想家的抵抗力。诸生三复此言，当知所奋发矣。

本院简章，举一切学术，该摄于六艺。故学者选修课程，应各择一艺为主，而必兼治其相类通者。如所主在《易》，则余艺如《春秋》等，等者谓《诗》《书》、三《礼》及四子书等。诸子学如道家等，等者谓自汉迄宋明诸师。及印度佛学与外道，皆所必治，即西洋哲学与科学，尤其所宜取资。如所主在《春秋》诸艺，则其所应兼治之诸学，亦各视其所相与类通者以为衡。夫学术分而著述众，一人之力，何可穷搜？故治学者，有二义宜知。每一种学问皆有甚多著述，唯择专家名著而详加玩索，其余可略，此一义也。博学者，非无书不读之谓，乃于不可不读之书，必须熟读耳。依据自家思想根荄，因取其与吾相近者特别研寻，以资发挥，此二义也。如吾治《易》而好象数，则于数理逻辑必加详究；如吾治《易》而主明变，则凡哲学家之精于语变者，必加详究；如吾治《易》而于生生不息真机特有神悟，则凡依据生物学而出发之哲学，必加详究；如吾治《易》而注重明体及生活与实践方面，则于佛家及宋明诸师，必加详究。如吾治《周礼》而欲张均产与均财之义，则于吾先儒井田、限田诸说及西洋许多社会主义者关于经济的思想，必加详究。如吾治《春秋》而欲张《公羊》三世义，则于吾六经、诸子及西洋哲学许多政治理想，必加详究。如上所说，略示方隅，学者触类旁通，妙用无穷。本院主张自由研究，不取学校教师登台强聒、学生呆坐厌听之方式，亦无一定讲义。主讲及讲座、教授、都讲，简章尚未立教授，以开创伊始,规模尚狭故也。实则教授为正常负责之师,决不可无。至简章有讲友,相当各大学名誉教授,但马先生不欲仍时俗教授之名,俟将来酌定。时或聚诸生共语,得为语录而已。分系办法虽本院所无,但简章一宗六艺而分通治、别治二门。诸生入院修学,自应先通后别。其别治门,各专一艺而兼治其相与类通之诸学,则分系之意存焉,至各门所应研习之书目,拟分必读与博览二类,容缓酌定。必读一类,贵精不贵多,如孔门之于六艺,魏晋学者之于三玄,两宋诸师之于四子书,又如佛家空宗主《大般若经》与四论,《大智度》及《中》《百》《十二门》。相宗亦有六经、十一论。详基师《唯识述记》等。凡此诸家,其所专精之书并不多,唯有所专主而聚精会神于其间,久之而神明变化,受用无穷矣。至博览一类则不嫌其多,然学者资性有利钝,精力有衰旺,要在各人随分尽力,选择其万不容不涉及者而目治心营焉,求免于孤陋寡闻之患,而有以收取精用弘与引申触类之益,斯为得之。若夫不量自力而一意涉猎求多,其弊也,或则神昏目眩而一无所得,或则杂毒攻心而灵台长蔽,思想长陷于混乱,此为人生至苦之境。吾意将来规定各门应行博览之书,虽名目不妨多列,而学子于其间尽可留心选择,务令游刃有余,毋以贪多自害。唯必读之书则非终身潜玩不可。

学问之道,由浅入深,由博返约。初学必勤求普通知识,将基础打叠宽博稳固,而后可云深造。其基不宽则狭陋而不堪上进,其基不固则浮虚而难望有成。初学若未受科学知识的训练,而欲侈谈哲理与群化治术等等高深的学问,便如筑室不曾拓基,从何建立?登梯不曾循级,必患颠蹶矣。吾国学术虽未曾发展为科学,然吾先圣贤于哲学思想方面所以有伟大的成功者,非独天才卓越、直超顿悟、冥会真理而已,亦因其穷玄而不遗事物。如所谓"仰观于天,俯察于地,近取诸身,远观诸物",又如孟子称舜"明于庶物,察于人伦",后儒亦屡言须体验物理人事。又曰,从人情事变上磨练,其精于综事辨物,可见矣。吾固有之学术不曾发展为科学,此是别一问题。然吾古之学者自有许多许多的科学知识，则不容忽视。《易》之为书，名数为经，质力为纬，非有丰富幽深的科学思想，则莫能为也。而其书导于羲皇，成于孔氏，创作之早，至可惊叹。后生偷惰，知识日益固陋，今西洋科学发达，学子诚当努力探求。诸生若自大学卒业而来者，于科学有相当素养，今进而研华梵高深学术，不患无基。至其未受学校教育者，本院征选肄业生细则，不限定大学卒业一途者，原欲广造就耳。但其人若非具有天才而缺乏科学训练，恐终为进学之碍。今次征选生徒办法只可作一种试验耳。务望于科学方法及各科常识，尤其于生物学、心理学、名学及西洋哲学与社会政治诸学，必博采译述册子，详加研索。今之译述，大抵出于稗贩，而不详条贯，鲜有旨要。其于所介绍之学说，实未有精研故也。又复模仿西文文法而未能神明变化，故其辞甚难通。加之白话文于素读旧书者气味最不合。以上诸因，译述册子每为人所不喜阅。然诸生未受学校教育者，要当于译述册子勉强玩索，勿病其肤杂，勿畏夫艰阻。须知学者涉猎群书，譬之入山采宝，初入深山，所历几尽属荆棘，及遇一宝则获益无穷矣。读杂书亦复如是，往往有意外之获。孟子谓"舜好问，而好察迩言"。理道无穷，随在足资解发故也。译述虽劣，讵不足比于迩言耶？

吾国学术，夙尚体认而轻辩智，其所长在是，而短亦伏焉。诸生处今之世，为学务求慎思明辨，毋愧宏通。其于逻辑，宜备根基，不可忽而不究也。然学问之极诣，毕竟超越寻思，归诸体认，则又不可不知。

《论语》有言："工欲善其事，必先利其器。"文字者，发表思想之器也。凡理论的文字，以语体文为最适宜，条理详明，委曲尽致，辞畅达而无所隐，义精确而无所淆，此语体文所擅长也。但有时须杂用文言文，谈理至幽玄之境，凌虚着笔，妙达神理，则或赖文言以济白话之穷。如程子《语录》中所谓"冲寞无朕，万象森然"，以整练之辞，善敷玄旨，含蓄无尽。此等处若用白话，便无义味。此语体参用文言之妙也。学子如欲求工语体文，必须多读古书，能作文言文，始无不达之患。今学子为白话文,多有不通者,此可戒耳。

读书须有三到,曰手到,圈点。目到,心到。手之所至,而目注焉,而心凝焉,则字字句句无有忽略过去者。读书不求甚解,在天才家眼光锐利,于所读书,入目便能抉择,足资一己创发之用。若在一般人,则虽苦思力索,犹惧不尽其条理,不识其旨要,而可不求甚解乎? 读书切忌忽略过去,学之蔽,理之难明,只缘自心随处忽略故耳。忽略者,万恶之源也,所谓"不诚无物"是也。吾写至此,吾意甚苦,愿诸生自反而力戒此病。细玩《论语》,则知圣贤日用间,只是一真流行,一切无有忽略。

今之少年,习为白话诗,以新文学自标榜,其得失则当世有识者多能言之,毋俟余喋喋也。余生平不能诗,间讽诵古之名作,略识其趣,以为声音节奏,终不可忽而不讲。若不求协韵,只为白话而已,其可谓之诗乎? 诸生于六艺中倘有专诗者,将欲创作新体,亦必沉潜于旧文学,谓由《三百篇》、楚汉迄近世,诗骚赋词等作品。遗其貌而得其神,或能融会众体,别创一格,未可知也。如于旧文学未有深厚涵茹,而以浅躁之衷,急谋更张,终必无成。"子曰:'仍旧贯,如之何? 何必改作。'"更张而不及其旧,勿轻更焉可也。

每闻少年能读西人诗,惊服其长篇钜制,辄谓中国诗不足观,此真肤论也。余未读西人诗,但闻人言,想见甚气象雄放,情思畅茂。然中国诗,妙在辞寡而情思悠然,含蓄不尽,清幽之美,如大化默运,不可以形象求也。中西诗但当各取其长,勿妄分优劣也。

间闻人言,通经致用之说,在今日为迂谈。今之政事,当有专门技术,岂得求之六艺而已乎? 此其说甚误,有见于末,无见于本也。如欲辨正此等谬见,自非可以简单言之。虽著书累帙,犹难达意,吾于此不暇深论,但虑诸生移于时俗,终不能不略明吾旨也。夫缮群致治,必有经常之道,历万变而不可易也;亦必有张弛之具,随时而制其宜也。专门技术只为张弛之具,而所以为张弛者,要不可离经常之道。姑举一义言之。《大易·革卦》，著改革之象，必归之诚信。革，变易也；诚信则通万变而不可易之常道也。改制易度而果以诚信行之，毋假新法之名而阴违之以逞其私欲，毋藉新兴之事而私便之，以恣其淫贪。以诚信宰万变而不渝，则任何改革无不顺天应人，行之尽利矣。嗟尔诸生，更历世变，亦已不浅，其犹无悟于此耶？即今国际纠纷至于人类自毁，而不知祸之所底。诸霸者莫不声称正义，而所为适得其反。不诚不信，戾于常道，生人之祸，何时已乎？"自古皆有死，民无信不立"，圣言深远，人类如终不自毁，其必率由吾六艺之教焉无疑也。夫六艺之旨，广大悉备，所谓"范围天地之化而不过，曲成万物而不遗"。唯智者真有得于六艺，则见其字字句句，皆切于人生实用，而不可须臾离也。无识者视为陈言，所谓"至言不止于里耳"也。谓通经致用为迂谈，此乃细人之见耳。且学者诚能服膺经训而反之自心，将于万化之本、万事之纲，无不洞达，则其于人群事变之繁复奇诡，自可秉枢要以御纷杂，握天钧而涉离奇。阳明所谓"规矩诚设，而天下无数之方圆皆有以裁之矣；尺度诚立，而天下无数之长短，皆有以裁之矣"。然则运用专门技术者，必待湛深经术之醇儒。世有善知识，必无疑于吾言也。又凡治六艺者，非但习本经而已，如治《尚书》三《礼》者，于吾诸子、历史及诸文集并西洋社会、政治诸学，皆博览而取材焉。余艺可类推。夫学术者，古人诣其大，而后人造其精；古人穷其原，而后人竟其委；委者，委曲。事理之散殊，至纤至悉，难于穷了者，谓之委曲。古人以包含胜，后人以解析胜。学者求知，若但习于细碎，则智苦于不周，而应用必多所滞。六艺者，吾国远古之大典，一切学术之渊源。学子欲求致用而不习六艺，是拘于偏曲而不求通识也，恶可致用乎？今各大学法科，只习外人社会及政治诸书而已，故剿袭外人法制以行之吾国，终不适用也。故夫研究西洋社会及政治法律诸学者，必上宗六艺而参稽历朝史志与诸文集，博而有要，杂而有本，庶几通古今之变而可权时致用矣。尤复须知，吾国著述,不肯敷陈理论,恒以散殊而简单之辞寓其冲旨,所谓引而不发是也。善读者,于单词奥义悟得无穷道理,如《周礼》言经国理民之规,一以均平为原则;《大学》言理财,归之平天下,本之絜矩;絜矩者,恕道也。今列强不知有恕,故互相残。《论语》言"不患寡而患不均",《孟子》言民治端在制产,曰"民有恒产,斯有恒心";《书》曰正德、利用、厚生。尽大地古今万国谈群化究治道之学者,著书千万,要不过发挥上述诸义而已。治今日之中国,道必由是;为人类开万世太平之基,道必由是。又如《论语》"道千乘之国"一章,尤为今日救时圣药。时时存敬事之一念,无实之议案与夫徒供官吏假借济私而有害民生之政令,必不忍行、不肯行。至其敬慎以出之事,自然实行收实效而可信于群众,非有实益于公家,即一毫不浪费。如此节用,何虑艰危? 当饮食而思天下饥饿者众,处安全而思天下惨死者众,有此爱人一念,自必达之事业。程子曰:"一命之士,苟存心于爱物,于人必有所济。"况乘权处要者乎? 征役出于不得已,而于人民生事所关,必加顾惜审处,则所全者多矣。当今上下一心,果能实体"敬事而信""节用而爱人"诸义而力行之,又何忧乎国难? 圣训洋洋,无一语不切实用,奈何以迂谈视之? 夫六艺之旨,广大渊微,欲有称举,终嫌挂一漏万。吾揭示一二,以便诸生读经时知所留意而已。经术诚足致用,诸生到深造自得时,方信得及耳。此与前谈通材与专材一段,可参看。儒家教学者,必先立志;佛家教学者,首重发心。所发何心? 所立何志? 即不私一己之心之志,易言之,即公一己于天地万物之心之志而已。罗念庵先生有云:"近来见得吾之一身,当以天下为己任,不论出与处,莫不皆然。真以天下为己任者,即分毫躲闪不得,亦分毫牵系不得。躲闪与牵系,皆私意私欲之为。古人立志之初,便分蹊径。入此蹊径,乃是圣学;不入此蹊径,乃是异端。阳明公万物一体之论,亦是此胚胎。此方是天地同流,此方是为天地立心、生民立命,此方是天下皆吾度内,此方是仁体。孔门开口教人,从此立脚跟。力案：此须善读《论语》，能于言外会意，方得之耳。孔子随事示人，无不使之率由常德，如孝弟忠信笃敬等等，皆常德也。率由常德，即是通人己为一体处，失其常德，即成自私自便而不能与物同体矣。学者于此，宜深切察识。后儒失之，只作得必信、必果，硁硁小人之事，而圣学亡矣。力案：此是念庵大眼孔处。《西铭》一篇，稍尽此体段。所谓大丈夫事，小根器不足以当之。识得此理，更觉目前别长一格。"又曰："今人言学，不免疏漏，虽极力向进，终无成就，是不达此理。以此与他人言，绝不见有一人承当，即不承当，亦不见有一人闻之生叹羡者，不知何也？"力案：众生可悲，以此。又曰："区区不足法，只此一蹊径，似出于天之诱衷，却非有沿袭处，吾身纵不能至，愿诸君出身承当。承当处，非属意气兴致，只是理合如此。力案：此处吃紧。此方是做人底道理，此方是配天地底道理。能有诸己，何事不了？真不系今与后、己与人也。"念庵此一段话，至为警切，吾故举以示诸生。诸生能发心、立志而公一己于天地万物，与为一体，如此方是尽人道也，亦必如此而后见得天下事皆己分内事，而任事之勇自生。

孔门教学者，唯尚躬行。子路有闻，未之能行，唯恐有闻，其刻励如是。后来学人，便侈谈空理，而轻视事为，学风所由替，民族所由衰也。诸生其念之哉，勿以空谈了一生也。天下事，无大无小，量己才力所胜任者，以真实心担任作去。才作事，便是学，否则只是浮泛见闻或空想，不足言学也。

写至此，便欲止，然犹若不能已于言者。学问之事，唯大天才或可以不信天、不信地而唯自信、自成。中人之资，未有不笃信善知识而可以有成者也。超悟之明不足，则推度易滋疑眩，而古今偏至与浮浅之言，亦皆足乱其神明。故必有善知识为之师，而己又能笃信其师之说，由笃信而求深解，了然于其师之所见。一义如是，众义皆然。久之养成自家识力，便可纵横自在矣。今之学子，才识不逾中人，或且不及中人，而果于自信，不知择师，任其肤乱浮嚣之见衡量一切，无所取准，惑以终身,不亦悲乎!《论语》曰:"笃信好学,守死善道。"诸生来学于此,愿办一个信心,毋轻自用也。

前月十九日,寇机来袭嘉。吾寓舍全毁于火,吾几不免,幸所伤仅在左膝稍上,一仆拥持,得脱于难。然痛楚缠绵,已历多日。兹值开课,念天未丧予,益不得不与诸生共勉。以上所言,本无伦次,然要皆切于诸生日用,譬之医家治病,每下毒药,然其出于救人之真心,则无可疑也。诸生幸谅余之心焉。

民国二十八年九月十七日熊十力

附记: 复性书院创建于二十八年夏,院址在四川嘉定乌尤寺。余应聘不多日,以病辞职,然存此讲词,以备来者参考。十力记。

与贺昌群

才发一信,附转陶生求入院函。鹿场又送到惠书,文字甚好。马先生过渝时,为吾称美左右不已。得此函,益信其然也。所云简章、细则等件均未见到,邮递稽迟,尤以包封之件为甚,未是失落耳。吾与马先生所商,不必就目前办法而言,足下似未深察也。吾岂欲于此时弄一大的架子者乎?草创之初,不能多集生徒,吾何尝不知耶?顾吾侪始事之精神,总不宜以寺院遗规为是,必务顺时之宜,得罗高下大小之材,使一般人不以是为畏途而皆愿至。材之下与小者多至,而较高较大者,行将出于其间。天道不遗靡草薄物,化育所以宏也。观佛家戒律,皆因人因事而制。从其所制之戒,察其犯戒之情,其门下猥杂,抑可谓赖耶含藏一切染污种矣。不如是,又焉得有菩萨出其间耶?吾欲予学生以研究院同等资格者,庶几可以聚天下之才耳。即此时不欲遽更章则,要当蓄意徐图之,否则如少数和尚住庙。吾虽老而颠沛,敢忘沟壑,不容不舍去也,谁复能于死灰中过活耶? 虽曰此时不及拓开,要当宏兹意愿,具个萌芽,作始也简,将毕斯巨。始之简者,造端也,而所以造端之心,未始简也,故毕也巨焉。如其始之之心也简,则欲求将巨之效而不可得矣,是以举事贵谋始也。夫精神所注,为广为狭,影响便自天渊,吾举一事证之可乎。阳明之才、之力、之智、之德,其大于曾涤生也,不甚悬远乎。观其接纳群贤,随机施化,量宏而能摄,教亦多方,更非涤生所敢几也。涤生罗一世之才,阳明门下亦尽当时之彦矣。然涤生所造之才皆足济时用,身死数十年而有清朝局,犹赖其支流以扶危济困,如张文襄、刘坤一,或以后进向风兴起,_{文襄。}或以小校积资贵显,_{坤一。}皆曾氏之支流也。而其系清末大局安危,则人思之至今不能忘。文襄在鄂省之建设事业,民国以来,反摧毁而莫能复,其仅存者,如兵工厂,如平汉路,如张公堤,皆百世之利。吴汝纶在曾门下,号为小后生耳,及清末,独以卓识为严又陵所倚重,开新学一线之光。康梁肤浅哗世,而吴公未曾假以辞色也。学风颓弊,于曾氏之门无罪焉。涤生造士之功,顾不伟耶? 上窥阳明门下,人才辐凑,皆禅客耳。禅之下流,认意见为天理,为良知,于是而邹元标之徒,构成吾家襄愍之祸,边氓入主而文明俊庶尽为奴矣。乾隆尝曰: 明朝不杀熊廷弼,我家不得入关。百世下犹存兹公论。而当时心学派,不知其良知何在? 黄宗羲,党人而窃名理学者也,其大著《明儒学案》推尊元标甚重,犹故存元标之狗吠曰,熊廷弼欠一死字。此得为有人之心者乎? 刘念台非所谓圣贤一流耶,而其遗书中犹存一悖逆语,即以袁崇焕为罪应死也,何其良知受东林党人之诬乱而不觉耶? 衡阳之圣有云,及明之季,卖国者皆王学也。衡阳亲见亡国之人,亲尝亡国之惨,其言岂得无据?《遗书》随处诋阳明以洪水猛兽,谓非有激而然乎? 阳明之智德才力高于涤生也,疑若天渊;其善于摄众也,又非涤生所及,然而造士之效,相反若此。从来无人肯思其故者,实则欲说此故,亦甚简单。阳明一生精神,毕竟理学家的意味过重，其所以自修而教人者，全副精神都只在立本，而不知本之不离末也；都只在明体，而不知体之不离用也；都只在修身，而不知身之不离家国天下与一切民物也。此其所以敝也。或曰，公所云云者，岂阳明所不尝言耶？岂彼所不知耶？曰：子之难也固然。无通微之识者，可与论古今一切得失哉？阳明非不知本末、体用，乃至一身与民物皆不相离，然而其全副精神，毕竟偏注在立本，乃至偏注在修身。这里稍偏之处，便生出极大的差异。有人说，喜马拉雅山一点雨，稍偏东一点，落在太平洋，稍偏西一点，可以落在大西洋去了。《易》所谓"差之毫厘，谬之千里"，亦是此意。此乃至微至微之辨，非具通微之识者，何足以知之？或又曰：阳明事功赫然，今置而不论，何耶？曰：阳明之神智，其措诸事业固有余，但其精神所注终在此，不在彼。故其承学之士，皆趋于心学，甚至流为狂禅，卒无留心实用之学者。若乃涤生《三十二圣哲画像记》，以义理、考据、经济、词章四科并重，其为学规模，具见于此，其精神所注，亦具见于此。但虽主四科并重，而自己力之所及，终贵乎专。涤生于经济，盖用功尤勤。其诏诸子，恒以农桑、盐铁、水利或河工、海防、吏治、军事、地理、历史等等专门之业，谆谆然督之以博学。此皆属社会科学的范围，皆实用的知识，自其为诸生以至官京师，皆孜孜研讨，并与其子弟以及朋友、学生互相淬励。一旦领军，又留心四方可造之士，置之左右，幕府而兼学校，将帅而兼师道，其全副精神都在致实用、求实学，故其成就者众，足以康济一时，而收效与阳明迥异者，唯其精神所专注不同故也。宋儒虽谈政事，大抵食古不化。二程、朱子委之吏事，不患无济，唯其能以诚心作实事故也。但欲其翻天动地，创制易俗，开物成务，以前民用，则其学与识皆不足。何以故？其精神所注终不在此。西洋改造之雄与夫著书立说、谈群理究治术之士，皆以其活泼泼的全副精神，上下古今与历观万事万物，而推其得失之由，究夫万变之则，其发明真理，持以喻人,初若奇说怪论,久而知其无以易也。如君民问题、贫富问题、男女问题乃至种种皆是也。中国独有《春秋》公羊家言为得孔门宗旨,而宋儒何足语于是耶?虽辨王伯、明义利,未始不通太平义,然但诵法陈言耳,非精察群变之纷纭奇诡,终不足与言真常道理。宋儒反身工夫甚密,其于察世变,皆极肤也,至今诵其政谈,鲜不感其迂钝。有一王荆公较为奇特,而不能容。温公执拗无识,尤为可笑。二程、朱子皆不满荆公,其识不足以及之故也。周元公尝曰:天下势而已矣。可谓精识。然而其精神不属于世务方面,故于群理终无所发抒。永嘉诸人虽谈经制、抗程朱,然其细已甚,不能博以察物而穷其原,不能密以综事而通其变,徒矜矜焉以事功虚侈于当世。同父虽狂,犹复天真可爱。陈傅良自视甚高,徒见其小耳。水心聪明,亦不奈伊小何。其他更何足论?永嘉本理学派之反动,原动力欠活跃,反动力亦纤弱也。象山兄弟,天才卓越,颇有民治思想,惜其精神亦不属此,终无所发明也。宋儒于事功方面,自是无足称者。《论语》记曾点诸子言志一章,夫子于由、求、赤等,一一以为邦许之,可见孔门师弟精神,非如后儒忽略事功。而朱子《集注》释此章,乃独许曾点,而谓"三子规规于事为之末"。朱子此种意思,完全代表宋明理家,非特为其一人之见而已。孔子内圣外王的精神,庄子犹能识之。至宋明诸师而外王之学遂废。自此,民族愈益式微,此非我辈今日之殷鉴耶?夫以学业言之,人生精力自有限,长于此者短于彼。然识量所涵,则不当拘此而遗彼也。宋明诸师识量不免有所拘而有所遗。今兹书院,宜上追孔门之规,一切兼容并蓄。是在吾侪造端时,有此博大精神,方免后来流弊。前谈阳明与涤生故事,至堪玩索。吾颇有许多意思,患精力不给,未得尽所欲言,拳拳之心,唯期贤者相与究心大业。马先生道高识远,吾非虑其有所拘也。前见所拟书院草案,归本六艺。吾国诸子百氏之学,其源皆出六艺,马先生所见甚谛。今后如欲新哲学及新文化之启发,虽不得不吸收欧化,要当滋植固有根荄,方可取精用物。吾于马先生大端上无甚异同。唯书院应采何种办法始堪达到吾侪期愿,恐马先生犹将执古之道以御今之有,未得无碍耳。关于学生资格问题之诤,吾《答刘公纯》一函,极为扼要,马先生以世情议之,过矣。此信仍便陈马先生一看。

　　附记: 此书读者切勿误会。吾侪讲学精神,立本不宜遗末,明体必须达用,修身必可以施之天下国家,却非教人逐末而舍本,求应用而昧其大体也。曾涤生所以能造人才者,正以其宗法程朱,平生兢兢业业于躬行践履之间,涵养本原,不敢放失,确然为不自欺之学,此所以能陶铸一世之才而相与以有成也。阳明天资过高,他自己却是本末一贯,体用兼备,但其教人确未尝于实用方面留神。故王学之徒满天下,非独不堪济世,而反以意见害天下事。船山诸儒之论,未可全抹煞也。阳明每谓良知是无所不知,只要良知不受私欲障蔽,其于天下事物自然无不通晓,这个意思并无不是处。昨在嘉州,萧化之似曾疑及此。余语之曰:阳明未尝非也,化之所疑亦未尝非也。良知是心之本体,是一切知识之源,致此良知于事事物物,他良知。自然会明白事物之理,故阳明之说是也。然笃信良知学说者,若谓一切事物之理只求之吾心良知。而无不得,遂专守其孤明而不复推致此良知于事事物物上去,则谓事物之理自足于吾心,而吾人对于一切事物的知识,皆不待经验,不待博征之事物也,如此毕竟是不通之论。化之所疑正在是也。其精思而善疑,可喜也。然阳明自己用功,却未尝遗弃事物,他常说为学要识得头脑,所谓头脑即致良知工夫是也。一般人确是以私意私欲种种坏的习气障碍了良知,故作恶而不自知,自欺而反得意。阳明所痛在此,故平生教人,专着重在此。无奈对实用的知识方面不免于无形中有所忽视,缘此又生弊害。朱子说,教学者如扶醉人,扶得东来西又倒。此言深可玩味。吾愿有志之士，于阳明所谓识头脑的意思，宜终身痛切自警，于涤生注重实用知识的意思，亦终身精进不懈。如此则可为本末兼修、体用赅备之人物。

阳明深达治本。吾国历来对于边民，只知对其内侵时予以挞伐，绝不知注意教养。阳明于西南诸夷，汲汲为乡约及学校以教之，又为区处其农田水利以养之；凡中朝被谪之官吏，皆访其贤者而随宜起用；凡地方敦品励行之儒生，皆优礼存问，以扬风化；凡廉吏告老在籍，贫不能存活，反为人所笑者，则命州县官亲临致敬，并赡其生事，以劝廉节。阳明深知治起于下，故其乡约，极有精意。世儒第知阳明善用兵，而不知其为吾国有数之政治家也。

今日各大学文科研究所，其课目纯为无聊之考据，教者学者之间更无精神相贯注。国难至此，将有悟焉否耶？庚辰夏补记。

与刘冰若

学者究理，常是傥然悟得。然若恃傥悟便足，则不足以成学术也。必于傥悟之理，仍博求之事事物物而究其千头万绪分殊之理。既甄明分殊之理，而仍会归于傥悟所得之通理，则傥悟者始征实。而学术由此成，知识由此精矣。中国先哲都缺却傥悟以下仔细工夫，此宜鉴戒。

韩裕文记

一友举先生语，谓儒佛有不能相异处，颇不谓然。先生曰：儒者见到即真常即流行，佛家般若虽不说及流行，亦不曾硬道他本体。是死物,是不流行也。吾虽主张在谈本体处融佛入儒,而立言要自有分际,非将儒佛一切比附,一切混同,而谓之无有异处也。仁者若截取此语而不察此语是就何处说,便诬罔已甚。夫佛家谈本体,有曰空理。此词须善解,非以空洞的名为理也,乃谓二空所显真理耳。易言之,即空妄识所执相时,所显真理,名为空理。而阳明先生云:佛家说到空,圣人于空上何曾添得一毫实?此言至可深玩。《中庸》谈到声臭俱泯,视般若又何异耶?但言之详略有殊耳。故谓儒佛谈本体,自有相通处,非牵合也。凡言学者,宜求析异,亦不可忽于观同,但此二种工夫须用到恰好处。譬如说张人之目与李人之耳相似也,人必笑之,以其混乱故也。若曰张人之眼与李人之眼为同类也,人亦何得不印许耶?又如说张人李人同是人类,则无可别持异论以攻之者,但如谓张人李人之内部生活完全同一,则至愚亦知其不可。然若持张人李人之生活与禽兽之生活相较,则谓张人李人毕竟同是人的生活,则又无可别持异论以攻之者。故知言同不能无异,言异不能无同。学人谈理,苟于大本及分殊处诚有真见,因以综揽百家,而持吾之所见以衡量百家之说,于此或同或异,皆可资吾之佐证而观理之大通,此方是通途之学,而非拘碍于一家言者所可几及也,更非比附之徒所可伪托也。如其小智自矜,蔽于一曲,以为析异而无可同于大通,庄生所为病夫"小知间间",道之所由亏也。今世之学,正坐此弊,吾子何弗察焉?

先生尝语任继愈云:阳明良知即现量体,良知缘境,皆现量也。此中"境"字,通境物与义理而言,详在《通释》部甲。现量分真俗。俗现量即五识等证境,是现量,此中"等"字,谓俱意。吾于《因明删注·揭旨》中说此甚明。真现量略言之,有定中现量,如菩萨入定时心,其缘境是现量。有佛位现量。佛恒在定,缘一切境,恒是现量。真现量境界,佛家本不许凡夫得有,其意义至为神密,吾不必论。但吾欲稍变更佛家真现量之义,以为定中与佛位所说为现量者,无非断除虚妄分别,称境而知已耳。"称"字宜深玩。相应如如之谓称。此等境界，不要说得过于神秘，徒成宗教上的玩具，而宜为人生所固有者。良知即是正智，此智于自所缘，如实冥证，无有迷惑，无有邪谬，亦不由推求筹度而得者，斯即现量。《解深密》所谓"如理思唯"，诸论所说思现观，殆即此意。吾《量论》若得起草，必发明斯旨。又如良知反缘时，即是自明自证，何得不许为现量？此中意义幽深，然虚怀体之，亦不难自得。必如大乘所说，唯佛位方得正智现前，方得缘如，缘如即是自证本体。方起后得无分别智。后得无分别智亦是现量。良知则通正智及后得无分别智而浑言之。凡位俱不得有此，则真断绝佛种，不知又从何修行而得成佛？岂非不通之论耶？若信得良知即是正智，直须保任，直须扩充，不令惑染障碍他，即是保任。推致此良知或正智于事事物物而悉得其理，是谓格物，亦即是扩充此智也。若孤守其良知而不推致之于事物，便不是扩充。理学家末流之弊盖如此。则日用思虑云为间，自多有现量境界，而不必视为宗教方面之神话矣。吾虽沿用现量一词，而意义不必同其旧，但恐吾子从来便走西洋哲学路向，于儒佛诸学尚少体究，则于吾之微意终成隔膜。尚望将此义姑置脑海，勿遽生是非可耳。唯有一言奉劝者，诚欲了此义，直须反躬体究，不可效经师家技俩，在名言中作解也。

先生语余云：《易》曰"寂然不动，感而遂通"。感通者，物来顺应之谓也。周子所谓诚神几也。严又陵犹知此义甚妙。今之从西洋入手者，则不复知此矣。其所以异乎妄识取境者，正以其虽感而无所执耳。若感而有分毫执的意味，便成佛家所谓相缚。此意甚深。孟子所谓物交物则引，此为物所引之意义，亦即是相缚意义也。须反之身心而切体之才见。

余问《易·咸卦》"天地感而万物化生"。先生曰：天地者，所以象阴阳也。一阴一阳而始交感，否则无所感。万物生起与变化，皆阴阳交感之为也。离阴阳交感即无有生化，即无有万物也。

先生尝答某君云：真如，本体之名也。"本体"一词，赅万有而言其原也,所谓遍为万法实体是也。"遍"字注意。此中万法犹云一切物。若克就吾人当躬而言,则所谓本心是已。正智者,即此本体或本心昭昭明明,无有亏欠,无有昏蔽,而为一切知识之原,为万善之所自者,是以谓之正智也。如谈正智而不在自心上寻着落,只在名相上弄把戏,释迦有知,能不寒心? 谈正智而能在自心上寻着落,则吾不知佛家所云正智与阳明所云良知,果可看作两物否也? 纵云达到之涂术不同,但既已达到乎同一之地,又乌容立异耶? 如汝由沪到昆明,吾将由蜀到昆明,所经涂术有陆海舟车等等之异,固也,然俱到昆明,则吾不能以昆明为渝都,汝亦不能以昆明为上海,其为共见昆明无可异也。汝引吾《语要》卷一所云:见到真实处,彼此不能有异同。此其譬也。不管儒与佛,只要见自心,远离虚妄分别,还有什么正智、良知等等名词可容立异耶? 昔人言:"筌者,所以在鱼,得鱼而忘筌;蹄者,所以在兔,得兔而忘蹄。"宗门以言说为敲门砖子,得其门矣,而犹有执着砖子者乎? 华梵哲人证真之谈,俱是一种方便,切忌缘名言而生执着,转失其所以言者,而不知所用力。此处吃紧。吾尝言,此土先哲意思,如今有两等人会不着。一是经生家技俩会不着,二是习染于西洋哲学家言而不能超脱者会不着。障真理之途,绝生民之慧,士之沦没于俗学,非一日也。人生无深根宁极之道,一切向外追求,以成乎人相食之局,有自来矣。吾念此而不能无忧也。

又语某君云:于本体上不可增减。群圣云然,吾亦云然。但扩充义则与增减之说不当混视。增减皆待外力。于内所有而或损焉,谓之减;于内所不足而或益焉,谓之增。扩充则纯由内发,不与外相待也。此心即是无增无减的本体,万善具足,但拘于形、囿于习,则不得显发,必于其善端发见处,引而长之,推而行之,久之则全体大用无不彰显,一皆扩充其所本有也。譬之一粒谷子,生机全具,自其胚胎萌芽以至开花结实,渐次扩充,皆由谷子内部本具生机之扩充不已也。佛家说有十种真如,六种无为。无为亦真如别名。真如岂有十,无为可分以六耶? 其间差别相,只缘有扩充得开与否及扩充得多少与否耳。佛家分别满证、分证。真如别名涅槃。涅槃,本心也。经义具存,吾宁诬解? 本心若不待扩充,岂是一定呆板之物耶? 又岂不众生个个不假修为,自然都是佛耶? 此等道理,实不容依名言作解,要在自己身心间切实用过功来,方可讨论,勿疑老夫亦是随人说空话也。汝于吾言,不必遽存鄙贱心,即不赞同,亦且存之胸际。区区之诚,以相与之日较深,故不忍不一发,否则吾亦不便有所言矣。

先生尝燕谈云:凡立说者,若其是非得失,可令人开口评判,此必其为说有条理可寻,亦必有所由之思路也。但或据一端之偏见,或失之粗疏浅躁,故成谬误耳。若夫未知用思之人一向耳剽目窃,东涂西抹,养成混乱昏杂之头脑,则其所为文字,便使人无可开口而议矣。

真理恒在天地间,明者自见,昧者终不察也。宇宙广大,不能有明而无昧。君子乐与人同明,而无庸期必于其间也。

答任继愈

向来以尊德性、道问学为朱陆异同,而吾子否认之,却是错误。陈建、陆陇其之徒,本不足与言此中意思,只见儒先旧说如此,故亦云云。罗整庵则于此中意思领会较深。佛家有宗与教之分,教则以道问学为入手工夫,宗则以尊德性为入手工夫。西洋哲学家有注重知识者,亦有反知而尚直觉者,其致力处,虽与陆王不可比附,要之,哲学家之路向常不一致,而尚直觉者,虽未能反诸德性上之内照,要其稍有向里的意思,则与陆子若相近也。注意"若相近"三字。重知识者,比吾前儒道问学之方法更精密。然朱子在其即物穷理之一种意义上,亦若与西洋哲

学遥契。人类思想大致不甚相远，所贵察其异而能会其通也。_{此语吃紧。}

汝似将尊德性、道问学二语作一种话头看过，便觉无关宏旨。实则必须真正作过尊德性工夫如陆子者，然后识得尊德性一语；必须真正作过道问学工夫如朱子者，然后识得道问学一语。朱陆确是二种路向，各由其路向而下真实工夫，其各自所得，自是整个不同。未尝到其境者，从何知得？昔在孔门已有此二种路向，颜子即尊德性一路向也，子贡即道问学一路向也。夫子谓子贡曰：汝以予为多学而识之者欤？曰：然！非欤？曰：非也！吾道一以贯之。则子贡终当悟入德性矣。汝不须如陈建等等妄人，空拾过去话头，以辨朱陆同异，且择一路向，真实用功。

解孟子口之于味章

孟子曰："口之于味也，目之于色也，耳之于声也，鼻之于臭也，四肢之于安佚也，性也。有命焉，君子不谓性也。"

朱《注》："程子曰：'五者之欲，性也。然有分，不能皆如其愿，则是命也。不可谓我性之所有而求必得之也。'愚按：不能皆如其愿，不止为贫贱。盖虽富贵之极，亦有品节限制，则是亦有命也"云云。程朱之说甚迂陋。《孟子》此章，道理极广大深微，程朱全失其旨。夫命与性，本非二也。以其为生生不息之理，则曰性；以其流行而成生机体，则曰命。命者，流行义。原夫性者，万物之一原，虽复无声无臭，而万善万德，无不具足，故谓之理。此理之流行，而赋予吾人，吾人禀受之，遂自成为独立的生机体，即有生命而具一切意欲。所谓声色臭味安佚等等之欲，推其原皆自性生。孟子是以谓之性也。但虽自性生，毕竟非性之本然，_{此语吃紧。}要自流行而成生机体，乃始有之耳。孟子故曰"有命焉，君子不谓性也"。

"仁之于父子也，义之于君臣也，礼之于宾主也，智之于贤者也，圣人之于天道也，命也。有性焉，君子不谓命也。"

仁、义、礼、智、天道，后儒皆以为性所固有。其说虽是，顾未识孟子此处意思，则其失不小。自性之本然以言，虽万德具足，然仁义礼智等德，则待有伦类之交而始见。有父子，则显其仁焉；无父，而事父之仁无有矣；无子，而慈子之仁无有矣。有君臣，则显其义，复同前例。推之，有圣人，则克尽天道；无圣人，而天道亦隐矣。故仁义礼智天道者，若迹其发见，要自一原之性，流行成物而后_{张子云：性者，万物之一原。}有物有伦，_{伦，类也。物莫不有类，如父子、君臣、宾主等是也。}而仁义等等始显现焉。孟子故曰命也。假若性体只是洞然空无，而无流行可言，即无物可言，更从何说仁义等等耶？然仁义等等，虽于凝命以前无可说，要是自性固有，不是本性上元无之，却从有生以后外铄得来。孟子故曰"有性焉，君子不谓命也"。此中解释，亦与程朱异。命是气质之始，自天化言，则曰命；_{天者，本体之别称耳，非谓神或帝也，语本体之流行，亦云天化。}自吾人禀之而成独立的生机体言，则曰气质。声色臭味等等之欲，莫非气质上事，但如推其原，则亦自性生，以欲缘气质而发，气质者，性之所凝成，故云欲亦自性生也。然欲，要非性之本然，究属气质凝成而始起，即是后有的，故不谓之性也。仁义礼智天道，皆一心之全体大用，即皆自性固具，然若无这气质，则性德如何显现？当命之流行而吾人禀之以有生时，_{流行即命。而曰命之流行者，凡言语须有主词故。上一命字用为主词，实则命即流行。}即体仁、行义、复礼、发智与证知天道等等的可能性，便与气质俱时始起，故孟子曰命也。然此理_{谓仁义等。}毕竟不限于气质，故复曰性也，非命也。

《孟子》此章是融贯天人之际而谈，易言之，即在他的人生论里面包含着宇宙论在内。他以为人的食色等欲虽是气质方面后起的事，而气质之凝成则本于天化。由此，把欲推原到性上去。佛家便不如此说。宋明儒虽宗孟氏，后来也失掉这意思。然而欲毕竟是气质成功以后方有的，毕竟非性之本然，故终不可谓之性。此是千古正法眼藏。晚世西人便不识性，就认食色等欲为本来的了。

孟子以为，命者正是气质肇始之际，即生机体肇始之际。而仁义礼智天道虽皆自性固有，性者何？即本心是也。此心显为恻隐者，即性之仁德也，仁莫切于父子之际，故于此言之。此心显为制事之宜者，即性之义德也，义莫大于君臣之际，故于此言之。此心显为辞让者，即性之礼德也，礼莫隆于宾主之间，故于此言之。此心显为抉择一切义理之大用，即性之智德也，智则凡愚难以充分发展，故于贤者言之。此心之全体大用，即所谓天道是也，亦即性之全德而为言也。必有反观内证之功，自明而自喻之，即此通达物我同源之体，是为证知天道。但此必圣人而后能，否则惑染障蔽其心，不能有此胜用也。要必于凝命之际，即气质肇始之际，始可说为具有仁义等等性德。试设想命之未降以前，即气质生机体。未有以前，仁义等等性德果在何处？所以道不离器，形色即天性，其义至矣！尽矣！无以复加矣！孟子言仁义礼智天道必于凝命之际言之，意深远哉。然命则气质之始也。孟子又恐人沾滞在气质上难以见性也，故复谓仁义等等毕竟是本性固有，而不可谓之命也。

《孟子》此章，真是微妙至极！可惜程朱诸老先生不识他"命"字，竟将"命"字作世俗定命论的意义去理会。所谓一饮一啄，都由前定，即是皆有分限而无可如何。由其说，则自食色等欲言之，吾人一身饱与不饱等类，皆是命定而有分限故。又自仁义等等言之，如父于子，仁有所未至，子于父，仁有所未至，也都是命定而有分限故。朱《注》就是如此说。此复成甚道理？

附识：昔与某生说此义时，即由某生记录，余稍为点定如右。

由今观之，尚有未尽意处。流行之谓命，此中意义极难言。流行

197

本即天理之流行,但吾人于此际禀受,而始成有生之物,即生机体实肇胎于此际,先儒所谓气质清浊之分,亦正在此际。故凡仁义等性德易显发与否,及食色等欲易循理与否,都须向命上理会。吾人立命工夫只在率性,以变化气质。

答邓子琴

中国旧学家向有四科之目:曰义理、考据、经济、词章。此四者,盖依学人治学之态度不同与因对象不同而异其方法之故,故别以四科,非谓类别学术可以此四者为典要也。

一、义理者,穷万化之源,究天人之故。故者所以义,谓探究天地人物所以生成之理也。其方法虽用思维,而是以体认为主,于日用践履之间随处体认,默识本源,所谓精义入神,至于穷神知化,德之盛者,是此派学者之极诣也。此其所治之学在今即所谓哲学思想是已。治斯学者,其精神必迥出流俗,即决不能苟安于尘凡生活中也,否则以偷陋之心而苟袭之以自文,则无与于此学。

二、考据者,依古文籍而欲从事于某种之考核,必博搜证据,而后下断案。此其方面甚多,如名物度数等等,各画范围而专攻焉。其类别亦难悉举。此等学者为学之态度,皆注重客观事实,隐然有科学家精神。

名物度数者,文字、声音、训诂之学,皆属于名。虽一切事物皆有名,而此中但举文字音训。凡经史中关于天文、地理与草木鸟兽乃至一切器用之研究,通谓之物。度则法度、制度之称,而其涵义甚广,即社会组织与风习流变,无一不摄于此。凡一风习之成,即人人受范于其中,隐然为无形之法度。史家无一不注意于风习者。数即算数。凡考据之学,其所治之对象,无有离于数者,不独类别名物有其数而已。《周官》三百六十,体国经野,纤细毕具,必详于数。音律亦与数理相关。乃至礼义三百、威仪三千,凡精神表象,无不可以数量求也。

吾国考据之业不能发展为科学者,以其但依古文籍所记录之事物而汇详之、博征之,不知于亲所经验之自然界去观察,此所以但成为考古学之一种,毕竟不能发展为科学也。又不知措意于社会、政治与文化等方面之大问题,而但为零碎事件之搜考。学者相习成风而成为无头脑之人。前清汉学家已有此病,今则更成牢不可破之习矣。

三、经济者,为讲求实用之学。古人"经济"一词,其涵义极宽,本经世济民之义。今以计学而翻为经济,则其义已狭,而与此中所云经济殊不相当。又古人为经济之学,亦有通识与专长之分。依据历史与文集及其他专篇而博考典章、制度与军事、边务、赅外交。吏治、律例乃至河工、海防、农桑、盐铁、荒政等等,分门研究,以备当世之用,是谓专长。原本六经,旁及子史、下逮群儒之籍,博考参稽,因以达天化而通群变,古今之迁流,治乱之条贯,人伦之常纪,如信义之不可渝,是谓常纪。兴革之体要,靡不了然于心中,是谓通识。三代之英勿论已,秦汉以来贤相名儒所以佐世成化,未有不具通识者也。明季若王船山、顾亭林诸老先生,有其识而无可用。祸乱循环,又迄于兹,可胜痛哉!

四、词章者,其源出于孔门文学之科。文学所以抒写人生思想,内实则感真,感真故发之自然,自然故美也。孔子定《三百篇》为文学之宗,其论诗之辞,皆深妙绝伦,见于《论语》。孟子亦善言《诗》。《三百篇》皆直抒性情,无有矫揉造作,情深而文明,如天地自然之美,一真之流行故耳。及楚《骚》出,乃变为宏博恣肆,然其真自不漓,故可尚也。汉以下,乃有模拟字句,揣习声律者,其中情遂已稍衰。又《骚》之流变而为赋、颂及骈体文等。汉赋辞极典雅,而无思理可言,缺其质矣。六代人诗与其骈文,华而失真,日趋靡薄。不囿于时而独有千古者,其唯陶令之诗耶。唐人诗，虽经心造语，而自有浑成意味，所以可贵；晚唐颇趋险涩，稍失纤小，唯浑成与平易，方是广大气象耳，然较以后来宋诗，犹自远过。若夫小说、词曲、戏剧，唐以下代有作者，其短长非此所及论。然核其流别，要属词章之科。盖以广义言词章，本即文学，非仅以骈四骊六名词章也。或曰：韩愈以后之古文非词章欤？曰：此亦词章家之枝流。人情不能无酬酢，称情而抒怀，即事而纪实，诚亦有可贵者。惟传、状、铭、赞、书、序等品，恣为浮词诣语，自坏心术。又或标题立论，而浅薄无据，空疏无理，猥以论名，果何所当？韩愈、苏轼之徒，皆不学无知，虽擅末技，要是大雅所讳。

总之，四科标名虽由近代，其源实自孔门。义理则相当德行之科，经济则通政事、言语二科，言语即外交辞令。词章即文学科。唯孔门考据不别立科。盖诸科学者，无一不治六艺，即无一不有考据工夫故耳。后世别有考据之科，于是言考据者乃有不达义理及昧于经济、短于词章之弊。然学问之事，毕竟古人为其简而后人日习于繁。考据之业，求其博审，欲勿擅精而不得也。

答任继愈

仁者心之德。德字何解？汝未之思，粗心如此，可乎？德者得也。如言白纸，白纸之所以得成为白纸者，以具此白故也。朱子言仁者心之德，心之所以得成为心者，以具此仁故耳。不仁，即私欲用事而物化，是乃丧其心者也。只有仁才是心，心之所以得成为心者，仁也，须反自体认。

汝解爱之理，以由近及远，由亲及疏为言，是以差等的意义释理。"理"字虽有条理之意，差等亦含有条理意思，然万不可忽者，理是真实的东西,此之发现则为仁义礼智乃至万善,随所发而莫不各当,秩然有条不紊,如发之事父则为孝,发之卫国则为忠等,故又名之以理也。唯其是真实的物事,故随发各当而有条不紊耳。而或者不察,仅以空洞的形式为理,是但从其发现之有条理处观察而昧于其本身是绝对真实也,恶乎可哉?汝以差等释理,正堕世儒之失,所宜痛省。须知此云爱之理者,理即天理,异乎情欲之属于后起者也。夫言爱,即是发为情欲者也,此若本乎天理而起,则情欲亦即天理之用也。若违乎天理,则此爱即私情私欲矣。如男女之爱,若随肉欲冲动,便非爱之理。若超脱肉欲之感而别有真爱者存,则爱之本乎天理者也。父母于子,姑息之爱,亦不是理。朋友之爱,不能辅仁而唯标榜是务,皆不是理。朱子以爱之理言仁,此义精微。汝等反之身心,则知平日陷于不仁也久矣。

至云以忠恕释仁,亦看如何说法。《易》之《乾卦》以元言仁,而曰"元者善之长也"。易家或以元字连乾读,盖以乾即万有之原,众善之长。程明道《识仁篇》即本斯义。仁具万善,故忠恕莫非仁之发用。且"忠恕"二字,浅讲也可,深讲也可。若从浅处讲,强恕而行,可以求仁,主忠信,即可不违仁。若从深处讲,"忠恕"二字,做到不待勉而中时,即仁之全体已呈露,而万化之原,万善之本,无待外求矣。曾子以忠恕契一贯之旨,可玩。

韩裕文记

某先生谓孔佛二家实不同,但佛之道大,可以包孔,而孔则不足与佛并论云云。先生曰:凡论学者,须辨其异,亦须观其同。佛家宗教方面的话,诚为孔子所不谈,儒者终为哲学,而佛家毕竟归趣宗教也。吾人若承认生命果不随躯体而消散,又或承认佛家三界及超越三界而有所谓涅槃的境界，即应许生命不仅表现于欲界中之人类或众生，而在某种神秘的境界中，如所谓色界，无色界乃至涅槃。当更有生命存在。如是则佛家所谓禅定等等修行方法自甚严格，儒者于人伦日用间，种种道德行为与涵养省察等等工夫，自不足以了生死而趣彼岸也。彼岸谓涅槃。是故据宗教之观点，则严辨孔佛之异，并且小孔氏而尊释迦，亦无怪其然耳。但佛家确富于哲学方面的思想，且具伟大精密的哲学体系，有高深的理境。若只视佛家为宗教，未免太不了解佛家。就此言之，则谓儒佛绝无可融通处，吾则期期以为不可。须知儒佛二家之学，推其根极，要归于见性而已。诚能见自本性，则日用间恒有主宰，不随境转，此则儒佛所大同而不能或异者也。

先生又曰：宜黄大师尝言佛家谈体，孔氏谈用。吾窃未安。须知体用可分，而毕竟非二。孔子只是即用显体，不是只滞于用而不见体。若只谈用，则孔子便与俗学一般见解，岂其然乎？至佛家谈体，是不生不灭不动不变，不免有将体与用截成二片之嫌。无着世亲之学显然有此失，何可与吾孔氏《大易》比论。

又曰：宋明儒都以静属体，以动属用，此等处亦有病。体自是静的，但也不能道他是兀然凝固不动的物事。若果无动，他如何显现为大用流行呢？用自是动的，但也不能道他是嚣然浮动的物事。若果动中没有静，这用便是离异其本体而别为一种浮虚的物事了。如此，则体也不成为用之体，如何讲得通？吾人于用上而识其本体，则知用之相虽是变动不居，而用之体毕竟真常寂静。所以就用上说虽是动的，而确是即动即静的。验之吾心，当动应万端时，原自湛然虚静，此理岂待外求？

某先生注重佛家小乘出世的主张，以为此等修行法才是究竟清净，此等人物才有不言而化的力量。先生曰：此个意思也好，但出世的修行法必须于佛家宗教方面的理念都深信持得，而吾于此只是存疑。以故吾无所谓出世，亦无所谓入世，唯日孳孳于孔门所云成己成物之学而已。

先生与某公谈生命问题，其说甚幽微而难记，姑俟异日。

某先生愤慨于今日社会之污浊与腐败，而深冀有宗教上潜修之伟大人物，但有不重视学问与知见的意思。某先生去后，裕文问先生对某公此种意思何如？先生曰：无本的学问，肤杂的知见，都是浅夫昏子之所以自害而害人。但矫枉不宜过直。《中庸》说"尊德性而道问学"，如此才无弊。

先生又曰：佛家三界，在他确是作事实来说，绝不同于庄子的寓言，更不是形容人间世的状况有多般，如哲人游心冥漠，便是无色界，乃至贪浊之极，便如地狱饿鬼等，更不二字，一气贯至此。他确是以为有三界六趣。近来谈佛法者，多胡乱讲去，甚乖其真。

又曰：小乘涅槃却是寂灭的一种境界，这是超越三界的。后来大乘所谓涅槃，便斥指本心而名之，乃极亲切。他只以四德说明涅槃。四德即谓本心也。《涅槃经》宜详玩。又引窥基《杂集论述记》卷二十三第十页云：正智是心，真如亦名心，如说智及智处，智处谓真如。皆名为般若。此亦是。详此则本心即是真如，即是万法本体，乃大乘了义。

又曰：佛家宗教方面，其根本信念有二：一曰业力不散失，二曰因果不可拨无。自小宗至大乘，此二根本信念始终无改变。

答放均生

《一贯章》述义，自可存。但评道佛诸家处，不免宋明儒习气，谓足以针治其病，则未必然也。此中意思很复杂难言，恨无机缘面论耳。

孔子语曾子及子贡，皆以一贯之旨，此两章宜合并看。尤不止此，并须依据《十五志学章》。此章不透，则所谓"吾道一以贯之"者，几无从找根原也。尝怪儒先解一贯，凭空讲许多道理，其实是解者自家的一贯，而于吾夫子不必相干也。若求之《十五志学章》，岂不明明白白，何须自出己见乎？学问元自分途。成己成物之学，_{所谓己立立人，己达达人}。须于日用践履中做工夫。孔子十五志学，以至三十而立，四十不惑，由其志定而不厌倦于学，故日进不已也。此学不是知识技能之学。学者觉也。《白虎通》犹存古义。日用间无非明觉之泛应，居处恭，执事敬，与人忠，乃至格物与博文，无非此觉。任持此觉而存主于中之谓志，推致此觉于事事物物，而一切处恒无昏昧之谓学，时时加功而无休止间歇之谓习。夫子自十五志学以往，盖终其身焉如此也。当其五十知天命，乃由功夫纯熟，直透本原。此个本原，无以名之，名之曰"一"。得此本原，始信形形色色莫非这个，时时在在罔不左右逢原，《记》所谓"通其一，万事毕"也。一贯者，此之谓也。尔后耳顺、从心，乃一贯之极诣，夫子不是先求一，再执一以贯，却是先立定此志，不失其本心之觉，于人伦日用中落落实实行去，久之自尔透宗，始曰一贯也。故谈一贯之旨，不必论述儒先许多见解，确须于自身觅下落。曾子"忠恕"二字，亦道得切实。孟子言万物皆备，而必本之强恕，其犹曾门之旨也。子贡以性与天道不可得闻，其境地亦不甚浅。故夫子曰："汝以予为多学而识之者欤？"曰："然。非欤？"曰："非也，予一以贯之。"子贡究悟否，要是难言。子贡似未能放下知见也。

知识技能之学，孔门原有六艺，礼乐射御书数是也。凡讲求实用，亦自不外今日科学方法。只古人于此不能如晚世西人之精，时会不同故耳。观孔子曰："知之为知之，不知为不知。"又主缺疑、缺殆，则与科学家实事求是之精神岂有异耶？

吾侪须知，孔门虽重在本原之学，而同时不轻知能之学，但在讲一贯时，却不必将一切学术悉拉入里面。道理越欲说得阔，越是肤泛不切，此可戒也。

答任继愈

阳明言"天地鬼神的主宰,也即是我的灵明",以本体不二故。《新论·唯识章》阐明心境不离,亦是于现象上识体。若不能于现象上见体者,则心物便分内外而对立起来,须深思。

阳明云:"人死则精灵游散,天地万物即亦不在。"此诚然之言。汝于此有疑者,由执定有恒常存在的天地万物故也。须知天地万物没有恒存的,这层意义须先认清。如某甲有生以来便同他有生以来之天地万物是同体的,但是某甲与他同体的天地万物都是刹那刹那、生灭灭生而不息的。一旦某甲已死而不复续生,则某甲所与同体的天地万物确也是和某甲一同死过了、那有存在的呢? 此中义蕴,须详《新论》。至于新生的天地万物,则有他人与之同体而俱生,实与已死之某甲无干也。总之,自现象上说,某甲乃至某乙某丙等等,各各与其同体的天地万物幻生幻灭,不可执常。自本体言之,则本体之流行是至诚无息的,是无所谓某甲某乙某丙等等和天地万物种种差别。《易传》所谓"天下之动,贞夫一者也"。此意甚深,须细究。但此与佛家不同者,无有个体永存耳,此儒佛之辨也。儒者要在与天合德,本不执我。天即本体之名。佛言无我而实有我故也。佛家以为人死后,其生命仍不亡,实际上他是把他的生命看作有个体永存的,不然也无轮回可畏,无佛果可证了。

韩裕文记

某先生来函,谈大乘法,盛赞般若归无所得,并引经言,涅槃如幻如化云云，以为了义。先生怒而斥之曰：大乘说无所得，乃真实有所得，而后能说及此耳。今在凡夫全无知识，如何空拾话头而言无所得耶？涅槃本真如之异名，此乃万法实体，绝对真实，如何可说如幻如化？若计此为幻化，则堕空见邪计，非佛法矣。印度有空见外道，佛家所力破。然而经言涅槃如幻如化者，所以破执也。须知于涅槃起执，必登地菩萨而后能之，此等境界，岂凡夫所可梦见？初地菩萨入观时，乍证真如，生极喜心。此即于涅槃起执，由此至八地，安住不动，犹是贪执涅槃之相。此贪执相甚微细。佛为此等菩萨，妙演涅槃如幻如化，荡涤其执，乃其绝大方便，非地上菩萨不可闻，非对地上菩萨亦断不可与说。今尔凡夫，本不知何谓涅槃，更何望其能于涅槃而起执耶？执且无有，遑言破执，而可妄谈涅槃如幻如化耶？

裕文问：先生谓阳明教学者只求明体而不求达用，其末流遂至陷于罪恶，何耶？先生曰：良知是心之本体，是一切知识之源，但若内守其孤明而不推致此良知于事物上去，即缺乏辨物明理的知识。而此一念之明，未经磨练亦靠不住，乃任意见起而蔽之，亦即以意见为天理。如是，欲其知明处当，毋横决以陷于罪恶，此必不可得也。《论语》记"公山弗扰以费畔，召，子欲往"。又"佛肸召，子欲往"。佛肸，晋大夫赵氏之中牟宰也，以中牟叛。弗扰，鲁大夫季氏宰。二者皆叛其主，子欲往就，事虽不果，而夫子欲往之意，则千载难明。裕文以问先生。先生曰：古者大夫有家，役其人民尽为农奴，大夫之宰臣则农奴之长耳。春秋时，诸侯之国柄移于大夫，大夫又移于其宰，是政权逐渐下逮之兆也。夫子于《春秋》，著三世义，将使民众各得自主自治，自由自立，任大公而废统治，故于公山、佛肸之召，欲往，冀其能代表民众而行改革之事也。然卒不往者，则以彼等终将违民众而济其私，不可与同恶也。太平之治，不可遽期，故退而修《春秋》以诏来世。不知《春秋》，则《论语》不可通者多矣。又曰：吾欲为一书，以公羊《春秋》，与《论语》互证,惜当颠沛,未能执笔。

先生谓黄艮庸云:今日人类渐入自毁之途,此为科学文明一意向外追逐、不知反本求己、不知自适天性所必有之结果。吾意欲救人类,非昌明东方学术不可。惜乎吾国人亦自不争气。吾侪留得一口气,当时时刻刻有船山、亭林诸老的精神,慎勿稍息。今日比诸老时代所负责任更大得无比。

先生答钱学熙有云:世欲反对主静,实是胡谈,不了何谓静也。《语要》卷一有示颂天一段,甚好。现无此书。凝定收摄之极,绝不散乱,精神凝一,直与造化为一,此才是静,才无欲。与化为一,即超小己,无阳明所谓随顺躯壳起念之患。私欲不萌,故云无欲。老庄境界甚高,世俗以绝欲之说攻之,所谓鷦鹏已翔于辽阔,弋者犹视夫薮泽也。《易》义广大,非证体不能会通;从来谈者,只堕枝末。

先生答张东荪有云:弟《新论》本为融贯华梵之形而上学思想而自成一体系,又实欲以东方玄学思想对治西洋科学思想。略言之,科学无论如何进步,即如近世物理学,可谓已打破物质的观念,然总承认有外在世界。他们毕竟不能证会本体,毕竟不能通内外、物我,浑然为一。他们所长的还是符号推理,还是图摹宇宙的表层,不能融宇宙人生为一,而于生活中体会宇宙的底蕴。不能二字一气贯至句末。新物理学无法证会本体,旁的科学亦然。继今以往,各科学虽当进步,然其无法证会本体,当一如今日,科学的方法与其领域终有所限故也。西洋哲学从其科学思想出发,与东方根本精神究不相同,纵理论有相通处,而底源要自别。弟翕阖之论乃由反对印度佛家思想而出。近翻语体文稿,比原本较详,惜乎颠沛中仍未能尽所欲言也。诚欲别写一部《量论》,恐环境益厄,精力日差,终是难写出也。此可奈何!

与牟宗三

飞函接到。子琴、艮庸均在坐得读。世愈下，而人日失其性，相趋于卑，相导于暗，相奖以愚且贱，是诚无可如何者。吾好骂人，只可骂其能受骂者。如其非器，虽不忍，又何可遽骂耶？吾精神比昨已衰矣，辄苦心血不给用。江西家属，愚懦不知自计。老来思骨肉，无一日可去怀，以是难写文字。今日凄风苦雨，忽感而怆伤不自已，乃提笔与汝作书。上思群圣，吾其可如是而无述耶？吾念吾骨肉也，其可念者，不又有在耶？群生颠倒，有已时耶？吾幸而有觉也，其忍不续此觉以延之未来世耶？文字般若，顾可已耶？念此，吾当开吾胸次，仍从事述作耶？庄生曰："知其无可奈何而安之若命。"吾其以此自遣耶？

汝暑中呈四句，时心绪不帖，得月余聚而未及谈，然总在念也。四句不尽忆，似有由思显理、由理起能云云，若思与理与能成次第，非一事然者。如非解谬，则修辞未洽。吾子自谓儒也，儒者之学，唯阳明善承孔孟。阳明以天也、命也、性也、心也、理也、知也、良知之知，非知识之知。物也打成一片，此宜深究。程朱支离，只在将心性分开，心与理又分开，心与物又分开。阳明大处、深处，不独攻之者不识也，即宗之者又谁识其全耶？佛家若善解空宗义，与阳明无所背。子其苦参阳明，而后自知其所持之误。汝所谓思，亦宜简别。如理之思，其本身即理也，亦即是能也，亦即摄所归能，无心外之物可名所也。认识论，在如何求得如理之思耳，此处吃紧。在分别如理之思与不如理之思，勿混作一谈耳。《量论》欲作者，此也。然《新论》翻本，实重要，子或犹忽视耳。吾无精力多写，汝好自作人。宏斯学者，吾不能无望于汝与唐君毅。

裕文亦能自强，可喜。大事因缘出世，谁不当有此念耶？

答张默生

凤闻负隽才奇气，文章闳肆。鲁国多儒，由来旧矣。来书感拳拳之孤意，于吾书阅写勤劬。力老而孤露，得雅契如君，私衷庆慰，可胜言耶？迂陋之学，始于思考，终归体认，乃其本则在一心之诚，非为见闻知解而学。《易》之《观》曰："观我生。"自悲而亦悲群生之昏冥也，将求得真理为依归焉。始固多方，博稽之天地万物，久之，豁然确信此理不待外求，反诸己而得矣。此中经历，自有千言万语道不出，愿自此与吾相遇于文字之外焉可也。

某君谓心理变化循力学公例。此等主张，在今世根据唯物思想而谈心理者，皆如是，无所奇也。近世心理学，本是一种科学。科学之言心也，元不谈心之本体，即所谓本心，此属哲学范围。而但依据生理如神经系统。以研究精神现象或心作用。所率循之法则，故心理学讲成物理学，亦有由也。

大著《异行传》，阅之，兴趣勃然。先生之文可谓于时独步矣。今人小品文字，气力不堪驰放，此弱象也，得先生起而振之，有裨世运。力犹欲献一言者，愿责志贵严，积诚不懈，德蓄于中，则其发为文也，自然言中有物。文之质曰理与气。理御气而行之也如天化，气载理而运之也如地凝。天地合而成章，文之所以参造化也。积理存乎思与学并进，养气在于积义。文学毕竟不离躬行，至于词藻之美，亦须别有一番功力。如《文选》《弘明集》《汉魏丛书》，时置案头，不时讽玩，极于词藻有助也。

答敫均生

老不进德，与君同感。昨上宜黄笺云：日月易逝，辄触于怀。渊明冲旷，每有人生幻化之悲；放翁豪迈，难消叹老嗟卑之念。高下虽殊，其于未有真安顿处，均也。力今不肖，下之不欲为放翁，而老至或时乍感；上之不愿同陶令，而智及弥难仁守。失今不图，伊于胡底？念兹惶惧，常终夕以难安；矢向精勤，又逾时而退转。几曾责志，故知朽木难雕；谁实发心，而任疟根潜伏。平生枉费推求力，到老方知此事难。此吾近来供状也。

此卷前半部，有丁丑戊寅间稿数则，系陈仲陆偶存者，合诸庚辰后之稿，为卷二。贵阳周生封岐曾印四百部，防空袭。书此以志乱离之感。十力记。

附录勉仁通讯：熊先生哲学释疑

周通旦撰

某刊物载有《评熊十力氏之哲学》一文，亦标名论东方哲学不必遮拨西方科学。骤阅之颇骇异。在中国今日一般人开口科学闭口科学之际，而评者以反科学之罪名加诸《新论》，《新唯识论》，省称《新论》。后仿此。自甚惹人注意。吾侪平日极少得暇看刊物，前承鲁实先君惠寄此文于书院，余细阅一过，殊觉评者对《新论》似未曾读过而便下批评。余以质之黄艮庸、张俶知、云颂天诸先生，亦觉评者大误会，谓余不妨辨难。余故不揣冒昧，而欲一质于评者。

在诘难评者本文之前，余当提出二义请评者注意。一，凡用思与持论，必合逻辑规范。而逻辑规范非凭空施设，必依义理分际而有。"义理分际"一词，说来甚平常，其实真解此意者恐不多。古今哲学家许多争论，虽有时因被攻者不免错误，予人以进攻，而就大体言之，往往被攻者实无错误，只是进攻者不了义理分际，便曲解人家意思，而横施攻击。如果哲学家都注意义理分际，而于他人的说法，能如其分际以了解之，则许多无谓之争，自然不起。余且不在哲学上举例，即就科学来说，我曾见一个老顽固与一个有科学常识者争论。

甲 有科学常识者。对乙 老顽固。宣传科学知识，便指当前的桌子来说：此桌子，你乙。不要看作实在的东西，而只是一大堆元子电子，这些元子电子相互的关系，简直如太阳系统一般。

乙 老顽固。便忿然作色曰：岂有此理！果如汝说，此桌子是一大堆元子电子，并且其间距离如太阳系统一般，汝何故不坠落其中，而能凭依之，且置书册及杯盂于其上耶？

甲责乙曰：汝太蠢，不可与讲义理。

乙怒起而挥拳，几乎将甲打倒。

忽而另有丙先生来，待乙怒息气平，乃徐谓之曰：你二人不必争，不要打。你们所说都有义理，但义理自有分际，你们于此不辨清，所以相争。须知说到桌子，不能执定一种义理来说。乙先生从实用的方面来说，桌子本是很实在、很坚固的一件东西。甲先生从科学解析的观点来说，桌子确不是如世间所执为坚固的实在的东西，易言之，并没有桌子，只是一堆元子电子而已。你们要讨论桌子之空无与不空无，须将两方面各持的义理划清分际。甲先生不必骂乙先生蠢，乙先生从实用去看桌子，有他的义理；乙先生不要怒打甲先生，甲以解析方法来测桌子，也有他的义理。两方所持关于桌子的义理，确有分际不同。析而观之，乙不可以实用眼光去否认甲所持之义理，甲虽以科学眼光，并不妨碍乙所持之义理，是故析两说而观其通，则桌子可以说非空非不空。非不空者，据科学解析，实无有如世间所执定之桌子故，而只有元子电子故，故说桌子非不空。非空者，据实用说，桌子是实在的，故说非空。

丙之说如是。余因此而悟义理分际之不可不辨，辨清分际而后可观其通。分际不清则甲乙相悖；分际若清，则甲在其所持之分际内说，乙不必攻之，乙在其所持之分际内说，甲不必管。若通而观之，可以说桌子非空非不空。正庄生所云"不齐而齐"也，斯非逻辑之最高原则乎？

要辨清义理分际，首须核定立义者所从出发之观点。如甲乙二义相攻而分际不清，只因一从实用，一从科学解析，两种出发之观点不同。若将观点核定，则义理分际自明，何至淆乱起争？故凡批评人家学说者，须注意人家曾标明其持说所由之观点与否，如其观点提揭分明，而不加注意，妄行攻击，则非学者居心所宜。

二、《新论》主旨在谈本体。而一言乎体，即知体之必现为用，否则体之名不立。何以故？体者，用之体故。体现为用一语，切忌误解体用为二。若起一毫误解，便与实理不相应。《新论》每用大海水与众沤喻，最有苦心，读者切忌粗心看过。凡曾渡洋海者，必见大海水全现作众沤。体现为用，故不可用外觅体。由体用义故，遂以方便，假立真俗二谛，此在《新论》屡有明文。读者不容忽略下之二义。

一、由体现用，譬如大海水全现作众沤。即依用相而施设增语，增语系借用佛经名词，如天地人物等名词，只是依用相而假立之名，故名增语。用相者，谓大用流行，非无相状，如电光一闪一闪，虽无实质，而非无相，故云用相。于是假立俗谛。

二、即用显体，譬如，于众沤不作众沤看，而直见其是大海水呈现。易言之，即只见为大海水而已。即用显体，义亦如是。**即于一切用相或宇宙万有而皆见为真如**，真者真实。如者言其德性恒常，无改变故。真如乃本体之名，本佛典。宗门古德有云：信手所扪，莫非真如。此义深远至极。譬如当前桌子，世俗见为一种器具，而自证体之哲人观之，即此真如妙体呈现耳。此中义味无穷，《新论》转变、功能诸章，多明此义。**故假立真谛。**

由真谛义言之，乃即体而言，用在体。非言体时，便无用也。

由俗谛义言之，乃即用而言，体在用。非言用时，便无体也。

真俗二谛，此是两种观点，不可不认清。读《新论》者，若于此忽略，即于义理分际茫然不辨，势必发生种种误解。

须知今日言哲学，实际上只是玄学，即本体论，为科学所不能过问，而特为哲学之所有事者。玄学谈理，不可滞一边之见。真俗二谛，分而不分，不分而分，若有慧者，能会入深处，当知妙味无穷。西洋谈玄之家，未有臻斯妙也。

由体现用，即依用相，而立俗谛。即用而言，体在用。

即用显体，便依本体，而立真谛。即体而言，用在体。

真俗二谛，虽本佛家，而《新论》取义不同。学者宜知。

二谛分而不分者。依用相，立俗谛，是即用而言，体在用。则一言乎俗谛，固已摄真谛矣，是分而不分也。

不分而分者。依本体，立真谛，是即体而言，用在体。则一言乎真谛，固已摄俗谛矣，是不分而分也。

如上所说，确是玄学上最上最深了义。义究极故，极显了故，斯云了义。若读《新论》，而终不悟此，则亦莫如之何矣。

上来略提纲要，今依评者之文，逐难如次。

评文分五段，先难第一段。

评者云：《新唯识论》的要旨，首在说明纯一寂静的本体，次在说明生化不已的妙用。中略。熊先生汇通儒佛，于寂静的本体上加以生化的妙用，于是体用合一。体用合一了，于是体外无用，用外无体，即体即用，即用即体，体是用之体，用是体之用。

此段文字是评者首先叙述《新论》大旨者，真可谓奇极，怪极。评者果未读《新论》，而妄以己意为《新论》之意欤？如其读过，何乃谓《新论》的要旨首在说寂静的体，次在说生化的用，将体用截作两片？又说于寂静的体上，加以生化的用，于是体用合一云云。一"加"字更下得妙，孰谓《新论》是如此要旨乎？熊先生是自家理会得体用不二的道理，然后著此书，以纠正从来谈玄学者之根本迷谬。如卷上四一页《唯识章》下有云：许多哲学家谈本体，常常把本体和现象对立起来，即是一方面把现象看做实有的；一方面把本体看做是立于现象的背后而为现象的根原的。这种错误，似是由宗教的观念沿袭得来。因为宗教是承认有世界或一切物的，同时又承认有超越世界或一切物的上帝。哲学家谈本体者，很多未离宗教观念的圈套。虽有些哲学家知道本体不是超脱于现象之上的，然而他的见地终不能十分彻底，因之其立说又不免支离，总有将本体和现象说成二片之嫌云云。按《新论》有时从由体现用而说，即全体成为一切用，如大海水全现作众沤，非众沤与大海水为二也。有时就即用显体而说，即于一切用相而见为皆是真体呈现，譬如于众沤不作众沤相之想，而见为皆是大海水，岂有众沤与大海水为二之理？阳明云："见得到时，横说竖说皆是。"《新论》之谓也。又附录三三一页云：宗教与哲学虽分途，而哲学家中颇与宗教相通处者，即同具有超越感是也。自注：例如黑格尔氏之绝对精神与宗教家上帝，虽精粗异致，其为兴起超越感则同。由此超越感，不知不觉而将本体世界与万变的世界划鸿沟，于是体用不得融成一片云云。又中卷《功能章》评空宗一往破相，不免耽空；按不免有体无用。评有宗之种子与真如，不免有二重本体之嫌及体用截成二片等过。其文甚繁，不胜引述。又附录三二六页云：问曰："体用云何不一不异？"答曰："体无形相，其现为用，即宛尔有相，_{自注：宛尔，不实而似有之貌。下仿此。}乃至体无差别，其现为用，即宛尔差别，故不一。_{自注：譬如水非坚凝，其现为冰，即成坚凝，由此譬喻，可悟体用不一也。}体，即用之体故，_{自注：如假说水，即冰之体，以喻体成用，而非超脱于用之外。}用，即体之显故，_{自注：显者显现，如云冰，即水之显，以喻用非异体而别有自性。}故不异。由不异义故，即于相对见绝对。而从来哲学家每于形上形下不能融会者，其误可知矣。由不一义故，当即相以会性，_{自注：相者法相，犹云宇宙万象。性谓本体。}不可取相而迷其真也。_{自注：此中取者，执著义。真谓本体。取著乎相，则不可于相而识其真体。按譬如执著冰相为实，则不知冰无自体，其本体即水也。}《新论》全部可说只是发挥体用不一不异意思。"如上所引，《新论》要旨，元是体用不二，所以纠正从来哲学家之根本谬误。读者若将全书细玩一过，_{尤其《转变》《功能》《成物》诸章更吃紧。}何至发生误解，而以张冠李戴者厚诬《新论》哉？夫即体而言，用在体；即用而言，体在用。_{详《新论》一五三页《功能章》下。}反复相明，而皆见体用不二，文义明白至极。今评者乃谓首在说明寂静的本体，次在说明生化的妙用，是体用拆成二片。说体时，只说寂静，无生化用也；说用时，只说生化，与寂静本体了无干涉也。《新论》何曾有此荒谬绝伦之说哉？

尤奇者，于寂静的体上加以生化的用，于是体用合一云云。一块石头加上一株木，能合一否？一釜饭加上一粒鼠屎，能合一否？而以是谬解诬《新论》，奚其可哉？

体用本不可分，寂静与生化又岂是强合得来？《中庸》演《大易》生生之旨，而归之无声无臭，唯寂静，故生化也。《新论·功能章》上有云：善学者，如其有超脱的眼光，能将佛家重要的经典一一理会，而通其全，综其要，当然承认佛家观空虽妙，而不免耽空；归寂虽是，而不免滞寂。夫滞寂则不悟生生之盛，耽空则不识化化之妙。此佛家者流，所以谈体而遗用也。儒者便不如是。夫空者无碍义，无质碍，无方所，非谓空无。无碍故神。神者，言乎化之不测也。寂者，无滞义，滞者，昏浊沉坠而不得周遍，不得自在。无滞反此。无滞故仁。仁者，言乎生之不竭也。故善观空者，于空而知化，以其不耽空故；妙悟寂者，于寂而识仁，以其不滞寂故云云。详《新论》初版——七页。如上所述，字字皆从体认而出，读者非有体认之功而徒以浮杂知见去索解，何可相应？评者谓于寂静的体上加以生化妙用，是犹以种芽喻生化。投加太空，评者所谓静寂的体本无生化，而须由外加以生化，则所谓寂静的体只是空无，故可以太空喻之。可加入否乎？空界，不可栽植种芽，喻如评者所谓寂静空无的体，不能加上生化。评者于《新论》所谓空寂与生化意义全不理会，而擅以己意曲解，如何其可？

　　评者第一段，首叙《新论》要旨，恰恰相反，而只是评者以其意见裁诬《新论》。世间总不乏有识，果皆承认评者所述为《新论》要旨乎？夫学术不同，攻难斯起，此本平常事，然不求了解人家意旨而遽为驳议，此则不能不为评者惋惜。

　　　　评者云：更于生化的妙用上施设一个物理世界或外在世界，以为科学知识的安足处，于是西方的科学在东方的哲学中也有地位了。不过，物理世界或外在世界，熊先生始终认为是假的，不是实有的。因此，他替科学所设的一个安足处，自己又一笔勾销。其言云云。中略。我以为，科学世界实在不必予以遮拨，如要遮拨科学或科学的安足处，则熊先生的整个哲学体系都要重新加以考虑。

　　评者一口断定，《新论》将自己替科学所设的一个安足处又一笔勾销，此实不了义理分际，故有此误解。须知玄学谈理不容堕边见。边见，犹云偏见。《易》所谓"妙万物而为言者"是也。夫言匪一端，义各有当,执一必将贼道,不齐所以为齐。《功能章》下有云:如实谈用,_{称实而}谈,无谬误故,故云如实。此用是非空非不空的,已如前说。_{详《新论》初版一}_{五四页。}我们从非空的一方面来谈。大用流行虽本无实物而有迹象诈现,_{按迹象即所云用相。}依此_{迹象。}可以施设物理世界或外在世界,如此便有宇宙论可讲,亦可予科学知识以安足处。_{后略。}又从非不空的方面来看。大用流行虽复生灭宛然,_{自注:生灭不已之迹象,现似形物,故云宛}_{然。按生灭不已,而有迹象者,《新论》云:如燃香楮,迅转不已,则见火轮。此火轮本非}_{实有,而宛如实物。由此譬喻,可悟流行迅疾,便现物相也。}而实泊尔空寂。何以故? 如实谈生灭义,极于刹那,才生即灭。_{详《新论·转变章》。}夫才生即灭,是本无有生也,即无有生,即亦无灭。若尔,生灭性空,_{自注:没有生}_{起一件物事,是生无自性。无生便无灭,是灭无自性。故云生灭性空。此中"空"字是}_{空无义。}便应于生灭宛然,彻悟本来空寂。_{自注:此中"空"字非空无之空,乃}_{以无形碍等名空。寂者清净义。此中空寂,谓本体。意云由了生灭的法相,本空无故,}_{即于法相而彻悟其本来空寂的真如妙体也。以上详《新论》初版一五五页。}

如上所述,由大用流行非空故,即依用相假立外在世界,此是俗谛义。

由大用流行非不空故,即于一切用相而见其生灭性空,_{生时不曾暂}_{住,便无有生也,是生性空。无生亦无灭,是灭性空。}于是彻悟实体澄然。譬如众沤,顿起顿灭,愚夫不悟,见沤相为实有,即不悟大海水元自澄平。达者知众沤顿起顿灭,不曾暂住,即起而实无起,灭亦无所灭,如是众沤,起灭性空,即于众沤而彻悟其本为澄平之大海水也。_{生即无生,灭亦}_{无灭,生灭二相都空,即世界非世界,万有非万有,一切皆是真体呈现而已。孟子云:}_{"形色即天性。"义亦通此。此中理趣甚深微妙,若不静心深心去体会,必将妄疑而兴谤}_{也。}即用而识体,义亦犹是,此乃真谛义。

《新论》立言,有约真谛义者,有约俗谛义者。二谛名义,略见《唯识章》上。_{《新论》二五页。}熊先生原拟别为《量论》一书,与《新论》互相发明。在《量论》中当详谈二谛义。但《量论》，先生犹未起草，想其老年颠沛，精力与兴趣都成问题也。

真谛、俗谛两种观点不同，即义理分际不容不辨。评者引据《新论》遮拨宇宙万有诸文，在论主本约真谛而谈，论主犹云著者。而评者则唯执俗谛义以相攻，是犹老顽固者坚执桌子为实在，而对于科学家说桌子相空者，乃必欲痛殴之而后快也。其实依真谛义，说万有性空，此中性者体义。此"体"字非本体之体，犹俗云自身也。万有性空者，凡人皆计万有的自身是实在的，不知据真谛义则万有自身竟是空无，故云万有性空。前云生灭性空之性亦同此解。此等造句皆依佛书。佛家造词甚精细，如表示一事理或观念，即此一事理或观念必有其自身可言，故每着一"性"字。中文句法甚简，如生灭性空一语，在中文则曰生灭皆空无而已；万有性空一语，则曰万有皆空无而已。中文毕竟欠精。《新论》造句多仿佛书，读者不可不知。并不妨碍俗谛之承认有物理世界或外在世界。犹之科学家谈元子、电子，其于实用方面的桌子之存在决无妨害。或有难言：二谛各别，究不合理。答曰：《易》不云乎："一致而百虑。"当知百虑无碍于一致也。《新论》有云："然则一真常寂，不碍万变繁兴；自注：一者，绝待义。体恒空寂，曰常寂。按万变繁兴是用，此言由体现用也，即依用相而有俗谛。万变繁兴，元是一真常寂。"详《新论》一五六页。按"元是"二字，须玩。正以即用即体故，如言众沤，而每一沤实皆以大海水为体故。此言即用而识体，便依本体立真谛。详斯理趣，谈真谛，乃即真而俗；谈俗谛，乃即俗而真。百虑终归一致，大道毕竟亡诠，谈理至极，只是不可思议而已。其斯为玄同之通轨，众妙之极则欤。

评文第二段中共举五义，以攻难《新论》遮拨宇宙万有，正如从实用的观点坚执桌子为实在者，遂拼命反对科学家说桌子相空。此等错误，如前破讫，本不必再辨，但其五义中颇有迷谬处，不得不稍辨者。查第二义有云："变化与空无并非同义的形容之字。变化的并非就是空无的，正因现前的种种都是变化的，故我们认之为实有的。唯实有的始有变化可言，若空无则不可以言变化"等语。按《新论》本未以变化与空无为同义的形容之字。变化一词是表诠，即表示有一种作用现起；作用谓翕和阖。现起即是生义。阖只是《易》云健以动的一种作用，依此假说心。世俗以对境起分别者为心，其实，心的自身只是个健以勤。若说到分别，则已是从阖的迹象去着眼，而把他看做是能缘的东西，如镜能照物一般。此义颇深微，非真了《大易》乾元者，不堪语此。翕只是收凝的一种动势，本无实质，但收凝之势用极迅疾，便现似物质而已。因此，说物质只是动而翕的迹象，故依翕假说物。空无一词是遮诠，凡不许为实有者，即谓之空无。二词有遮表之分，谁谓其为同义的形容词耶？不知评者何故无的放矢。如自未娴于析词而以诬人，尤为不安。评者谓现前的种种都是变化的，故我们认之为实有的。此在俗谛，可作是说。若推入真谛，则唯能变是实有，能变谓本体。详在《新论·转变章》。而克就变化言，则变化本无自性，不得不说为空无。能变喻如大海水。变化喻如众沤起灭。众沤毕竟非离大海水而有自性者，故大海水是实有，而众沤无自性故，即不得许为实有。凡言空无者，略有二义：一、本无是事，即说空无。如空中华，如石女儿，皆无是事，应说空无。二、凡物无自性故，亦说空无，如众沤非离大海水而有自性可得，应说大海水是有，而众沤却是空无。此等义趣，稍治名理者当易领悟。昔严又陵伤吾国学人疏于名理，不谓今日犹然。更有误于政治宣传，其脑袋中贮满物质观念，尤难与之谈名理。《新论》说大用流行非空非不空者，俗谛故，非空；真谛故，非不空。可谓玄谈之极致，中道之权衡矣。空与不空两非之，故是中道。评者又云："唯实有的，始有变化可言，若空无则不可以言变化。"据此，评者应承认有能变的实体矣。《新论》有云："变不从空无起。"详《转变章》。评者似有会于斯。又查第三义中有云："今即承认万有常在变化之中，则必承认刹那刹那之相连不隔；刹那刹那之相连不隔，实即等于常住。"评者此等论证甚为奇怪。变化与常住二种意义，如何可视为同一？变化即不常住，常住即不变化，三尺童子当知之。且评者自命拥护科学，当于科学有得，电子之理论发展至何程度，评者应有所闻。电子之跳动是连续的抑是突跃的，此是一大问题。如果说为相连,则是以有定数之电子各各相连下去,诚有如评者所云常住之说。果尔,世界便是一副死的机械,谈甚变化? 余望评者还请教科学家再谈不妨。第四义留在后面再说。第五义有云:"生化的妙用,是中国儒家讲得最通畅的,是熊先生拿来加在印度空宗所谓寂静的本体上的"等语。评者此种曲解,已于难第一段中说过,本不须再费辞。熊先生平生主张,哲学宜去偏见而尚会通。孔子集大成。佛家大乘亦融会当时外道与小乘。此是不易之论。然其言会通也,则曰体真极而辨众义,真极谓本体。哲学之极诣,在求见本体。而本体则非可以知解向外去推寻,要在反己体认,故曰体真极也。此中有无穷义蕴,吾侪唯望熊先生能草《量论》,一发挥之。夫惟体认真切,而后可以辨百家之义为得为失。若自己根本无真得,而欲辨他人得失,则愚妄而已矣。故必体真极而后可辨众义也。《新论》没有半字无根据、无含蓄,何可以轻心抹煞过去? 辨众义而会真极。熊先生尝言:古今学者于真理各有所见,而皆不能得其全,故辨众家之义,别其得失,而会通于己之所深切体认者,则真极可见矣。根据强而统类明,是故谓之会通。又曰:"夫穷理之事,析异难矣,而会通尤难。析异在周以察物,小知可能也;会通,必其神智不滞于物,非小知可能也。私门户而薄会通,大道所由塞,学术所由废也。"《新论》一二七页《功能章》上。此等博大深微之论,何可轻心读过,而妄议《新论》立异,为以此加彼耶?《功能章》上有云:"夫至静而变、至寂而化者,唯其寂非枯寂,而健德与之俱也;静非枯静,而仁德与之俱也。"《新论》一〇七页。又曰:"不空则有碍,而何化之有? 不寂则成滞,而何生之有? 惟空寂始具生化,而生化仍自空寂。"《新论》一一七页。又云:"凡谈生化者,必须真正见到空寂,乃为深知生化。"此下文字甚长,不便引述。其评柏格森及唯物论与数论等失处,真是独辟之虑,不磨之论。惜乎学者各囿于所闻,各沦于有取,"取"字之义甚深。《新论》时用此字,颇有解释,今不暇引,大概可以说是有所执着的意思。于此等理境未易凑泊耳。参考《新论》一二〇至一二三页。《功能章》上又云:"如印度佛家见到性体空寂,便乃耽空滞寂至于逆遏生化,这个固不免智者之过。但是谈生化者,若非真正见到空寂的本体,剥尽染习,_{染习,宜细玩《功能章》下谈习气处。}则其于无生之生,生而不有,不化之化,化而不留,如斯其神者,终乃无缘窥见。亦将依据有生以来逐物之染习,以为推测,僻执戏论而已矣。"_{如叔本华所谓盲目追求的意志,只是从染习理会得来,而不见本体。}又曰:"见到空寂,必求免于耽空滞寂之弊,然后知空者不容已于生,但生而不有,仍不失其空之本然耳;寂者不容已于化,但化而不留。仍不失其寂之本然耳"_{云云。《新论》一二〇至一二三页《功能章》上。}凡《新论》谈空寂与生化处,均出自深切之体认,而后平章儒佛,以归一是,稍有哲学头脑者,当可识得大意。

评者第三段:"熊先生谓寂静的本体是实有而非空无,但从事实及理论两方面寻证,始终只能证明寂静的本体是空无而非实有"云云。评者"寂静的本体"一语,根本未了解《新论》。据《新论》意思,本体是空寂的,亦即是生化的,何曾谓本体只是寂耶?不了解而遽攻击,总不甚妥。评者此段共举六义以遮拨本体。第一义云:"现前所有的,只是森罗万有的宇宙,只是物理世界,只是外在世界,并不见有所谓纯一的寂静本体。物理世界或外在世界中所森罗的只是个别的、具体的、众多的东西,如桌子、几子乃至日星大地与夫元子电子等等是也。凡此等等,并不是纯一寂静的本体"等语。殊不知《新论》正以凡此等等不可说为本体,于是发明体用。惜评者不深究耳。又查第二以下诸义,皆评者自行设想,全与《新论》无关,余无费辞之必要。古今谈本体者,孰有以为,空无所有一极端到森罗万有的另一极端之间,可以由想像推出一个纯一寂静的本体者乎?评者此段中几番妙想,不知从何而起?

评者第四段共举四义,以驳《新论》体用同在,更可付之一叹。如果评者别主张一派思想来攻《新论》,此固思想界常有之事,不足为怪。但有一重要条件万不可忽者,即攻者对于被攻者之主张,必先了解明白,断不可以自己之谬解诬赖在被攻者身上,而凭空想出一二三四等条目,以兴攻难。此不独于攻者本身有欠缺,而以此成为学风,尤堪忧惧。"体用同在"一语,如何可施诸《新论》? 凡言同在者,必是二而非一,始可言同。如两人偕行,曰同行;笔与砚池、书册,本非一物,可说同在一桌;乃至两匹马同在一厩,此皆可说同在,以其是二而非一也。《新论》明明主张体用不二,以纠正从来哲学家截体用为二片之失,如何着得"同在"二字? 评者虽常举体者用之体等语句,似绝未索解,只从字面上浏览过去。若果经心索解,何至以"体用同在"一语加诸《新论》耶?《新论》谈体用,每举大海水与众沤为喻,此最有苦心,正恐人误想体或在用之背后,或超脱乎用之上,即体用成为二界,故取譬于大海水与众沤,<small>大海水喻体,众沤喻用。</small>庶由此譬,可以超悟体用不二。评者绝不深心理会,乃以体用说为两物同在,竟以自己之谬解作根据,又添出许多妄想,不知何为如此?

评者或见《新论》中有即体而言用在体、即用而言体在用云云,遂疑为体用同在欤? 果尔,则评者读《新论》未免太不留心。此二语只是更端言之,以显体用不二,且包涵无穷意义。

即体而言用在体者,盖因古今哲学家或有将本体说成在生化的妙用或万有之上,或说为在万有之背后为万有作根源,如此则体用截成二界。方其谈体时,便只说个空洞的体而不涵有用义在,此便大谬。为简易此等,故说即体而言用在体。即用而言体在用,此盖因一般人只承认生化的世界或万有为实在,如此,便似只知有用,而不知用由体现,正如小孩观海,只以起灭不息的众沤相为实在,而不知一切沤皆以大海水为其本体。"皆"字吃紧。<small>每一沤皆以大海水为体也。详《新论·明宗章》。此中本体系借作譬喻词。</small>如此,则谈用时,便只说个生化的世界,初不涵有体义在,<small>如小孩说沤时,却只说沤,初不含有大海水在。</small>为简易此等,故说即用而言体在用。《新论》恐人误解"在"字,曾下一注解,见一五三页《功能章》下。

又查此段四义,系以同在为根据而设难,但其所根据者,既是评者自己之误解,元与《新论》无关。即其依误解而演出之四义,自应置之不问,然余犹有不容已于言者。评者要高谈哲学,似于哲学犹乏素养。君子虚怀若谷,想不以为忤也。昔者梁任公先生最能谦冲纳善,其盛德为今人所不及,最可念也。夫哲学,果何学乎?扼要言之,不外对宇宙人生的意义别有一番认识而已,此不可不知者一。又本体论及宇宙论与认识论虽分别言之,而谈认识论时,自不能与本体及宇宙论无关,谈本体及宇宙论时亦离不得认识论,此不可不知者二。查四义中第一义有云:"熊先生于森罗万有的物理世界或外在世界始终予以遮拨,唯恐不到极端,其目的在要得到本体。我们于此,姑无论本体能否得到,但物理世界或外在世界既已遮拨尽净了,则体与用之同在终不可得"云云。评者此处,确有一大错误。须知,在《量论》中而谈真谛,_{熊先生所云《量论》相当于认识论}。即期于本体而得证会,则于俗谛方面,所认识于物理世界或外在世界的意义,不可不扫荡尽净。否则于桌子、几子只是一种器具的意义。乃至于元子、电子只是一种小颗粒或波粒的意义,则何能于桌子、几子乃至元子、电子而见其一一皆是真如妙体,如孟子所云形色天性、宗门云一叶一如来耶?说到此,真有无穷义蕴,非语言文字所能宣达,是在解人相喻于言外而已。评者或将兴难,谓果如此说,则哲学只随各人主观的意义,竟无客观真理可言。此难又非。须知,谈到本体,哪有主客可分?_{现象界方是有对的。}如为讲说的方便计,或不妨将认识假说为主观的,将本体假说为客观的。而所谓意义,要是主客交符,否则,由妄想而有之意义,与真理不符,则其学术之谬也。今就桌子举例。世俗从实用的观点来看桌子,便以为很实在的,这样认识桌子的意义却甚呆板。科学家有解析的方法,始发见一堆元子、电子,于是遮拨了桌子。而元子电子的意义便较桌子为灵活,至此便悟从实用观点而起之意义不符事实,无当于学术。然若就《新论》言之，则依俗谛来说桌子，于此尚不可作一堆元子电子想，而只是一种势用，这种势用的意义比元子电子的意义更绝不相同。元子电子说之进步至波粒说，其意义虽已灵活，然犹未免于滞迹。至说到势用，则微妙而难言矣。但此只依俗谛而谈，则并元子电子亦皆无实，而只有势用的意义。若推入真谛，则势用亦非实有，元是真体呈现而已。如众沤非实有，只是大海水呈现。故于此势用，不作势用想，而只见一一势用皆是真体直露，所谓"山色无非清净身"者可以表示此义。夫山岂有实哉？只是依一聚势用，而假立之名耳。清净身即本体之形容词，此言于一切势用而皆见为真体呈现，即势用已被遮拨，而一切生生化化的势用只见其皆是真体，这个真体的意义便无穷无尽，妙不可言。曰空者，言其无方无相也；曰寂者，言其无染无障也。无方无相，故化化不测也；无染无障，故生生不竭也。备万理，含万德，孰可测之乎？由此应知体用不二。迷者用外索体，智者则知即用即体。然由即用即体故，一存用相，则万有繁然。若欲趣真，趣真谓见体。则必扫除用相，而后冥应玄同。不知此意，难读《新论》。夫哲学要归证体，不独洗涤常识中种种意义，即于世智所有辨物析理之一切意义，世智如科学等知识。亦妙能留舍，依俗谛故，如桌子几子乃至元子电子等等意义，皆不扫除，是名为留。依真谛故，俗谛一切意义必伏除尽净，是名为舍。有舍而后可以证真；有留故可以智周万物。留而不舍，长溺于俗；舍而不留，有体无用。是故趣入隆高极深，而意义无穷无尽。则且不可以意义言之矣。

评者谓《新论》要得到本体，竟将物理世界或外在世界遮拨尽净，因深致不满，若起大恐怖者。其实何曾弄到天翻地覆，不过别有一种看法，别是一般意义而已。科学家发见元子电子即已遮拨了桌子，而于实用方面的桌子终无妨害。假若科学家同于一般人之见解，死死执定桌子为实在的，更不作别的看法，则何可于此处桌子。而发见其为一堆元子电子耶？真理是无尽藏，吾人之认识透过一层又一层，山穷水尽疑无路,柳暗花明又一村,何可持一孔之见而塞超悟之门、蔽大观之目乎?

评者有云:"本体如能在遮拨世界之后而得到,则所存者仅有体而无用。"此则完全不了《新论》所云即体而言用在体之根本义,故有如此滞碍之想。夫《新论》之遮拨世界,只是于世界而不执为如是世界相,乃更深透而得其真相。譬如于麻织之绳而不执为如是绳相,乃更深透而知其只是麻。《新论》遮拨之意只如此耳。不遮拨世界,即死死执定世界相,何可识本体? 夫言遮拨世界乃可识体,此是一义。体是否为无用之死体,则又是一义。二义不当混杂而谈。评者还有几番幻想,以难破体用同在,其实《新论》根本反对同在之见,已说如前,不知评者何故作雾自迷? 余已疏通大义,则一二琐碎纠纷,当不待辨而自明。

评者又云:"至于我们所讲的真正的体用同在之关系,其说明另是一番"云云。据评者举三义,其一曰:"体之为体,只能综摄万有而构成,不能遮拨万有而另行寻觅。万有不是掩蔽本体的,而是表现本体的。"

评者此段话,既不能自成其义,又谬解《新论》。评者如不承认有本体,则当守现象论之立场,而偏又谈体。既谈体,云何可说综摄万有而构成? 综摄万有云者,即以各部分相加而求其总和之谓。如果把桌子、几子、日星、大地乃至元子、电子一个一个的相加起来,可以得个总数,而决不可得全体。因为全体是浑一的,万有是个别的,众多的,如何可由众多的、个别的而构成浑一的全体之观念? 评者盖未之思也。全体为各部分相加之和,已为近代西洋学者所驳斥,评者何竟不知? 故是不能自成其义也。

遮拨万有者,乃于万有而不取万有之相,斯即于万有而见其只是真体呈露耳，何曾说遮拨万有而另行寻觅本体耶？《新论》每下一字，皆有分寸，_{朱子自言其《四书集注》字字皆经秤量。《新论》亦然。}独惜评者不能虚怀以究其旨。

评者又云："万有是表现本体的。"此种语气，又似承认有本体。因为万有是资始乎本体而有，故亦可说万有是表现本体的。譬如众沤是资始乎大海水而有，故亦可说众沤是表现大海水的。如此则评者已承认有本体，全符《新论》。

又第二义云：用之为用，是包括森罗万有的物理世界而言的，并非只是空洞抽象的生化之妙用，故体虽是抽象的，用则是具体的。

评者此段话，正是深中唯物论之毒。生化的妙用是由真体呈现。据《新论》意思，生化妙用非空非不空。何故非不空？摄用归体，用相便空，唯体真实。_{譬如摄众沤归大海水，众沤相空，唯大海水真实。}何故非空？克就用言，虽由体现为，_{譬如众沤由大海水现为。}而用相条然宛然，_{条然，分殊貌；宛然，现起貌。}有大威势，_{生生不已，化化不穷，威势大极。}何可云空？_{譬如众沤条然宛然，起灭奔驰，不可言空。}今评者乃谓生化只是空洞抽象的名词，而欲以具体的物事名用，此则完全是素朴的实在论，尚何哲学可谈乎？须知森罗万有皆生化的妙用之迹象耳。具体的物事，大者如星体，小者如桌子、几子乃至元子、电子，此皆依生化的妙用之迹象而为之名耳。岂真有实物哉？评者如不肯承认具体的物事是空无的，而必以《新论》为怪妄乎，则自科学家发明元子电子而具体的桌子几子乃至诸天体，何曾实在耶？自电子说进步至波粒说，而具体的电子又何曾实在耶？评者必欲死死执定具体的物事为实在，而科学上之发见适得其反。辨物析理至最深处，只是《新论》所云生化的妙用而已矣。所谓森罗万有，或一一具体的物事，则皆依生化的妙用之迹象而假为之名。宇宙实际何曾是一一真体的死东西填塞堆集？如是其无意义耶？程子说"鸢飞鱼跃，活泼泼地"，最有深旨。评者奈何不理会？而乃以生化为空洞抽象的名词哉，必欲执具体的东西为用，则世俗功利之见，其不足与言哲学宜矣。

又第三义云：抽象的体是全体，具体的用是部分。下略。

评者此段话，可谓莫名其妙。前段以空洞抽象相连成词，而此又云抽象的体是全体，下句紧接以具体的用是部分。然则于部分的具体的用之外，别有一个空洞抽象的体而说为全体。殊不知空洞抽象的只是空洞而已，从何立体之名？评者似亦知无体论是说不通。如第二段中第四义有云："生化云云，如果不是空洞抽象的，则必有实物为表现之具。"后结云："如果为空无，则无法显出生化的妙用。"余以为，本体至真至实，所以现为生化，譬如大海水至真至实，所以现为众沤。如果无体，说甚生化？评者或责余曲解大文，将曰：吾所云须有表现之具者谓生化，须造成一实物，方可表现生化之妙用耳。其实生化的妙用，析言之，则有两方面，而翕之方面则是表现之具也。妙用元具翕闢二势，即已有具，若无具，如何名用？评者以拟人的观念而测生化的妙用，拟人者，如人必仗器具而后表现其动作。评者意谓生化之行必有实物为表现之具，如人手持笔者然。毋乃迷执太甚。其实评者应理会生化的妙用如何而起，穷究及此，则必知用自有体，决非空无。譬如穷究众沤由何故起？当知众沤以大海水为体。此"体"字系譬喻词，非谓大海水为万有之本体也。他处用此类之词者皆准知。评者已言，如果为空无，则无法显出生化的妙用。是明知无体论之不可持，而又妄攻《新论》何哉？评者之病，只是眼光拘死于实用的世界而不务向上参究，故难与言真理。察评者之意，似是主张时下流行之辩证的唯物论。其实辩证的即不可曰唯物。物而可唯，便不是辩证。今人实误讲马学。言生即有死，言动即有静，此是辩证的；言物即有心，言用即有体，此是辩证的；言非空非不空，此亦是辩证的。谈辩证法者，以吾国大《易》一书为最早，始于羲皇，盛衍于孔老，至熊先生《新论》又益张之。评者不务深究而妄以时下之肤谈相攻击，果何所谓哉？

或难：既不可言唯物，如何又可言唯识？应知熊先生于《新论》中明明有言，唯者，殊特义，非唯独义云云。《新论》摄用归体，则体是绝对，物与识之名两丧，若即用而言，则物与识为妙用之二方面，但识为主，故说唯识耳。

评者第五段排斥《新论·明心章》反本之论。其言有曰："如言反本，则必遮拨科学，使我们的行为赶快退到纯一寂静的空无，这一点是我们所要从新考虑的。"《新论》明明主张即用显体，何曾说有空无的本体？不知评者是如何读法，真奇怪至极。《明心章》谈即工夫即本体，至深远，至切实，想评者全不理会也，此可惜也。西哲康德《纯粹理性批判》等书大概言知识只能得现象，不能得本体，谓本体必由实践而后可得，此甚有见地。由康德氏之主张亦可趣入反本之路。反本，只是实践工夫不懈，即本体不为私欲所锢蔽。而生活之源泉乃日益盛大流行而无匮乏。不能反本者，则外驰逐物，即叔本华所云盲目追求。困于私欲而丧其本体。本体为私欲所蔽，不得发现，故云丧。此等人乃陷于生活空虚之惨剧。评者竟妄驳反本，于生活上毫无体察，以此自害纵不惜，其如害人何？

评者于"逐物"一词之含义，亦全不解，尤可骇怪。"物"字不必限于可触可摸之物也，如名利，如权势等等，乃至一切吾人有便利者，不论有形无形，凡为吾心之所欲者，无不谓之物。夫物固非可绝也，欲亦非可遏也。顺理之欲，体物而不滞于物，用物而不溺于物，应物而不蔽于物，格物而不迷于物，"格"字，量度义。见熊先生《读经示要》。斯乃为反本之学者能之。不知反本，则逐物矣。"逐"字含劣义最重。追求义是逐义，而"追求"一词亦可略分二义：一含极劣义者，如私欲狂发，追求无餍者是。二不必含劣义者，如思考时之追求是也。然伊川议横渠之学为强探力索，非明睿所照，此义甚高甚深。据此则思考时之追求亦不得曰全无劣义。但学者未至明睿境地，则强探力索的追求工夫仍不可无，故曰不必含劣义矣。"不必"二字，甚有分寸，固非绝无劣义。《新论》所云逐物，自是就私欲言者为重，而亦未尝不摄思考。盖《新论》乃据本体论之立场而言。本体不可向外追求，须反己实践而后得之。逐物者自不能契此。玄学毕竟不可与科学同其方法，此意熊先生欲于《量论》详谈。恐文繁广，姑止于此。

十力语要卷三

答某生

二十九日长函，今午收到。午后倦时，略作此复。约提数点：一、谓旧答足下书，陈义太高，无入手处。此却未解，是书所言，正是切实入手工夫，而云无之，何耶？_{纯在日用常行处说，何等真切！而云无入手处耶？}工夫为何？即敬是已。细玩《论语》，何处不是说敬？敬是工夫，即是克治昏扰之方法，程朱以此自修，以此教人，犹孔门的髓也。动时静时毋不敬，犹有堕于非几者耶？吾尝遇人以理不胜欲，及种种纷扰，不得作主与自在等苦，以为学之未得其方，吾子似亦同此慨。其实此学谓之无方固不得，若谓有方，得免上述诸苦，则惑之甚也。_{注意。}人之生也，形气限之，此等困难，以无量心行，无量笔舌，思之议之，不能尽也。谈何容易，得何巧方，可超脱形气之累，不劳而为圣贤耶？汝将人生看得如是简单耶？非吃苦，无从离苦；非十死，不得一生。君子以自强不息，配天之健，如何其难！佛家地前乃至登地以上迄于成佛，犹不放逸，如何其难！一言蔽之，道在力行而已。除却敬,更有何妙方?

二、凡人以圣贤自命,其有不为禽兽者乎?凡人不志于圣贤,其有得免于禽兽者乎?人不得无短,直言之,不得无罪也,岂直短而已耶?自省深则自知之,而忍责人乎?虽然,罪恶发于脾气者可谅也;色取仁而阴行险者,斯不可恕也乎!凡险,皆缘一念自私而起,不自私安用险为?自私与否,须自反勘。

三、内外毕竟不可分。世儒以"德性之知"反己自识,为用力于内;"闻见之知"驰求事物,为用力于外,故谓学分内外。其实,成己成物之学,本无内心外物可分也。"德性之知"为主,即"闻见之知"皆德性之用也。后得智,亦名为智,根本智之等流故也。悟此何内外可分?

四、清人中纵不力攻宋儒者,其言及义理之学则亦只谓于身心修养有补而已。果尔,则所谓宋学只是训条或格言而已,其足谓之学耶?须知,宋学上承孔孟,于天人之故,造化之原,万事万物之理则,皆文理密察而会归有极。浅者无所窥,乃以格言视之耳。夫斯学必归本身心修养,吾何间然?若只视为有关修养之格言,则对牛鼓簧,昔人叹之久矣。时贤言孔老者,至以处世列为一目。谓哲学无关于处世固不可,然谓其只是处世的哲学,则孔老又何足道耶?清末以来,国人恒自卑,视固有学术都不成为学术,甚至以为历世诸子书中所表见者,只有简单的感想而已,不足成为学术。掌教上庠者皆如是眼光,欲青年不如是,何可得耶?

又宋儒拘碍,诚亦有之,他日有暇,容当别论。其长处久为无识所攻诋,吾不忍没之也。

吾老矣,唯觉人生不自欺诚难。居常恒反照自家隐微中作祟处,明察自家各方面的短处,丝毫不自欺瞒,时时如此用功,虽未得遽免于罪过而未至不可救药也夫。吾老来只堪说及此,望贤者勿忽也。

答牟宗三

中土华严、天台、禅三宗皆自创,各有短处,各有比印度人好处。而禅为最亲切,最微妙,然扫语言文字又滋流弊。又其人生观毕竟未完全变过来。周程张诸老先生初皆学禅,终复矫异之,而回到孔孟。孔门颜子真是禅家最上境地。孟子亦有类禅处,但所造不及颜子。宋明诸师不宗颜而宗孟,未能取法乎上也。吾子欲申明康德之意,以引归此路,甚可着力。但康德所谓神与灵魂、自由意志三观念太支离,彼若取消神与灵魂而善谈自由意志,岂不妙哉!叔本华之意志,无明也,吾所谓习气也。康德之自由意志,若善发挥,可以融会吾《大易》生生不息真机,此就宇宙论上言。可以讲成内在的主宰,此可名以本心。通天人而一之,岂不妙哉!

与陶生

凡初学有进境时,如迷者得路,有大步前往之乐;又如幽室久蛰之人,一旦出游,睹海阔天空,妙不可言;又如少年初膺家务,历事渐深,自信足以担当。此皆进境之征也,汝试反之何如耶?

与薛伟猷

来函所谈罗素主张。彼昔来吾华讲演,吾曾阅其讲词。先儒病支离破碎，彼正欲作此功夫。吾于先儒意见不完全赞同。盖现象界之繁赜幽隐，非有一番支离破碎之功，即无以解析众理也。然先儒此说亦自有其不可非处，万化之大原，人生之本性，汝谓不当穷耶？若欲穷此，其可以支离破碎功夫得之耶？苟真有得于此，而欲方便显示此理，以期人之共喻，则仍成为一套理论。此等理论即成一种学术，此等学术即欲以方便显示大总相法门者也。大总相法门即本体之代语。参看佛典。子以为是强为笼罩一切者乎？不知者或以为如是；其知者则曰易简，而天下之理得矣，曰通其一万事毕矣，曰原来佛法无多子矣。虽然，子勿又生误会。"天下殊途而同归，一致而百虑"，斯言也，其至矣乎！使未历殊途，而何自言同归耶？未经百虑，而恶可言一致耶？但滞于殊途而终不得所归之同，逞其百虑而终不见夫致之一，仍是"小知闲闲"也，奚取焉？

答郦衡叔

十五日来函，才到，即复。春来精力弛缓，欲写《新论》下卷总不得，此衰象也。答函，恕不及详。情欲亦原于性。《记》曰："感物而动，性之欲也。"《孟子·口之于味章》，其于嗜欲等则曰"性也。有命焉，君子不谓性也"。此比《礼记》尤说得透密。吾解在《语要》卷二中，不妨细究。男女之欲，非不本于生化之机，"本于"二字吃紧。径在此上说是真机则不可。上述孟子之意可见。若绝此欲，则生化真机亦熄矣。佛家出世而断人伦，终非道也。夫情欲率性而行者，欲亦即性，性其可断乎？率性者何？顺理之谓也。夫妇有别，礼也；礼即理也，亦即性也。"逾东家墙而搂其处子"，则非礼也，即违理拂性也。夫妇居室，燕私之情，不形于动静，此礼也，顺理率性也。卫庄姜遇昏淫之夫，则非礼也，违理拂性者也。以此思之，则欲非可患，患在人自纵欲耳。夫妇之交，不可视为垢秽，只在日用平常之地，不乱不溺；夫妇有别，不乱也。《关雎》之意以此。夫妇之爱，在精神上互相助，古谓妇曰内助是也，非可堕于肉欲也，故谓不溺。或乱或溺，甚至亡生徇欲，则不比于人类矣。夫妇之交有节，则生理之常也，何垢秽之有？

《大易》感应之义，甚不简单，看就何处说耳。天道之运，治化之行，人心之相通，物类之相吸引，无一不可说为感应。吾子云《新论》不言。须知《新论》自有领域，非泛谈一切也。然《转变章》谈翕阖施受义，施非感耶？受非应耶？如何云不谈耶？

又吾书反对印度佛家，亦从其根本旨趣上立论，不可枝枝节节为彼各宗派作论文也，此点须认清。佛家自小迄大，只分空有两轮，吾《通释》中已言之矣。小空不及大空，小有不及大有，故吾只扼住大乘而谈也。虽中土自创之宗，如台、禅等，其渊源所自，能外于大有大空乎？凡著书者，如评判其所从出或所欲改造之学派，则必综览该学派之全体而后抉其本根，撮其要最，加以衡断，始抒己见。至其支流可勿具论。吾书乃自成一家言，自有体系，非为佛家作概论或历史也，焉得一一取而论定之乎？贤首一宗之学，《语要》卷二有一书《答汤锡予》者，甚扼要。其他都不暇论。

与蒙文通

承寄《图刊》。《谈周官》一文，大体甚好，然立言似有仍须审虑者。如云：周之井田，事至卑陋不足观。又有农民不得自由离其土地，故为农奴云云。大抵原始社会曾有此等共产制度，然由周初以上溯殷夏，井田是否为普遍可行之制？吾总觉以缺疑为好。当时之井田制，自难尽善，然直以卑陋视之，似未见其可。制未尽善，时代所限。若夫井田之美意，推而广之，是研古制者之责也，必以卑陋不足观一语了之，似亦未安。吾以为古之制度与习俗，其确属无理者，不容追慕。若夫创制之意果在学理上有其可以引申触类之价值，则恶可以卑陋断之，与当世后生同一尘视经典之心理乎？成俗之有不可叛者，亦然。

古者农民不得离其地，此在当时环境或有出于此等政令之必要。然农奴与否，吾意不必与此等法令有连带关系。古者君公大夫，有国有家，其在治化未进以前，视其所有土地内之农民，当然为奴隶无疑。及治化日进，犹得奴畜之乎？恐未可也。"先民有言，询于刍荛"，其不轻牧竖也如是。征之《诗经》，农民反抗乱政之诗已甚多，谓其长处奴隶之地位，吾未能信也。

又谓周公之处殷人，事至惨刻，不足取，昔人以此为致太平之书诚为诬云云。夫武之覆纣也。封其子武庚而使三叔监之，其初未始欲徙之也。及管蔡以武庚叛，殷顽蠢动，则不得不用移徙政策以散其势。想当时所徙殷民亦只限于今之所谓反动份子者，非必举殷国之民而全徙之也。纣虽暴，然殷之先王、贤圣六七作，恋旧者当有其人。又周与殷非纯为君臣关系，刘止唐先生曾言之。及周灭殷，而殷人犹有国家思想，将图恢复。孔子称文王至德，武未尽善，可知决定灭殷者武也。武既已灭殷，有天下，周公不得不因其成功而固其基，其徙殷民亦有以也。兄直以惨刻罪之，似无佐证。设止于一徙而未有其他种种苛待之法，固不得罪以惨刻。孔子本殷后，《论语》则曰："久矣夫吾不复梦见周公。"其精神之相感也如是。使周公而如今之帝国主义者，或如希忒拉及倭奴，则孔子于周公何慕焉？观孔子思想，固非崇拜帝国主义之人，兄随便诬前哲，未免时下习气过重。是非之心，人皆有之，凡所当非，不容不非，前哲行事，有未可遽以迹求之者，何得不深思而妄断之乎？

古代学校之教,欲其普遍于全民自不可能,然大学教育或唯贵族子弟得享。若谓农民完全无教,恐亦不然。《诗序》云:卫文公臣子多好善,贤者乐告以善道也。其诗曰:"孑孑干旟,在浚之郊。"《毛传》:"浚,卫邑。"古者臣有大功,世其官邑,郊外曰野。据此,则卿大夫建旟,而见浚郊之贤者,此贤者必为其邑中有学问之人民,非在朝之官也。以《郑笺》《孔疏》考之,意亦如此。然则谓民间无学可乎? 当时农民子弟欲与贵族子弟同入成均似不可能,然农民有学当无疑。但其受学之情形如何? 今不可考矣。《论语》记子适卫,叹其既庶,而以富教为言,岂曰民庶无教耶? 孔门三千七十之徒,有自今江浙而至者,其为贵族子弟者几何? 则知周世平民早有向学之风矣。兄若徇时俗,必欲以未开化视周代社会,宜其取单辞下断案矣。总之,吾侪于《周礼》,当研究其教育旨趣所在,其与现代功利思想或法治思想、国家思想等等教育旨趣,有其相通之点否? 此真可注意者也。至于学制之可普遍与否,自当以古代还古代。吾侪生今日,既不得复采其制,亦无所短长于其间也,唯当时学校教育旨趣乃大可研讨者也。今人治古经,研古学,好毛举细故,又无往而不欲以未开化视之。国之将倾,人争自侮。吾怀苦意,无可如何,贤如吾兄,诚不当在时彦中,故拉杂写此,未能尽意。

答梅居士

日昨寄上《新论》中卷勘误表补,不知可达否? 阿赖耶识,以旧师立说体系言之,明是拆得零零碎碎,又再拼合,如何足取? 若略其说法,而领其大义,则赖耶生义,乃即船山所云习气所成,即为造化者是也。吾岂不懂阿赖耶识乎? 子未之思耳。子以赖耶为生义,不知赖耶之生是染着相，非清净本然之生理也。《新论》中卷辨功能习气处，望留意。吾非根本取消赖耶，盖以谓只是习气之集团耳。儒佛之辨，详在中卷。中卷包含极大，寄托极远，艮庸、颂天颇见此意。吾子此信，不卜是否看完中卷而后写耶？如看完而犹写此信，即与吾远隔在。世其滔滔，天其梦梦，旧京朝夕之欢，可再得否？来者悠悠，知复如何？然重阴闭塞，太阳总遍照天壤间。念此，无往而不怡然。

又依真起妄，即妄亦真，是义深微，要须真妄察识分明，而后可说"贪嗔痴即是佛性，烦恼即是菩提，无常即常"，<small>要须至此为句</small>。否则此义不可轻谈也。

谈阿赖耶识，须详玩佛家经论，析其条理，得其统系，然后可衡其持说之是非。纵云略其名相而识其大意，却须见真方能辨妄。吾子以赖耶为生义，不知赖耶生相，正是惑染相。诸佛菩萨誓愿必断者，赖耶也。而吾子执之以为精义何耶？

来函举《孟子》"理义之悦我心，犹刍豢之悦我口"二语，谓悦礼义之心是无生，悦刍豢之心是生。吾子自谓悟道，不知何为有此言也？悦礼义之心，谓之生而无生可也，何以故？礼义之心即生生不息之真也，人而失此心，即丧其生理，而为死物，所谓行尸走肉是也。然又谓之无生者，于诸物欲，无所染着，念念生动，而念念无染，故曰生而无生也。若夫刍豢之心，则是于生活中尝起染着者也，此处不辨，而谈心，岂诸佛所许耶？老来精力短，甚怕写信，如犹不谓然，可勿报。幸相念，愿简单互讯兴居，毋涉理道，起纷诤也。

又《新论》谈心境浑融，正显大用流行之相，无有条然二物可容剖别也。而子同之阿赖耶识，不审何义？赖耶是诸妄根本，妄心逐境，分明对待，如何浑融？

又《新论》中谈体用，辄以麻与绳或水与冰喻，此正对治用外觅体之病。至理，言说不及，强以喻显。因明有言，凡喻只取少分相似，不可求其与所喻之理全肖。吾书中亦屡加注明。吾子不察，乃谓吾以因果言体用，亦怪事也。

与某杂志社

大刊十三期学术通讯栏内载有翁君之论，颇触素怀。魏晋以后，中国学术思想几被印度佛家排斥殆尽。有宋诸儒起而恢复儒家思想，于是中国人始认识自己。自典午之祸，北中国全沦于胡虏，唐太宗起而振之。未几，而天宝之乱浸淫成藩镇之局。藩帅又多胡人。自是迄五代与夫辽金夏之割据，中国之危亡也久矣。宋儒于衰绝之余，提倡孔孟，躬行力践，拔人于鸟兽之中，试阅《南北史》及《五代史》，当时吾民族悉染胡风，人皆怀禽心也。欲别为文论之，而无暇也。使民族精神团聚，外有强夷，内无叛变，间有小寇贼，然一起即灭，无能为大患者，以群众所不与故。其功不可谓不大。论者辄咎宋儒无救于国之弱，不知自典午以迄于五季，中国无生人之气也久矣。若夫元人崛起，如大飓风，扫荡欧亚，无敢当者。此殆有气运，难为解释。而谓诸儒不能挽救中夏之危弱，何责之苛乎？然宋儒亦有二失：一曰只定孔孟为一尊，而排斥诸子过甚，则思想不宏放，即力量终欠活跃也。二曰宋儒只言复仇。复仇者，复赵氏之仇耳，何足鼓舞群情？若能如郑所南、王船山、吕晚村、顾亭林诸先生，盛倡民族思想，则两宋局面或当不致如彼也。儒家祖述尧舜，宪章文武，其道之大，则"范围天地之化而不过，曲成万物而不遗"，所谓"致广大而尽精微，极高明而道中庸"。又诸子百家所自出，本为中华民族的中心思想，今诚宜发皇光大，但不可如宋儒之拘碍。道、墨、名、法，兼容并包，去短采长，即外化亦所不拒，吸取其优。思想不限于一途，而未尝无中心，譬如五官百体，各各发展无碍，而脑为中枢，若仅护头目而不顾四体，未有能生存者。吾嘉宋儒之功而病其碍，永怀当今，远资殷鉴。翁君所举墨法二家优点，吾均赞同。然墨子逻辑谨严，则《大易》正名定辞之学也；其精制造，则《大易》制器尚象之遗也；兼爱兼利，即《易》所谓"利者义之和"也；兼利之旨，又即《大学》以理财归之平天下与夫絜矩之道也。人类欲免于自毁，舍此道无由。墨子言大同，《春秋》太平义也；其抗御侵略，则春秋无善战，及书梁亡之旨也；书梁之自亡，罪其不能自存也。其"摩顶放踵，以利天下"，与杀身成仁不异也。墨之通于儒者岂一端哉？此略言之耳。

孟子曰："徒善不足以为政。"则已兼采法家思想。然又曰："徒法不能以自行。"则儒家主张毕竟有不可颠扑者。商君以法治，致秦于富强，唯其立法之初，躬自行之，是以其法有效。武侯尚法治也，而本之开诚心，布公道，故能以法治而开蜀汉之基。以儒术融法家而为治者，吾于武侯无间然矣。

答谢幼伟

两函均到。前一函云：治新学者多迷信西说，以辞理之分析为能事，其结果分析虽精，而了无生气。此非卓识不能道也。然老迁所感，时人于辞理分析工夫恐不无稍欠耳。学问之事，畛域分明，而后得以专精。以逻辑还逻辑，而勿轻迻逻辑上之概念，以结构哲学或较妥当耶？逻辑无论有若何派别，要之不外为慎思明辨之术而已，是固哲学之所必资。然哲学家之所自得，毕竟由脱然超悟，神妙万物，初不由思辨之术。但如仅止于神悟，则恐务本而遗末，弊不胜言。中哲之失在此。故透悟矣而犹必精研事物，穷散著以观会通，始证实其所超悟者，夫而后为本末赅备之学，方其精研事物，则慎思明辨之术不可以不精也。

惟其有超悟立于先,则思辨不至流于纷碎与浮乱。辨之明,思之慎,则超悟益引发而无穷,至此则事事物物皆真也,一切知识皆智也,哲学所以为活泼有用者在此。

承示生不容住,则生与灭等,将不可言生,今已言生,则生当有住,如电光之一闪一闪,就此一闪言,必有前后可分,必有住之可言,否则此一闪即不能实现也云云。此一问题极紧要,看就何处说耳。《新论·转变章》是就本体流行上立言,明其生而不有则不容住者,乃实际理地也;使其有住,则是依本体而产生别一物事,仍与体对立矣。电之一闪,才闪便灭,何曾留住得刹那顷耶? 其一闪一闪自是电之实现。然就彼一闪一闪的本身言,根本无有物事留住,虽灼然妙有,而确尔空无,既亦有亦空,则时间观念于此本无安顿处。其以一闪一闪分前后者,乃吾人结习所为也。生灭之理,惟闪电一喻最切。吾子似疑才生便有住,实则造化微妙,生而无生,无生而生,竟是生不容住,此未可以日常缘物之习心去推测也。然虽说生不容住,并无碍于吾人所见有住之万物。自俗谛言,不妨依生灭灭生相续流故假说有物,才说有物,即是物得住也。此意在上中两卷亦时说及,下卷《成物章》更加推阐。谈理到究极时,总不可说向一偏去,分明是矛盾,而又分明是同于大通;分明是可说,而又分明是不可说。住与不住,两可言而两不可言,默识焉可也。

吾书中所说生生化化意思,是就本体流行上说。易言之,即超脱物的观念而言。如以生物发展的观念而推衡吾所谓生化之义,自不能相应,望更详之。

十月十三日来函收到,即复。承示数点:第一,谓吾平生非孤恃性智而无事于理智者,此则诚然。第二,谓玄学纯恃性智,此"纯恃"二字危险极大云云。吾子用意甚善,但吾前信,仓卒间少说一段话,故贤者有此虑耳。吾前信云:见体以后,必依性智而起量智,即昔儒所谓不废格物穷理之功是也。此但为耽虚溺寂者防其流弊。如阳明后学盛谈本体，而于综事辨物之知则忽焉而不求，此可戒也。夫量智者，缘物而起也。一切物皆本体之流行也。于流行或万象而推度其本，本谓体。终止于推度之域，非本体呈露也。夫见体云者，即本体呈露时自明自见而已，非以此见彼也。量智推度时，则以本体为所度之境，如度外在的物事然。故量智起时，本体不得呈露，而何有见体可言？前信云纯恃性智者，意正在此。此中义蕴渊微至极，孔子所云默识，从来注家均是肤解，虽朱子亦未得臻斯旨也。寂默者，本体也。识者，即此本体之昭然自识也。若于佛经有深彻了解，又必自己有一番静功，方可于此理有悟。不然，谈见体总不能无误会也。西哲毕竟不离知解窠臼，吾故不许其见体也。难言哉，斯义也。但见体虽纯恃性智，而量智并非可屏而不用。万物既皆本体之流行，则即物穷理之功，又恶可已哉？所患者，逐物而亡其本耳。有智者，悟量智之效用有限，而反诸性智，以立大本，则智周万物而不为逐物。一皆性真流行，岂谓量智可屏弃哉？学问须本末兼赅，求本而遗末，不免蹈空之病，非吾所谓学也。自《量论》言之，"量论"一词，见《新论》上卷《绪言》中。见体之见，佛家谓之真现量，言真者，简别五识等现量。亦云证量。若于经验界或现象界求其理则，依据实测而为种种推度，证验毕具而后许为极成，佛家说之为比量。证量属性智，比量属量智，二者不可偏废。此中千言万语说不尽，冀有机缘，得与吾子面论。第三点，西哲见体与否？不妨且置。此等问题非凭知见可以判决，须放下知见，别有一番工夫，才可辨其得失。

答毛君

《中庸》曰："天命之谓性。""之谓"二字可玩。非天命之外别有性也,亦非性与天命可判层级也。无声无臭曰天,流行曰命。《诗》云:"维天之命,於穆不已。"不已即流行义。流行者,即无声无臭之真体显成大用也。譬如大海水,举体成众沤,非众沤外别有大海水在。非可如佛氏真如不生灭,种现自为生灭,其生灭流行与不生灭不流行之真如体截成二片也。非可至此为句。大用流行,人禀之为性,故性即命也,即天也。孟子言尽心则知性、知天,此了义语也。天命在人则名性,以其主乎吾身则曰心。此本心也,非心理学所谓心。心理学之心固非离本心而别有源,但不可以此为即是本心。此义非反省功深者不能自知也。故心、性、天、命,名异而其实则一。是以尽心则知性知天也。如张人、李人,本非一人,而言知张人即知李人,则三尺之童必笑訾其迷妄矣。曰知孔丘即知孔仲尼,人无非者;曰知张人即知李人,人无许者。明乎此,则尽心即知性知天而三名之为一实审矣。儒者证见真体,乌可与无着世亲种子之戏论并为一事乎?《新论》文语各本破种子义甚详,先生必轻鄙之,以为不足注意耶? 诸菩萨究是人而不是神也。真理当虚怀体之,何必印人方是耶? 宜黄先生《唯识抉择谈》以种子即吾儒所谓性,余窃未安。

答周通旦

来函云:当道顷开礼乐馆。异哉! 礼乐岂今日所可言? 不独凡民死丧之未遑言此也,在位者非一言一动准乎礼,正其心以不失于和,而敢言礼乐耶? 夫唯君子秉礼以自治,而后可顺亿兆之情以制礼;非可以己意制礼而期人守之也。自去其私而得其和,乃与万物共嬉游于太和之宇,故可以作乐。汉高帝之不足以言此也,鲁两生羞与之言而自匿,非真得于先王之道者,有如是深识与定力哉?

答陈亚三

《论语》云"三人行，必有我师焉"，须与"见贤思齐，见不贤而内自省"参看。夫如是，则无往非吾师也。若谓遇得三个人，其中必有我师者，是焉得为通论乎？佛说"天上地下唯我独尊"，是全宇宙无一人可为吾师者，岂謷言乎？盖求师于外，则得师难矣；注意。求师于内，则万物皆吾师也，万善皆吾师也，万恶皆吾师也，万丑皆吾师也。惟我独尊者，不自暴弃之谓也，此自得师之基也，岂妄自尊大之谓乎？佛教徒解此者鲜矣。

答张君劢

闻主张书院制较学校为优。弟则谓两者不容偏废。凡自然科学之研究，需有宏大之规制与设备，自非有大学及研究院不可。若文哲、历史、政治、社会诸学科，则尽可于大学文法诸学院之外，得由践履笃实、学术深醇之儒别立书院，以补大学教育之不及。盖今之大学，教授与生徒之关系太疏膜，此为根本病。向在《复性讲词》中曾略言之。又今各大学研究所及中央研究院皆尚考据之风。向者宰平云：今之业考据者，比乾嘉诸老尤狭隘。如江慎修先生虽精考据，而必以义理为宗，今则无此风也。昨有徐生过此，与谈及斯，亦深不以时俗为然。弟尝谓清儒自标榜其业为汉学，实乃大谬。汉学非清儒所可貌袭也。西汉经师，其长略说有四：一、于义理虽无所发挥，而保存古义确属不少。二、诸经儒之于古义也，非但为供训说而已，而确见之身体力行，皆有敦庞朴重之风。三、通经致用为诸师一贯精神,朝廷政令及疑狱,多以经义折衷。故公卿、循吏,无不深于经术者。四、经师有实行经说中天下为公之旨,于君权极盛时代,悍然据经义上书皇帝,请其退位。如眭孟、盖宽饶等当昭宣之世,朝无莽操,野乏伏戎,其人又本无私党,而执经义,以求贤禅位责天子,至杀身而不悔。以上四端,皆可证汉师非如清儒只事考据而已,其精神特别注重在服膺经义而实践之,内以立己,外以治世,无不由乎经义,此岂清儒所得有者乎?而以汉学自鸣可乎?今之为考据者,又且不若清儒。民族衰敝,振起之道当由学术。吾欲于大学教育外,别设书院者,以此也。又今大学法学院,在学生只有终南捷径之心,冀得文凭为仕进地;在教者亦只授以求仕进之资具而已。至于克己奉公与仁民爱物,及牺牲身命以利国家之精神,凡古代贤将相及循吏之所终身持循,贤师儒之所终身切磋而不敢背所闻者,当其少年就学师传时,所读之书与所闻诸师,其熏染已甚久且深故也。今法学院有是乎?吾意大学法科卒业生若能入书院自修数年,随侍道德崇高之师,于国学加以精究,则其献身社会必有可观。总之,书院之优点甚多,今不暇深论。唯有难者,一则苟非其人,道不虚行;二则有其人矣,今之生活情形不同往昔,虽朱子阳明复生,不能以私人聚徒讲学也,必政府知所提倡,社会有识者能尽力扶持,相与成立一有经济基础之学团,而后教者、学者得尽心力于其间。此事在今日盖难言之,不卜战事结束后有可图否?

  附记:抗倭战事期间,曾有试办书院者。其初颇为社会所属望,后以其少成绩也,遂甚漠视之。近时至不喜谈书院二字。吾谓书院之名,今或不必沿用,然其意义,则不外民间自由讲学而已。今之私立学术机关如黄海化学工业研究社之类,亦与古者书院意义相近,未尝无成绩也。是在主其事者坚苦不拔,而又必社会各方面有以扶助之耳。复性书院近注重刻书,此事极重要,亦望其能支持永久。

答谢子厚

讲学不可拘成见。《新唯识论》中卷叙空宗义,哪有半字误解与曲解耶？若谓弟为误解者,则有宗菩萨谓空宗谈空寂而不说真实,岂不更误解乎？不更曲解乎？实则弟未尝贬空宗,兄恐未细玩耳。凡于道体真有得者,亦自觉无可言说,如其不得已而强有言焉,则无非遮拨古今人之偏与蔽而已。空宗一往谈空,在当时已引起有宗不满。若与中土《大易》之旨对照,更觉空寂之旨与生化之妙,必两相融贯,而后全体大用始彰。若执一往谈空之见,终不免有所偏、有所蔽也。此等处,非大着眼孔不行,非中虚无物亦不能领悟。

答沈有鼎

日来天气甚坏,老夫病又作,亦不了也。来函提及《阿含》"不受后有"之"有"字。须知此处"后有"二字,明指结生相续,释迦十二缘生,即其义也,所谓顺流,则无明缘行,乃至生老死,终古如此流转;即其流转,谓之后有耳。此义须认定,不容作异解。缘生义,只是十二支,分析不清。大小乘说法虽多,要无一可当意处。吾《通释》所说,似无淆杂之弊。吾子不取十二缘生,却不必谛,略其名相,而识其大旨,则极有意味矣。四谛与十二缘生相关,何可存其一而去其一耶？明儒信佛者,亦有以轮回为权教,此乃以己意解佛耳。倘深切体认十二缘生义,则知此即轮回义,释迦所以发心趣道者,由此故耳。谈佛法,还他本来面目,切忌以己意援附。

前人多持三家合一之论,其见唾于人者,略说有二故:一则自家未入实际理地,即毫无根据,而徒持肤杂见闻,妄为比附。二则于各家根据及其立说之条理与系统,未能各各辨清,而欲于各家之书断章截句,以求会通,此其所以可唾也。真正会通,则不如是,《新唯识论》中卷有一段及之。

儒者由人伦日用中实践工夫,随处体认,以至穷神知化,尽性至命,此乃上根所得为耳。佛家每从知见方面重重剥夺,重重开示,令人自得解悟。得解,起修;因修,实解,修至而解绝,真理现前,是谓证真如。至此,与儒者穷神知化、尽性至命果有异乎?佛之徒以儒为天乘,乃大谬也。谈佛者,若以真如为外于变易法,而别为恒常之体,即真如是僵固死物耳,宜不以穷神知化为止境也,玄奘所由不了《大易》也。《新论》中卷是根本大义所在,望有智者详之。

答友人

五一来函,顷到,即复。兄谓太极实指气之初生。太易乃为绝待本体。太极即是太一。故《老子》曰"道生一"云云。又兄前信,易变而为一,名之曰太极,云系《乾凿度》原文。纬书,先儒多不取。吾于谶则绝斥之。然纬书当是七十子后学流传,其义之是非当折衷于圣。此间无《乾凿度》,弟不能尽忆,姑就来信言之。兄此信云:太极即是太一,故《老子》曰"道生一",《系传》亦曰"易有太极"云云。玩来谕意思,既谓太极即太一,即老子所云"道生一"之"一",而兄当承认老子之道即本体。若然,则夫子《系传》曰:"易有太极,是生两仪。"此与老言"道生一一生二"云云者,有何差别?兄何以独谓太极非本体而只是气耶?

船山解"易有太极,是生两仪"之"生",谓发现之谓生,非产生名生,义最精当。老子"道生一"云云之生,亦同此解。"道生一",谓道之发现为阳也。有一则有二,二,阴也,即道之发现为阴也。故"道生一"云云与"太极生两仪",辞稍异而旨大同。太极即道之异名。两仪,阴阳也。夫太极发现为两仪,是谓即体成用,两仪用也,其本体则太极也。即体成用,喻如大海水成众沤,非可二之。岂可用外觅体哉? 故曰"一阴一阳之谓道",圣言不可易也。《老子》四十二章"道生一,一生二,二生三",一者阳,二者阴,三者冲和。此三不可作三片物事会去。既不是三片物事,即不是有次第的生去,与《系》云"是生两仪"云云,当相通贯。吾尝谓老学实本之易也。夫老子"道生一"之"一",即是两仪中之阳,此无可别作异解者《易》云"太极生两仪",而兄谓太极即是其所生之两仪中之一,此成何说? 周子《图说》未妥,吾于《破破论》已驳之,兄何未看耶? 来书于"易有太极"语,在"易有"二字上加圈,盖谓"易有太极"之"易"即太易,而太易乃绝待本体,太极则从太易生,故曰"易有太极"也。果尔,则夫子于绝待本体即易之上不言一"太"字,反待后来纬书加一"太"字始曰太易,此已难通。且《易》上既不言太,而从易生之气乃着一"太"字,又如何通? 气即有对,而可云太乎? 太者,至高无上义,绝待义也。阮籍《通老论》曰:道者,法自然而为化。按《老子》"道法自然",非道之上别有自然也。说见《新论》下卷。侯王能守之,万物将自化,《易》谓之太极,《春秋》谓之元,《老子》谓之道。嗣宗去汉近,汉与晚周近,嗣宗亦深于《易》者。吾兄奈何以太极为道之所生耶? 又李锐《虞易略例》云:"'易有太极,是生两仪。'注云:'太极,太一也。'"详此云太极即太一,本即道体之目,而兄误解此太一为"道生一"之"一",是铸九州铁不足成此大错。"道生一"之"一",即两仪中之阳也。兄于《老子》本文及各注俱不究,何耶? 郑康成云:"太一者,北辰之神名也,居其所,曰太一。"按郑以北辰喻太极,其所谓居其所,即明寂然不动之义。《论语》曰

"北辰居其所",亦显不动之义。曰居所,曰寂然不动,非目道体而何?可以此言气耶? 康成诂经,多存古义。虞氏亦有不失古义处。兄不肯研《系传》圣文,又不信汉诂,而乃误据纬书,反谓吾主宋儒之说,亦过矣。周子于太极上置"无极"二字,先儒疑其以太极为气。然汉儒亦多以太极为气者,此自汉儒之误耳。

再答友人

《系传》曰"夫《易》彰往察来",又"《易》之为书也"云云,又"《易》与天地准"云云,此类"易"字,皆就《易》书言。《易》有太极"之《易》,亦以《易》书言。盖"《易》之为书",建立太极,为万物实体,故云"《易》有太极"也。今兄解云:易者,太易。太易有太极,太极再生两仪。夫两仪者,阴阳也。阴阳即乾坤也。"《易》之为书",即用显体。故假设乾坤_即。以明变易,而不易之体,即于斯可见。"大哉乾元"云云,"至哉坤元"云云,非有二元,实一元也。一元者,言其体也,即用而识体也。故《系》曰:"一阴一阳之谓道。"又曰:"《易》有太极,是生两仪。"知"一阴一阳之谓道",则道之下,更无有所谓太极之一阶段介乎道与阴阳之间,而所谓太极,即是道之异名也。知"《易》有太极,是生两仪",则阴阳即太极之发现,太极即阴阳之本体,不可头上安头,架太易于太极之上。吾故曰:"太易即太极也。"来函引《庄子·大宗师》谈道体一段文,有"在太极之先而不为高"一语,证明太极非道体。殊不知正惟《易》立太极,为宇宙本体,至高无上,故庄子谈道体而以在太极之先形容之。如《老子》书中有"象帝之先"一语,亦是形容道体至极,更无有先之者。兄若据此谓古代神教不以上帝为至高无上之主宰,可乎? 想神教之徒必不承认。古人每喜为极端形容词,如佛经云:设更有法过涅槃者,我说亦复如梦如幻。兄将谓世尊果设想有过涅槃法耶？夫唯儒家以太极为万化之原，为万物之先，原与先，皆谓体。故庄生形容道体，乃曰"在太极之先而不为高"也。如儒家本不以太极为体，而但置之太易之下，则庄生此语毫无意义矣。应知太极与道皆本体之名，但《庄子》书只承用道之一名，而于太极一名不复沿用，故其言道，则以先太极形容之。且庄生言道体，本承老氏。《老子》言"道法自然"，上篇二十五章。岂谓道之上更有自然为道所取法，而道犹非宇宙本体乎？稍通《老子》者，必不作是解。《庄子》言"道在太极之先"与《老子》言"道法自然"，同一极端形容词，正须善会，不可妄添葛藤也。

答牟宗三

六日来函，吾当以为座右之铭。吾对于思想，本主自由，但于立本一着，颇有引归一是之意。孟子云：夫道，一而已矣。实发孔门一贯之旨。佛家大乘亦有一乘之说，归源不二，非强众生以同己也。若夫从入异路，则不可执一径以纳群机。至于世智千差万别，又不容执一以废百也。吾于思想主自由者，在此耳。吾识量不欲隘，而性情过褊急。先公生我时，困厄万端。吾自幼长于穷苦逼迫中，弱冠从事革命，已深感觉当时之人无足倚者。既而自顾非才，遂绝意事功，而凝神学术。鼎革以还，默察士习学风，江河日下，天下无生人之气，吾益思与后生有志者讲明斯学斯道，上追先圣哲之精神，冀吾族类庶几免于危亡。佛言救众生，吾觉族类且未能救，遑言众生乎？吾识量不欲隘，而德度实未弘，忧世之思深，愤世之情急，忧愤激而亦不忍离世，故求人也殷，责人也切。而原人、容人、因势顺诱之权，全无所有。求之殷而人愈不相喻，责之切而人益复相疏。吾之情且激，而无以自安，有时甚失慈祥意思,此则余之所以智及而不能仁守,是余所长负疚于先圣贤者也。吾清夜自省,常自痛恨,而习气难移,信乎变化气质之不易也。宽以居之,仁以行之,此境真不易。吾欲从事于斯,冀收桑榆之效,吾子可直言阙失,使老境不至日趋乖戾耳。通旦昨来,即回合川。此子要自可造,明年终当聚之而使其得有所立。期望过高,天下将无成人。《论语》,孔门常问成人。南充杨生不日当至。余之书物,业已移还山居。

答胡世华

闻于逻辑深造,至足慰。近体气何如耶? 断欲是养生之本,滋养亦不可忽,精神振作又为最根本者,夫何待言? 振作一词,含无量义,勿泛泛作解。此心常虚,不昏不昧,才有一念偷放,即时自觉,勿随转去。即不听其偷放下去之谓。如此乃是振作。常保得虚明而不昏不昧之心体,以之读书用思,自然分明不乱;以之应事接物,自然各当其理。《大易》所云"寂然不动,感而遂通"与佛之般若,只是此境。凡夫自有生以来,恒是妄想流注,不见本心。前云虚明而不昏昧者即本心,凡夫实不见此。其读书用思与应事接物者,无非妄识作主。上云妄想流注者,即妄识也。汝若不向自身切实勘破此事而读佛经,但于文字中稍作空脱意味领会,借以止息想念,得入睡乡,以佛典为催眠之药,乃是千载沉沦,岂不痛哉! 思虑不当废,要须调节,然调节甚不易。真作专门学问工夫者,当初元是自家用思考,乃至思想渐有路向,将成体系时,乃欲罢不能,而思考乃用我,他常在脑中自由活动。非是我去用思考也。至此便非吾可以用自力调节也。然此不必厌苦,此等牺牲正是必经之阶段。孔子曰:"吾尝终日不食,终夜不寝,以思。"圣人如是。汝之思颇尝终日夜不食寝否? 如何便以思为苦也? 前书教汝作根本之学。如何是根本学？汝如有志，当不能随便作空名词看过也。昔年风雨一堂之谊，吾岂云忘？但愿汝侪真能立志耳。

与某生

为学须具真实心。真实心者何？即切实做人之一念恒存而不放也。《诗》曰："夙兴夜寐，毋忝尔所生。"心不存时，最好诵此，庶几惭愧中发，而有以自警矣。吾老来念平生所见老辈、平辈、后辈甚至后后辈，其有聪明，可望于学问或事业有所就者，未尝无之，然而卒无成，其故惟何？即根本无做人之一念耳。无真实心，便无真实力。无真实力而可以成人、可以为学立事者，古今未尝有也。富贵可苟取也，浮名可苟取也，人生而为人矣，奚可如是了此生耶？

答沈有鼎

来函所云，略答如下。实际理地是超越的，非感想所及。甚是！甚是！但若不更深辨，恐差毫厘而谬千里。吾子所云，在佛家确是如此；在西洋谓只浪漫派以超越为感，而作一种意趣玩弄者，恐不必然。凡哲学家谈实相，未能泯思议相者，皆吾子所云意趣玩弄也，即感想也。

般若荡一切相，虽诣极超越，而实无超越之相存。夫唯无相，故不拒诸相。超越与不超越两忘，谓之真超越固可。而息情忘虑，冥应如如，实无超越之感想存也。

基督教，吾向未注意，是否臻仁体流行、活泼泼地境界？吾姑不赞一词。

不依他之最高境界,唯自反乃得之。颜子仰高钻坚,瞻前忽后,欲从莫由,只是形容本分上事,非依他也。《太极图说》,吾所不契,然开首一言却有妙趣。吾子所谓二之则不是,乃正法眼藏。

又云:破相中是否见得体?恐有些子人信不及。此义看如何说法。就知见上言,构画泯绝,真理方显,不曰破相以见体,而又何云?然此要是说法初机。必也激厉躬行,使行解合一,驯至涤除虚妄知见,冥入真实知见,即已无相可破,只是真体呈露,毕竟见字亦着不得也。

答友人

函谓大政治家之风度,贵乎大气斡旋,不贵玄默自处云云。此说甚误。未有大气斡旋而不由玄默自处者也;未有玄默自处而非大气斡旋者也。玄默自处,涵处深宏也;大气斡旋,发用盛大也。养之不厚,将何所发?今世无才,人皆习于蝇营狗苟,机巧变诈,毫无所养故也。

汉文帝庶几玄默自处,亦可谓大气斡旋。当文帝时之天下,使无彼含茹养育之泽,则自六国与亡秦之衰乱,又经吕后临朝,百度废弛,民生耗敝,其足以凝民志、遂民生而措天下于磐石之固耶?文帝自有一番造化之功,谓非大气斡旋可乎?三代后无王道。吾于文帝,谓其犹具几分王道,此外盖难言矣。两汉贤臣奏议皆称高帝与武帝之功,而特尊文帝之德,此不可忽。

与某生

佛家大德,高趣一切智智,发心为群生作父师,其长在是,而短亦伏焉。夫超然物表者，要不遗乎物；作育群生者，要在同乎人。若视人皆昏昏，而我乃父之师之，是岂《大易·同人》之义？遗物以希寂，视群生梦梦而孩畜之，大悲如慈母。此宗教精神，余虽高之，而不愿学也。夫遗物、希寂，则识囿于孤往；昔有问儒佛优劣者，余曰：佛家毕竟是孤往。视群生梦梦而孩畜之，则识穷于独用，《中庸》曰："以人治人，改而止。"朱注：谓即以其人之道还治其人之身，期其能改过而已耳。故圣人不贵独用其所自造自得者，以取必于人也。故识量难免于隘也。儒家《大易》曰：智周万物。周万物而后乃真为一切智智。《论语》记夫子曰"吾非斯人之徒与而谁与"，曰"见贤思齐焉，见不贤而内自省也"。《孟子》称"舜明于庶物，察于人伦"。反躬以体物，无心为万物之父师而万物皆子之矣。

答林同济

中国哲学思想，归于《易》所云穷理尽性至命。理者，至极本原之理。即此理之在人而言，则曰性；即此理之为万化之大原，是为流行不息，则曰命。穷者，反躬而自识之谓；尽者，实现之而无所亏欠之谓；至者，与之为一之谓。《新论》所谈本体，即此理也，性也，命也，名三而实一也。穷也，尽也，至也，则《新论》所云见体或证体之谓也。《新论》确是儒家骨髓。孔孟所言天，既不是宗教家之天，更不是理想中构画一崇高无上之一种理念，或一种超越感。彼乃反诸自身，识得有个与天地万物同体的真宰炯然在中，《新论》所云性智是也。吾人实证到此，便无物我、内外可分，此乃即物而超物，即人而天。《孟子》所云尽心则知性知天者，此之谓也。中国哲学亦可以《庄子》书中"自本自根"四字概括。因此，中国人用不着宗教。宗教是依他，是向外追求。哲学家虽不建立大神，而往往趣向有最上的无穷无限的终极理境。或亦云理念。此固有好处,但亦是向外,亦是虚构,正堕佛家所云法执,而绝不了自本自根。人生毕竟在迷妄中过活,始终不见自性,始终向外狂驰,由此等人生态度而发展其知识技能,外驰不反,欲人类毋自相残杀而何可得耶?自吾有知,恒念及此而不容已于悲也。《新论》之作为此也。贤者主张祀天,吾亦赞同。祀天者,祀其在己之天也。《诗》曰:"小心翼翼,昭事上帝。"吾人祀天之礼,可一念一息而忽哉?

说食

战事虽云结束,吾国人似少生气,最可伤痛。余以为国人生命上缺乏营养,此不可不注意也。佛家有四食之说,愿为国人陈之。四食者:一曰段食,二曰触食,三曰思食,四曰识食。段食者,谓人所食动植等品是物质故,物有分段,名以段食。触食者,感通之谓触,天地感而万物化生,圣人感人心而天下和平,宇宙万有皆互相通,无有隔碍,故《易》曰:"六爻发挥,旁通情也。"感通之义大矣哉,人而无感,则拘于四体,与禽兽不异,《礼记》所谓"人化物也"。人化物则生命绝。是故君子不徒注重段食,而贵触食,触食即感通之谓食。一日无感通为食,虽段食醉饱,而实顽然一物。四海困穷,生民疾苦,皆所不喻,块然而尸居,冥然而罔觉,是即无感通,是谓缺触食。

思食者,造作之谓思,_{佛家心所法中,一曰思,以造作为义,非常途所云思想。}即以创造为食。鸟兽营巢聚粮,但是占有冲动。人类则自市井匹夫匹妇,田畴货币,种种敛聚乃至奸狡大盗,载狂心,执荡志,乘权处势,劫持众庶,以逞其兼并之欲,细者为一己,_{如吕政等。}大者为一国家、一族类,将横噬六合,终亦自毙。_{如今之希特勒辈。}此皆占有冲动无所异于鸟兽。夫人为万物之灵,栽成天地,参赞化育,皆人之责。人道极尊,当转化占有冲动而为创造胜能。如学术上之灵思独辟,宗教上之超越感,哲学家亦有此。道德上极纯洁崇高之价值,不期而引人起瞻天仰日之信念;政治与社会上重大之革新,使群众同蒙其福利。凡此皆谓之创造。人生一息而缺乏创造胜能,即占有冲动乘机思逞。占有冲动横溢,人则物化,而丧其生命。故创造者,资养生命之粮,不可一日不具。思食所以次触食而言之。识食者,了别之谓食。云何了别?"明于庶物,察于人伦",而上澈万化之源,是故知一己之生命与宇宙大生命是一非二。了于此者,常能置一身于天地万物公共之场,不以私害公,不以形累性。孔子坦荡荡,佛氏大自在,唯其了别故也。了别以为食,而生活乃富有日新,放乎无极。故次思食而以识食终之。余说四食,与佛书本义不必全符,读者勿泥。

　　四食者备,而人乃得全其生命,而人乃成为人。今人唯贪段食,乃至贪淫,贪利,贪权,贪势,皆段食之推也。触、思、识三食,今人皆不是务,生命无滋养,则行尸走肉而已,岂不哀哉?

答牟宗三

　　正初接吾子与张遵骝来信,提及《量论》,为之怅然。此书实有作之必要。所欲论者,即西洋人理智与思辨的路子、印人之止观及中国人之从实践中彻悟。吾常想,佛教来中国虽久,而真了解之者,恐不必真有其人。因佛家特别处在修止观,其与止并运之观,是如何工夫? 如何境界?从来译者与讲持佛典者,或莫名其妙而索解。吾近于此极注意。《量论》于中印西洋三方面,当兼综博究。此诚当今哲学界极伟大艰巨之业。吾虽发愿为此,然年既老衰,世局又如此昏扰,恐不必能从事也。

　　附来函: 西人理智思辨路子,自苏格拉底师徒即奠定。他们以为乃逻辑的理性即所谓纯粹理性。可以把握实在,而其所谓实在即理型或型式,或几何与数学的秩序,这些都是变灭不常的具体事物所依据的理地。他们用纯思的办法、逻辑、界说的历程,想把这个理型世界显示出来而且悬离起来,以为灵魂的安顿所,并为知识可能的根据,是非的准则。柏拉图以善的理型来统驭一切理型所成的理世界,以为理世界的归宿,并主张灵魂可以脱离这个躯壳而归于理世界,与之为永在。近人不由此讲善的理型与灵魂归趣两层意思,只向知识可能的根据一义上求发挥,此其变迁概略也。今吾师弘阐变易不易二义而盛宣生生化化之妙,以为不变而变,即于变识不变,此个实体诚非理智思辨所能相应。西人用逻辑理性所把握的理型,是从生生化化的真实流中抽出而言之。单言此一面,此是一种抽象,离开了生生化化的真实流;既离之而或欲挂之于真实流之上,要不能与满盈的真实流相应如如。总之,不能体认此整全而具体的化育流行,便到处是残缺。现在的问题似乎就是如何能将离挂的理型世界混融于生化的流行中,而为一具体而真实的满盈流。西人言变为实体者,则每死于变而不知有不变者在,是以其所谓变,亦不必即《新论》与《大易》之生化;例如柏格森。言不变为实体者,则每毁灭变而忽之,是以其所谓不变亦不必即《新论》与《大易》之不易。如所谓理型世界。然无论如何,即依《新唯识论》,以《大易》为宗,而理智思辨乃至其所把握的理地,总须予以安顿与维系。盖知识是生命之呼吸,不能维系之,生命有窒死之虞,有浮游无据之困,此即所谓蹈空。予之以安顿与维系,则知识之理即是形上之理之展现。吾师所谓自实践而实现者,实同时亦即自实践而予知识以安顿与维系矣。此则本末、体用、虚实俱圆矣。对满盈流言,诚非理智所能相应,然理智总有所符应,批判它亦得成就它,此中意思,宗一时说不清楚。盖西人在知识的路子上掀发的问题太多,须个个弄明才行。佛家于缘生法而观空,决不肯于缘生法观理,无论属本属末。是以其缘生义决非即生化之谓。记得昔年傍晚陪吾师坐,师指庭前树曰:此间根茎枝叶花果等等,是一理平铺,亦是众理灿著;既众理灿著;既众理灿著,仍即一理平铺。汝侪识得否? 宗当时有悟,所悟或不必契,然无论如何,依宗观之,佛家决不肯如此观,如此悟,盖与其无余涅槃相违故也。众理灿著即是一理平铺,虽是成就了此叶子,亦可以说遮拨了此叶子。佛家宗趣在涅槃,其修止观自是不轻易的大事。今如吾师之旨,自实践而实现言止观,则其意义之尊严与重大,恐又别是一番也。宗去年告君毅,言将有实践理性之止观论一词之提出。去冬读《明儒学案》,有李见罗之《止修论》,此恐亦隐用佛家名词言理学。惜此人并未成熟,然确有霸气。吾师《量论》总望写出,成此一大事是幸。

来函深获我心。生生化化的真实流,乃是真体显现。_{真体喻如大海水;生化的真实流喻如众沤。生化之流亦说为真实者,从其本体而言之也。}真体无形无象,无作意,无杂染,而实备万理,含万善。先儒所谓"冲漠无朕,万象森然已具",此义深微,千载几人落实会得? 夫冲漠无朕而万象已森然,则所谓理型,本非意想安立,乃法尔如是,_{法尔犹言自然,但其义甚深,世俗习用自然一词,无深解,故译音曰法尔。}乌容遮拨。《诗》曰:"有物有则。"物者,依生生化化的真实流而立斯名。_{生化之流诈现种种迹象,即假名为物。}有物即有则,无是则即无是物。可见真体显为生化之流,元是富有无穷之则,故曰备万理也。理亦则义。夫理或则元是真体自身中所备具,_{先儒直名此真体,曰理或实理,最有深义。}其显为生生化化的真实流,是所谓众理灿著也。然即此众理灿著,便是一理平铺;所云一理,以真体无待故名。_{无待名一,非算数之一。}一理为无量理,故一即是多;无量理本为一理,故多即是一。一不碍多,多不碍一,_{一为多,多为一,均无妨碍。}所谓"玄之又玄，众妙之门"。吾子于斯深体之，则知识界之理，即理智思辨所谓之理型。正来函所谓，即是形上之理之展现，岂待强为安顿与维系耶？但吾学与西哲有天壤悬隔者，吾以一真绝待之体—即无待义，非算数之一。非一合相，混然同一，无有分殊，谓之一合相，借用佛氏《金刚经》语。无形而有分。分者，分理。真体无形相而有分理，所谓"冲漠无朕，万象森然已具"是也。万象森然即是众理秩然，亦云分理。故克就真体而名之为理，是所谓理乃由证量而得之。孔云默识。默者，冥然无分别貌，不起分别而非无知，故复云识。此相当于佛氏所云证量。证者证会，量者知义，非常途所云知识之知。证会的一种知，名为证量，此乃修养功深，至于惑染克去尽净，而真体呈露。尔时真体之自明自了，谓之证量，此非理智推度之境不待言。吾尝云超知之诣，正谓此。孔子曰："天何言哉？四时行焉，百物生焉。""天何言哉"，天者，本体之名；何言者，叹其寂然无形，冲寞无朕，所谓一理是也。时行物生，言其显为大用，生生化化，无穷竭也。所谓万象森然，即众理灿著是也。来函所谓体认此整全而具体的化育流行，此正是证量境界，非稍窥孔子默识之旨，何堪及此？默识即证量。总之，吾所谓理，乃直目无为而无不为，不易而变易，无穷之真体。因其以一理而涵众理，虽复众理纷纶，而仍即一理，故即此真体而以理名之。此理是一真实体，一者无对义。非是思维中之一概念，非是离真实而为一空洞的型式，此与西洋人理型的观念，自是判若天渊。吾学归本证量，乃中土历圣相传心髓也。理型世界则由思维中构画而成。来函谓是从生生化化的真实流中抽出言之云云，实则彼未得证会此真实流，而只依生生化化之流的迹象所谓万物或大自然，只是生化的真实流之迹象。强为构画，以图摹之而已。此等图摹的理型世界，谓其于生生化化的真实流之理根全无似处，未免过当。"理根"一词，借用郭子玄《庄注》。真实流的本身是具有理则的，故谓之理；对图摹的理型而言，则云理根。然复须知，此等图摹，谓其遂与生化之流之理根得相符应，则稍有识者已知其不可。譬如画师图摹山水，无论如何求逼真，终不可得山水之真也。若知理智思辨之功用止于图摹，则哲学当归于证量，万不容疑。但图摹究不可废。人生囿于实际生活，渐迷其本来，即从全整的生化大流中坠退而物化，至于与全整体分离，尚赖有理智之光与思辨之路以攀缘本来全整体的理则，"理则"二字，复词，则亦理义。而趣向于真实，追求理型世界便有超脱现实的意义，故云趣向真实。此其可贵也。故反理智与废思辨之主张，吾所极不取。欲言甚多，此不暇及。如世事稍快人意，虽衰老，《量论》呈当为之。

答胡生

子通才也，但望养之以深，成之以久。哲学之功，中圣深于体认，西贤极其思辨，由今言之，则二者不容偏废，偏斯病矣。余年垂暮，若精力不衰，可为《量论》，当盛明斯意也。余之学，要在《新论》。西洋近世，罕言本体，其昔之谈本体者，皆以思构而成戏论，良由始终向外推寻，故如盲人摸象耳。《新论》鉴观西洋，无蹈其失，始乎辨析，而终于反己。反己即体认。所以体神居灵，而万有之藏与生生化化之妙，的然无可外求矣。得此无尽藏，发之为道德，推之为政治，渊渊不竭，有本者如是。此自尧舜迄尼山相传之绪，非余独得之秘。惜哉！不可喻于今之人也。船山尚有隔在。拟吾于衡阳，实不似也。秋凉能一过，是所至望。

与陈从之

向不喜象数。每阅汉人易书，觉其繁琐至极，而鲜当于理。印度法相、唯识，亦甚繁琐，迷者惊其精密，识者病其虚构。西洋学术亦以精密擅胜，虽亦不免琐碎。然能征实独中土六艺，持体要，契道真。然经师或考据家又病在支离破碎，甚矣学术之难言也！

《易》之象，本譬喻义，汉儒已有言之者，而先生不谓然。吾颇承认其说之有所当。《易》兴于占卜。占者自是诚至，几动，即于当前法象而兴感，及卦爻画而辞立，辞非离象而虚构也。然自孔子修定以后则意义全变，如《乾封》六爻之辞皆龙也，龙者象也。孔子便假此象以明夫生生不息、健动无竭之真元。立辞之意，乃异占卜，而别有所在，此象所以为譬喻也。重象者每曰《大易》无虚字，无一字不是象。殊不知《易》之取象，欲人因象而悟理耳。使其执象而不悟所象之理，则一部《易》书，乃无覆瓿之价值矣，而谓夫子穷理尽性至命之学在是耶？故谓象者，譬喻义，使人由譬而启悟也。子曰"能近取譬，可谓仁之方也"矣。

答谢随知

《新唯识论》，勿粗心看过便了，须理会吾用心深细处。此等书乃妙万物而为言，与西哲从某一科学为基础而出发以推演成论者，迥乎不同，非超悟之资，深微之思，未能读之而不厌也，望汝细心临之。吾少弱且病，而迄六十余年犹未甚衰者，平生强远妇人，此全神第一着也。胸际廓然，于世罕所追求，即有拂逆，中无所隐，愤戾立形于辞色，一泄即无事矣。四十二三以后，夜不然镫，滋养之物，特加注意。早起，大恭后餐，不解即不餐，必解乃已，行此数十年如一日。被褥每晨起必掀抖，以散汗涤尘，件件如是。又每饭后，卧二十分钟，必起散步，归来，凝神危坐，喘息定，血脉舒，而后观书用思。时有新悟，便脱然自得，万理来集，固是乐境。有时且沕穆无形，浑忘自我也。此境难常有，却时或有之。解粘去缚，向于富有日新，而后实证生命无穷矣。吾子勉之。

与陈亚三

昨与亚三书，人须有神味。如何是神味？须是将习心或意气、己见与好恶之私，一切一切，剥落尽净。易言之，即想念不行，知虑都亡，而有一颗明珠灼然内在，这个却是不存而存，不识而识。望勿随便看过。到此境地，切勿滞寂而已，却要任他日用流行，自然物理、人事，一切昭澈，无僻固之弊。阳明先生其至乎此矣，朱子似未能也。

答某生

余平生痛惜清末以来学人尚浮名而不务实修，逞游谭而不求根柢，士习坏而族类危，故常发誓言，不为名流，不为报章杂志写文字，不应讲演之约。吾五十以后，始稍有笔札流露刊物，然终不为刊物作论文也。即笔札亦散布甚稀也，讲演则从未行之。今年逾六十，本无妨与诸青年谈心事，然因素未与稠人讲说，故拙于口才。又剧专诸生于本国哲学，若儒、道、释诸家之书，或乏素养，吾亦不知与之作何说法。凡言学，必听者素养深，方得机感相应，否则"言者谆谆，听者藐藐"，甚无谓也。此事以罢论为是。

与陶闿士

弟月来于讲说之余，稍阅魏晋诸史，颇增无限感伤。向见严又陵与人书,言吾华民质与国力至南宋而始为一大变,殆未尝读史之过。实则吾华民质之劣,国力之弱,乃自魏晋始耳。曹氏司马氏以狗盗之徒,用极卑贱残酷之术,毁天地生人之性。五胡承其敝而入,取吾夏人而杀戮淫掳,凡鸟兽所不能为者,而无不皆为之。其惨毒之事虽在一时,而其惨毒之习则充盈大宇而熏染乎后世之人心,数百年而不可涤也。不独吾北方华胄胥化于夷而忘其所自出也,即南中号为正朔相承,其在廷之君臣与谈玄之士夫,能保持旧德而不染胡习者,有几人耶?梁武之困于台城也,狝胡侯景拥饥疲之卒,本不堪一战,而梁之诸子乃坐待君亲之危,莫之肯救,更无论诸镇帅矣。梁武、简文,其死与辱,犹不足论,而当时苍生所受逆胡之惨酷,则令千百世下读史者,至此触感伤心,不知人间何为奇惨如斯?当时梁人若有人气,岂令天下事至是耶?刘宋之诸子,皆非人类,又不待言。至于朝为君臣,暮相攘夺背叛者,则又习为故常,绝无足异。其居位乘势者,贪淫残暴,视蒸黎若犬羊不如,而忘其为己之同类也。六代之间,习此为常,倘非中于胡俗之深,何为人丧其心至此极耶?李唐贞观之治虽盛极一时,然太宗与房魏诸臣励精之效,仅于凋敝之余,有以整齐其政刑,使天下臻于富庶。又当时五胡族类新同化于汉族,中夏民族之气质,自起一种新的变化。太宗雄才大略,能导率民众,以征讨四夷,而盛著其武功,此所以称盛也。然唐承六代之敝,儒学衰微,太宗于伦常之地已亏,虽兄弟相残,其罪不尽在太宗一方面,乃娶弟妇而绝兄弟之嗣,则非胡俗不至是。太宗所躬行者如此,故于化民成俗之本,绝无所知,房魏之徒亦无足语治本者。是以贞观之政,人亡政息。其后藩镇之祸,黄巢之变,皆惨毒无人理。浸淫及于五代,一如六朝之世。要皆狝胡凶习中于人心至深,其根株不可骤拔故也。有宋肇兴,诸大儒相继出,始追孔孟之绪,使人有以自反而自别于禽兽,于是人性可复,人道始尊,此诚剥极而复之几。今东夷兽习污我神州。御侮之功,不仅在以杀制杀而已,而于人心风习之间，所以固吾本而闲其邪者，其必有知所用力者焉。吾侪不负此责，而又何望耶？

> **附记：**民二十六年冬入川。值抗战之初，人心大坏，比战前且不如，故与陶君嘅叹及此。君巴县人，少通经术，晚而学法相于宜黄大师。宜黄深礼之。二十八年逝去，蜀学其微矣。

示菩儿

古代封建社会之言礼也，以别尊卑、定上下为其中心思想。卑而下者，以安分为志，绝对服从其尊而上者。虽其思想、行动等方面受无理之抑制，亦以为分所当然，安之若素，而无所谓自由与独立。及人类进化，脱去封建之余习，则其制礼也，一本诸独立、自由、平等诸原则，人人各尽其知能、才力，各得分愿，虽为父者，不得以非礼束缚其子，而况其他乎？礼之根本意义即已变古，故仪文节度之间，亦省去古时许多无谓之繁文缛节，唯以简而不失之野为贵耳。今西人之于礼也，简则简矣，然不野则未也。吾国古礼，极其文矣，而未免繁缛。今人效西俗又太野。后有制礼者，当求损益之宜。

独立、自由、平等诸名词，最易误解，今为汝略释之。

独立者，无所倚赖之谓也。明儒陈白沙先生曰：天自信天，地自信地，吾自信吾，唯自信者，能虚怀以求真理。一切皆顺真理而行，发挥自家力量，大雄、大无畏，绝无依傍，绝无瞻徇，绝无退坠，堂堂巍巍，壁立万仞，是谓大丈夫，是谓独立。然复须知，此云独立，即是尽己之谓忠，以实之谓信；唯尽己，唯以实，故无所依赖而昂然独立耳。同时亦尊重他人之独立也，而不敢以己陵人，亦与人互相辅助而不忍孤以绝人。故吾夫子曰"德不孤，必有邻"也。古代隐遁之士独善其身，犹

263

不得谓之独立也。

自由者，非猖狂纵欲，以非理非法破坏一切纪纲可谓自由也；非颓然放肆，不自奋、不自制可谓自由也。西人有言，人得自由，而必以他人之自由为界，此当然之理也。然最精之义，则莫如吾夫子所谓"我欲仁，斯仁至矣"。言自由者，至此而极矣。夫人而不仁，即非人也；欲仁而仁斯至，自由孰大于是，而人顾不争此自由何耶？

平等者，非谓无尊卑上下也。天伦之地，亲尊而子卑，兄尊而弟卑。社会上有先觉先进与后觉后进之分，其尊卑亦秩然也。政界上有上级下级，其统属亦不容紊也。然则平等之义安在耶？曰：以法治言之，在法律上一切平等，国家不得以非法侵犯其人民之思想、言论等自由，而况其他乎？以性分言之，人类天性本无差别，故佛说一切众生皆得成佛，孔子曰"当仁不让于师"，言仁德吾所固有，直下担当、虽师之尊，亦不让彼之独成乎仁也。孟子曰"人皆可以为尧舜"，此皆平等义也。而今人迷妄，不解平等真义，顾乃以灭理犯分为平等，人道于是乎大苦矣。

答谢君

平生辛苦所获，大体虽见之《新论》，《新唯识论》。而所未发挥者甚多。常自伤切于心，无可奈何。《量论》未作，极大憾事。吾有一愿，愿本《春秋》三世归趣太平之旨，以《大易》与《春秋》互相发明，旁及群经、诸子，贯穿和会，制割大理，冥极万化，原生人之性，穷天地之本，类庶物之情，极古今升降万有不齐之运，融帝皇王霸、礼乐刑政之意，通至变而握贞常，本贞常以驭至变，当为一书，以明人道终归至治。十余年来，胸中备有条贯，以《新论》及《量论》须先就，方可经营及此。而维摩示疾,忽忽二十余年。迄今岁事已过花甲,遭时昏乱,血气倍衰,鸿篇钜制,殆不可能。自惟年三十后,誓以身心奉诸先圣,而所就不过如此。老来何所冀?唯于人类之忧患不能无系念。然亦以此,信真理无一息或亡也。病中不尽欲言。

答谢幼伟

九月一日函顷到,即复。来函字字的当,甚喜甚慰。西洋人谈博爱,是外铄之爱,此方圣哲谈孝乃出乎本心,为内发之爱。自东西接触以来,名彦都无此的见,独贤者与吾心有同然。常谓西洋伦理由男女之恋爱发端,吾人伦理由亲子之慈孝发端,此是东西根本异处,每欲为文而未暇也。老来精力甚乏,愿贤者振作精神,肩继往开来之任。戴东原以著作未竟,尝叹曰:世岂无助我者乎?此伤心语也。吾衰也,乃念念有此感。愿吾子时加反己之功,唯虚可以纳善,唯谦可以进德,唯诚可以为天地立心、生民立命,唯寂寞可以独立不惧、遁世不见是而无闷,区区以此进之左右。

《新论》生灭义,须依真俗二谛分别看。真谛即于万物而显大化流行,故说万物才生即灭,实无有物。此其立言,虽就物上明化之不住,而意实不系于物也,所谓方便说法也。

答张生

国立编译馆拟编经史教科书。此事甚重大,馆中切不可期其速成。而编者自己尤贵有较长之岁月从容涵泳,必义精仁熟,而后立言无弊。大凡为学之功,缓急并用。急者谓有时须强探力索,如猎人之有所虏掠,势甚紧张,否则思力不强,未足深入理窟也。缓者,吾昨所谓天游,将一向见闻知解悉令放下,胸际毫无留系,自尔神思焕发。此不唯哲学家应有之境,凡为考核之学者,如有远大之规模,重要之发见,亦非有此境不可。缓急二功,更迭为用。《礼经》云:"文武之道,一张一弛。"岂独治化,为学亦然。编译馆在清末甚不随便,严又陵尝在其间。吾甚愿诸君子凝神壹志,以学术为生命,为各大学树先声,国家其有赖矣。今之学者,心地少有清虚宁静,读书不过记诵与涉猎,思想又甚粗浮,只顾东西涂抹,聚集肤乱知识,出版甚易,成名更速,名位既得,亦自忘其所以,浅衷薄殖,诳耀天下,以此成风,学如何不绝? 道如何不丧? 人如何有立? 此自清末康梁诸公导其先,今遂成滔滔不可挽之势,吾实有余痛焉。人或议吾好骂人,吾亦何乐乎人之厌恶哉? 诚有所不得已也。

国史从文化上着眼,自是正当,然于民族思想,必发抒一本之义而纠正血统不同之误解。今之满、蒙、回、藏,大概古时五胡之遗。古史称五胡同出黄帝,其记载必有依据,非附会也。历史课本中,凡汉族与夷狄之称,似可改用中原人与边疆人。《春秋》称夷狄者,以其凶顽而失人道则夷狄之,非谓其血统与诸夏_{即中原人。}不同而谓之夷狄也。楚则鬻子之裔,吴则周之宗室,而皆斥以夷狄,岂谓异种耶? _{齐、晋、秦,均尝随事而夷狄之,经文可考。}故夷狄之义,宜加论正。则叙述过去事,如五胡、辽、金、元、清等事,亦不必避夷狄之名而不用,以其在当时实未脱夷狄之道也。正统之论,吾意犹不可废,容得暇详谈。

《经学通论》,极不易作。清儒诸经解,只是于名物训诂等方面搜集许多材料耳,于经旨果何所窥? 清末则有皮锡瑞之《通论》颇名于世,然核其实,只是经书传授源流之考辨,谓之经学,则吾未知其有何相关也？治经之同学，如肯虚心过从，吾亦不妨与之讨论。吾记忆素不如人，今更差矣，但于群经旨要，平生用过一番苦功，非是浮泛见闻知解之学，甚愿与有志者共相讲习。今上庠治哲学者，壹意袭西人肤表，以混乱吾先哲意思，究义不根于实，立言浮乱无纪，教者学者更相授受，向后将成何局？吾不能无愤闷也。夫理道必究其真，而后于真理自发生一种不容已于实践之信力。吃紧。吾人所以充实生活、发扬人格者，皆从真知正见而来。若如今士子，以从事于肤泛驳杂之见闻为学，则乃学其所学，而非吾所谓学。以若所为，欲其人格增进，如何可能？今后讲明经术，宜潜玩先圣哲本旨，精思而力践之，思之精，自然践之力；践之力而思乃益精。一挽当世颓风。人皆可为尧舜，孟氏岂欺我哉？一切众生皆可成佛，释迦岂欺我哉？个个人心有仲尼，阳明岂欺我哉？

答周通旦

真谛、俗谛二词，勿向艰涩处索解。佛家谈真谛，亦名第一义谛，此义最上，曰第一义。亦名胜义谛，义最殊胜故。即就形而上言之也。《易》曰"形而上者谓之道"，西洋本体论，今译为形而上学，皆相当于佛氏所云第一义谛。

佛家俗谛在因明，即所谓世间极成是也。世间共许为实有，曰世间极成。参考《瑜珈》《真实品》及《因明大疏》。如科学上假定物质宇宙为实有，即与俗谛义相当。《易》曰"形而下者谓之器"，此亦属俗谛。

依《新论》言，《新唯识论》省称《新论》。他处仿此。真谛与俗谛本非析为二片，而义理自有分际，又不容不分别言之。如世间承认物质宇宙或云外在世界。为实有，此是俗谛义。若于物质宇宙而直彻悟其为一真显现，一者，绝待义。真者，真实，非虚妄故，此谓宇宙本体。不起物界想，此即融俗入真，唯是真谛义。故顺俗则万有不齐，证真则一极如如。一义，见上。极者，至极，谓本体。如如义，极深广，盖法尔本然，非思议所及故。法尔犹言自然。自然者，无所待而然。本者，本来。然者，如此。本来如此，无可诘问所由。

《新论》所言用义，最宜深玩。世俗见有天地万物，其实天地万物皆依大用流行而假立之名。如当前桌子，实即一团作用现起，似有迹象。作用譬如电光，而所谓迹象譬如电光之一闪一闪，俨然有一道赤色之相状连续不绝，若为一件物事者然。世间即依如是迹象计为实桌子，而不悟桌子本无，元来只是一团作用。桌子如是，万有皆然。全宇宙只是大用流行，条然宛然，现种种相，都无实物。条然者，分殊貌。宛然者，诈现貌。大用流行，现种种相，其相万殊，故云种种。相者，相状，犹云迹象。世所谓万有，实即依大用流行所诈现之种种相而得名，都无实物。故《新论》只言用，便见得宇宙唯是生生不已，变动不居，此神之至也。一言作用，作用亦省云用。必有本体。本体亦省云体。用若无体，何得凭空突起？无能生有，不应理故。《新论》以大海水喻体，以众沤喻用。大海水自身全现作众沤，曾航洋海者，必见全是众沤，起灭不住。众沤都无自体，而实各各揽大海水为体。各各二字注意。每一个沤皆揽大海水为体。由此譬喻可悟用相万殊，要是一真显现。用相者，上言大用流行，现种种相。一真谓本体，已见前注。哲学家或只承认有变动不居的世界而不承认有本体，即是有用无体。譬如小孩临洋岸，只知有起灭不住之众沤而不知一一沤皆无自体，其本体元是大海水也，其倒妄不已甚乎！

《新论》谈体，双显空寂与生化二义。详在语体本中卷《功能章》。空非空无之谓，以其无形象、无作意、无染污，故谓之空耳。寂者，清净，无昏扰也。空寂即无滞碍，无染污，所以备万理，具众德，而生生化化无穷竭也。汝疑儒者只言生化，不言空寂，此未深究耳。《易·乾》之《象》曰："刚健中正，纯粹精也。"夫刚健，明生化之盛；中正、纯粹精，则空寂之义存焉。中，无偏倚也；正，无惑障也；惑者，迷暗义。惑即是障，故云惑障。纯，无杂染也；"杂染"一词本佛籍。杂者，杂乱；染者，染污。本体纯善，故无杂染。粹，至美也；精，微妙之极也。此与佛氏空寂义足相发明。《系传》曰："寂然不动。"寂者空寂。不动者，无昏扰之谓，亦申言寂义也。此"动"字非与静止为相反之词，勿误会。《中庸》演《大易》之旨，首明天命。命者，流行义，即生化义也。而结云无声无臭，则是空寂义也。生化本空寂，无滞碍故，生生不息，变动不居。空寂自生化，无染污故，德盛化神。此非体道者不能知也。体者，体认，默然冥契也。哲学家谈生化者，如佛家说十二缘生，即以无明为导首；《数论》三德明宇宙所由开发，亦本于暗；西洋叔本华之言意志与柏格森言绵延与生之冲动，皆与印度人言无明或暗者相近。此皆从有生以来，一切欲取习气上理会得之，欲取二词本佛家。欲者，希求义；取者，追逐无厌义。未能克治惑习而见自本性，"未能"二字，一气贯下。吾人之本性，即是宇宙本体，非一己与万物异本也。故不悟生化大源本来空寂也。西哲谈本体，均不曾证得空寂，故其谈生化，终在与形俱始之习气上理会，不识生化之真也。夫无生之生，生而不有；不化之化，化而弗留。本体亘古现成，本来无生，然其神用不穷，其自身却是生生不测的物事，故曰无生之生。虽现生相，而才生即灭，才灭即生，故生生不已，终无一物留住，故曰生而不有。唯其不有，是以大生、广生而不穷，使其有之，则生机滞矣。又复当知，本体常如其性。常如云者，谓无改易。譬如水，虽或蒸为汽，或凝为冰，终不改其湿性。本体之德性恒无改易，以水譬之，可悟此理。性无改故，即无变化，故云不化。然正以其德性真常故，而乃神变不测，故云不化之化。虽复万化无穷，终无有刹那顷守其故者，故云化而弗留。弗留所以见变化之至神也。此《新论》究极造化真际之谈也。造化谓本体之流行，非有造物主。夫无生与不化，言其本空寂也。"其"字乃本体之代词。无生而生，不化而化，是空寂即生化也。生而不有，化而弗留，则生化仍自空寂也。天人之际，微妙如是，天谓本体。人之一词，实赅万有而言，是乃依生化妙用而假立之名也。非超然神悟者，难与语此。

269

来问有云：佛家见到空寂，亦不谓空为空无，寂为枯寂也。然其谈真如，佛家真如即本体之名。乃纯以无为、无造为言，绝不许说无为而无不为。无造见《大般若》。无造即无生义。盖佛家确不于本体上说生化，而只是谈空寂，其故何耶？儒家虽见到空寂，而于此却似谈言微中，毕竟盛显生化，与佛氏精神面目要自截然不同，又何故耶？

答曰：此在《新论》中卷固已说得明白。详语体本《功能章》。佛家以出世思想，故其谈本体，只着重空寂的意义；儒家本无所谓出世，世俗每言儒者主入世，此乃以儒与佛对论，而妄有是言。儒者于世间根本无所谓入，故亦无所谓出。曰入曰出，皆妄见耳。故其谈本体，唯恐人耽空溺寂，而特着重刚健或生化。大凡古今言道者，总不免各因其所趣向而特有着重处，如儒佛两家之人生态度各不同，是其趣向异也，故一则着重空寂，一则着重刚健或生化。各从其着重处而发挥之，则成千差万别，互不相似。《大易》所谓差毫厘，谬千里，此言宏富深微至极，学者不可不察也。儒佛二家谈本体，一偏显空寂，《大般若》为群经之母，其妙显空寂，至矣尽矣，高矣美矣，无得而称矣！一偏显生化。《大易》为五经之原，其妙显刚健与生化，至矣尽矣，高矣美矣，无得而称矣！其实佛家见到处，儒者非不同证，然于此但引而不发，却宏阐生化之妙；儒者见到处，佛家亦非不知，然终不肯于真如妙体谈生化，唯盛彰空寂而已。真如妙体系复词，唐基师尝用之。偏重之端，其始甚微，其终乃极大，而判若鸿沟，故曰差毫厘，谬千里也。英人罗素有言，喜马拉雅山一点雨，稍微偏东一点，可到太平洋去，稍微偏西一点，可到印度洋去。此亦善譬。吾主张今日言哲学，当旷览中外，去门户而尚宏通，远偏狭而求圆观。观去声。《新论》之旨，难求证于时贤，孤行其是而已。参看语体本《功能章》。

汝言有某僧难《新论》云：若吾人与天地万物同体者，则一人解脱，应一切解脱，否则不能说万物同体。某僧此难不独难了《新论》，实未读佛书。佛家真如即本体之名。其经曰：一切法犹言一切物。皆如也，真如遍为万法实体，故云一切法皆如。众生亦如也，乃至弥勒亦如也。弥勒，佛弟子。又诸经言：众生皆有佛性。言诸佛同体者，其文甚多，某僧欲难《新论》，适以自难其宗耳。须知众生与佛虽同体，而众生迷执其形气之躯，不能超脱小己而彻悟本来，故无由解脱。孔子曰："人能弘道，非道弘人。"斯言深广至极，诸有智者，所宜深玩。愚夫终难与语。

《新论》中时有冥然自证语，此系证量境界，乃超过理智思考及推论之旨，而与反理智之说绝不相干。反理智者，只是不信任理智或知识。《新论》确无此意，但谓实际理地非理智所及，实际理地谓本体。当别加修养功夫，亦云修行。直到自性呈露时，便有证量境界。自性亦谓本体，赅天地万物而言其本原曰本体，克就吾人而言其本原曰自性。吾人与天地万物元是同体，非可二之也。此与反理智者根本异趣。人生在日用宇宙，本与天地万物相流通，何可不信任理智而狂驰如瞎马？故反知主义，"反理智"一词亦省云反知。《新论》所不取也。人生当超越小己而直达天地万物同体实际，故不能纯任理智，须别有求得证量之无限功修，此《新论》所以重超知之旨也。《新论》下卷《明心章》谈心所处，皆超知工夫。超知与反知截然不相似，余本欲于为《量论》时畅发之，惜遭时昏乱，不暇及也。

佛家经论言证量处，每云冥证境故，境谓所证。夫证量本无能所，而云境者，此为行文之便尔。实则证量中浑然无能所可分，若有所证之境与能证之心相对，则不名证量矣。读者切勿以辞害意。或云冥冥证故。冥者无分别貌，非昏冥也。人来佛家法相诸师谈证量，每言正智为能证，真如为所证，智如分开，乃成大谬。此实玄奘以来之误，宜黄欧阳先生亦承之。《新论·明宗章》谈证量，则云是本体即性智。呈露时，炯然自明自了，此救法相师之失。夫本体呈露时之自明自了方名证量。故学者功夫，只在克去己私，断除惑染，使本体得以发现，尔时自性了然自识，自性谓本体。是名证量。孔云"默识"，《易》云"默而成之，不言而信"，皆证量也。阳明咏良知诗："无声无臭独知时。"亦是证解。证解犹云证量。

答邓子琴

十月十四夜来函，今午才到。吾自十月初来北碚，精神不宁。近数日，始写信。明日写信或可减，后当阅书数种。冬腊间不卜可起草下卷否。今愈觉思力迟钝，老至而衰，心境太不闲静也。人生当乱世，苦可得言乎？汝上年谈史诸文，吾未许可，其中甚有难言处。汝欲驰驱于考据、义理之间，此非更加涵养工夫不可也。义理贵创获，脱然超悟，怡然独得，有诸己矣，乃征之天地万物，而识夫众理粲然者，无不左右逢源。所谓"殊途同归，一致百虑"，所谓"一以贯之"，所谓"通其一，万事毕"，皆彻底语也。虽未尝不资于书册，而读书但为引发神思之助耳。世固有以经师之见而薄通儒或思想家者，于思想家何与哉？此段话，浅见者或不谓然，实则不唯哲学凭超悟，即科学上之创发亦往往得之玄想，而后证验不爽也。

考据尚积累，据文籍，以按索名物度数，兴例而博求其征，亦或集证而始发其凡。读书不多且审，则积累不富，无以为推断之具。此其用心在致曲，在考迹，故恒系于曲而暗于通理也，恒泥夫迹而丧其神解也。

从来学者欲兼考据义理而并有之，吾实罕见。言义理而评判古学，不陷于曲解谬论者，若王辅嗣治《易》，通象而始扫象，可谓有考据工夫矣。伊川则未也。然辅嗣之于考据也，亦领其大体而已。若果困于此，用细碎工夫，则又何可成其为辅嗣耶？吾之于佛家，亦若辅嗣之于《易》焉已耳。

汝诚志于义理之学，则每日必于埋头书册之外，得以若干时间瞑目静坐，或散步幽清旷远之地，庶几穆然遐思。所谓遐思，正是宗门云

"恰恰无心用，恰恰用心时"也。真理著现恒于此时遇之。若终日钻营书册，精疲神敝于名物度数之搜求，岂有神解可言耶？

又学问之事，须自审资分。作之谓圣，述之谓明，前圣已言之矣。汝非创作才也，无已其从事于述乎？夫子之圣，犹自谦曰"述而不作"，此业谈何容易？程朱诸老师门下虽乏宏才，其于绍述之业，犹有相当能力，不然，则诸老师没世而此学遂绝，此道无传矣。吾忽忽已老衰，平生心事，付与何人？常中夜念此，不胜危惧。来函云：董仲舒未见性。自是确论。仲舒言天，颇有宗教家意味；其谈性，则犹秉荀卿也。

王充《论衡》以开时俗壅蔽，或有当处。要其自身无所建白，于至道更茫然，不得成为一家之学。此在今日，何容过分提倡耶？至云《论衡》杂儒道两家言，《问孔》《刺孟》，不过摘其书中可议处，非根本反其主张也。斯亦谛论。然以《论衡》作学术讨论，究可不必。夫学术之事，上者智周万物，洞达本根，理极亡言，权宜立论，尽应化无方，毕竟离言说相。下者则见有所偏，但于彼偏端，非无实见，即据其偏端之见，竖推横扩，遍覆一切，如数理哲学唯以数学概念解释宇宙。由生物哲学之见地，宇宙又似一生命有机体。此例不胜举。故其持论有据而不穷于应，有统而不失之滥，所谓"持之有故，言之成理"。虽其明之所在，即其蔽之所成，注意。然能独辟一境界，自成一体系，要有理致可观，学术之功能与价值正在此。古今中外，凡治哲学思想而能自成一家言者，无论规模广狭，其实际大都不过如是。过此以往，则有通俗之学，驳杂之论，本无关于学术。唯其无可据之实，无自得之处，无经纶创造之本领。虽复涉猎百家，有所采获，有所主张，而一切都无深造，唯任浮泛的聪明，耳剽目窃，侈谈思想，抉择时俗得失，每有快语激动流俗心情，若为社会之前识者然。实则每倡一主义或论一事理，却不能穷原究委，极深研几，无可导人于正当之途。如此流辈，世世有之，且恒不少。王充在东京合入此类。是等著作，在历史家眼光，欲考察其时代思潮，不可不注意,学问家无妨浏览及之,要无可多留意处。人生无真实见地,辄被古今浅夫昏子欺弄,此甚可哀。孟子曰"我知言",佛家说有五眼,慧眼、法眼等。非其学与识臻绝顶,得为具眼人耶? 而敢曰知言耶? 吾生今世,元自苦极,无可告语。愿汝精进,毋受人欺。若梁先生有办法,勉仁书院可期成,吾不离是,子盍归来?

余杭章氏,小学要自成家,于经于史,博览有之,名家未也。若乃义理或哲学思想,彼则假大乘以通诸子,而于佛氏又实未通晓,可谓两失,虽然,聪明博闻哉其人也,大雅君子哉其人也。

扬子云"人不天不因,天不人不成"之说,宜从各方面会去,若直以天人感应言之,恐非子云本意。《新论·明心章》亦引此语。

《天泉证道记》,当时已有疑案,"无善无恶心之体"云云,梨洲《学案》辨正不一次。吾意与恶对待之善,即与恶同属后起,非本体原来有此。本体只是虚寂,只是清净,佛家说为无漏善,《大学》谓之至善。元无所谓不善,而今云无恶亦无善者,此与恶对待之善。是以其发现言,即以迹言,本体是无漏善,是至善,是不与恶对者,此能出生万善或发现万善。而实不留万善之迹,吃紧。于此言之,故亦无善。此语是否阳明所说,要自无病,但不善解,则为病不浅。

循环与进化,宜细玩《语要》卷一中答人书。

汤先生函问吾尚堪用思否? 凡人早熟者,或难再进;晚成者,老当不替。吾进学也迟,似思力未减,但作文较难耳。

答邓子琴

前云董仲舒犹秉荀卿者,《繁露·深察名号篇》云:"今世暗于性,言之者不同,胡不试反性之名? 性之名,非生钦? 如其生之自然之资谓之性。性者质也。诘性之质于善之名,能中之与? 既不能中矣,而尚谓之质善,何哉?"又曰:"栣众恶于内,栣一作柱。弗使得发于外者,心也。故心之为名,栣也。人之受气,苟无恶者,心何栣哉? 吾以心之名得人之诚,人之诚,有贪,有仁。仁贪之气,两在于身。身之名取诸天,天两有阴阳之施,身亦两有仁贪之性。"又曰:"性比于禾,善比于米。米出禾中,而禾未可全为米也。善出性中,而性未可全为善也。"又曰:"民之号,取诸瞑也。使性而已善,则何故以瞑为号? 中略。性有似目,目卧幽而瞑,待觉而后见。当其未觉,可谓有见质而不可谓见。今万民之性,有其质而未能觉,譬如瞑者,待觉教之然后善。当其未觉,可谓有善质而不可谓善,与目之瞑而觉,一概之比也。"此仲舒性说之大略也,兹不暇具引。仲舒与荀卿同反对孟子性善之论,实则董荀皆未得孟子意。孟子所谓性,董荀未见及也;董荀所谓性,实非孟子之所谓性也。性字同,而两性字之所指目,确不为一事,此其争辩所以无当也。夫孟子所谓性者,天命之谓性也。"天命之谓性"一语始见于《中庸》,朱《注》未妥,宜依阳明意思解之为是。天命性此三名者,其所指目则一,如某甲对父母则名子,对兄则名弟,乃至随其关系而有种种名。然子与弟及种种名,皆以目某甲也。明乎此,则不可以名之不一而遂生支离之解。天命与性虽有三名,切忌解入支离。万化之大原,万物之本体,此中"万物"一词,赅人而言。非有二也。其无声无臭无所待而然,则谓之天;以其流行不已,则谓之命;以其为吾人所以生之理,则谓之性。故三名所指目者,实无异体,只是随义而殊其名耳,犹某甲本无别体,而随关系异故,有多名耳。人生不是如空华,天命之谓性,此个真实源头,如何道他不是至善至美? 孟子言性善,其性是"天命之谓性"也,其所言善,则赅真与美也,广矣大矣,深矣远矣。孟子性善说,其可非乎? 若人妄谤真理,当堕无间地狱,可不畏哉? 董荀所谓性,非是"天命之谓性"也,吾为之核实而定其名,则当曰材性之性耳,宋儒所谓"气质之性",义与此通。仲舒云:"性之名,非生欤?如其生之自然之质谓之性。"此则明就材性言之也。"材性"一词,难以简单词语解释,无已而姑简言之,其所别于"天命之谓性"者,彼义指"天命之谓性"。则克就斯人所以有生的真实源头而言,此义材性。则克就斯人受生之初、肇形之际、合下形成某种气质而言。如或通或塞,或清或浊。此气质既成,即其所禀赋之真实源头天命性。或精神真实源头之在人,便为一身之主,是谓精神,亦云本心。亦不能不受此气质之影响。盖气质虽从真实源头发现,非气质别有本原故。而气质既成,则自有权能。易言之,真实源头之流行既现为气质,以为自己表现的工具,而工具已成,则自任其权能,而真实源头之运行于气质中者,遂有反为工具所使之憾。气质成于不齐之化,其通、塞、清、浊等等千差万别,故凡人一生之昏明、强弱、仁贪等等可能,实于其受生之初、肇形之际,便已法尔各具。法尔犹言自然。仲舒所云"如其生之自然之资谓之性。性者质也"。正就气质上说,不似孟子于气质中特别提出真实源头来说。据《中庸》"天命之谓性"而言,则此"性"字最严格,只此处可名为性。材性之性或气质之性,只应名为材质或气质,实不当与"天命之谓性"意义相混。向者函孟实、石荪曾略言及此,不审彼等留意否耳?此中颇有千言万语,一时道不出,若将古人论性者一一疏决评判,则又非专书不可也,今安得此暇耶?昔儒于上述二性多不分晓。即如《论语·性相近也章》,此"性"字本非"天命之谓性"之性,却是材性。如是"天命之谓性",即人与天地万物无不同此一性,焉得下一"近"字?又下文有"上智与下愚不移",在此性分上,又如何着得此语?下愚不移,正谓其材性生成如此耳,如商臣生而蜂目豺声,是下愚不移之证也。若就"天命之谓性"上说,则程子所谓"不为尧存,不为桀亡"是也,何移与不移可论?从来注家于此"性"字多混沌无分别,朱《注》于此犹不无病,经师辈更无论矣。吾子谈性,恐亦未有分析。仲舒未见性,只是混材质与"天命之谓性"为一,故未见性耳。

答江易铧

来函论文,汝可谓能知文矣。虽然,百尺竿头,犹须再进。韩愈文章,古今称其气势,愈之得名在是。然文章有气势可见,是其雄奇处,亦是其细小处也。睹喜马拉雅山而群情仰止,以其高大也。天之至高无上,至大无外,则人忘其惊叹,以是而知,喜马拉雅山之高大也。犹不及沧海一粟耳。六经《语》《孟》之文,平淡如布帛菽粟,人皆资生焉,而忘其味。文之至也,可得而论乎?《南华》神化,《骚》经则元气流行也,虽浑质不似六经,不能使人忘其赞叹,然能使人虽欲赞叹之而难以置辞也。此亦文之至也。宋儒惩六代之华辞而矫以顺俗,人皆以不文视之。然明道作尧夫传,伊川状其父母及状明道诸文,朱子为延平等传,及黄勉之状朱子,皆从其真实心中流出。俗士寡昧,不足窥其中所存与言外之蕴,则以为无文焉耳。作文固不易,衡文益复难,文章之气势浩衍,雄奇苍郁,有本于天,有本于人。本于天者,精力强盛,赋于生初故也;本于人者,复分诚伪。诚者,集义以养浩然之气,其文则字字朴实,不动声色,六经《语》《孟》是也;或字字虚灵,神奇谲变,不可方物,《庄》《骚》是也。伪者,缺乏诚心,或知求诚为贵而未能克己;血气盛而其词足以逞,智虽小而读书足以识故事、侈闻见,俨若胸罗今古,笔走风云,便谓天下之道果在乎是;存之心,发于言,张皇狂大,一切不惭,天下皆孩之而我为其父师、为其慈母,俨若仁覆诸天,德侔千圣,其骄盈之气,亦驰骤有光怪。天下有目者少,无目者多,则群相惊骇,以为文之盛也,而识者则知其浮而无根,华而不实,夸而无据,肆而不敛,奇而已细,其精神意气毕露乎辞也,韩愈之流是也,此习伪者也。

吾平生不愿为文人,不得已而有论述,有笔札,但称心而谈,期于义有根依，词无浮妄，以是持之终身，庶几寡过。

仁人之心，须与群生痛痒相关，否则麻木不仁，非人类矣。然此心不麻木，谈何容易？要在随事反省，非可腾诸言说。佛家经籍盛谈悲愿，读者以此反省诸心果麻木与否，方是自修之实。若直以经中悲愿之谈当作自家怀抱中之所具，居之不疑，因以形诸文学，俨若慈育人天，此则不足欺人而实欺己矣。

附记：江生，四川梁山人。梁漱溟先生设乡村建设研究院于山东邹平，生从之游，于梁门为高材生。余以抗战入川，生得同居请学。其人甚自爱，服膺宋明理学家言，吾方期其有所成。不幸短命死矣。

答诸生

西洋学人将理智与情感划分，只是不见自性，即不识本性。吾先哲透明心地，即谓本心。即从情之方面而名此心曰仁。仁之端曰恻隐，恻隐即情也。然言仁便已赅智，姑息与贪爱并非仁，以其失智故。故知言仁而智在其中矣，或从智之方面而名此心曰知。如《易》曰"乾以易知"，曰"乾知大始"，孟子曰德慧，程子曰德性之知，阳明曰良知，皆是也。然言智便已赅仁义礼信等等万德。《易系传》言穷理便已尽性至命，可知言智而万善无不赅也。识得本心元是仁智不二之体，名之以智也得，以其非染污之智也；向外迫逐与计较利害得失之智，是染污智，非本心也，故不赅万德。名之以仁也得，以其非惑乱之情也。俗所谓盲目冲动之情，儒者谓之私情、私欲，亦通名己私。佛家说名烦恼，烦恼即惑乱义。己私与烦恼，便非正常之情。正常之情即中节之和也，即性也。性情无二元，宜深体之。西洋学人不了自性而徒为理智与情感之分，其所谓智，终是佛家所云有所得心。有所得心，此语含义深广，如向外追求之心，此即有所得心，毕竟不与真际相应。即在哲学、科学等等方面之创造家，其理智之发展已迥超越一般人之所有较量利害得失等等低度理智作用，其明辨与洞达万事万物之理则，无迷谬之愆，其于人生之了解亦较高于庸俗，此等理智作用，可谓本心呈露乎？恐未必然也。世固有不透本原 本原即谓本心或自性。而转舍其下等追求，以从事于高等创造，则由用志不纷，古云用志不纷，乃凝于神。而无下等杂染 即谓下等追求。障碍其神思故。因此有极精微之明解力，即徒有缘事智，缘者，缘虑义；事者，事物。能了解万事万物之理则者，谓之缘事，即以此智名缘事智。而不能证会一切物之本体，以外缘故，有所知相故。外缘者，谓以所知事理视为外境，而了知之。所知相正由有所得心故起。证体则泯内外，无能所，斯乃至人超越理智之境，非学者事。又前谓其于人生之了解，仅较高于庸俗者，彼之所了解，只是其一种知见。若证体者，即涤除玄览 此中玄览谓知见，盖借用老子语。而一任真性流行矣。或问：如公所言，有高等创造者即有缘事智，而又谓其不必透悟本原。既不悟本，云何得有缘事智？答曰：人自有个本原，虽一向外驰，不复自识，然本原何曾消灭？缘事智毕竟依本心而起，若无本心，其可凭空幻起耶？但至人悟本，则缘事智亦是本来妙用，不至逐物而自迷其本。不悟本者，则缘事智只是逐物，只是外缘，便丧失自己，此中自己非谓小己，勿误会。阳明所谓"抛却自家无尽藏"，此可哀也。

此方先哲，千言万语，只要知本、立本，只要知性、尽性。性者即是本心。若不悟此而徒分别理智、感情，而曰以理智驾驭感情，殊不知未识自性，未澈本心，则其所言之智，何曾离得染污而可恃此为主宰耶？其所斥为盲目狂驰而不足任之情，正是惑乱，又岂是吾之所谓情乎？由昧本故，无端生出许多葛藤，遂令先哲正义晦而不明。

又复应知，于情上指性，须于"情"字认得分明。世间一般人口语中之所谓情，往往是己私而不是情也。孟子以四端显性，即于情上指性也。然其言恻隐，则于今人乍见孺子入井，当下一念，非所以纳交于孺子之父母，非要誉于乡党朋友，非恶其声而然。指此当下之恻隐乃是真性，乃是正常，乃是中节，过此以往，纳交、要誉，百伪丛生，则谓之情，而实成惑乱，不应谓之情矣。真情即是真性，非二元也。恻隐如是，羞恶、是非、辞让诸端皆可准知。读此等书，非反躬察识分明，其有不辜负圣贤心事者哉？

答友人

十五日函才到，可谓迟矣。兹答者：一、谓中国自古及今唯孔庄二人，吾不赞同。孔子无得而称矣，庄生才力高于道力，其学实原本于老而自成一家，其慧虽高，而不免玩世，至少有此倾向。兄谓其偏，是也，而不能如佛氏之偏得有气力。佛氏精进勇悍，悲愿宏大，若悟其出世之偏而归之中正，则与宣圣并力而纲维大宇，无须言度脱矣。庄周终是冷然扁舟孤海人也，非圣人之徒也。老氏守朴，其慧深而不露，要自胜于庄，而孔门求仁之旨，非其所及，一转手便成漆园之学，非偶然也。二、谓子玄《注》几胜于庄，亦不然，子玄之善，约有三端：穷神知化虽不能如《易》，《易》归本刚健，庄则于虚寂处有体悟，而不知至虚至寂者即是至刚至健也。《新唯识论》中卷宜玩。而所冥会者已深矣，此其一；自然之妙，子玄时发其机，而犹不免杂以肤谈，忙中不暇举证。但子玄以外，确未有能及之者，故可尚也，此其二；体神居灵，非是知解境界，子玄于此实有深会，此其三。若乃至治之休，要在群情归于中正，毫无矜尚。周濂溪《太极图说》，吾不甚取之，然其提出"中正"二字，确有会于老庄去矜尚之旨。人心才起一毫矜尚，便失其中正，此非深于内省者不能知。老庄薄仁义，恶夫伯者揭仁义之名以相矜尚，使天下竞托仁义之迹而亡其真，人类之祸自此剧。故乃薄仁义而绝其矜尚之情也。子玄于此，亦颇得老庄意思，斯可贵耳。夫群情之惑也，将自造祸乱，而必假于美名以相矜尚；矜尚益炽，而愤盈之气、杀夺之机乃日益盛而不可止，久之则昔时所矜尚者，后亦无所有，而公然以凶毒为务矣。春秋时，伯者矜尚仁义，以文其功利之图。至于战国，则已不复假托仁义而直如猛兽狂逞。秦以是噬六国，不旋踵而自毁焉。故知矜尚之流极，将必去其矜尚而一切不顾，物我俱毁。是以老庄戒履霜之渐，而严绝矜尚之萌也。近者第一次世界大战，列强犹侈言为人道而战，为文明而战，是其所矜尚，与吾春秋时伯者揭橥仁义之情不异也。然至最近二次大战，则公然毁灭一切，无所谓人道，无所谓文明。今战事暂停，而杀机酝酿益烈，人类自毁之忧，更不止如吾战国七雄之局而已。夫人情有所矜尚则失其中正，而暴乱必至于不可戢。仁义也，人道也，文明也，或其他美标帜也，假其名以相矜尚，必流为凶毒，此亦言群化者之深戒也。老庄皆谨乎此，而子玄亦得之矣。

答张君

　　来函引李君谈读书三渐次，初以古人为师，继以为友，终以为敌。李君何许人，愚妄至是耶？李君如每读一书皆如是，则以迷惑终其生，甚可哀矣！世间浮乱之书自不少，初读即师之，毋乃愚贱太过。若夫高文典册，如此土六经、诸子与梵方释宗三藏洪文，吾读之，无论完全赞同与否，要是终身之师，何可与之为敌？即其立义有反之吾心而不合者，吾以敬慎之心矫其弊，而自求一个是处，犹赖前哲之激发也，而敢敌乎？读书而存终敌之心，则必故意挑剔，故意狐疑，而初读时未挟敌意，或有正解，转因后之敌意而消失，岂不可痛？古今大智人，其于读书所获心处，恒反覆体认，愈印愈深，而后所见益六通四辟，小大精粗,其运无乎不在。孟子义精仁熟之言,大有深趣,始师之,中友之,终敌之,观念以次低降,义可精乎? 仁可熟乎? 人生实难,为学不易,何得如此误过一生? 今友幸加忠告。

今日上庠之教,专以知识技能为务而不悟外人虽极力注重科学,同时亦必于文哲方面特别提倡,使各部门的知识得有其统宗。而凡所以启导社会与发扬时代精神及培植个人生活力量者,尤赖有致广大而尽精微的哲学与文学。吾国人不幸忽略此意。抗战以来,虽稍注意文哲,然各大学文学院,殊乏独立创获与极深研几及困知强行的精神,此为事实之无可讳言者。

示诸生

二三子为学,宜多看历代大人物之文集。唯看此等书时,须自身先提起一段精神,即切实做人,不甘暴弃的精神。有此精神,则读古代大人物文集时,方能于其字里行间体察彼之精神。凡其胸怀之超旷、愿力之宏大、立身行事之谨严不苟,并其担荷天下忧乐与万物痛痒相关处,及在当时审几虑变、综事应物之智略,在在可以理会得到,而有以激发吾之志气,增益吾之明慧。《易》曰:"君子以多识前言往行,以畜其德。"盖前圣经验语也。余少时读杨忠愍及吾家《襄愍公集》,感发极大,终其身有委靡时,便思二公以自振。今人读书,只是考版本,搜征古人零碎事迹,以自矜博闻,如此读文集,何如不读为幸。

学者勿偏尚考据工夫而忘其所以为学之意,勿只注重学问的工具而忽略学问的本身,勿驰骛肤泛驳杂的知识而不为有根据、有体系之探究,当切实求自得,以悦诸心,研诸虑。

与友人

学术多门,遗相而后为至。遗相者,非可如佛氏末流,不务功修而侈言扫知见也。行极其纯,解归于证,至于证则不着诸相,而亦不拒诸相,是乃真遗相者也。"天何言哉?四时行焉,百物生焉,天何言哉?"深味之十二部经,得外此乎?否乎?得超此乎?否乎?愿公寻向上一关,勿长役法相之间也。拙著《新唯识论》,不卜公看过否?此与昔之言融通者根本不同,惟根极理要而贯穿诸方,故不敢拘门户以碍大道耳。悠悠斯世,可与言斯事者几人哉?近作《读经示要》一书,已由南方书馆付印,数千年学术源流得失,颇有所发,不止痛方今之弊而已。时贤皆椑贩是务,思想日趋浮杂混乱,全无维系身心之道。人心死,人气尽,人理亡,至今日而极矣。群一世之为学者,思不造其微,理不求其真,学不由其统,知不足以导其行,肤肤泛泛,虚妄而终不反,吾族类其危哉!老当斯世,痛不可言,聊为吾兄一抒愤气。

答贺自昭

先哲矩范不可失,此吾所深望于时贤者。清末以来,谈新知者,无一不附会,如以格物致知引归科学态度;以考据家重在明征定保引归科学方法;以孟子民贵及《周官》义符合民治精神;此皆无害。若乃探穷中土哲学思想而亦袭取西洋皮毛,以相牵合,则彼己两方根本精神俱失,而其害有不可胜言者矣。老来每念及斯,时深惶惧,愿贤者毅然振起颓风,则数千年圣哲遗绪,将赖之以存。而所以衣被人类、参赞化育者,皆有资乎是,其所关岂不大软?心理学家有持行主知从说者,彼据生理_{即物理}。以说明心作用,固可如是看去。印度唯识论师谈心所,亦以诸惑之力用为最胜。诸惑皆属行。释迦最初说十二缘生,无明实为导首。无明为缘而有行,_{此中行者,造作义;无明者,迷暗义。行虽以无明为缘而有,但无时间上之先后。下言行缘识,准知。}行为缘而有识,此与行主知从之义颇相合。盖诸惑皆缘形而起,感物而动。佛家修观,首誓及此,故与科学家谈心作用而依据生理以施质测者,乃不谋而合也。阳明谈良知则非依据生理以言心,乃克就吾人与天地万物同体处说心,所谓本心是也。其咏良知诗曰:"无声无臭独知时,此是乾坤万有基。抛却自家无尽藏,沿门持钵效贫儿。"此心乃科学所不容涉及者也。自此心而言,_{此心即良知,或本心。}则知主行从,确无疑义。本心元自昭明,无有迷暗,万化之起,万物之生,万事之成,皆从昭明心地流出,_{此心亦云宇宙的心。详《新唯识论》。}非由盲目的冲动而然也。此中实有千言万语说不得,非有尽性工夫,则不能亲体承当也。吾之《新论》,骨子里只是此义,未审高明誓及否?征之《大易》曰:"乾知大始,坤作成物。"乾坤本无异体,而即用为言,则乾坤不容淆乱,乾为主,而坤则从。_{坤曰顺承天,明是从义。}知属乾,而行属坤。于乾言知,而即为行之始;于坤言行,_{所谓作成物。}而即为知之成。就天化言之固如是,反之吾心,知行合一的体段本来如是。孟子云尽心则知性知天,学者如无反己工夫,自无缘信及耳。阳明之学确是儒家正脉,非袭自禅师。然佛家登地以后,渐至究竟,转识成智,无边妙用,皆自圆明心地生。知主行从,仍与《大易》同归。此又不可不知。大抵依据生理_{即物理。}立论,行主知从,其说有当;若见到本体,_{即本心。}则知主行从,是为胜义。但凡夫一向放失本心,则真正知行体段每不易识得。此真理所以难言也。

答牟宗三

附来函：昨奉《读经示要》第一讲油印稿，喜甚！细读一过，大义昭然。据六经之常道，遮世出世法之僻执，曰：耽空者务超生，其失也鬼；执有者尚创新，其失也物。遮表双彰，可谓至矣！继陈九义，始于仁以为体，终以群龙无首，规模宏阔，气象高远。盖吾师立言，自乾元着手，会通《易》《春秋》及群经而一之，固若是其大也。第九义中讲愿欲依性分而起，不必其偿，令人警惕赞叹不置，顿觉精神提高万丈。人类学术之尊严胥由此起。孔孟立人极，赞化育，本以此为其根本精神。理学家杂以释老，此义渐隐没不彰。德国哲人立言庶几乎此，而英人则全不能了此。时下人心堕落，全无志气，闻之必大笑，然非圣贤心思不能道之矣。后面讲《大学》，宗微有不甚了然者，即"致知在格物"一语，据吾师所演释，似不甚顺妥。致知之知，若取阳明义，指良知本心。言，而"格物"一词复因顾及知识，取朱子义。今细按"致知在格物"一语，则朱王二义，实难接头。朱子义甚清楚，然即物而穷其理，以成知识，与诚意正心究无若何必然之关系。朱义于"物格而后知至"可讲通。然知至而意不必诚，此其义终难通。阳明即把住此点，将朱子向外一行全转过来，知定为良知，物训为意之所在，格物则成为正念头，亦即成为致良知之工夫。此则与正心、诚意步步紧逼，有必然之关联。然阳明之系统大体虽顺，而其中之"致"字，似有歧义。试返诸吾侪所意谓，致良知即是复良知。良知既是本心，然为习心所蔽，故须复。复之工夫即格物，良知完全呈露，则事事自然合理。致若作复义解，则此段工夫即为内向历程。然阳明之言致良知，常是兼内外而为一整个，一来往。若作复义解，则是内向。若是外向，则致字当是推扩义。试就"致吾心之良知于事事物物"一语而言之，此语可解为在事事物物上复吾心之良知，此即是内向，亦可解为推扩"吾心之良知于事事物物而皆得其理"，此即是外向。阳明之言致究是何义，并未表明清楚。然无论如何，总持言之，内向、外向，义虽有别，次序亦异，而总不冲突。惟关键在复，立言之着重处亦在复。而外向则是其委也，亦可兼内外同时而言之。内向之复同时即是外向之推扩，成为同时俱起之一整个一来往。若揆之"致知在格物"，则内向义为顺。吾师所讲者，则似为外向之推扩义。致知之知既是良知或本心，则"欲诚其意者先致其知"一语，便是内向之最高峰。是则此语中之致知，以复义为重，然本体非只是虚寂，亦不可以识得本体便耽虚溺寂而至于绝物，亡缘返照，而归于反知，此经之所以结归于"致知在格物"也。吾师训格为量度，下举诸例如事亲，如入科学试验室等，皆明本良知以量度事物。凡量度事物，皆为良知之妙用，是则"致知在格物"一语中之"致"字，全成外向之推扩义，既与前语中之致知不相洽，不一致。而按之经文，宗总觉其不顺妥。一切知识莫非良知之妙用，在一独立系统中自无可疑。知识如何安顿，亦自可由此而解答之。然凡此诸义，皆不必牵合于"致知在格物"一经句，或吾师欲托《大学》经文以立教，则非所敢议。

来函谓"欲诚其意者先致其知"。此"致"字当作复义解。复便是内向，而以吾解"致知在格物"一语中之"致"字全成外向之推扩义，以此疑其不顺妥。吾子此段议论，恐推求太过。夫心，无内外可分也，而语夫知的作用，则心有反缘用焉，缘者，缘虑义。参考《新唯识论》上卷。反缘谓心之自明自了，亦云自知。似不妨说为内向；有外缘用焉，外缘谓缘虑一切境。夫一切境，皆非离心而外在者，今此云外何耶？境本不在心外，而随顺世俗，不妨说为外耳。心于所缘境起解时，便似作外境想，故假名为外。似不妨说为外向。但内外二名，要是量论上权宜设施。量论犹俗云认识论。实则境不离心独在，虽假说外缘，毕竟无所谓外，且反缘时，知体炯然无系；知体犹云心体；无系者，心反缘时，只是自知自了而已，不起外境想，故云无系。外缘时，知体亦炯然无系。外缘时，虽现似外境相，而知体澄然，不滞于境，故亦无所系。知体恒自炯然无定在，而实无所不在，何可横截内外而疑其内向外向之用有所偏乎？《中庸》曰："合内外之道也，故时措之宜也。"辞约义丰，切宜深玩。

函云"欲诚其意者先致其知"一语中之"致"字当作复义解，此亦未审。经文从"欲修其身者先正其心"逐层推到诚意在致知，所说本是一事，而分许多层次，只以义理自有分际，不得不别析言之。身之主宰是心，此身若为私欲所使，即私欲侵夺天君之位，是为心不在而身不得修。故正心即心在之谓。可详玩《示要》解正心处。易言之，即是复其本心。来函云：良知既是本心，然为习心所蔽，故须复。此义甚谛。但已于正心一语中见之，不当于致知处说。

意是心之发用，本无不诚。而曰诚意者，吾人每当本心发用，即真意乍动时，恒有私欲，或习心起而用事，障碍真意，此谓自欺，此谓不诚。故诚意工夫是正心关键所在，易言之，即复其本心之关键所在。然诚意工夫如何下手？此是一大问题，若非立大本，持养于几先，仅于私欲或恶习萌时欲致克治之力，则将有灭于东而生于西之患，而终不免于自欺。故立大本为最要。

大本非他，即良知是也。良知者，意之本体，即前云正心之心是也。前但出心之名，而未说及心是什么，此则切示心体，即是知。知即良知之知，非知识之知。知是清净炤明，虽私欲炽然时，此知亦瞒昧不得。吾人只依此内在固有之知而推扩去。"诚意先致知"之致字是推扩义。下文"致知在格物""致"字亦推扩义。知是大本，推扩则大本方立定。大本既立，则

287

私欲不得潜滋，而意无不诚矣。

问：何故推扩方是立大本？答曰：此等处非可空思量，须切实反己体认。夫知为良知，即是本体。本体亘古现成，何待推扩？欲释汝疑，须先分别二种道理：一、法尔道理。此借用佛典名词。法尔犹言自然，儒者言天，亦自然义。自然者，无所待而然，物皆有待而生，如种子待水土、空气、人工、岁时始生芽及茎等。今言万有本体，则无所待而然。然者，如此义。他自己是如此的，没有谁何使之如此的，不可更诘其所由然的，故无可名称而强名之曰自然，或法尔道理。

二、继成道理。《易》云：继善成性。此言吾人必继续其性分中本有之善，以完成吾之性分。盖本体在吾人分上，即名为性。而人之既生，为具有形气之个体，便易流于维护小己之种种私欲或恶习而失其本性，易言之，即物化而失其本体。故人须有继成之功，以实现其本体。《论语》曰："人能弘道，非道弘人。"道即本体之名，弘即推扩之义。吾人能弘大其道，继成义也。道不能弘大其人，人不用继成之功，则人乃物化而失其所本有之真体故也。就法尔道理言，本体无待，无对待也。法尔圆成，法尔圆满，无有亏欠；法尔成就，不从他生。似不待推扩。然所谓圆成者，言其备万理，含万化。易言之，即具有无限的可能，非谓其为一兀然坚住的物事也。故其显为大用，生生化化，无有穷竭，即时时在推扩之中。王船山释太极一词曰："太极者，无有不极也，此是法尔圆成义，是具有无限可能义，此似不待推扩。无有一极也。"是时时推扩义。则似不待推扩者，而实恒在推扩，《诗》曰："维天之命，于穆不已。"天谓本体，命谓本体之流行。于穆，深远义。不已即推扩无终极。《易》以天行健象乾元，即有推扩义。故吾儒言本体与佛氏以无为、无造显本体者无造即不生不灭义，是常守其故而无新生，本体便成僵固的死物。天壤悬殊。吾人不当虚构一兀然坚住之本体，妄起追求，唯应体现其所本具推扩健进之本体，以立人极。

就继成道理言，本体在吾人分上，即名为心，以其为吾身之主宰，故曰心。亦名为知。知即是心，唯以其清净昭明，故名为知。心之自相只是知，除却知更有什么叫作心？此知是无知无不知。无知者，非预储有某种知识故，如无子女者决不会预备有若何顾复婴孩之知识；乃至自然科学上一切知识，若非用其知力于自然界去征测，即此等知识亦不会预有之，故云无知。无不知者，此知是一切知识之源，如妇人初生子女便有善为抚育的一切知识；乃至自然科学的知识，只要推致吾之知力于大自然，则此等知识亦自开发，故曰无不知。余之此说，在宋明理学家及禅家闻之，必多不满。今此不及辨。**申言之，知体只是具有无限的知之可能，吾人必须保任此知体**，此知即是本体，故云知体。或问：一言乎知，便是作用，如何径说为本体？答曰：此问甚善。然须知即用见体，不妨说知即本体。譬如于众沤，识其为大海水之显现，不妨于众沤直说是大海水。今说知即本体，义亦犹是。保任二字须善会，保者保持，任亦持义，保任此知体，勿令私欲或习心得起而障之。吾人日常生活中，不论动时静时，常是知体昭然为主于中，却赖保任不松懈。保任便是推扩中事。**因其明而推扩之，使日益盛大。**明者，知体之发用。**如孟子言是非之心为智之端。**端如丝之绪，至微者也。盖以知体之明，在凡不减，凡夫何曾损减得，只为私欲或染污习气所障蔽而不甚显发耳。**其日用之间，于应事接物，或能明辨是非，不至迷乱，此正是其知体微露端倪，但凡夫不知保任此端倪，**端倪即知体之明。常保任之，则知体透露矣。颜子卓尔如有所立是也，惜凡夫不悟。**每有初念顷，是非不惑；及稍一转念，便为私欲所使而障蔽其本明。故学者求自远于凡夫，必于一念是非之明处引其端而扩之，至于穷万理，达至道，得大智慧，庶几知体展扩，渐近极度。**言渐近者，实无有极度也。佛家以成佛为究竟位，是有极度。《诗》曰："维天之命，于穆不已。"文王之德之纯，纯亦不已，便无究竟位可言。夫渴想极度者，妄情也，不歆极度而行健不息者，真达天德也。使果有极度，则本体将为凝然坚住之物而大用息，是孔子所以叹"夫《易》不可见而乾坤息也"。佛家说真如是无为无造，此其妄也。呜呼！安得解人与之论儒佛乎？**故曰："是非之心，知之端也。"孟子之言扩充，其义毗矣。**或问：先生言推扩，究须有保任工夫，而解"致"字却似偏取推扩一义，何耶？答曰：保任自是推扩中事，非可离推扩工夫而别言保任也。**推扩者即依本体之明而推扩之耳**；"依"字是顺从义，即保任之谓。吾人只念念顺从吾知体之明而推扩去，则私欲或习心自不得起。推扩工夫稍歇，则习心便乘间而横溢。反省深者，当知此事。**保任**

亦只是依从知体之明推扩去，非是别用一心来把住此知体可云保任也。如别用心来把持，便是无端添一执着的私意，即知体或本心已受障蔽。理学与禅师末流多中此毒。

经文致知"致"字，本是推扩义，保任意思自在其中，然经直以推扩标义，隐含保任却不直标保任者，此中大有深意。试详玩后儒宋明儒。语录，大抵以为知体或本心是本来具足，吾亦承认本来具足，但是具有无限的可能，而禅与理家不必同此。本来现成，故其谈工夫，总不外保任的意义为多。程朱居敬工夫只是保任，不独明儒昌言保任也。单提保任，则可以忽略推扩义，以为现成具足之体，无事于推扩也。明道《识仁篇》云：此理不须穷索，以诚敬存之，存久自明。存即保任义。格以经文致知之"致"字，即推扩义者，乃见明道纯是道家之徒。道家不言推扩，其旨与佛氏为近。宋明儒始终奉《识仁篇》为宝训，其于仁体仁体亦即知体。仁与知非二也，特所从言之方面不同。实只有保任，而无推扩工夫。充其保任之功到极好处，终近于守寂，而失其固有活跃开辟的天性。其下流归于委靡不振而百弊生。宋明以来，贤儒之鲜有大造于世运，亦由儒学多失其真故也。故言推扩，而保任义自在其中，单提保任则可以忽略推扩工夫，而其弊有不可胜言者。总之，知体是主宰，依从知体之明而推扩去，便是工夫。即工夫即本体，本体亦云知体。如充一念是非之知，可以进至极高的智慧境地。工夫推扩不已，不令此知体被私欲障碍，引而伸长之，即是本体展扩不已，此乃人道之所以继天成己天者，本体之名。人继续其所固有之本体而不至物化，是名继天。己谓性分，非小己之谓，人完成其性分曰成己。而立人极也，是谓继成道理。

经文于修身先正心处已明复义，因为此"正"字即是《易》言正位之正，即明心为身之主宰，当正其天君之位而不可为私欲或习心所侵夺，故是复义。但此处只作一番提示，并未说到如何用功去复。继言诚意，便显意是心之发用，于此却要用功，必勿以私欲或习心来自欺其意，如此方是诚意，而心不致放失。然不自欺工夫即诚意工夫。不是仅在发用处可着力，必须立大本。大本非他，还是要认明自家主宰的头面。主宰即上所云心。此个头面即是知。所谓良知。阳明诗云："而今说与真头面，只是良知更莫疑。"如此亲体承当，得未曾有。然自识得此大本已，大本即知，亦云良知。必须依从他良知。推扩去，如渊泉时出不竭才是。渊泉喻如良知；时出者，渊泉随时流出，喻如良知之明随时推扩。本体良知，原是推扩不容已，工夫亦只是推扩不容已，即工夫即本体，吃紧。焉有现成具足之一物可容拘隘而坚持之乎？佛家说到知体，佛所云智，亦相当于《大学》经文致知之知。喻如大圆镜，此便无有推扩。吾谓以镜喻知体，不如以嘉谷种子喻之为适当。须知一颗谷种，原具备有芽、干、枝、叶、花、实等等无限的可能，非如镜之为一现成而无所推扩之物也。后儒言知体，皆受二氏影响，故其工夫偏于单提保任，其去经言致知之推扩义盖甚远。夫不言推扩，则工夫只是拘持，将为本体之障，无异堤防渊泉而欲断其流也。大本不立，害莫甚焉。推扩工夫，方是立大本之道，譬如通渊泉之流，源源不竭，沛然莫御，所谓有本者如是也。本立而后发用时，倘有非几之萌，自如红炉点雪，故曰"欲诚其意者，先致其知也"。

阳明于推扩义极有见，《语录》有曰："我辈致知，只是各随分限所及。今日良知见在如此，见读现。只随今日所知扩充到底；明日良知又有开悟，便从明日所知扩充到底。如此方是精一工夫。"此段话好极，惜乎一向无人注意。诚深会于此者，当识得知体不可视犹明镜，而当喻如谷种，时在推扩发展中也。阳明后学已失此意。

推扩工夫正是良知实现，私欲、习心无由潜伏，正如太阳常出，魑魅全消。上文正心处所示复义，至此乃见。故致知之致即推扩义。是复之下手工夫，与前但虚提复义者，不容混视。义有分剂，言有次序。

复义只是对心不在而说，此心为私欲所障蔽而失其君位，故须复，如人君失位而复辟之复。明乎复义只如此，则复义并未涉及下手工夫,何所谓内向?工夫若内外一片,则内向只是堤防着本体,其害将如吾前所云,焉有如此而可复其知体者乎?知体亦本体之异名。

"致知在格物"之"致"字,元承上文来,自是推扩义。知者,心之异名。一言乎知,便已摄物。摄者,含义。心、物本为浑然流行无间之整体,不可截成二片。内外之名,随俗假说固无妨,若果以为内心、外物,划若鸿沟,则愚夫作雾自迷,其过不小。夫良知非死体也,其推扩不容已。而良知实通天地万物为一体者也。故《易》言"智周万物",正是良知扩推不容已。若老庄之反知主义,老子绝圣弃智,其所云圣智,即就知识言之,非吾所谓智慧之智也。庄子亦反知。将守其孤明而不与天地万物相流通,是障遏良知之大用,不可以为道。故经言"致知在格物",正显良知体万物而流通无阂之妙。格者,理度义。良知之明,周运乎事事物物而量度之,以悉得其有则而不可乱者,此是良知推扩不容已而未可遏绝者也。须知吾人工夫是随顺本体,而本体亦即于工夫中实现,明儒说即工夫即本体,此语妙极,惜乎学者不肯深心理会。夫推扩吾良知之明去格量事物,此项工夫正因良知本体元是推扩不容已的。良知本体四字作复词。工夫只是随顺本体,否则无由实现本体,此不可不深思也。哲学家有反知者,吾甚不取。明乎此,则吾言致知格物,融会朱王二义,非故为强合,吾实见得真理如此。朱王各执一偏,吾观其会通耳。

推致吾良知之明向事物上去格量,此是良知随缘作主,无所谓外向也。格物之格即是良知之用,知之流通处即是物,非物在心外,故格物实非外向。俗计为外,而实无外。知之流通处即是物,而知之格量作用周遍于其流通处,即物。而得其有则而不可乱者,是谓格物。格物工夫不已,即是吾良知之流通无息,展扩不已。

《大学》言格物,只予知识以基地,既许格物,即知识由此发展。却非直谈知识。

庄子以内圣外王言儒者之道,其说当本之《大学》。然内外二字,

292

但是顺俗为言,不可泥执。《大学》经文只说本末,不言内外。前言物有本末,后结归修身为本。修身总摄诚正格致以立本,由身而推之家国天下,皆与吾身相系属为一体,元无身外之物。但身不修则齐治平无可言,故修是本而齐治平皆末。本末是一物,如木之根为本,其梢为末,元是一物。不可剖内外。通乎本末之义,则三纲、八目无论从末说到本或从本说到末,总是一个推扩不已的整体,不可横分内外。

"物格而后知至"者,至,极也。言于物,能格量而得其则,然后良知之用乃极其盛也。《示要》于此疏释甚明白。读者不肯反己切究,故以朱子之解为通,而疑吾之说欠顺。孟子曰:"舜明于庶物,于众物之理必格量明析而悉得其则。察于人伦,即于父子、兄弟、夫妇乃至天下人,互相关系间有其伦理,必格量不迷。由仁义行,孟子言仁义,即就本心或良知之德而目之也。由者,率顺义。明物,察伦,即于物理已无不格量,而无所迷谬,故乃率顺其仁义等德具足之良知而行之,自无冥行之患。非行仁义也。"非依古人仁义之事而假行之以袭美名,所以异乎功利之徒。详此云明物察伦即于物理无不格量而无所迷谬,所谓物格是也。物格即是良知行乎事事物物而大明遍照,其力用日益增盛,故曰"物格而后知至也"。知至则私欲或习心不得相干,而意无不诚可知。孟子云"由仁义行",正意诚之征也。世或以为原人时代,其民天真未离,即良知现成,无有不善,老庄遐想淳古之风盖如此。其实原人尚未能推致其良知以格量事物,即知识甚陋,唯其于物有未格,不足语于明物察伦,故其所行,当理者甚少而终不自知其迷谬。即偶有是处,亦不由自觉,此与鸟兽之顽冥几无甚殊异,故其良知全不显发,无可与之言诚意不待言。阳明后学多喜享用现成良知而忽视格物,适以自误,此亦阳明讲格物未善所至也。

《大学》经文从"欲明明德于天下"一层一层追本到致知上去,即随结云"致知在格物";却又由物格知至以下一层一层归于天下平,文义往复如环。细玩之,致良知是立大本工夫,而格物正是致良知工夫吃

293

紧处。道家致虚，老子曰"致虚极，宁静笃"，庄子及他道家皆不外此。佛氏归寂，佛家三法印，而涅槃寂静一印实前二印所会归处，此其无上了义也，大小乘皆于此印定。同一反求自性而不免遗物，其流皆有反知之弊。佛家虽尚理智分析，然实以为修法空观之方便，与《大学》格物主张确不同。《大学》特归重"致知在格物"，与"物格而后知至"二语，此实圣学与二氏天壤悬隔处。至西洋学术精于格物，却又不务致良知，便是大本不立。陆子教学者"先立乎其大"，阳明云"学问须识得头脑"，不可仅以驰求知识为能事也，《大学》之教方无流弊。

答韩裕文

年来筹设中国哲学研究所者，因吾深感今日著书决不济事。今人从小学至大学，所见所闻皆与大道背驰，其日蔽于浮杂知见者太深，此语勿作骂人语句看，非真了然于时下学风者，不知此痛。欲其看吾书，谈何容易？今诚欲学者敦素业，求真理，则非可徒事著书而已，必身亲教人焉，而后可冀此学此道之大明而不至于晦也。昔吾夫子，杏坛聚三千七十之众，此岂不惮烦哉？诚有所不容已也。故曰我学不厌而教不倦也。若只学不厌而已，则自私自利者皆优为之，岂足为圣乎？释迦牟尼菩提树下固其专精自得之时，其后来悠长岁月，只以全副精力为众生说法，与吾夫子诲人不倦又未尝不同也。今之爱我者，皆勖吾以著书，不知斯人陷溺已深，先圣哲之遗训丧亡略尽，区区著书岂足挥鲁阳之戈以反坠日乎？吾痛心及此，而不能无意于讲学也。今时社会组织不同前世，生活情形迥异古昔，学术之复杂又日益甚，虽孔孟程朱复起于今，亦不可以乡塾之规而讲学也。此中有千言万语，吾惮于笔述，明者可自思之。吾欲规设中国哲学研究所，冀聚若干有志士得与吾共朝夕，专而不纷,期以数年,精神通,思理达,夫而后此学此道不失其真。斯所以上对千圣百王,下为无量人群广植善种子,则吾之心尽,而天地生民其亦有所与立、有所与托矣。虽然,研究所之经费,非穷书生可办也,必资乎有权势者筹募于有钱阶级,而后可集事也。吾性孤冷而不能与权势接触,纵有一二留心学术者为达此意于数辈大官,彼固漫然诺之,其实亦漠然若不闻而已。然吾终不易吾素守,决不苟且周旋于势利之途,为枉尺直寻之计也。

与陶君

老子研几而顺化,其源出《大易》《春秋》,儒之别子也。清净无为,恶夫以私智宰物,将任物之自正,此其所长也。然物类不齐,若无辅相裁成,而期物各自正,如何可能?且纯持个人主义而缺乏集体生活,将使物各孤立而不相互助,终无以为治,此老氏所以见斥于吾儒也。庄生更申放任之旨,极于剖斗折衡,度制尽废,其论近于无政府,又恶文而欲返之于野,将有激而然乎!

答张德钧

驳皮氏文,顷阅过。卦爻辞为系辞,此说不为无理。但皮氏谓孔子始作之,以前无辞,此甚谬。然孔子集羲皇乃至文王以来之占辞与筮法等而新定其义,则谓卦爻辞为孔子系之辞可也。如鲁史之辞经孔子取义而谓《春秋》之辞,非孔子作可乎?《示要》说得甚明,汝何疑焉?重卦之人不必争论谁何,汝意极是。吾意,言八卦即是六十四卦备举之，羲皇一手演成，本自然之序，无可疑者。然汉儒多称文王重卦，或因其于占法有所整理而云然，羑里演《易》之说，必非无据，《论语》：子曰"文王既没，文不在兹乎"，此所谓文，盖指文王之易而言也。孔子取其文而董理之，乃别有新义，故曰在兹也。

与孙颖川

钟兄仲襄有静趣，无尘俗情，故欲激之。其胸抱似有不拓者，岂有人伦之感耶？有子无子何相干？诸圣贤犹父兄，群生犹子弟，万物皆吾手足，何乐如之？

与韩裕文

吾欲汝来者无他。仲尼无常师而不曰无师也。求师不限一方面，此儒道开端便广大也。若无师，何以为圣乎？阳明云："吾尝求师于天下，而天下莫予师也；吾尝求友于天下，而天下莫予友也。"痛哉斯言！今之世正是此悲境也。吾虽不德，然先圣贤一线之延，实在乎是。汝所得于吾者，究无几何，去之太早，恐不济事。仿佛一空轮廓，终无可填实；又如略具骨格，无法生精血。今之后生，侈言独立发展，实乃自暴自弃。昔者康有为从朱九江一年急离去，终成一浮乱名流，康氏之学实浮乱。向者张孟劬先生尝言之，而时贤每不辨也。晚而推尊九江，究何得于九江乎？若果长与九江处，薰陶加深，或不至太不成样也。吾告汝，凡上上资质，无师自得；上中之资，得师而长相依，可以青出于蓝，冰寒于水，颜子如不早丧，当不止亚圣之地也；中中之资，得师而长相依，虽难希上哲，而必远于凡庸。凡人精神志气，必待夹持辅养，蓬生麻中，不扶自直，此有至理。吾侪不幸无师，而尚友古代圣哲，读其遗书，索其冲旨，亦以提振自家神志。然如得良师而常亲謦欬，究比尚友为亲切也。船山从其兄介之学，而于其殁也，为之状云："咳唾皆神之所行，逡巡皆气之所应。"其所得者深矣哉。子曰："吾无行而不与二三子者，是丘也。"古今会斯意者少。轻浅怠慢之毒中乎身，必欲远老成以自鸣得意。学之绝，道之丧，良有以也。人日与流俗处，精神志气日靡乎流俗，欲无下达，其可得乎？汝违吾久，至少须得数年聚。吾非狭隘规模，汝学西洋哲学，每年规定看何家之书，即专心看去，吾不汝禁；中土儒家及诸子学，印度佛学，亦须择要熟习。学问之道，于此深造自得，于彼亦可深研；于此粗浮作解，于彼亦是粗浮。粗浮者，即一无所知、一无所得也。汝曹返诸良心，曾受何种严格训练免于粗浮，而遽欲违吾以自立乎？汝非天才也，吾望之者，取其笃实也。甘受和，白受采，忠信可以学礼，笃实可以成学。吾年六十以上，一向无人可语，聪明过汝者，非无一二，然恐终不离粗浮之痛耳。吾舍汝，其谁望矣！汝不自发真心，只作得一世俗所谓好人，吾之学其已矣！此方先哲意思无可托矣！吾年已至衰境，向前日月能有几多？此可念也。学者必养成挺然绝俗之资，必具有囊括大宇之概，规模宏拓，志意深远，不贪小成，不甘凡近，然后能下极深研几之功，任继往开来之业，否则随俗翻几家书，得些肤泛知识，诩诩然摇笔弄舌，盗得浮名，居然一代学者，古今浅夫昏子，自害害人，鲜不出此，此斯世所以长迷而不返也，悲夫！

答李四光

《论语》："仁者己欲立而立人，己欲达而达人。"立与达之义，深远矣哉！知识技能之学不足云立与达也。卓然树立，不倚于天，不倚于地，万物无足以扰我者，岳峙渊渟，八风吹不动，如是之谓立。孔子曰"三十而立"，是其真有所立也。濂溪曰"立人极"，不立未成为人也。《书》曰"唯皇建极"，皇者大也。大哉立极之道也。达非今世科学知识之足言也。吾非反对科学知识，只应还他一个地位而已。明万化之原，究天人之故，观我生而不迷于生，《易》之《观卦》曰"观我生"，有味哉！尽吾性而弗疑所行，率性而行，悉由天则，何疑之有？《易》言大明，佛氏大彻大悟，达之谓也。不立不达，是如粪土，何可为人？哀哉！吾之族类颓然弗可立，冥然未有达也。中略。数十年来教育，只务贩入知识技能，真有知能可言者，未知几何？而大多数则习于浮浅混乱之见闻而已，学不究其原，理不穷其极，思不造其微，知不足以导其行，夙植恶因，成兹孽果。往已不谏，来尚可追，今之司上庠教育者犹复茫然，未知所觉，始终只欲贩入知识而忽视其固有立人达人之大道。呜呼！天其梦梦，世其滔滔，吾既年衰，兄亦老至，我辈复何所计？唯族类可忧耳！鸟兽犹爱其类，何况于人乎？昨奉《读经示要》一书，不卜得一看否？此苦心所寄也。

答郭君

　　《读经示要》第一讲有云："圣哲不世出，而庸众则滔滔皆是。"先生不以为然，谓人性皆善，不当有圣哲庸众之殊云云。尊论只见得一偏耳。夫性者，言乎人所以生之理也，圣人庸人固同此一原，不当有异。横渠云：性者，万物之一原。原谓理。然理肇万化者也，其显而为气，气即理之显。理体也，气用也。乃以凝聚而成物。气者，势用之谓。释见《新论·功能章》。势用猛疾，故凝聚成物，譬如水流迅疾则见波状，故知动疾则诈现凝象。气之凝，本无作意,非有上帝为工宰,立一定之模而冶之一炉,使其毕肖而无不齐也。"非有"二字至此为句。故凡人或物之禀气以成形者,初无定型,而灵蠢与强弱等等之不齐,乃出于气化自然之几。气化亦可说名造化。人物虽欲以自力胜造化,要之其自力发展最优者,或仍本诸其所得于天之厚。天谓造化。所谓得天厚者,即其禀气化以成形时,而所禀受有独优者也。人类之祖与猿同类,其一已进而为最高之人类,其一则传之无量劫子子孙孙而仍如其朔,此何故耶? 当知凡物虽种源不异,而每一物之生,其各禀于天者,不能分量齐均,其躯体结构虽互相似,而亦不能全肖。故同类之物,有守其故步而无所更进,亦有发展日益新新而全异其元始。孟子曰:"物之不齐,物之情也。"此言深可玩味。世之谈生物进化者,徒注意环境而忽略生物自身因素,即其所得于天者果何如? 于此全不计及,终是一蔽。环境之影响诚重要,而生物自身因素究不可忽。物有奋其自力以争造化之功,而其能事终有所限,然不可以能事之有限也而不尽其自力,正以能事有限而自力乃益不容已。使有息肩之地可容偷安,则万物之生,将皆平淡无意义,何足贵哉? 据此而论,造化不齐,则人类不能皆圣哲而无庸众。圣哲扶勉庸众,常为不断之努力,扶勉者,因彼之自力而扶勉之,使其自立自达耳;非宰制乎彼,使失其自力而从吾之所使也。庸众亦奋其自力而以困知勉行为务,虽不必遽跻上智,要自有相当成功。人类从无始时来迄至今日,圣与庸之不齐,未尝一日而可泯;圣与庸之各尽其力以求进,亦未尝一日而可已。但其进也非直线,有时若登高然,回旋曲折,将上而反下之,将前而故后之,终于前进而已矣。然前进未有极顶可休,则进亦疑于不进也。从古迄今,人类如是其进而不已。继今以往,圣与庸在进进之长途中终古不齐,圣与庸之各尽其力以求进者,亦终古无已。人道之忧乐相交,实存乎是。《大易》所以终《未济》欤? 夫圣哲庸众不可齐,本于造化之无有作意,吾子奈何欲强不齐以为齐? 假使齐其不齐,则圣功与众力俱瘳，无庸众矣，说谁困勉，是众力瘳；圣哲无所用其扶勉，是圣功瘳。人类亦何幸之有乎？

再答郭君

来函谓经济制度改善，人人得遂其生，即人人皆可成学，无圣人庸人可分。如此立论，完全注重环境，而不悟人性虽同，但其气质有昏明、强弱等等差别，则原于造化任运所致。任运者，谓任自然之运行，非有意安排故。气质美者，得以显发其天性之蕤；蕤美也，如智仁勇等等美德，皆天性所固有。气质不美，即足以障蔽其天性而有物化之患。孔子言"唯上智与下愚不移"，上智决不退下，是不移；下愚终自暴自弃，不可向上，亦是不移。佛氏说有五种姓，其阐提决定不得成佛，与下愚不移义相合，此深可玩也。环境一切改善，民群相生相养之局日益完美，庸人皆可进学而兴于善，吾固信为理所应然。但必谓尔时全人类无一平庸之资，人人皆圣如仲尼、释迦，智如亚里士多德，人人之德智力诸方面皆一味平等，即人人皆圣哲，更无庸众可言，此等理想，不卜佛家浮土宗所谓极乐世界与耶教所谓天国之社会有是事否？若吾侪地球上自有生物以来，虽进化未已，而原形质犹与生物界最高之人类并存。人类哲学、科学、宗教、文艺与夫政治、社会等等方面之创造，均见人类之睿圣、广大、崇高、奇伟，而与吾人同宗之猿类，则迄今犹如其朔。据此而论，人类之中，自昔迄今，有圣哲，有庸众。圣人之资，拔类出萃，恒不易得，而庸众则滔滔皆是，此自昔已然。来日无穷，恐无以甚异于今耳。然吾并不菲薄庸众。庸人如肯自强自克，克治私欲等锢蔽。未尝不可变化气质而成圣，此视其能否立志耳。

答某生

古今正知、正见都从一生血汗中得来，夫子所谓"仁者先难而后获"是也。《大学》首章，三纲领，八条目，其间处处有无穷义蕴，世儒只是悠忽过去。程、朱、阳明确于大头脑处有所认识，而犹欠仔细，差毫厘便谬千里。此篇确是圣学提纲，于此不通，六经未许讲也。望更详之。

示张德钧

吾衰矣！当兹危运，无所效于当世，老来只念寡过二字较亲切耳。后生真当努力，年一过往，何可攀援？为学须是自家有真实心，心不虚则理不来舍，心不真则一切浮妄皆足为理之障，如此而欲有成于斯学，古今未之闻也。学在自己，师若友，只堪辅益。忘其在己，虽登洙泗之堂，犹无补也。悟此则于师友之间无苛求，亦无失望矣。

来字甚好。汝能处处不忽，何幸如之！然余谓程朱欠分晓亦自有故。《集注》此所谓性，兼气质而言者也，此其头脑处却将二性不分，所以许多人就以此章打倒性善。须知义理之性不可兼在气质中说，一兼便糟了。气质之性实不是性也，两下分清才是。汝对看吾文可也。

午间来字，吾方进膳，顷略写此。俗所谓思想是情识不待言，即科学的思想亦然。科学必假定有外在世界，正是有取。格以法空正智，即情识也。然法空智显，仍现情识，其不同未悟之情识者，以不执着故耳，只是随俗假设而不执实耳。妄法，圣人亦现者以此，用外觅体者，不悟即用即体，却于用之外去觅体，所以成过。

曹慕樊记语

一夕，慕樊侍坐，问"孔子'操则存，舍则亡；出入无时，莫知其乡。'惟心之谓欤"数句之义。先生曰：此节，朱子《集注》原讲得不好，杨慈湖又讲了一番，却更差谬。

朱《注》云："孔子言心，操之则在此，舍之则失去，其出入无定时，亦无定处如此。孟子引之以明心之神明不测，得失之易，而保守之难，不可顷刻失其养。"又引程子曰："心岂有出入？亦以操舍而言耳。操之之道，敬以直内而已。"或问："程子以为心无出入，然则其有出入者，无乃非心之正耶？"曰："出而逐物者，固非本心之正，然不可谓本心之外别有出入之心也。但不能操而存之，则其出而逐物于外与其偶存于内者，皆荒忽无常，莫知其定处耳。然所谓入者亦非此心既出而复自外入也，亦曰逐物之心渐息，则此心未尝不在内矣。学者于此苟能操而存之，则此心不放，而常为主于内矣。"《语录》有曰："此四句但言本心神明不测，不存即亡，不出即入，本无定所，如今处处常要操存，安得有定所？"

详上诸文，朱子大意主操存，甚是。但本心不存即亡，习心便乘机而起，所谓"出入无时，莫知其乡"，正是习心憧扰之相。朱子于此不辨，而以"出入无时"云云，亦就本心上说，此其差毫厘谬千里者也。朱子以出为逐物，入者逐物之心渐息，即此心未尝不在内，以此言本心，毋乃未识本心乎？本心清净焀明，虽智周万物而未尝逐物，虽涉万变而随缘作主，不为物引，本无有外，不得言出，不出即亦无入，程子云"心岂有出入"是也。然此中出入一语究何所指，程子毕竟未寻下落，

302

模糊过去。《或问》中云："出而逐物者，固非本心之正。"此语谬极。既是本心，焉有不正？又云："不可谓本心之外别有出入之心。但不能操而存之，则其出而逐物于外与其偶存于内者，皆荒忽无常，莫知其定处。"此一段话尤谬极。试问吾人不能操存时，其逐物于外与偶存于内之荒忽无常者，还是本心欤？"从心所欲不逾矩"者方是本心，荒忽无常者决不是本心也，朱子于此殊未透在。《或问》多朱子未定之论，赵顺孙《纂疏》，采此条入集注而无辨正，其误人不小。

杨慈湖《家记》卷八："孔子言操则存，舍则亡。出入无时，莫知其乡。惟心之谓与？此言盖谓操持则在此，不操持而舍之则寂然无所有。忽焉而出，如思念外物外事，则远出直至于千万里之外，或穷九霄之上，或深及九地之下；又忽焉而入，如在乎吾身之中。然而心无形体，无形体则自然无方所，故曰'莫知其乡'，言实无乡域也。圣人此旨未尝贵操而贱舍。孟子误认其语，每每有存心之说，又有存神之说，失之矣。使果有所存，则何以为神？"

详慈湖所言出入之状，正是朱子所云荒忽无常，明是习心状态，而慈湖以此为本心，岂非认贼作子？至云"圣人未尝贵操而贱舍"，且诬孟子操存之说为误，直堕罪恶丛中。慈湖误认荒忽无常之习心为本心，故欲纵任之，乃贵舍而贱操，以成其不起意之谬说。其实操存元非起意，只是任本心为主于中，而勿令习心或私意得起而障蔽之，是谓操存，并非另起一意以控制此心之谓也。慈湖谓圣人不贵操存，试问：《书》言"顾諟天之明命"，朱《注》："顾，常目在之也。"此形容操存工夫之严。天命，参考《读经示要》。天命在人，则谓之性，以其主乎身，则谓之心也。顾即操存勿失，而习心或私意不得相干也。《诗》言"不显亦临，不显，幽隐之处，言虽居幽隐，亦常若有临之者。无射亦保"，射音亦，与斁同，厌也。保，犹守也。庄敬日强，无所厌患，私欲已尽矣，而亦常有所守焉，是其存养之密也。详《大雅·思齐》。又曰"昊天曰明，及尔出王。王，往也。此言本心之明，不容瞒昧，譬如昊天在上，人仰之皆谓之明，凛然天监在上，当与汝出入往来，视汝所行善恶，可不慎乎？昊天曰旦，及尔游衍"，旦，亦明也。言游行衍溢之际，天常监及之。与上句意同。天非外在之神，盖借以形容本心之明，不容自欺如此。详《大雅·板》。又曰"夙夜基命宥密"，基，始也；宥，宏深也；密，静密也。心之德，宏深静密，无浮嚣昏扰等相，无私欲之累故。此《颂》言文武早夜不敢放逸，所为持之以宏深静密而克全心德者，斯其所以立命而体天道于己也。详《周颂》"昊天有成命"。此皆言圣人一生学力只是操存，而谓不贵之可乎？《论语》开宗明义曰"学而时习之"，学者觉义，见《白虎通》。本心之明是觉；扩充本心之明，勿令习心或私欲得起而障之，即此是学。扩充之功，不容一息间断，"君子无终食之间违仁，觉即仁。造次必于是，颠沛必于是"，斯云时习。然则时习非操存欤？慈湖僻执不起意三字，妄谓圣人未尝贵操而贱舍，可谓无忌惮矣。舍与操存相反，即放纵之谓。一念才放，即习心或私意窃发，而本心已失，《大学》所云"心不在焉"是也。孔子明戒舍则亡，而慈湖乃导人以舍何耶？慈湖《家记》每妄诋前哲，其识解颇固陋而偏，虽不无妙悟处，而迷谬太多，学者不可为其所惑。

今谓孔子此数语，只操存、舍亡二句，主旨已尽，末后"惟心之谓欤"，乃遥承操存、舍亡二句，以叹词作结，而明操存之不可忽；至出入无时二句，则直承舍则亡一句下来，正形容本心亡失，而习心乘权之状。习心者，凡过去一切欲与想等，皆有余习不绝，潜伏而成一团势力，总名习心，所谓下意识是也。此无量习心，殆如滚滚伏流行于地下，鼓荡跳动，一有罅隙，即喷薄而出。当吾人本心亡失之际，正是习心乘机争出之机。入者谓无量习心，既各争出，则有其得便而出现于意识界者，亦必有被排挤而不得逞者。故有出，必有入，入者谓其争出不得而仍被压抑于识阈之下也，其出其入，无有定时定处，朱子所谓"荒忽无常"，正是其象。夫人皆有本心，而不知操存之，则天君亡，天君谓本心。而无量污浊习心纵横出入，方寸间为群魔竞技之地，其苦可知,舍则亡之状乃如此,则操存之功不可顷刻舍也甚明。

先生讲说迄。慕樊谨记之如上。窃谓此为定论,有功圣学不浅。

慕樊问:"不显亦临",似可解;"无射亦保",殊不甚了然。先生曰:"无射亦保",此境地极高。汝在人伦日用之地深切省察,于人于事,有稍不适意者便起厌患否? 对曰:自不能无。先生曰:汝见慈母于子,无论若何劳累,甚至子极不肖,人见之实难为怀,而彼母曾厌其子、舍慈念否? 将至不相顾复否? 对曰:无有也。先生曰:母爱纯自天真,故子极无赖,犹勤慈护不起厌患。今汝于人于事而易厌患,是汝真诚之心早不存也,汝不觉欤? 慕樊闻之悚然。先生曰:日常厌人厌事及一切不耐烦处,俱是本心放失,私欲作祟,而人于此恒不自觉,甚可哀也! 岂唯庸众如是? 凡古之号为哲人而因厌世之念,竟以独善为道者,要皆亡失本心而不自觉,遂以非道为道。如佛家小乘自了生死即是此病;老氏已近冷肠;园吏不免玩世,此皆仁心微薄,未能无射。吾国魏晋以来诗文家与名士及以隐逸鸣高者,大抵皆受老庄影响。此辈于人类,无同体之爱,无经世之热诚与勇气,唯虚伪自私而已。中国之有今日,自魏晋以来积渐而至也。故圣人之学,养心以克己,克治其只为一己之私者曰克己。莫难于无厌射。学至于无厌射而犹常保慎,唯恐失之,此仁之至也。孔子求仁之学,从是出也;佛家大乘悲愿深宏,亦近乎是。《颂》以"无射亦保"称文王,盖深得文王之学。孔子学不厌,诲不倦,忧心当世而席不暇暖,犹文王"无射亦保"之心也。后儒失此血脉,而圣学亡矣。

同学有问:今人有言,道体是万变之总名;又云道体即是所谓大用流行,亦称大化流行,从此方面看,每一事物的变化都是大用流行或大化流行中底一程序,亦是道体中底一程序,此说然否? 先生曰:道体是绝待,是真实,可以说为万变之大原,而不即是万变之总名。万变皆道体之显现,离万变固不可觅道体。譬如大海水,显现为起灭不断的众沤，大海水可以喻道体，众沤可以喻大用流行或大化流行。大海水不在众沤外，谓于众沤而识大海水则诚然；谓大海水即众沤之总名，则是执众沤为实有，而大海水但是虚名，无实自体矣。其实，唯大海水有实自体，而众沤非离大海水别有自体也。明乎此喻，则知道体虽不是超越万变而独存，然亦不可说道体即是万变之总名。若识得道体显为大用流行，或云大化流行。则于大用流行而说此即道之显著遂于流行，而不取流行之相直见为道，此则应理之谈。若不知大用为道体之显现，而横计道体即是所谓大用流行，是则不识用之本体，大用流行亦省言用。本体即所谓道。而妄计用为实有，即于用而假立道体之名。其实，无所谓道体也。譬如小孩临洋岸，于大海水与众沤本茫然不辨，只认众沤为实有，而以大海水为众沤之总名，则以视成年人能知大海水与众沤虽不二，而毕竟有辨者，其明暗相去奚啻天渊？

黎涤玄记语

先生杖履余闲，玄随侍，请其略述平生。师随便谈说，而即记之如次。余先世士族，中衰。先父其相公学宗程朱，一生困厄，年亦不永。余年十岁，先父已患肺病，衣食不给。余为人牧牛，先父常叹曰：此儿眼神特异，吾不能教之识字。奈何？乃强起授馆，带之就学。初授《三字经》，吾一日读背讫。授四书，吾求多授，先父每不肯，曰：多含蓄为佳也。求侍讲席，许之。时先父门下颇有茂才，余自负所领会出其上。父有问，即肃对，父喜而复有戚色。是年秋，吾即学作八股文一篇。八股文有法度，不易驰逞，先父颇异之。逾年，先父病深，竟不起。临终抚不肖之首而泣曰：汝终当废学，命也夫！然汝体弱多病，农事非所堪，其学缝衣之业以自活可也。余立誓曰：儿无论如何，当敬承大人志事，不敢废学。父默然而逝。余小子终不敢怠于学，盖终身不忍忘此誓也。先长兄仲甫先生读书至十五岁，以贫，改业农。农作则带书田畔，抽暇便读，余亦效之。曾从游何先生半年，见《示要》二讲。此外绝无师。年方弱冠，邻县有某孝廉上公车，每购新书回里，如《格致启蒙》之类，余借读，深感兴趣。旋阅当时维新派论文与章奏，知世变日剧，遂以范文正"先天下之忧而忧"一语书置座右。余少喜简脱，不习礼仪，慕子桑伯子不衣冠而处之风，夏居野寺，辄裸体，时出户外，遇人无所避。又喜打菩萨。人或言之长兄，长兄亦不戒也。有余先生者，先父门下士，呼余痛责曰：尔此等行为，先师有知，其以为然否？余悚然惧，自是不敢复尔。时国事日非，余稍读船山、亭林诸老先生书，已有革命之志，遂不事科举，而投武昌凯字营当一小兵，谋运动军队。旋考入陆军特别学堂，渐为统帅张彪所侦悉，将捕余，闻讯得遁走。张彪犹悬赏以购，余逃回乡里。时兄弟六人，食指众，饔飧每不继。冬寒，衣不足蔽体，虽皆安之，而意兴俱索。闻南浔铁路开工，德安多荒田，兄弟同赴德安垦荒。然流民麇集，艰险又多出意外，日益忧惧。及民六七，桂军北伐，余曾参预民军。旋与友人天门白逾桓先生同赴粤，居半年，所感万端，深觉吾党人绝无在身心上作工夫者，如何拨乱反正？吾亦内省三十余年来皆在悠悠忽忽中过活，实未发真心，未有真志，私欲潜伏，多不堪问。赖天之诱，忽尔发觉，无限惭惶。又自察非事功之材，不足领人，又何可妄随人转？于是始决志学术一途，时年已三十五矣。此为余一生之大转变，直是再生时期。他日当为文，一述当时心事。未几，兄弟丧亡略尽，余怆然有人世之悲，始赴南京问佛法于欧阳竟无先生。留宁一年余，深究内典，而与佛家思想终有所不能苟同者。读吾《新论》当自知之。佛教中人每不满于吾，是当付诸天下后世有识者之明辨。流俗僧徒与居士于佛法本无所知，吾总觉佛教思想之在吾国，流弊殊不浅，学者阅《读经示要》第二讲，当自思之。吾并非反对佛法,唯当取其长,汰其短耳。

余自卅五以后,日日在强探力索之中。四十左右,此工夫最紧,而神经衰弱之病亦由此致。五十后,病虽渐愈,然遇天气热闷,作文用思过紧,则脑中如针刺然,吾之性情即乱,或易骂人,不知者或觉吾举动奇怪。其实,神经衰即自失控制力,偶遇不顺意之感触,即言动皆乱也。余平生不肯作讲演,若说话多则损气甚,而神经亦伤,言语将乱发,不知者闻之,又若莫明其妙也。余每日作文用思,必在天气好及无人交接时行之,盖神经舒适,头脑清宁,而吾之神思悠然,义理来集,若不召而至矣。余四十后,大病几死。余誓愿尽力于先圣哲之学,日以此自警,而精神得不坠退。余非无嗜欲者,余唯以强制之力克服之,到难伏时,则自提醒平生誓愿所在,而又向所学去找问题,于是而欲念渐伏。余自问非能自强者,唯在末俗中,差可自慰耳。余感今之人皆漠视先圣贤之学,将反身克己工夫完全抛却,徒恃意气与浅薄知见作主张,此风不变,天下无勘定之理。余视讲学之急,在今日更无急于此者。今人只知向外,看得一切不是,却不肯反求自家不是处,此世乱所以无已也。先圣贤之学,广大悉备,而一点血脉,只是"反求诸己"四字。圣学被人蔑弃已久,此点血脉早已断绝。余年逾六十,值兹衰乱,唯念反己工夫切要。汝曹识之。

与刘晦九

见兄深感温厚慈祥,恺悌君子也? 弟于斯道虽有所窥,而涵养实不逮吾兄,所谓智及而未能仁守也。兄去后,犹系思不已,望时来函,匡吾不足处,乃幸耳。毓璟谨厚可爱,须勤求学问,毋自沮丧。毓瓒学为诗词,然少年勿作凄凉语,须如春花怒发,生趣油然,大海潮音,雄烈震荡,此非可强为之,须养得充实,便诚中形外耳。昔曾涤生有一联铭座右云:"养活一团春意思,撑起两根穷骨头。"语质而意味殊深,瓒当以之自勖,时念父兄之携以见我者何心,而吾之促席告语者何事,其将有欲罢不能者在耶!

附记: 晦九名寿曾,安徽巢县人。少习儒术,研精经史;晚而念佛,明解内融。吾阅此稿本时,适闻晦九逝世,哀哉!

王准记语

科学各有其研究之对象与领域,而方法则严于实测。每有臆说初兴,未经十分证实,而鼓动众听,几无异词。及至有后说反前,测之于物界而征验不爽,则众舍彼而就此,奉为定论,坚立不摇,此科学有明征定保之效也。独至哲学谈本体,则与科学迥异。本体无形相可见,即无实物可测,大抵各逞所见,而为一家之言。人见其纷然无定也,乃退而探究人类之知识是否足以探讨本体。故暂置本体论而从事于知识论之研究,此哲学界之一大转变也。夫知识论固为探求本体者所必资,然后人却专在知识论上玩弄,遂至讳谈本体。西人有警语云:磨刀所以宰羊。今磨刀霍霍而无羊可宰,岂非怪事!今之喜玩弄知识论而不承认有本体者,其迷谬正如磨刀之喻。

科学方法以实测为本,即玄想所及,特有发明,仍须验之于事物,方足取信于人,否则亦难自信也。但一言及于实测,即有物矣。若谈到宇宙本体,则无形无象,一切科学仪器所不能见,不可以实测求也。然虽无形象,而实为宇宙万物之源,不得目以为无。若无本体,则万物何自而形成乎?科学只能研究事物互相关系间之法则,故此等知识只属于表层的而不能证会实体。《胜鬘经》曰:"澈法源底。""法"字犹此土云事物。此言佛之为教,澈了万物之根源底蕴,即证会实体之谓。**此则非科学所能也。**

"本隐之显,推显至隐"二语,包罗无限,究其根极,亦曰体用而已矣。隐谓体也,显谓用也。体具众理,备万德,而无形象可见,故谓之隐。"本隐之显"是谓即体成用;"推显至隐"是谓即用识体。

宇宙万象即大用流行之迹象耳,不可于此分层级。若谓先有大用而后作成宇宙万物,则谬误甚矣!当知即万象是用,即用是真体之显现,用外无体。但于用上而不泥其迹,直悟其为真体之显,便是即用识体,如众沤是大海水所现。知此者,即于众沤见是大海水,言即用显体,必如此方无过。欧阳先生据唯识义,其真如纯是无为,其宇宙万象实皆生于赖耶识中一切种子。体用条然各别,而言即用显体,岂不异哉?

吾之心即是天地之心,而凡夫不悟者,因凡情承认有一己之个体与天地万物相对待,如是则分内外、彼此、同异种种差别,而一真法界此借用佛经名词,与原义不必符,此中犹云全宇宙。乃破碎为无量沙粒,吾人亦是沙聚中一微粒,其然,岂其然哉?故必遣除凡情妄执而后知物我同体,吾身之主宰谓心。即天地万物之主宰也,故曰"官天地,府万物",理实如是,非意之也。

西洋谈本体者,大抵本其向外求理之心习,直以本体为客观独存的物事而推求之。其实宇宙人生非可剖析,云何可于吾性命外别寻本体?科学于现实世界,必设定为客观独存,故必任理智,作客观的研究,而哲学穷究本体,则不当与科学同其态度与方法。

变易指宇宙万象言,亦即大用流行之谓。然吾人难了流行之妙,却见有实物者,则由吾人于实际生活中妄起执着所致。

执着不能凭空而起,必有其可执着之迹焉。原夫大用流行,势极猛疾,动之疾便凝聚而似有物。此物非实有,但动势之迹象耳。而人情妄执,则计此迹象以为实物。如燃香楮,猛力转之,见旋火轮,虽知非实,而轮相固在。设问何以成此轮相? 则全由力之猛疾续运而成。又如闪电,虽一瞬即逝,亦现似有一物事,即电光是也。此光何自而来? 亦力之运行使然也。可见物质本无,但因力而诈现其相,妄情执之以为物耳。

穷神知化,化亦神也,此意最为深远。《论语·子在川上》一章宜细玩。夫前水方逝,后水即生,是不断也;前水才生即逝,未曾留住,是不常也。不断不常,即刹那灭义。方生即灭,方灭即生,化化之妙,灭灭不停,即生生不已,非神而何? 逝者如斯,是生灭义。不舍书夜,是恒常义。虽灭故生新,而实恒久不已,于变易见不易,乃无生而生也,穷神知化之意,至此极矣! 无生而生之义殊难言。天地大物也,谁生之乎? 凡情计有上帝造生万物,此乃虚妄构想。如实而谈,上帝本无此物而宇宙非无真宰,但此真宰不可以拟人之观念相推度,不可说为具有人格之大神,是乃独立无匹,无形无象,亦虚寂,亦刚健,既不从他生,亦复无所生,故曰无生。然以虚寂而刚健故,其自体却是生生化化,无有穷竭,故乃现似宇宙万有,故曰无生而生。奇哉奇哉! 无生而生,世有能言其故者乎?

学者既闻无生而生,更当知生而不有之义。夫生生者,大用之谓,本无实物,即无时间空间可言。生生之流,刹那刹那,灭故生新,无物暂住,故知生而不有,则于生而已识其本无生矣。

刹那灭义,不必惊疑。如生理学者言新陈代谢,七日之间而全身尽易其故,此与刹那灭相距虽甚远,然可从此悟入。非此则七日代谢之事,何自而起? 故知刹那灭义非是玄谈,于此不生执着,即悟生而不有也。生生化化即是空空寂寂,神乎神乎!

万物皆备于我,乃唯识义。汉以来儒者不知发明此旨。夫内外分畛,物我对峙,此经验界中之事也。如此则宇宙只是一盘散沙,人生不过沙聚中之一微粒,此凡情之大迷也。若了万法唯识则无此失。如眼识看色,愚者认色为外物,其实色不离于眼识,即色非身外之物;耳识闻声乃至意识缘一切法,皆可准知。天地万物皆不离吾心而外在,故说万物皆备于我。杨仁山居士尊佛家唯识之论而薄孟子,非独不解孟子,恐于唯识亦极疏也。

万物繁然,固有待矣。若于一一物而识其本体,则无待矣。故知言无待即有待,言有待即无待,此妙之极也。

体用不二义,自《新唯识论》出,始圆融无碍。吾国先哲于此实欠明了。如横渠乾坤父母之说,则天地,与其所生之人或物,毕竟两相对待,非体用不二之旨也。然体用虽不可分,要亦不能无辨,如吾所举众沤与大海水喻,形容最当。众沤本非离大海水而有自体,但沤相不无,故众沤与大海水虽不二,而不能不分言之。体用分言,理亦犹是。

《特辑》云:万物皆天命之显。命字义训甚繁。朱子《中庸章句》言"命犹令也",殊不可从。命乃流行义。《诗·周颂》云:"惟天之命,于穆不已。"流行故言不已,若是恒常而不流行的物事,如何着得"不已"二字?故命者即谓本体之流行;显者直接呈显,如众沤是大海水呈显,非有二也。若以为天地出生人物,则说成二片矣。克实论之,无所谓万物,其所谓万物,只是本体呈显而已,玩沤海喻自见。俗情误在计执现象界,遂生种种臆说,如上帝造人物之类,其影响及于后之哲学家,亦纷纷以为本体超于万物之上或藏于其后为之根据,虽不一其词,总有打成两橛之病。学者若能不滞于物,不执于相,便见得事事物物莫非天命之显。庄生言"道在矢溺,道在瓦砾",孟子言"形色天性",其说至精妙。盖宇宙之大,形形色色,万有不齐,莫非天性,虽矢溺之贱,瓦砾之微,若遗其迹而识其本体,即皆道也。"呈显"二字宜深玩。

物物各相属,亦各自为主,此义深微。宇宙万有盖无有不互相属者也。近世各科学之发明,皆以万有为整体,如天文家谓太阳系乃至一切星云却是互相联属而为一完整体；生物学家亦谓每一生物非孤立者，乃与全宇宙相联属为一整个之生机体。杨慈湖《己易》言"万物一体"，其说已得证明。若以为一切物各独存独立，则成散沙矣。

物物各自主者，与上举相属之说正复相成，唯万有为一完整之全体，而无有首出庶物为主宰者。足知一切物皆是本体呈现，即一切物各各具有圆满无缺之本体。易言之，一切物皆平等，一切物皆神，一切物各自主，《华严》"光光相网"义与《大易》"群龙无首"义，可互相发明。西哲泛神论亦有意思，但所见未能透底。

二氏以虚寂言本体，老氏在宇宙论方面之见地，则从其本体虚静之证解，而以为宇宙只是任运，任自然之运行曰任运。无所谓健动也，故曰"用之不勤"。佛氏在宇宙论方面之见地则从其本体寂静之证解，而以为五蕴皆空，五蕴实即心物二方面的现象。宇宙者，本心物诸现象之总称。心物空，即无所谓宇宙。唯欲泯宇宙万象而归诸至寂之涅槃。涅槃，真如之别名，即谓本体。老释二家之人生观，从其本体论、宇宙论之异，而其人生态度，一归于致虚守静，一归于出世，故其流极，至于颓废或虚伪，参考《读经示要》第二讲谈二氏处。而人道大苦矣！儒者于本体，深证见为刚健或生化，故其宇宙观，只觉万有皆本体刚健之发，即万有皆变动不居、生生不已、活泼泼地，无非刚德之流行也。虽云于万有而识其刚健之本体，亦可说万有之相已空。譬如于众沤而知其本体即大海水，则沤相已空。但此与佛家意思天壤悬隔。佛氏空万有之相以归寂灭之体，吾儒则知万有都无自体，而只是刚健本体之流行也。故儒者之人生观，要在自强不息，实现天德，天德即谓本体。如是乃即人而天矣。

吾儒以《大易》为宗。易道刚健，刚健非不虚寂也。无形，无象，无染污，无作意，曰虚。寂义亦然。虚寂故刚健；不虚寂则有滞碍，何刚健之有？但以刚健为主而不耽溺于虚寂，故能创进日新，而无颓废与虚伪之失。横渠"易道进进也"一语，极堪玩味，非刚健，则无以言进进也。孔孟之学皆以刚为主。《论语》"刚毅、木讷近仁"，木讷亦刚也，但就刚毅之形于外者言之。唯刚乃得为仁也。仁体呈现时，私欲不得干之，此可见乾德刚健，故易家言乾为仁，此七十子授受无失者也。

《论语》《大易》同以刚健言仁。《朱子语类》以柔训仁，便杂于佛老，失《易》旨矣。

宇宙之心非超脱于众生或万物之上，乃即物物各具之心便是宇宙之心。何以征之？如一人向隅，满座为之不欢，此何故耶？唯人人同此心体，乃有此感耳。彼此之分，乃习气使然，非性分本然也。孟子言"心所同然"，庄子言"自其同者观之，则万物皆一"，皆见性之谈。如"乍见孺子将入于井，皆有怵惕恻隐之心"，此时之心，将孺子与一己毫无分别，乃天机自动而不容自己者，随感显发，莫非此心也，中国学术之神髓在此。

余少时读严又陵译《天演论》。又陵按语解释佛家不可思议一词有云："智者则知由无常以入长存，断烦恼而趣极乐，正如渴马奔泉，久客思返。真人之慕，诚非凡夫所及知也。"当时不知何谓长存，岂谓修养功深，庶几灵魂永存欤？然殊难置信。又陵"长存"一词究作何解？亦不得知，想彼只是作文章也。后读阳明《咏良知》诗，"无声无臭独知时"云云。始憬然有省，却不管又陵意如何、佛氏本旨如何，而吾自悟当下便是长存。此意极不易言，系乎见性与否？凡夫迷执躯壳，只堕溺无常之生死海中。至人超越形气，直得本体，则时空内外等见无自而起，禅家所谓澈体真常者是也。夫无常乃相对也，见性则即于相对而见绝对，固非于相对之外别求绝对。所谓"由无常以入长存"，实非在无常之外更有长存之境，如净土宗之所谓西方极乐世界及耶教之天国也。孟子"形色即天性"与"天地同流"之言，皆此旨。

以涵养察识工夫孰为主要互相研讨者，朱晦庵、张南轩二人煞费苦心。朱子首问学延平，延平教之涵养。朱子初未能信，其后乃深知涵养之要。然察识自是涵养中事,二者本不可分。以涵养为主,而辅之以察识,斯可矣。若舍察识而言涵养,则流弊甚大。常有自居无过而不知反省者,是空言涵养之失也。无论有事无事,常保任此心,揭然有所存,恻然有所感,而无放失,此涵养之谓也。然几微之间稍有不慎,而主人公即不在,此时若不有察识之功,则正所谓养奸耳,可不惧哉?又慈湖专主不起意,亦不可尽从。当知涵养无间于动静,须济之以察识,否则模糊度日,不知其失矣。

人伦日用间,随处致力于涵养本源,省察得失,使隐微之地无纤芥染污之根,将神明日盛,而本体彰显,始悟神化之妙皆自性出生。此儒家根本精神,无待别求途径者。宋明儒犹秉此心传而时杂禅机,不免滞寂。其流至于委靡无生气,此所当矫正也。

真体一词,言其为万有之实体也。自性一词,则克就真体之在吾人分上而言也。吾人自性即是万有实体,本非有二,但取义各有分际,名称遂尔不同,勿泥勿淆乃可。

曹慕樊问:理智与知识二词有异否?先生曰:理智就心上知的作用而名之,此作用必经验于事物,而后知识始得构成,故有异。问:云何性智?先生曰:性智即是本心,亦即是本体,理智却是性智之发用。

儒者体认一词,有时可与证会一词同解,有时又似泛言之。朱子常有亲切体认之语,即读书穷理之际时时寻绎玩索之谓。此固切要,然与吾所举证会一词殊不相似。今云证会者,谓本体之自明自了是也。佛氏谓之证量,亦云现量。阳明《咏良知》诗"无声无臭独知时",此无声无臭而独知者,正是吾之本体即本心炯然自知也,斯即证会之谓。至程子云"天理二字却是自家体认得来",此体认一词如作证量解,似亦可通。但程子本意,似是于日常践履中,用涵养察识等工夫体认得天理流行之妙,此似在发用处说,而与证量似微有不同。证量则真体独立,冥然自证,乃于泯绝外缘时见之耳。此意难言。

佛书每称内证离言，内证即自知之谓。言者，宣达心之所思；离言即离思想，不起推度，不杂记忆与想像等作用，此证会也。但佛氏视此为神圣之极，非凡夫所能有。果尔则是谓凡夫无圣种矣。实则吾人于神志清明之时，澄心静虑，游思不起，而灵明固在也。盖人人皆有自明自了之体，一念熄染，当下便是也。然佛氏不许凡夫有证量者，盖以为凡夫只是妄识，而其真体不曾呈现，其说亦自谨严。但谓凡夫全无真体发露时，则凡夫用功将以何为把柄？岂不长随妄识流转？故曰无圣种也。今如灵曜当空，云翳悉尽，此可以喻真体发见。然阴雨之天仍不无照物之明者，云翳虽起而太阳固在，只未完全显现耳。若以其未曾尽显而即视为全不得显，则失之远矣。言凡夫绝无真体呈露、纯是妄识者，其不应理，何异谓阴雨中绝无阳光耶？无着世亲唯识之学，根本错误。

内证离言者，真体呈露时之自明自了，不杂丝毫想象与推求也；一涉想像，便成言说相，不是内证之候。

夫证会者，一切放下，不杂记忆，不起分别，此时无能所、无内外，唯是真体现前，默然自喻，而万里齐彰者也。思辨则于不自觉中设定有外在世界，而向外寻求，测于一曲，遗其大全，滞于化迹，昧其真相，此证会与思辨不同也。

每日宜有一段时间，凝神定气，除浮思杂念及一切想像与推度，唯是澄然忘念，此中至虚至寂，而竟不同木石却炯然自了，即是证也，即本体呈露也。阳明所谓"无声无臭独知时，此是乾坤万有基"，乃证见自性之言。

真体亦虚寂，亦生化，所谓天道不言而四时行、百物生之妙，唯证量中自得之，非思想猜度所可相应。

准问：云何得证量？先生曰：《新论·明宗章》曾言及之。此须有修养工夫，真积力久，惑染尽净，真体呈现，尔时主人公自明自了，谓之证量。主人公系宗门语,即真体之代词。故问题不在如何是证量,而在如何得到真体呈现。故儒家重修养,佛氏严于地前及入地等万行也。

私欲净尽,杂念不起,即见性之候。湛然虚明,乃是真体当下呈露,其生生不息与恻怛不容已之几,油然畅然。明儒罗念庵已近此境地矣。

佛家言转意识成妙观察智,最有意义。念虑澄清,不杂妄想,大明遍照,活泼泼地,妙之至也。

准问:儒者言存心之功,每曰保任何耶? 先生曰:保者,操存之谓。诸葛公云"使庶几之志揭然有所存"是也。此项功夫,一有疏懈,则本心亡失,而染习便乘权矣。故当有以操持此本心而使之常存不放也。然操存非以此心视作一物而把持之,若如此着意即私也。故保任之"任"字甚妙。任者,任其自然流行之谓也。有保任之功,则弛懈与迫促之弊可免。

孟子言操存,此义深微至极,而不悟者,以为用心操持之于此,好似别用一心来持此心,乃大谬也。操持只是依着本心而听其为主于中,毋令私意或染习得障蔽之而已。不论有事无事时,操持工夫须恒勿间断。有事时,而操持得本心在此,他自然知之必于明,处之必其当,不肯安于迷谬;无事时,而操持得本心在此,他炯然虚明,不昏不乱。孟子云操之则存者,只是如此。如不操持之,即本心便亡失,而私意或习心起来作主,有事时,固是习心乘权,不能知明处当;无事时,也是习心占据,憧憧扰扰。孟子云舍则亡,谓舍其操持之功而本心亡,其患乃至此也。

西洋人尝有一种猛厉辟发之力,随在发见,若不可御者,与吾人性情大有不同之处,且自古已然。往岁曾见希腊人物画及吾西汉人物画像,较其气象,吾信中西人由来便异。希腊像为人踞地作势,纵身欲前,如鸷鸟之将举,猛兽之思搏,其活泼泼地,富有生气,生龙活虎犹难喻之也。西汉造像若昂首天外，挺然独立，此种超然岸然之风度亦自可贵，而绝不现猛兽鸷鸟气象，此其异西人处也。

吾国先哲，重在向里用功，虽不废格物，而毕竟以反己为本。如孟子所谓"君子深造之以道，欲其自得之也"，又言"万物皆备于我"；程子言"学要鞭辟近里切着己"，此皆承孔子"古之学者为己"之精神而来。老庄虚静之旨，其为用力于内不待言，此皆与西人异趣者。西人远在希腊时代即猛力向外追求，虽于穷神知化有所未及，而科学上种种发明，非此无以得之也。今谓中西人生态度须及时予以调和，始得免于缺憾。中土圣哲反己之学，足以尽性至命，斯道如日月经天，何容轻议？至于物理世界，则格物之学，西人所发皇者，正吾人今日所当挹取，又何可忽乎？今日文化上最大问题，即在中西之辨。能观异以会其通，庶几内外交养而人道亨、治道具矣。吾人于西学，当虚怀容纳，以详其得失，于先哲之典，尤须布之遐陬，使得息其臆测，睹其本然，融会之业，此为首基。《大易》正是融会中西之学。

中西学者皆有反理智一派。中土如老庄即是也；老云"绝圣弃智"，此所谓圣智，即指理智与知识。罗素于康德、柏格森亦目为反理智，则甚误。康、柏二子之意，似只谓理智不可以得本体，故理智之效用有限，而非谓理智可屏斥也。柏氏且自言非反理智者，何可妄诬之乎？但柏氏言直觉不甚明了，时与本能混视。本能即是习气，习气缠缚于人，茫无涯涘，不可穷诘，隐然为吾身之主人公，非有极深静定工夫，不能照察而克除之也。柏氏犹在习气中讨生活，实未证见自性也。其言生之冲动，冲动即习气也。自科学发达，物理大明，而人事得失亦辨之极精。不道德之行为改正者多，如男女平等及民主政治与社会平均财富，此等大改革皆科学有补于人类道德行为之大端也。然此但就道德发现之形式上说，固赖科学知识进步，而见后胜于前。若夫道德之根荄，终非科学所能培养，唯有反求诸己而自识其所固有之真源，保任勿失，扩充不已，然后其发现于日用云为之地，乃有本而不匮耳。

佛氏一方谈生灭，一方谈不生灭，此与《新论》发挥《大易》之不易、变易二义，似近而实绝不同。佛氏于体上绝对不许言生化，于变易法，即所谓诸行或八识及其种子，却不许说由真如现为此，故生灭与不生灭截成二片，分明与体用不二之旨相背。

本体不只是虚寂而已，乃纯善、刚健、进进不已者。唯其如此，故非一成不变之死物。其自身是备万理、具万德而含有无限的可能，故生生化化，无穷竭也。佛家说真如，只是无为而已，不生不灭而已，非一成不变之死体乎？

《系传》言："以体天地之撰。"韩康伯注："撰，数也。"朱子谓撰犹事也。均不可从。撰有具义。此中"撰"字，当作功用讲，乃"具"字之引伸义也。天地一词，非目苍然之天，块然之地也，盖为真体之代词。真体肇万化而无息，是其功用。吾人能反己而实体之，则知真体元非外在，即我之自性也。其无量功用，皆我所固有之也。此是亲证之旨，非意想也。

佛氏言生灭，实则言生便足，其必举灭为说者，亦有其故。以一般人总以为变化之际，每由故物转易为另一新物，或故物由过去传来，时时加上新的分子。佛氏欲对治此失，故方便说一灭字，明无故物暂住，亦是不得已之词。然《大易》只言生生，其义更美。言生生便无故故也。孙颖川先生亦见到此。

无机物实非无情。一切物皆原子电子所聚而成。原子电子者，动力耳。其动也，亦如有意志者然，但其相甚隐微难见耳，以为无情则非也。

穷理至极，存乎信念，真知与正信常相伴。穷到最上之理，推论与索证均用不着，只自明自信。

近见林宰平志钧。先生与师一信，谈及《新唯识论》语体本云：兄此作,立义、用意皆极好。立义则握住体用不二之绝对一元论,绝对、相对,一元、多元,当然不能分开看。中西及印度哲学说不能处,此能通之,而更透出一关。在中国则前人非不依稀仿佛似达此境,而见之未透,故握之不坚。兄独玄珠在抱,横说竖说,百变不离宗。《新论》如是,《示要》亦如是。《读经示要》省称《示要》。《示要》更成熟,不知兄自谓如何? 至用意之好,则慇恳敦挚,惟恐读者不晓,此确是立人度众、绝大志愿云云。师得此信,以示准等。准曰:西洋人谈实体与现象,毕竟未得圆融;印度佛家生灭即现象界。与不生灭即实体。说成两片去,其失亦同西哲,都是根本障碍。根本不通,纵其立说能成体系,有许多精思处可玩,然与真理究不相应,终是戏论。《新论》出而真理如日中天,此真人天盛事也。师笑曰:真理没有隐蔽,古今许多哲人偏见不得,只为各杂情见去推求,转增迷惘。师尝云:不独哲学家未离情见,佛氏以人间世为生死海而生厌离想,何尝不是情见? 宋人词曰:"众里寻他千百度,回头蓦见那人正在灯火阑珊处。"此可玩也。

慕樊曰:心物问题,西洋人一向聚讼不休。《新论》明由体成用,譬如由大海水成众沤,本体绝待,喻如大海水;用则万殊,喻如众沤。大海水举其自身成为众沤,故不可于众沤外觅大海水。本体全现为大用,故不可于用外觅体。若计本体超脱于现象界之上或隐于现象界之后,而为现象作根据者,皆大谬。故体用本不二譬如大海水与众沤岂可二之乎? 而亦未尝无分也。譬如众沤,虽各以大海水为体,而非无一一沤相可说。体用不二而非无分,义亦犹是。自体上言,本无所谓心与物。何以故? 本体绝待,备万理,含万善,至虚至灵,具有无限的可能,然实无形无象,无有作意,非如人起意造作故。唤作物固不得,唤作心亦不是。心对境彰名,此体无对,何有心名?

然自用上言,翕则为物,闢乃为心。翕闢本一体流行,而现为相反相成之二势。在此等意义上说,随俗则心物俱成,《新论》有真俗二谛义,俗谛依用上建立,即心物俱成。不可以心消归于物而说唯物,"不可"二字一气贯下。不可以物消归于心而说唯心。于二势用翕阖或心物。随执其一为第一因，皆属谬误。唯心论者说心为第一因，唯物论者说物为第一因，其实二宗皆过。对待法故，心物依俗谛言，是相对待。不得执取任何一方而言唯。克就心或物言，并不得说为实体是相对故。《新论》明翕阖成变之义，不执任何一方为第一因，无世间唯心唯物等过。《新论》依用上立俗谛义，则心物平等，不执任何一方为第一因，极应正理。

佛家唯识论，其八识与种子之一套说法，却是一种堆集论，八识拆得极零碎，种子亦是众多颗粒，非堆集论而何？其不应理无待言。

慕樊以为，心物问题，惟《新论》解决最圆满，翕阖成变之义，可借用伊川语"真泄尽天机"，然非深心体之，则亦莫知其妙也。

又复当知，《新论》即用显体，则翕阖二势虽由一实体现为如是用。本体现为大用流行，而此大用必有两方面，曰翕，曰阖。易言之，即此翕阖二势名为大用。阖之一词只表示一种刚健、虚灵、纯善、清净、升进、开发的势用，此势用是无在无不在，没有封畛的。翕之一词，只表示一种似凝聚而有成为形物的倾向，并且似分化而成众形，其实，翕也是一种势用，并非果成实物也，但有成为众形之倾向而已。翕势与阖并非有根本异处，但因其有成形之倾向，而别立翕名。据《新论》的说法以为，本体要表现他自己，必须现为与其自身相反的一种翕势，否则只是荡然空洞空无物的世界。然如全成为翕而无阖，便是本体完全物化了，全宇宙只充满了物质，而生命与心灵终不发现。所以翕阖成变，就是老子所谓自然的道理。自者自己，然者如此。本体之显为翕阖，是他自己如此，没有使之如此的，也不可说他是有意造作的，是无理由可问的，穷理至极，还归无理。然翕之方面，已有物化之虞，唯阖乃是称体起用，称，去声。阖的势用全不改易其本体之德性，如刚健、灵明、纯善、清净、升进等德是也，故云称体，谓不失其本体故。若夫翕，则将物化而似失其本体矣。故于阖而可以识其本来面目。本来面目即本体之代词。申言之，不妨说心是宇宙实体。由是义故，虽于俗谛方面，心物平等，而摄用归体，即融俗入真，真谛依体上建立，俗谛依用上建立。摄用归体，即融俗谛以入真谛。乃于心而识体，故说唯识。唯者殊特义，识者心之异名，于心识体，故称殊特，而置唯

321

言。斯所以异乎世间唯心之论者。彼不辨清体用而误执心为第一因，譬犹童稚临洋岸，不知大海水与众沤虽不二而有分，"不知"二字一气贯下。竟谬执众沤为实在，此过岂得云小？若成年人知众沤实以大海水为体，且知众沤皆不失水性，遂于众沤而说此即大海水也，如是说者，亦无有过，以彼既辨清沤与水，大海水省言水。乃复摄沤归水，遂于沤而目以水，是则应理，何过之有？《新论》发明体用，即心显体，心即是用。此言即心显体，犹云即用显体。故无世间唯心论者所有诸过。如前取譬，思之可知。

准曰：哲学家有持非心非物之论者，其失云何？慕樊曰：哲学上根本殊途，无过唯心唯物二宗，诸持非心非物之论者，骨子里或近唯物，或近唯心。格以《新论》，明体用不二而有分，虽分而不二，与言用而申翕阖成变之旨，则非心非物之论，固与唯心唯物同一根本错误，何须别论。

准曰：尝闻诸师，西哲谈本体，大抵视为离自心而外在之境，不知吾人生命与宇宙大生命元是浑一不可分，吾身之主宰主宰即心之异名，心是主宰乎身者，如《论语》言，非礼勿视听言动，足见心是身之主宰。即是天地万物之主宰，非可二之也。《新论》主旨在此。哲学不仅是理智与思辨的学问，尤在修养纯笃，以超越理智而归乎证量。证量，见前。《新论》根本精神在是，中土圣哲相传血脉亦在是，吾侪当好自护持。

通曰曰：《新论》发挥不易、变易二义，虽云依据《大易》，然经文偏就人事立言，其于形而上之理，但引而不发。《乾凿度》虽标不易与变易诸义，然不过简单数语。汉以来儒者只存其文而绝无发挥。至"乾元始物"之义，象数家释此，便与哲理无关。义理之儒，大抵以乾父坤母为言。理学开宗最重要文字无过《识仁》《定性》《西铭》三篇。朱子虽力尊《太极图说》，然实际无甚影响。《西铭》乾坤父母之说，宋以来言《易》者，大抵不出其范围。父母一词的意义，本谓万化之源。然所谓万化之源一语，又看如何说法。在见到体用不二义者，有时不妨说此语。而未了体用不二义者如说此语，则其涵义自别。因为彼可以将万化之源与依据此源而起之万化析成二个，譬犹父母与其所生子女究是各别，不可合而为一也。在先儒书中，涉及形上之理时，总觉其于体用不二义尚有滞碍在，即《乾凿度》谈不易与变易，似与新论意思亦不全相似。《新论》虽以《易经》为宗主，而其根本大义，体用不二。实扩前圣所未发。玩宰翁来函，亦此意也。

准曰：《新论》主张哲学当融会各方各派思想，不可以门户之见自囿，《新论》中卷《功能章》有一大段文字发明斯意。此甚重要。师近订定黄海化学社附设哲学研究部《简章》第一章课程条下附记，略明中、印、西洋三方学术思想之优点，须观其会通，甚有深意。

慕樊曰：《新论》谈体，取佛氏之空寂、道家之虚静、《大易》之刚健与生化融而为一，详《新论》语体本中卷。此自有形而上学以来，无此盛事。本体固是寂静，佛家宗派虽多，然印以三法印，莫有外此，若异此者，不名佛法。三法印毕竟会归涅槃寂静一印，三藏无量义悉入此中。中土道家之虚静亦与佛氏同符，佛之徒轻视道家，未免门户见太甚。虽佛道人生观不必同，彼此造诣浅深容有异，然二家对于本体寂静的证会则有符契处，不容否认。此则师所尝言者也。而亦何尝不是刚健与生化？佛氏必将生灭与不生灭横截成二片，其谈真如即本体之名。只是不生灭，不许言生；只是无为，不许说无为而无不为。《易》之太极，老子之道，皆本体之目。老曰"道生之"，又曰"道生一"云云，又曰"道常无为而无不为"；《易》曰"太极生两仪"，皆未尝于本体只言寂静而不言生化也。唯道家不言刚健，此其与儒家异处。佛氏谈体乃偏彰空寂，此不独异儒，而与道亦有异。盖道家原出于儒，究与佛不同根底也。道家亦不免耽虚滞静，故不言刚健。此皆与儒者本原处相隔碍。夫于本体，证到空寂，则其人生态度亦倾向空寂去，而末流将不胜其弊。于本体证到刚健与生化，则其人生态度亦倾向刚健去，而免于委靡。实则本体元是亦空寂亦刚健。言刚健即摄生化，故生化不别言。空寂者，言其无迷暗，无方所也；刚健者，言其生生之盛，升进无坠也。本体是生化无穷竭，而确不是盲动的。吾人证得本体亦空寂亦刚健而自我实现之，观空而不住于空，佛家大乘修法空观，于一切法无所执着，荡除迷惑，是之谓空。然亦不可住著于空。若持空见，妄计一切皆空，便成大病。体健而克尽吾性，则德盛化神，维皇建极矣。皇者大义，叹词也。建极，立人极也。极者，至极无上之称。人能实现其固有之本体而不至于物化，是乃游于无待，与极为一，更无有出其上者，是谓人极。

准曰：由大用流行之翕势言，大用流行亦可云大化流行。则所谓自然界之每一事物或每一现象，实即翕的动势之迹象而已。参考《新论》中卷《功能章》及下卷《成物章》。师尝云化迹者是也。化者造化。翕的动势即大化流行中之一方面，其异乎另一方面之阙势者，则以其有成物之倾向而已。此翕的势用甚大，不可究诘，故以造化形容之，谓若造作变化也。迹者迹象，造化之行，宛尔有迹，故云化迹。俗所谓事物，即此化迹也。科学研究所及，似犹不越化迹范围。至于翕阙二势或大化流行之神妙与其真际，真际谓大化之所由成，即指本体言之也。殆非科学所能过问。师尝言，真理当由证量得之，孙颖川先生极同意。

通旦曰：《新论》下卷《明心章》谈根义处，实是一大发明。心为形役之故，于此乃有说明。阳明所云"随顺躯壳起念"，亦须参研及此，而后可得一解释，否则人皆有本心，胡为随顺躯壳起念乎？《新论》发明根义，最极渊微。昔者林、邓二君读《新论》后，犹疑人生何故起恶。殊不知万恶只是心为形役，而心何故为形役？则《新论》谈根义处已说得明白。惜乎读者不深体之也。

因宰翁与师谈《新论》之信，吾侪不免触发一番议论，未知有当宰翁意否？孙颖翁尝言，《新论》理趣幽博，宜作一提要，以便读者。先生曰：提要最难作。《大学》是六经之提要，《中庸》是《易》《春秋》之提要，佛家《心经》是《大般若》之提要，《百法》《五蕴》《显扬》并是《大论》之提要,《瑜伽师地论》亦名《大论》。此事岂易言哉？准问：宰翁函云《示要》更成熟,不知宰翁何所指？师曰：《新论》经五年,不是一气呵成,处境又极窘束,殊未能畅达,然今不及修改,年力衰,世乱益剧。又曰：《示要》发挥刚健等意义,确然立人极,纯粹儒家精神,宰翁或指此。然《新论》究是根本,孙颖翁亦云《新论》最重要。

通旦问：今佛门居士,多推尊宜黄大师说教文中以龙树般若之学是唯智学,无着、世亲法相之学是唯识学,分别最精。师意云何？师曰：大师此文作于衰暮时,似不必以是为准。识者,虚妄分别之异名。论有明文,空宗如不辨清妄识,何能得智？有宗说明妄识而毕竟归于转八识成四智,本与空宗同归,何得说一唯识一唯智乎？夫言唯智自无悖,但恐闻者忽略照察妄识之工夫,则为害不浅。言无着、世亲纯是唯识,却恐二公未服在,彼若只一直唯识去而不知归趣于智,则未免魔道矣。须知龙树、无着二家之学,不可以唯智、唯识对破为二途。唯识之论未尝不归于智,般若荡一切执,岂其不解唯识乎？大师昔年亦尝说空有同归,其晚年之论犹不必为定论也。

与友人

两接废名信,知雅意甚盼吾筹立书院聚讲,将来得一人算一人等语。此事吾计之已久,非筹募充足基金不可。以书生而与污贱豪商语,则与虎谋皮,适自取辱,固须号呼于权势之途。然衰世显达岂知有国家民族危亡之可痛？又岂知学风士习之所系者为何如？吾若欲得其匡助,则非可仅以大义相勖,以骨气自持,必习于善柔,乐与周旋,夷为清客,甘作爪牙,相与既久,彼或可资之以成一机构。讲学其名,实供利用,如斯行径,枉尺直寻,犹不足云,只是自投于粪溷耳。天下无生人之气久矣，余设出此，适以助长昏亡之气，将何以对越先圣贤乎？吾明知大学教育迷乱不堪，故抗战八九年中，尝欲本民间讲学之风，筹设一哲学研究所，而世既滔滔，天亦梦梦，卒无可图成。去夏，吾不欲北旋，而重游久经厌倦之蜀土，以就友人之约者，亦冀聚人之效，略偿万一。然友人厚意虽可感，其卓识虽可敬，惜彼所主持之学术机关，其基金仅可支持，而吾欲聚人讲学，在如斯物价之下，实无可为，自是始有复还北庠之意。少时读《孟子》"我亦欲正人心"一语，不感何种意味。三十而后，深历世变，始知此言直抉本根。万化生于人心，人心正则万事万物莫不一于正，人心死则乾坤息尚何事物可言？中国至于今日，人理绝，人气尽，人心死，狼贪虎噬，蝇营狗苟，安其危，利其灾，乐其所以亡者，天下皆是也。举一世之人而皆丧其心，所冀能反诸本心者，士大夫耳。上庠教者学者皆士大夫也。设问此辈终日终夜所孳孳者何事？除为其一身名声与地位及温饱而外，其胸际果有揭然而存、恻然而感、念念与斯人痛痒相关否？其有玩心高明、万理昭晰之一境否？或则愤政俗之弊，动激昂之情，投足党团，高自标举，随顺时风众势所趋，以改造之英自负，而是否出于恻怛之诚，公明之识，沉毅之勇，则稍有识者当知不类。如萍无根而生，如蓬依风而转，如菌因腐而发，终于鱼烂而亡，一任强者宰割。自清季以来，士大夫无真识定力，无实肝胆，狂昏浮乱，以迄于今，而莫知所底，吾痛心久矣。说者或谓今学校之教，重知识而无德行之涵茹，此说虽是，而未深悉时弊也。方今学者何足以言知识？理工诸科，吾诚门外汉，文科法科之得失，老眼未曾花也。《易》曰："君子以言有物而行有恒。"故观其言行而其有无知识可知矣。试一检时下论撰，其不为浮浅混乱者几何？惜乎八表同昏，无有能辨之者耳。余儿时闻庭训曰：凡观人文字，须逐字按去，若是有根据之言，重按亦不可摇夺；浮词乱语，一按即觉其无一字也。然"按"之一词，亦未易言，非自身具有真识力，如何下手去按？此自昔所以多海上逐臭之夫，而衰世尤甚。先公此言，极其宏富，余小子自幼迄今，终身思之，觉意味日深一日。今之大言炎炎者，吾诚难发见其中果何物事。夫言之无物，由中无真见也。胸无真见，即出言浮乱，而欲其行之有恒，不可得也。恒之为言，恒于公而不杂以私也，恒于明而不杂以暗也，恒于健而不杂以偷也，恒于敦厚而不杂以凉薄也。一有杂，即失其真常之体而不恒。世俗不了恒义，第以为恒久而不已耳。若仅以此名恒，则恒作恶者，亦可谓恒乎？行有恒，必本于言有物，故言有物一语极重要。有物之言，断未有无恒之行。行而无恒，必其言之本无物也。今人言不成言，而欲其行之成行，何可得乎？正学亡，大道废，胥一世之人而无言行可按，种类可幸存乎？余年逾六十，复何所私冀？惟于人类之爱，自莫切于其近者，种族垂危，尤所深痛。余虽寡昧，犹期独握天心，以争剥复。私人讲学既不可得，乃不能不遄返北碚。刻正候船东下，将由海道北行。蜗角横争，旅人阻梗，孤羁蜀道，我劳如何？吾自昨年体气大衰，食量甚减，失眠甚剧，面部微胖，中虚之象，极思回平静养。教课不得多，诸生质美者，可来私室析疑设难，引发神思，辅益情趣，是吾所望。风烛余光，丁兹衰乱，诚不敢高言讲学育才，惟愿遇一二善类而相与夹持之，得以成就嘉种，遗之来世，为幸无量。丁亥中春渝州旅次。

十力语要卷四

　　此卷原为郯城高生赞非从其日记中录出,辑为《尊闻录》。首语录,次手札,共四万余言。语录在高生日记中,当时经余稍改字句。孝感张生立民请付印,并任校对。时余病危,几不起,遂印五百部,稍存平生心事。计此中录存,始自民国十三年,至十六七年止。余时年四十余,病困殊久。初居旧京,旋养疴杭州。静观世变,深切隐忧,愿力密持,幸未遽隤,覆览斯录,感慨万端。顷诸生请辑《语要》付印,因念斯录体式,无殊语要,又字数无多,不必单行,遂收入《语要》,为卷之四。昔郯城高碉庄颇喜此中手札,谓字字出肺腑,载直方刚大之气以行。余自问,惟与人以心相见而已。涧庄遇倭寇殉难,遗音宛在,无限凄怆。

　　民国三十五年十二月九日熊十力记于黄海化学社附设哲学研究部

　　《尊闻录》卷端原载吾手札一则,今仍存如左。

　　立民:录中轮回问题,所记甚粗略。此事在吾心理上经过极曲折,极繁复。吾近来意思,只是存而不论。佛家净信之士见此录,必大詈我。然吾终望有善根人能发心努力现世,努力做个人,便是菩萨道。《论语》孔门弟子多问成人,可见生得五官百体不必为人,须有成人之道。吾不知成人与成佛果何异耶? 十力。

高赞非记语

十三年秋,谒先生于曹州,始禀学焉。先生曰:为学始于辨志,志者心之所存主。心存主乎诳耀势利,则小人之归也;心存主乎发强刚毅,则大人之基也。是其界划甚明,而人恒忽忽焉习熟于卑近而不之察也。汝切须内省而辨之于微,勿安于习,而贪徇物之易,以率性为难,则辨之必明,而毋入于卑近矣。

一友说《庄子》曰:“人之生也,固若是芒乎?”芒,惑也。生与惑俱。人遇事求知,而生不可知,有知其所以生而始生者乎? 先生曰:子之说非是。夫生不由知,固也,若乃知生不由知,则已是知也。

先生尝曰:吾人穷理,触处求解,便触处成疑。疑复求解,困而莫舍。一事求解,关系无量,条件未具,不堪遽释,故解待疑,其解方确。事事相关,解此一事,又引他事,展转相引,事则无穷。求解无穷,疑亦无穷。解底范围推广,疑底范围与之俱广。

先生自言,始为轮回论者之信徒,其初所作《唯识》书,虽于护法诸师之理论多所破斥,而对于佛家根本观念即轮回观念,固与护法同其宗主而莫之相悖也。《唯识》书第三稿中有一段首揭此义云:窃有古今之一大谜焉,不可不先扬榷之者。曰:诸有生物,其生也,原各各独化,都无终始,不随形以俱尽乎! 抑宇宙有大生焉,肇基大化,品物流行,故生物禀此成形,其形尽而生即尽乎! 原注:此言宇宙者,外界之异名,乃随俗假说耳。大生者,不必谓宗教家所立之神,凡哲学家计有外界独存之实体者皆是也。由前之说，则生界为交遍；原注：交遍者，无量生命各为独化，同在一处，各各遍满，而不相障碍，仍为互相联贯之全体焉。由后之说，则生界为同源。原注：计有大生之实体为一切有生所从出故。由前之说，则有生皆无待而自足；由后之说，则有生将外藉而凭虚。原注：如吾之生，若非自有而藉外界独存之大生偶尔分赋者，则吾生直等于石火之一瞥已耳。谓吾生非自有而索源于外矣。外源之有，吾又何从征之哉？前说佛家主之，后说世间多持之。吾尝徘徊两说之间，纍然而不释也。转复宁息推求，旷然自喻，吾生之富有，奚由外铄？原注：《易》曰"富有之谓大业"，言乎生活力之深固与盛大也。息骑驴觅驴之妄，原注：吾之生也，独化已耳。不自明而寻来源于外，非骑驴觅驴而何？悟悬的投矢之非，原注：纳群生于虚立之大原，与投众矢于故悬之鹄的，有以异乎哉？遂乃印持前说，略无犹豫。事不可以物征，理实在乎自信。据此则先生对于轮回说之坚持可见矣。一日忽毁其稿，怅然曰：吾书又须改作矣。时居北京西郊万寿山大有庄，脑病已剧。值寒雪，驱车入城就医，余随侍。林宰翁来视。先生曰：吾打破轮回观念矣。宰翁曰：尊书那段文字说得恁地好，如何又打破了？先生怫然曰：且莫说闲话，吾急待商量。今若依据佛家而言生命，则一切有情之生命各各无始无终，即各各有迴脱形骸之神识。轮回之义以此建立。若诚尔者，则植物与下等动物将有神识焉否耶？设许有者，则复生现象如何解释？复生者，谓如某种生物若切断其体为数段，则每段皆成独立之生机体，此名复生。何者？一物之生命既无始无终，即有独立之神识，则将其机体割去一部时，其所割去之部应不得自成一生机体。以每一物之神识，必不随机体割裂而分化故。设云无量神识遍满宇宙，当将某物之机体割去一部，即时另有神识附着其间，故仍别成一生机体者，此则视神识之发现过于忽然，诚难印许。佛家虽不许植物有神识，然其谓胎卵湿化四生皆为有情，则固许下等动物有神识也。既许下等动物有神识，则下等动物中有复生现象，将如何解释耶？吾以此对于轮回之信仰完全失其所据，兄能释此难否？宰翁笑曰：新生，复生，新生谓如结胎而生者是。同是忽然。吾人于新生不谓无神识，乃致疑于复生之不当另有神识何哉？此事要信只合笃信下去，不信亦由人。仔细推求，极是自苦。因此事万不可以理智解决也。先生曰：不妨细理会。宰翁曰：吾凤昔对此极苦过心来，情感上总觉信得及，亦足安慰，理智推求，又没证据。初与兄会面，犹好提出此问题，亦颇忆否？年来将此付之不问，问了终无答案，何必虚问？又吾侪有一日之生，尽一日之人道，亦不必待有轮回而后安慰也。先生曰：言有轮回，不过将我之生命上推之至于无始，下推之极于无终。诚如其说，则长劫轮回，不知曾幻作许多众生身，是即有无数之我。若无轮回，则我独出长劫中之某一期，更无第二之我。如是则我之价值，岂不更重大？我之生活意义岂不更优美？宰翁笑曰：诚然，诚然。

吾因先生变更轮回观念，恐其《唯识》书不复作，乘间致问。先生曰：将另造《新唯识论》也。复问：近来主张如何？曰：只是方便显示本体。本体无从直揭，故须方便。问：或言先生之学，乃融会贯穿于此土三玄及梵天般若之间，然欤？先生曰：亦说得似。又曰：唯识更张，是一大事，若精力不亏，得就此业，极于真理有所系也。又问：般若之旨，可得闻欤？先生曰：此难为汝言也。般若只是破执，然徒在知解上做工夫亦不相干，须是自见本心。禅家实通般若。不了禅而学般若，不会有入处。但对汝说此，亦是闲言语。然汝且置之脑中，将来若能进而用力于禅家与般若，好自理会，或于吾今者之说有默契也。不然者，吾终是闲言语。

暑假随师南下，寓杭州西湖法相寺。师病中不得执笔，犹时运思。一日问之曰：师昔不主众生同源说，今若作《新唯识论》将如何？师曰：吾旧宗护法唯识，则以实体为交遍，而非是一体。由今思之，此不应理，只是一体，哪得多元？吾今者仍持同源说也。复问同源之说可征乎？曰：此固可于生物学上举其征，如柏格森哲学是已。我却不用拿生物学来做根据。我是直接反求诸心，见得此意。记得我少时看王阳明《大学问》，自以为解得。由今思之，当时确是以不解为解，如今倒是真解得。《大学问篇》云："大人之能以天地万物为一体也，非意之也，其心之仁本若是，其与天地万物而为一也。岂唯大人，虽小人之心亦莫不然，彼顾自小之耳。是故见孺子之入井，而必有怵惕恻隐之心焉，是其仁之与孺子而为一体也。孺子犹同类者也，见鸟兽之哀鸣觳觫而必有不忍之心焉，是其仁之与鸟兽而为一体也。鸟兽犹有知觉者也，见草木之摧折而必有悯恤之心焉，是其仁之与草木而为一体也。草木犹有生意者也，见瓦石之毁坏而必有顾惜之心焉，是其仁之与瓦石而为一体也。是其一体之仁也，虽小人之心亦必有之，是乃根于性而自然灵昭不昧者也。"详此，则同源之义有明征矣。所谓与万物而为一体之仁者，仁即源也，我与万物所同焉者也，是无形骸之隔，物我之间故痛养相关也。否则根本互不相通，见孺子入井乃至见瓦石毁坏，其有恻隐与顾惜之心也哉？至理只在当身，人乃由之而不著焉，习矣而不察焉。道在迩而求诸远，事在易而求诸难，所以为学者之大患也。吾乃今日于此见得真切有味，同源之说，无复疑矣。复问：师今日见地，果自阳明入乎？曰：难言也。谓吾自阳明入，不若谓吾自得而后于阳明之言有深入也。程子曰："吾学虽有所授，而天理二字却是自家体认出来。"古今几人会得此意？

问：先生初不主同源说，以谓若由其说，则吾人生命将外藉而凭虚，引见前文。今日意思云何？先生曰：我昔时极是错误，如今自不是那般意思。问：近来意思可得闻欤？先生曰：这道理好难说。在人情计度，则以为说到同源，好像是外于万物而别建立一个公共的大源，叫他做宇宙实体，我与一切人和物都从他分赋而出生，如大海中幻起许许多多的浮沤一般。每一浮沤是大海水所分赋的，所以浮沤自己不实，乃外藉大海水而暂时幻现者。所以我底生命不是我元来自具自足。旧稿外藉而凭虚之说盖即此意。如上所说，若道那般话竟是么，则已堕入邪见，不可救药了。欲道那般话不是呢，我也没有好语言来说明我今者之所谓是，以别于那般话之不是了。因为语言是实际生活的工具，是表示死物的符号。这道理是迥超实际生活的，是体物不遗而毕竟非物的，如何可以语言来说得似？虽复善说，总不免把他说成呆板的物事了。大抵同源云者，虽已承有万物公共的大源，而他谓公共的大源。下皆准知。毕竟不是外于万物而别为空洞独立之一物，他是遍为万物实体无有一物得遗之以成其为物者。万物皆以他而成其为万物，我固万物之一，即亦以他而成其为我。所以我与一切人和物虽若殊形，而语及实性则是浑然一体。性者体之异名。一体故无内外，无内外故，亦无彼此。无奈人生来便把形骸执着了，执即是惑。易言之，即起我执了。此处吃紧。既执有我，同时即妄分别有与我对待之一切人和物，于是内我而外人，内我而外物，则忽尔有内外矣。我也，人也，物也，互相对待，即忽尔有彼此矣。从兹已往，封畛厘然，遂不能返会到本来一体上去。若是除去计我之执，这内外彼此等疆界便一齐打破，立时了悟本来一体，并无奇怪。即如前举沤海喻，只是把浮沤分别执之为一个一个，即妄执有沤之相，遂以为无量沤外有大海水，所以成邪见。若是不执沤相，便于无量沤而洞见举体是大海水，了无内外彼此可以分划，这岂不是正见么？所以吾今者之见与昔日那般话，所辨只在毫厘。总之，吾人若能破妄执，返会到本来一体上去，即是安住于实体。安住者，自守而不迁之意，非谓我与实体为二，以我安住在他里面，此须善会。吾人由妄执故，遂物化而失其本体，便是迁了，安住则反是。到此，自本自根，尚何外藉之有？尚何凭虚之有？若不了此，抛却自家无尽藏，将弱丧而不知归，此等人生活浮虚，直是救他不得。

问：人生设有轮回，似亦足慰。先生曰：吾学在见体。人能安住于实体,超越个体的生存,即没有为达个体生存之目的而起之利害计较,易言之,即不为生存而生存,如此,无恐怖,无挂碍,何待有轮回为之安慰?轮回观念却是要求个体恒存的观念。宰平先生昨又说,这便是要求自我生存的不断,即所谓计常之见。吾亦曰:佛家言无我,其实大有我在。

问:人情总难抛却个体观念,若无轮回,则个体的生命等于昙华一现,奈何?先生曰:个体本是实在的,如我和你在此,是分明显现着,那是梦幻泡影的?问:其如死后没有何?先生曰:是须谈三世义。_{过去、现在、未来。}三世说有便都有,说无便都无。说无者,谓过去已灭故无,现在不住故无,未来未生故无。若尔,三世都无,轮回亦是虚立。说有者,谓过去实有于过去,现在实有于现在,未来实有于未来。如此则汝个体的生命实有于现在世中,是亘古不磨的。准此以谈,死后有无不必与轮回有关。

先生曰:自省思虑不易放下,或发一问题不得解决,即留滞胸中,左右思维,旁求之事事物物,冀得其征。然理之至者非可离于事物而求之,更非可泥于事物求之。人但知不可离事物而求理,恶知其不可泥事物而求理哉?吾尝因一疑问,多端推征,往复不决,心力渐疲,而游思杂虑乘之以起。然有时神悟焕发,不虑而得。亦有推征既倦,不容不休,久之措心于无,忽尔便获。更有初机所遇,本无差谬,后渐推求,转生疑惑,旋因息虑,偶契初机。总之,穷理所病,唯一泥字。泥则神累而解不启。泥者全由吾人在现实生活方面所有知识,早于无形而深远之途径中组成复杂之活动体系,为最便于现实生活之工具。此工具操之已熟,故于不可应用之处,亦阴用而之不觉,此所以成乎泥而为真理之贼也。

"易有太极",太极即乾元也,非更有为乾元之所从出者名太极也。乾道,进进也,变动不居也,生生不息也,故谓之元。坤实非元,其体即乾也。

乾为神，坤为器。以在人者言之，形体器也，属坤；心则神也，属乾。神者固器之体，器成则神即器而存，故不可离器而求神。凡有质，皆器也，即皆神之运行也。然器有畛域，神则无畛域。一器别具之神与宇宙统体之神，实不可得而分隔也。昧于此者，乃以器之有畛域而疑神之亦有畛域，此神我神识诸说所由作也，是大惑也。器成而碍，不能不毁。然器有成毁，无断灭，如花有凋谢而花之类不绝。神者，万物之统体，乃生生无熄，时时舍其故而更新也。一器之成也，即资于统体之神而成其体焉，既成则犹息息资于统体之神以相续，及其顽钝而不能复资于神以续成，则毁矣。故器之既毁，而犹冀有个别之神不随此器俱毁者，则未知此器未毁已前，虽若有别具之神，而实即是统体之神。固不可以器之成其个别而疑神之亦为个别矣。神必著见而成乎器。宇宙未有荡然无器之一日也，然执器者，则昧乎神。

老氏言"玄牝"，与《易》言太极义通。

《论语》记孔子"五十而知天命"。又曰"五十以学《易》，可以无大过矣"。足征孔子到五十知命，故其治《易》也，实足以发明此理，无复过误也。子贡曰："夫子之言性与天道不可得而闻也。"非闻之而真有得者不能出此言也。然则夫子固尝言性与天道，子贡既闻之而有得矣。今考之《论语》罕载性道之言，岂其绝无纪述欤？以理推之，当不其然。盖性与天道之谈，别载《易传》故也。《系词》等作，当是孔子亲笔，七十子或有附益耳。自夫子赞《易》而后《易》始为哲学思想之书，故求孔子学者必于《易》。

庄子深于《易》者也，实孔学之支流。庄子谈变化极精，直自《易》出。

一友极能注意自家生活，然未免失之紧迫。时或追寻人生有无意味，或自苦究何为而生。先生虑其成病也，乃语之曰：在生活上追求意味，此是由于有我之私无形在里面作祟，务须放下一切追求，不然，被他纠缠到死，不得解脱。若问何为而生？此问无理。生岂有所为乎？有所为者，是人意之私，不可以推求生理也。至生活之安定不安定，此大须注意。汝之本心自是安定，如何而有不安定耶？吾不欲向汝深谈理道，但劝汝自见本心，顺本心而行即安，违其本心即不安。若问何谓本心？则汝不须穷索，我责汝饱食终日无所用心，汝即时羞恶起来，只此羞恶之端是汝良知，是汝本心，是汝生理，亦是天地之根。汝自见得透，自信得过，便随顺行去，日用间吃饭、穿衣、看书、散步、应事接物，乃至临难处危，一一顺此本心行去，平平稳稳。《礼》所谓"临财毋苟得，临难毋苟免"，《论语》所谓"居处恭，执事敬，与人忠"，阳明所谓"事父便知孝，事兄便知弟，皆此心也"。诚如是，尚何危殆不安之有耶？又吾每教汝看书，汝便自较量云看了某书，强索些空洞知识，毫无趣味，是于吾生活有何干系？汝这种见地大是谬戾。须知汝心不在事物中，而亦不离开事物以独存。事事物物都是仗托汝心而成其为事物，汝心复是仗托事物而现起，方名为心。一物之理未究，一事之理未穷，汝便将自家元来广大底心剥蚀了，狭小了，如之何其可哉？空洞也，没趣味也，无干系也，都是丧心之病，犹不悟耶？

陈聚英初见师，请示看何书。师语之曰：且勿遽说看何书。汝欲堂堂巍巍作一个人，须早自定终身趋向，将为事业家乎？将为学问家乎？如为学问家，则将专治科学乎？抑将专治哲学或文学等乎？如为事业家，则将为政治家乎？或为农工等实业家乎？此类趋向决定，然后萃全力以赴吾所欲达之的，决不中道而废。又趋向既定，则求学亦自有专精。如趋向实业，则所学者即某种实业之专门知识也；趋向政治，则所学者即政治之上专门知识也。大凡事业家者所学必其所用，所用即其所学，此不可不审也。如趋向哲学，则终身在学问思索中，不顾所学之切于实用与否。荒山敝榻，终岁孜孜，人或见为无用，而不知其精力之绵延于无极，其思想之探赜索远，致广大，尽精微，灼然洞然于万物之理,吾生之真,而体之践之,充实以不疑者,真大宇之明星也。故宁静致远者,哲学家之事也。虽然,凡人之趋向,必顺其天才发展。大鹏翔乎九万里,斥鷃抢于榆枋间,各适其性,各当其分,不齐而齐矣。榆枋之间,其近不必羡乎远也;九万里,其远不必骄于近也。天付之羽翼而莫之飞,斯乃不尽其性,不如其分,此之谓弃物。吾向者欲以此意为诸生言之,又惧失言而遂止也。汝来请益,吾故不惮烦而言之。然吾所可与汝言者止此矣,汝能听与否,吾则以汝此后作何工夫而卜之也。若犹是昏昏懂懂,漫无定向,徘徊复徘徊,蹉跎复蹉跎,岁月不居,汝其虚度此生矣。

有柳君者问曰:先生屡教人于学问或事业求一成,得毋功利之见耶?先生曰:是何言哉!功利者,有所为而为也,学问与事业之期成,则人自充实其生活之力量,只尽己而已,岂有所为而为哉?先儒云:尽己之谓忠。凡人无一成者,只是不忠。

学人即以学问为其兴趣,作事者即以事业为其兴趣,努力于学问或事业之场,勤奋增愉快,愉快增勤奋,此谓嘉兴美趣,此谓丰富之生活。若人求学作事而有竞名趋势逐利等念,则是有所为而为之,即心溺于鄙细,便没兴趣,而沦于枯槁之生活,是可哀已。

刘念僧问:声生论师说声从缘生已便是常住,此何所据?先生曰:以今日留声机验之,声生家言,似有相当理由。然格以大乘之义,则留声机中之声亦非常住,只是刹那刹那,生灭相续。此声于前刹那生已便灭,后刹那有似前声相续而起,非前声能住至后。俗不了此,乃计常住,故声生说毕竟不符正理。

　　附记:念僧,四川涪陵人。与同县钟伯良、石砫张俶知、巴县王平叔同学,皆有超俗之趣。伯良、念僧教学诚切,视诸生如子弟。今皆逝世。

先生曰:人谓我孤冷,吾以为人不孤冷到极度,不堪与世谐和。

事不可意，人不可意，只有当下除遣。若稍令留滞，便藏怒蓄怨而成为嗔痴习气，即为后念种下恶根，永不可拔。人只是自己对于自己作造化主，可不惧哉！可不惧哉！偶见师于案头书纸云：说话到不自己时，须猛省而立收敛住。纵是于人有益之话，但说到多时，则人必不能领受而自己耗气已甚。又恐养成好说话之习惯，将不必说不应说不可说之话，一切纵谈无忌，虽曰直率，终非涵养天和之道，而以此取轻取侮取忌取厌取疑于人，犹其末也。吾中此弊甚深，悔而不改，何力量薄弱一至是哉？

漱师阅同学日记，见有记时人行为不堪者，则批云含蓄为是。先生曰：梁先生宅心固厚，然吾侪于人不堪之行为，虽宜存矜怜之意，但为之太含蓄，似不必也。吾生平不喜小说，六年赴沪，舟中无聊，友人以《儒林外史》进，吾读之汗下，觉彼书之穷神尽态，如将一切人及我身之千丑百怪一一绘出，令我藏身无地矣。准此，何须含蓄？正唯恐不能抉发痛快耳。太史公曰：不读《春秋》，前有谗而不见，后有贼而不知。亦以《春秋》于谗贼之事无所不言，言无不尽，足资借鉴也。吾恶恶如《春秋》，不能为行为不堪者含蓄，故与梁先生同处多年而言动全不一致。汝侪亦各自行其是可也。

一日，师闻人言，将买鸡而杀之。师曰：买已杀者可也，取一生物而杀之，不必也。其人曰：此不澈底之杀生也。师默然久之曰：设责吾不澈底戒肉食，则吾唯有自承其罪，拊胸沉痛而已。若以不澈底杀生为可非笑者，此何忍闻？使杀生而可澈底做去，则人之类其绝久矣。留得一分杀生不澈底之心，即宇宙多一分生意。愿与世人共策励也。

一友读李恕谷书，师过之。某因问先生对恕谷有无批评。先生曰：吾看船山、亭林诸先生书，总觉其惇大笃实，与天地相似，无可非议。他有时自承其短，而吾并不觉他之短。看李恕谷书，令我大起不快之感，说他坏，不好说得，说他不坏，亦不好说得。其人驰骛声气，自以为念念在宏学，不得不如此。然船山正为欲宏学而与世绝缘。百余年后，船山精神毕竟流注人间，而恕谷之所以传，乃附其师习斋以行耳。若其书则不见得有可传处。然则恕谷以广声气为宏学者，毋亦计之左欤？那般虏廷官僚，胡尘名士，结纳虽多，恶足宏此学。以恕谷之聪明，若如船山绝迹人间，其所造当未可量，其遗留于后人者当甚深远。恕谷忍不住寂寞，往来京邑，扬誉公卿名流间，自荒所业。外托于宏学，其中实伏有驰骛声气之邪欲而不自觉。日记虽作许多恳切修省语，只是在枝节处留神，其大本未清，慧眼人不难于其全书中照察之也。恕谷只是太小，所以不能如船山之孤往。吾于其书，觉其一呻一吟、一言一语，无不感觉他小。习斋先生便有惇大笃实气象，差可比肩衡阳昆山。凡有志根本学术者，当有孤往精神。

师语云颂天曰：学者最忌悬空妄想，故必在周围接触之事物上用其耳目心思之力。然复须知宇宙无穷，恃一己五官之用，则其所经验者已有限，至妄想所之，又恒离实际经验而不觉。船山先生诗有云"如鸟画虚空，漫尔惊文章"，此足为空想之戒。故吾侪必多读古今书籍，以补一己经验之不及，而又必将书籍所发明者反之自家经验而辨其当否，若不尔者，又将为其所欺。

颂天可谓载道之器，惜其把知识看轻了。他也自责不立志，却没理会志非徒立，必见诸事。少年就学时，则穷理致知是一件大事，此却靠读书补助，于此得著门径，则志气日以发舒。否则空怀立志，无知能以充之，毕竟是一个虚馁的汉子。吾观汝侪平日喜谈修养话头，而思想方面全未受训练，全未得方法，并于无形中有不重视之意，此吾所深忧也。观颂天昨日所书，仍是空说不立志，而于自己知识太欠缺，毫不感觉。充汝辈之量，只是做个从前那般道学家，一面规行矩步，一面关于人生道理也能说几句恳切语、颖悟语，谈及世道人心，亦似恻隐满怀，实则自己空疏迂陋，毫无一技之长。尤可惜者，没有一点活气。从前道学之末流只是如此，吾不愿汝侪效之也。

先生戒某君曰：吾一向少与汝说直话，今日宜披露之。汝只是无真志。有真志者不浮慕，脚踏实地，任而直前，反是则昏乱人也，庸愚人也。汝于自家身心，一任其虚浮散乱而不肯作鞭辟近里工夫。颂天知为己之学，而汝漠然不求也。尝见汝开口便称罗素哲学，实则汝于数学、物理等知识毫无基础，而浮慕罗素，亦复何为？汝真欲治罗素哲学，则须在学校切实用功，基本略具，始冀专精。尔时近于数理哲学，则慕罗素可也，或觅得比罗素更可慕者亦可也。尔时不近于数理哲学，则治他派哲学或某种科学亦可也。此时浮慕罗素何为耶？汝何所深知于罗素而慕之耶？君子于其所不知，盖阙如也，至其所笃信，则必其所真知者矣。不知而信之，惊于其声誉，震于其权威，炫于社会上千百无知之徒之展转传说，遂从而醉心焉，此愚贱污鄙之尤。少年志学，宁当尔哉？天下唯浮慕之人最无力量，决不肯求真知。吾不愿汝为此也。汝好名好胜，贪高骛远，不务按步就班着工夫，一日不再晨，一生不再少，行将以浮慕而毕其浮生，可哀也哉。

先生一日立于河梁，语同学云：吾侪生于今日，所有之感触，诚有较古人为甚者。古之所谓国家兴亡，实不过个人争夺之事耳，今则已有人民垂毙之忧，可胜痛乎！又吾人之生也，必有感触而后可以为人。感触大者则为大人，感触小者则为小人，绝无感触者，则一禽兽而已。旷观千古，感触最大者，其唯释迦乎？以其悲愿，摄尽未来际无量众生而不舍，感则无涯矣。孔子亦犹是也，"鸟兽不可与同群，吾非斯人之徒与而谁与？"何其言之沉切也！"老者安之，朋友信之，少者怀之"，程子谓其量与天地相似，是知孔子者也。

为学，苦事也，亦乐事也。唯真志于学者，乃能忘其苦而知其乐。盖欲有造于学也，则凡世间一切之富贵荣誉皆不能顾，甘贫贱，忍澹泊，是非至苦之事欤？虽然，所谓功名富贵者，世人以之为乐也，世人之乐,志学者不以为乐也,不以为乐则其不得之也,固不以之为苦矣。且世人之所谓乐,则心有所逐而生者也,既有所逐则苦必随之。乐利者逐于利,则疲精敝神于营谋之中,而患得患失之心生,虽得利而无片刻之安矣。乐名者逐于名,则徘徊周旋于人心风会迎合之中,而毁誉之情俱,虽得名亦无自得之意矣。又且所逐之物必不能久,不能久则失之而苦益甚,故世人所谓乐,恒与苦对,斯岂有志者所愿图之乎? 唯夫有志者不贪世人之乐,故亦不有世人之苦,孜孜于所学而不顾其他。迨夫学而有得,则悠然油然,尝有包络天地之概。斯宾塞氏所谓自揣而重,正学人之大乐也。既非有所逐,则此乐乃为真乐而毫无苦之相随,是岂无志者所可语者乎?

有张君者,谓佛家教人禁欲。先生曰: 此大谬之言也。欲可禁乎? 欲能禁而绝乎? 人心者,非顽然一物,其间前念方灭,后念即起,迁流不息,亦如河海之流而无穷也。今欲人欲之不起,惟务抑之遏之,不知欲之起也无已,抑之遏之亦无已,是非如治水之壅塞其流,终将使之决于一旦,滔天而不可挽乎? 吾意佛家教人,不应如此。盖不在禁欲,惟务转依。转依者,转移此心之倾向也。知欲之不可禁,惟移此心之倾向而令其依于善,则念念向上,将邪欲不禁而自伏除。譬之治水者,顺流疏决以就正道,则流既畅而泛滥之祸自免也。他日,先生又曰: 儒者亦有把欲看做是天理之敌人而必欲克去之者,此亦大错。夫欲曰人欲,则亦是人之欲也。人之欲,其可尽去乎? 使人之欲而可尽去,除非人不生也。人既有生,便不能无人欲,如何尽去得? 大抵人欲所应去者,只是不顺理之欲。吾人见得天理透,只是良知不汩没耳。使天理常作得吾身之主,则欲皆从理,而饮食男女莫非天理中事矣。

佛以大雄无畏,运其大悲,见种种颠倒痴愚众生,种种苦恼逼迫境界,都无愤激,都无厌恶,始终不舍,而与之为缘,尽未来际,曾无息肩,其悲也,其大雄无畏也。吾侪愤世嫉俗,不能忍一时之乱,幽忧愁苦,将荒其业,此实浅衷狭量之征。故知抱悲心者,必先养大雄之力。不能大雄无畏而徒悲,则成为阴柔郁结,而等乎妾妇之量已。

社会只是各种势力汇聚而相激相荡,这边胜了,那边便负,难道他好坏。好坏之见,出于自家主观。遇着利害冲突的方面,以主观而判断他底好坏,如何靠得住?

人类不齐,智愚、善恶、廉污、灵蠢种种差别,万不能尽纳于至善之境。然而圣哲之心,总期一切人趋归至善,要其用力之方,则亦只就当躬所及接者,积诚以动之,其所不接者,以心量涵之而待其自感,有效与否,要自不计。

凡人言动间,自觉俗情流露,自知惭愧,此则无害。若自己流露于不觉而为他人所觉者,则他人代为惭愧而自己反不知,斯可畏耳。人非力学,难言去俗。知识道德高一分,俗情方去一分。

人生本来是好的,绝没有夹杂一点坏的,其所以有不好者,因为他梏于形,囿于习,才与宇宙隔绝,把本来的好失掉了。

人生在社会上呼吸于贪染、残酷、愚痴、污秽、卑屑、悠忽、杂乱种种坏习气中,他的生命纯为这些坏习气所缠绕,所盖覆。人若稍软弱一点,不能发展自家底生命,这些坏习气便把他底生命侵蚀了。浸假而这些坏习气简直成了他底生命,做他底主人翁,其人纵形偶存,而神已久死。

凡人当自家生命被侵蚀之候,总有一个创痕。利根人特别感觉得。一经感觉,自然奋起而与侵蚀我之巨贼相困斗,必奏廓清摧陷之功。若是钝根人,他便麻木,虽有创痕,而感觉不分明,只有宛转就死于敌人之前而已。

冯炳权问:每闻人说,有时心中理欲交战,岂一念中理欲并起而交抗耶? 先生曰:一念无理欲并起,乃是前后念迭起,人不之察,以为仍是一念中事耳。如初念本循理,次念计较生,即欲之动也;又次念或不以从欲为然，此即天理偶现；又次念或惮于从理，即欲复炽。如是理欲迭起，至最后一念，或理胜欲，或欲胜理。常人心情，大抵如是，但念之起灭甚速，彼往往以多念为一念也。

凡人敬慎之畏不可无，怯弱之畏不可有，自审有一分怯畏，须将根拔去。

圣贤自有至情。大奸雄亦复多情。奸雄如不多情，何能收笼群伦为之效命哉？其多情，非尽伪也，尽伪必不能使人。曹操既贵，不忘死友之女，《祭乔玄文》，感怀知己，一往情深。其他吊旧之词，亦令百世下读者可歌可泣，岂可以伪为哉？特不能率性以治情，其情日以流于杂妄，故不得为圣贤耳。以是知人未有无情而足为人者也，唯昏惰人乃斫其情。

智大者必富幽情，探赜索远，极深研几，解悟所至，情味俱永。情薄则无以资解之深到。

为学最忌有贱心与轻心，此而不除，不足为学。举古今知名之士而崇拜之，不知其价值何如也，人崇而己亦崇之耳，此贱心也。轻心者，己实无所知，而好以一己之意见衡量古今人短长，譬之阅一书，本不足以窥其蕴，而妄曰吾既了之矣，此轻心也。贱心则盲其目，轻心且盲其心，有此二者，欲其有成于学也，不可得矣。

先生尝自言，当其为学未有得力时，亦曾盲目倾仰许多小大名流，言已而微笑。予因问曰：先生对昔日所盲目倾仰者，今得毋贱之恶之耶？先生曰：只合怜他，贱恶都不是。

潘从理问：有某君者，言任事者必愚，智深者利害分明，即不肯任事。先生曰：不知某君所谓智者为何如之智，其所谓愚者为何如之愚也。仲尼谓宁武子愚不可及，武子之愚，非世俗所谓愚。以其不作一己利害计较，对凡人之小慧而言，乃假说为愚，所谓正言若反也。武子之愚实乃超出俗情，无私无碍，神全而鉴无不周，故可任重而不疑，履危蹈难而不避。若乃世俗愚夫，直任凡情冲动，于事理毫无了别，但凭其血气方刚，因缘时会，亦得奋跃以有功。汉高所谓功狗，正谓此辈。然名之为功狗，则功不由己，而当归诸发踪指示者亦明矣。发踪指示者人也，大智者也。高帝但以之许萧何，近之矣。亡友刘子通曰：大事业家之头脑与大哲学家及大科学家之头脑一般复杂，只应用不同。可谓知言。若不辨乎此，将以武子之愚与诸兵子之愚并论，自非无目，孰有睹大明而拟诸爝火之微茫也哉？

世俗所谓智者，大抵涉猎书册，得些肤泛知识，历练世途，学了许多机巧。此辈元来无真底蕴，无真知见，遇事只合计较一己利害。其神既困于猥琐之地，则不能通天下之故，类万物之情，只是无识之徒。凡人胆从识生。今既无识，便无胆，如何做得大事？

唯不计利害，才能看得利害分明。常人计较利害，其神已昏，那得分明？不计利害底人，亦有差等。略言之，仁人以至诚任天下之重，死生以之，更计甚利害？诸葛公便是此等人。光武宋祖亦近于仁。次则英雄豪杰，虽无仁人之至诚，要其大体上总是趋向正路坦途，不过功名心重。所谓伯者一流人，他却富于责任心，敢以身任天下之重，故亦将死生置之度外，所以不眩于利害，神解超脱，明烛万几，汉高、唐太、明祖辈，皆此类也。萧何、张子房之徒，亦其次也。唐太宗是晚周已后第一有大规模有大雄图底人物。即汉高、明祖初举事时，亦俊伟不易及，迄成功后，血气衰而虑患又深，始多败行。然明祖却狭小，不敢望汉高。

中国古来之道德信条，其系于人心者，常使贤者不忍干，不肖者不敢犯，盖数千年来所积之势力中于人心之深如是。乃近日欧风东来，旧有之道德信条，国人视之废然无足重，遂使不肖者有所借口，公然冒大不韪而不顾，是其不敢之情绝，浸假习伪以为正，而贤者不忍之心亦将窳乎无存。樊篱决而人欲肆，天下滔滔，日趋于禽兽而不知，可无痛乎？今人动口说旧道德不足保存，此缘不辨道德与伦理之分，故无知而横决。夫伦理有随时制宜者,可云有新旧。如夫妇之伦,古者丈夫掳掠妇女为淫乐而已,无所谓匹偶之重也。后圣制礼以明人道,始尊伉俪,此随时制宜,有新旧之异也。古者有朋友一伦,师弟之谊,未闻特异。中世圣人隆道术而尊师教,遂著在三之义,此又制时之宜而新旧异也。至于人权明,帝制革,而君臣之伦以废,今日居官任职,长属之分,必不可拟于古之君臣。举此数例,以征伦理实分新旧。若夫道德则异是,乃贞于性而通万变以不易焉。如忠之为道德也,古者以之忠于君,今可谓其旧而不适用乎? 毋自暴弃,所以忠于己;执事敬,所以忠于识务;为国民争得平等自由,所以忠于民众;为人类倡明真理,所以忠于人类。准此以谈,忠之为道德也,其可谓古之所以事君者,今不宜存乎? 先儒云:发己自尽之谓忠。如此训忠甚好。"发"字大有力,兼生发与发散两义。而所谓己者,言乎己之所存也。发己者,发其所存也,本乎己所固具之良知良能,与凡学之所得,知之所及,思之所通,心之所信,当其不得不发,如草木底生力发不自已一般。沛然发之而无所馁。易言之,直是尽他一己生得与继长底整个的生活力,油然畅发,极充实而无所虚,无所伪,无所馁,所以谓之忠也。忠之道德,如有一息之绝于人,则人类灭矣,此何所谓新旧之异耶? 曾子任重道远,死而后已。诸葛鞠躬尽瘁,死而后已。都是发己自尽,都是个忠。一友问曰:大哉先生之说忠也! 然曾子曰:"为人谋而不忠乎?"为人谋者,不必尽关巨计,遇一细事,亦矜矜求忠耶? 先生曰:汝误矣。吾所谓忠者,只是自家生活力充实不已,而其著见于日用酬酢者,自然随其所感,无巨无细,而莫非充实不已之全体流行,绝无些子虚馁。这个体段,已是内外融一,元来不曾立心在事上去较量;于事无较量,即不以事为外来。事既非外,则心亦不名为内,这便是内外融一的全体,让他随在迸发,浑是个忠。若不到此境界,自然要在事上去较量巨细,才于事起较量,却已内外隔碍,办不得忠来。即在他认为巨计,勉强做得济事,亦是依仿揣摹，貌似忠而实不由乎忠也。然初学且未要说到内外融一，最好学曾子底三省。曾子只是把他认为要紧的三件事时时警醒此心，存之于豫，久存而熟，即便扩充得开。问：曾子却以忠为三省之一，与先生言忠自不同。曰：义有广狭，尽可会通。交友之信即忠也，传习亦忠也，乃至万善皆忠也。

赖典丽云：尝闻诸先生曰，吾人做学问是变化的，创造的，不是拉杂的，堆积的。此如吾人食物，非是拉杂堆积一些物质而已，食后必消化之，成为精液，而自创新生机焉。若拉杂堆积之物，则是粪渣而已。学问亦然，若不能变化创新，则其所谓学问，亦不过粪渣的学问而已。

附记： 典丽，川人。肄业国立清华大学。性行敦笃，天资颖悟，不幸短命，师甚惜之。

先生因事责某友，遂诫同学云：对人不可随便看作无意思无主张。被人作如是看者，亦不宜轻受。凡人随时随事总要有力量，一言一行不可苟且，有苟且便当知改，不如是而能成人者，未之有也。来此共学，大家丑处错处，不妨公开，互相磨励，以底于成。人未至圣，孰能无过？在相谅相戒而已。

先生昨在曹州，因一事误疑梁漱溟先生，大怒。梁先生亦不辩。先生盖久之而后自知其误，以告陶闿士先生。闿翁曰：疑而不匿，悟而能改，观过知仁矣。

天下有真愚人，无真恶人，所以无明是万恶之首，佛家说无明，即愚之异名。此意深微，千古几人真会得？他要说会得，只是他底会得。问：不见古今恶人都是愚人。先生曰：如袁世凯不为华盛顿，却学朱温，你道他是大恶是大愚？闻之豁然有省。

"恶莫大于俗，俗莫偷于肤浅"，这是船山真知实见语，只此求解人不易。清末以来，许多名流以其肤浅的知识胡乱鼓吹，胡乱倡导，真正造恶不细。梁任公颇自承有些误人，亦是不可及处。

　　先生游圆明园故址,吾随侍。先生语我曰:昔余不信人生有自由,因为一个人在未生已前,早经旁的东西把他底生命规定了。你若不信,试想你底一切知虑、情感及行为,哪有一点一滴不受社会上学艺、政教、风俗、习惯与其他各种固有的势力底陶铸?易言之,你底整个的人生都是社会造就的,社会是一个鸿炉,也是一个造化主,他在你未生已前,早先安排了种种模型,使你生来便投入模型中,你底种种活动,无非依着这模型做些填实工夫,如此说来,人生哪得有自由? 问:先生今日意思如何? 先生曰:如今又觉得人生真自由,何以故? 自由是相对的名词,在限制之中,而有自强自动自创,以变更不合理的限制底余裕,这才叫自由。若是无限制,又从何见出自由? 社会底种种模型,固然限制了我人底生命,但是我人如果不受他底固定的不合理的限制,尽可自强起来,自动起来,自创起来,破坏他底模型,变更他底限制,即是另造一个新社会,使我和我底同类都得展扩新生命。如此岂不是人生有大自由么? 又曰:中土圣哲是主张人生有自由,如《易》与《中庸》说圣人范围天地、曲成万物及位育参赞等功用,你看他主张个人自由的力量多么大。晚近诸儒也尝道个人有转移风会的能力和责任,亦是主张自由。我们若是把个人屈伏于社会,使得大家凑成一副死机器,便与宇宙变动不居的生机大相违戾,是大不幸的事。

　　问:若极端主张个人自由,莫亦有弊否? 先生曰:且如汝一身五官百体,那可有一部分失掉他的作用? 社会元来是复杂的,是千差万别的,不是单纯的。各个人任他底意志和思想技能自由的充分发展,即是各方面都无欠缺,成功一个发育完全的社会,如何不好? 又曰:如果抹杀了个人的自由,则社会里之各分子,其最大多数变成机件,将由一部分特殊势力崛起而摆弄之,刍狗万物,莫此为甚。又曰:社会每为暴力劫持之,以辖轹个人,使个人敢怒而不敢言,是极悲惨事。

　　问:先生既主张个人自由,却赞许圣人曲成万物及儒先转移风会等说,在圣人或哲人有如此伟大底功用,诚哉其自由矣,而被曲成、被转移者,得毋为刍狗耶? 先生曰:就人底本性说,元无差别。然人之形则各自天成而不能齐等,天者自然之谓。故智愚仁不肖各因形限,如智愚即由脑筋繁简积繁简分。千差万别。人类中,大智大仁不常出,下愚极不肖亦不必过多,唯中材居大多数耳。无论人类若何进化,这种差等系根据于造化无心而法尔不齐之生理以成区别,终是无从去掉的。法尔犹言自然。若以为将来进化时代之愚不肖比于现在之愚不肖有进焉,则理之所可。设谓将来进化时代,其人皆大仁大智,一味平等,而无所谓中材及愚不肖者,是非痴人说梦乎? 据此以谈,则总总人类之中,竟未得有泯除差等之一日,而所谓愚不肖或中材之人即皆赖有圣哲为之曲成焉转移焉,此事理之所固然而无容疑也。要其所以曲成之转移之者,其道如何? 则《中庸》一语尽之曰"以人治人,改而止"。朱子《集注》曰:"君子之治人也,即以其人之道,还治其人之身。其人能改,即止不治。盖责之以其所能知能行。"《语录》曰:"人人本自有许多道理,只是不曾依得这道理,却做从不是道理处去。今欲治之,不是将他人底道理去治他,又不是分我底道理与他,他本有此道理,我但因其自有者,还以治之而已。"又曰:"未改已前,是失却人道。既改便是复得人道了,更何用治他?"朱子解释此义极为精审,准此,则所谓曲成之转移之者,不是以一己私意去作弄他或宰制他,只是以其人自有底道理还以治其人之身,能改则止。如此,何曾刍狗万物? 若是以己意去作弄他宰制他,使得他没有自己,那才是刍狗他了。至如被曲成被转移者,虽藉他人提撕扶助,而确是以自力寻得自有底道理而自践之,及其成功,与圣哲无殊,这是多大的自由,又何曾做过刍狗来? 问:人既限于形,何以治之而能改? 先生曰:人底本性元不因形之偏而有差失。

先生又云:形之所以成其为形者,性也。形既成矣,便是性之所表著,而形不即是性。然性自在形中,与相默运。离形无别性在。如稻禾之所以成其为稻禾者,以谷核中一点生机也，稻禾既成矣，便是生机之所发见，而稻禾不即是生机。然生机自在稻禾中，与相默运，离稻禾无别生机在。形性之分极难会，故强取譬以明之。只要人能努力，他底本性是好的，是可以改其愚不肖而进于仁且智的，形自然限他不得。唯中材已下之人，很容易安于暴弃，难得不受形限，所以须要有人治他。问：人既有形限，何以得相感通？先生曰：形虽有限，性是一体，不曾尔我性上可分疆界，一体如何不感通？先生又曰：历史上底英雄思想，是以一己私意或野心去作弄或宰制他人，这才叫做刍狗万物，是进化时代所不应有的。

问：极端的个人自由主义恐流于为我而不知有社会，如何？先生曰：社会即各个人的总体，个人与个人之间无形地默默地有一种钩锁，所以聚总得拢而成功一个社会。这钩锁就是人的天性，或日本性。元来无形骸之间，无尔我之分，社会赖有此钩锁作他成立的根本条件。虽则许多学者底眼光里不肯承认有此钩锁，然这道理不因人的承认才有，亦不因人的不承认便无。我也不说社会所以成立，除此根本条件外，再不得有其他的条件。人生来有实际生活，利害问题非常重要，也是驱率他去做合群的勾当。所以利害问题亦是社会成立的条件之一，但不是社会成立的根本条件。如稻禾之成，须具种子、水土、空气、日光、人工等条件，而种子独为根本条件，故根本条件之意义极严格。然而许多学者的眼光只看利害，不曾思量有超越利害的天性，这样隳弃人生之所固有，低减人生之无上价值，生心害政，适足陷社会于混乱或分崩的惨运。话到此，似牵远了。我以为个人只要不汩没他底天性，尽管自由，决不至流于为我之私，害及社会。须知自由便顺着他底天性去发展，所以他底生活力充实，不受任何逆理的阻遏。至如为我之私，正是生活力欠充实才落到小己底利害上作计较，这是因为不自由才显现出来的。故汝所虑个人自由其流为我，决无是处。

先生曰：印度外道有说植物有生命、有知觉，佛家力破之。实则外道所说近是。一友曰：佛家戒伤生，设许植物有生命，便非绝食不可。此其所以不许之故欤？先生笑曰：莫须有此意。又曰：佛家不肉食自好。若谓植物有生命，将亦不可食，则未免太不近理。天下事那可推类至尽？推到尽头，便没行处。又曰：植物供动物滋养，也是造化之妙。先生徐曰：不是有造化者。问：人食动物，毕竟不合欤？先生曰：看他和人一般感觉痛痒，似不应食之。且人食动物之习惯，自是从兽性遗传得来。

今人都不感觉他底本心陷溺已深的痛痒。

今人都失掉了本心，只一味逞嗜欲，奢淫无度，贪求无厌。使意气。安其危，利其灾，乐其所以亡者。

问：昨闻先生讲唯识，说人各一宇宙。此理初聆之似茫然，后来静思得之，却甚平常。如甲乙二人同时比肩并立看着一杯子，实则甲看的是甲底杯子，乙看的是乙底杯子，因甲和乙虽同时站在一列的空间，但左右底距离已不同，而各人神经感触的速率亦不同，光线的接触互相差殊，所以甲乙两人的杯子实在不为一个。只此便是人各一宇宙底道理，先生以为如何？曰：这段话自是，却须知吾所谓人各一宇宙，是据染识分上说。此识受了染污故名。染识便各不相通，所谓人心不同如其面者即此。若论清净本心，便是一体流通，哪得互相隔障，成许多宇宙？且如稷思天下有饥者，犹己饥之也；禹思天下有溺者，犹己溺之也。汝道禹稷是与天下人为各一宇宙否？

一友问：佛书言，成佛则五官可以互用，似太神话。先生曰：理亦平常，何神之有？且如眼之为官利于视，不利于听；耳之为官利于听，不利于视。官之有所利，有所不利，非天然也。只是生物发达到能用视听的时候，因色声关系于他的实际生活太密切，所以专用眼视色，专用耳听声，同时眼耳两官亦遂各如其所专用而构成之。实则眼有视能，即有听能乃至触能；耳有听能，即有视能乃至触能；鼻舌身官以此类推。

林宰平先生曰：希腊至今二千年，一个心物问题闹得不休。先生曰：尽未来际，还闹不休。宰翁去，一友问：先生对心物问题有解决否？先生曰：吾自有解。曰：可得闻欤？先生曰：俟《新唯识论》出，读过此书，方好商量。问：先生既已解得，刚才却与宰翁说永远闹不休，何故？先生曰：岂只我今日解得，古来自有多少人解得，却有一般不得解的人还在那边狐疑、猜想，胡乱地闹个不休。我自信我解得了，却不敢必人之相信。问：哲学家谈本体者，其说纷纭不定，足见本体并没有客观性的实在，只凭各人脑筋杜撰出来。先生曰：哲学家杜撰另是一事，本体却是实在的。然而不是一物，未可说为客观性；不依想立，亦未可说为主观性。哲学家用知识去探寻本体，毕竟我们知识的能力可否得着他，这里大是疑问。如果因为知识得他不着，便道他不是实在的，这样未免太粗心了。又曰：哲学家若徒用知识去推度实体是如何如何，自然错误了。又曰：说到实体，元无内外可分。把他看作外面底物事从而推求他，自不相应。虽始学不能不在知识路上转折几番，要未可长自误，却须做鞭辟近里切己工夫，到深造自得、居安资深、左右逢源的时候，才忽然见得自身有一个主宰，不是神识的意义，勿误会了。这个意义，向深处说，便深之极，若就浅处说，亦复寻常，只人不肯居下流一念，便是这主宰发现。**浑然与物同体**，不见天地万物是外，不见己身是内，此内外两无，不是以意为之，直是事实如此。且如开眼见着山河草木，他元不离眼见，故非外。既无外，别无内。**健行不息。**实体即是健行不息的，天以此而成其为天，地以此而成其为地，一切有形无形的物事，皆以此而成其为物事，乃至孔子亦以此而成其为孔子，所以"发愤忘食，乐以忘忧，不知老之将至"。孔子是见得他底实体，自然如此。寻常人只是物化了，把他底实体汩没了，和他道孔子这般生活，他也不理会。所谓"等闲识得东风面，万紫千红总是春"者，差可形容。这种真理，是人人固有的，只为百姓日用而不知，学者求知而每不得其用力之要，故能自知而自信者亦寡矣。"不识庐山真面目,只缘身在此山中。"汝计为没有客观性的实在者,亦有以也。立民按:此段却是东土哲学正法眼藏。

一友问:哲学家每有反对知识者,尊意云何?先生曰:哲学不应取反知主张。生物进化至人类,知识才发达,如欲反知,是将率人类而为混沌氏,未见其可也。张立民因问云:昔尝闻先生曰,哲学科学各有领域。科学站在经验的范围内,把一切事物看作客观独存的,用理智去揣准他,率循他底定律法则等等而甄明之,犹如摹绘准确不妄。剖析他,所以是纯粹知识的。哲学所有事者,要在剥削经验界的一切杂染而证会实体,证会者,盖吾之良知即是实体。良知炯然自知,便云证会。此知无分别相,不于实体作外想故,所知能知是一事而不可分故,故阳明指良知为实体,此体是自明的故。斯则知识在所必摈,以知识从经验界发生,是行于物理世界的,不得冥极实体故。冥极实体者,谓若证会实体时,即已荡然离一切相,无内外外,无我无物。盖通物我内外,冥会一源,至极无待,故言冥极。虽世有主张哲学是综合各科学的原理进而为实体之探讨,故亦是知识的云云,然而为此说者不辨哲学科学之异趣,却把实体看作外界物事,用知识去推寻,如何能证会得实体?极其能事,不过窃取各科学底材料,以意穿凿,而组成一个系统,自圆其说,著之文字,号为一家之学而已。这段话乃我所旧闻诸先生者,今乃谓哲学不应取反知主张,然则今是而昨非欤?先生曰:言说随机,异其详略,未尝是今而非昨也。夫冥极实体,廓然无物,此盖明智之极诣,决非知识所臻。于此言之,反知可也。而学者不到此诣,便不信有此诣,辄在知识窠臼宛转自足。人生徒沦陷于经验界,恒物化而不得超脱,乃困而不求通,迷而不知复。则且闻人言有迥超知识之明智境地,而即诋之以为神秘,其以反知为大骇,固其所也。记得李延平称道吕与叔《中庸解》一段甚好,颇足发明这个道理。吕云:"谓之有物,则不得于言;谓之无物,则必有事焉。不得于言者,视之不见,听之不闻,无声形接乎耳目而可以道也。必有事焉者,莫见乎隐,莫显乎微,体物而不可遗者也,此不可求之于耳目,不可道之于言语。然有所谓昭昭而不可欺、感之而能应者,正惟虚心以求之,则庶乎见之。"学者且熟玩这段话。大抵学者一向为知识蔽塞,无缘识得这个道理,却要教他莫将知识来推度这里。须知这里正是不可求之于耳目,不可道之于言语,那是知识所及的物事?我所谓反知者,就是在这里说反知,然而我底反知也便止于这里。所以,反知有个限度,不同老庄极端反知的。何故不可极端反知?现在要把这意思说明。我们须知,本体非他,即是吾人固有的明智。说到明智,似乎已是作用,不得目以本体。然作用即是本体之显,故于此而说为体。宗门云作用见性是也,此义深长,姑勿论,今直谈明智。这个明智固是浑然虚明,无知而无不知。无思,无为,寂然不动,故谓无知。能发万善,能肇万化,能应万感,故谓无不知。如此说来,好似只返求诸固有的明智而已一切具足,何待要后起的经验得来底知识去填补他黄梨洲讥朱派学者全靠外来闻见以填补其灵明。殊不知才作如是解,便已堕入偏见去。说明智无不知者,只道他有这个功能。若是我们孤守这个智,正使保聚凝摄,令其常惺惺而却不向经验的世界里去征验推度许多事物之理,如此无所事于知识,不审明智对于这许多事物之理自然会知道否。明智虽有其无所不知的功能,而辨析事物之理毕竟要靠经验得来底知识,这是毫无疑义的。所以极端反对知识是大谬特谬的主张。不过吾人若不曾识得明智而徒事知识,则不免玩物丧志之病。若已见得明智,即一切知识也是明智固有的功能所应物而发的,易言之,知识便是明智之用了。他日,先生又语予云:孙卿批评庄子,说他"蔽于天而不知人",可谓一语道破。庄子才于本体有所见,便玩弄光景去,庄子言天,即谓本体。却未将这个道理融浃到人生日用里来。知识不可得着本体,庄子于此见得甚彻,此其明之所在,亦即其蔽之所在。人生在经验的世界内少不得知识,如果孤恃着固有的明智,不去穷尽事物之理,即本体上亦有障塞不可通行处，这便是他不知人。晚世物理明而人道亦多新发见，皆知识所创获，否则犹如塞陋之世，将视贫之受制于富、女之受抑于男为人道之当然，岂非斯人明智的本体尚有所障塞而不可通行者乎？问：阳明反知否？曰：阳明言致良知。他下一"致"字，是要致之于事事物物的，如此却未弃知，只是由本及末。智是大本，将这智推致之事物上而得其理，便成知识，而此知识却是末。不过阳明弟子便失掉师门宗旨，都走入反知路向去。聪明者为狂禅，谨厚者亦只务践履而惮于求知。这是王学底大不幸事。

哲学大别有两个路向：一个是知识的，一个是超知识的。超知识的路向之中也有二派：一极端反知的，如此土道家是；一不极端反知的，如此土晚周儒家及程朱阳明诸儒是。西洋哲学大概属前者，中国与印度哲学大概属后者。前者从科学出发，他所发见的真实，只是物理世界底真实，而本体世界底真实他毕竟无从证会或体认得到。后者寻着哲学本身底出发点而努力，他于科学知识亦自有相当的基础，如此土先哲于物理人事亦有相当甄验。而他所以证会或体认到本体世界底真实，是直接本诸他底明智之灯。易言之，这个是自明理，这个理是自明的，故曰自明理。不倚感官的经验而得，亦不由推论而得，所以是超知识的。又复应知，属于后一路向底哲学家，有用逻辑做他底护符。如佛家大乘空有两宗都如此。更有一意深造自得而不事辨论，竟用不着逻辑的。中国哲学全是如此。

庄生云："知止乎其所不能知，至矣！"此谓本体是知之所不知处，知即止于此而不可妄求也。这话说得好。"吾生也有涯而知也无涯，以有涯求无涯，殆矣！"此话易引人入惰废，殊丑差。

李笑春问：王阳明言心即理，此义如何？曰：伊川首言性即理也，至阳明乃易其词而唱心即理之论。其时为朱子之学者则宗朱子《大学格物补传》而主理在物，非即心，以诋阳明。于是阳明益自持之坚，以与朱派之学者相非难。实则朱子《格物补传》亦宗伊川。伊川尝说在物为理，阳明却道这话不通，要于"在"字上添一"心"字，说心在物为理

354

才是云。原来伊川言性即理，自与认识论无关。伊川谓性即实理，便就本体说。后来阳明说心即理，才涉及认识论。而他却严密有组织。他说心之发动名意，意之所着处为物，既无心外之物，矧有心外之理？照他底说法，物是与心俱在的，不是离心独存的。语录时见此意。心寂则物与之俱寂，心起则物与之俱起。心寂时无分别，心即是浑然纯一的理，同时令物成为有此纯一的理底物。心起时有分别，心即成功了这一起底分殊的理，同时令物成为有此分殊的理底物。立民按：这段话引申得煞好，不可粗读过。所以他不许外心而求物理，因为在物之理即是心，除了心便没有理。阳明壁垒森严，虽不肯作理论的文字以发表其思想，而我们由他底语录中可考见他底哲学是有精整伟大的系统的。他底学说虽不免有缺憾，而朱派的攻击都是胡涂地乱嚷，全不中他底病。在他底哲学上不许物离心独存是当然的，但物只不离心，而仍非无物，他底极端的心即理说未免太过。没有心，固无以见物之理，然谓心即理，则理绝不因乎物，如何得成种种分殊？即如见白不起红解，见红不作白了，草木不可谓动物，牛马不得名人类，这般无量的分殊，虽属心之裁别，固亦因物的方面有以使之不作如是裁别而不得者也。而阳明绝对的主张心即理，何其过耶？又讲哲学者，应该认定范围。物不离心独存，此在哲学另是一种观点。若依世间底经验说来，不妨承认物是离心独存的，同时不妨承认物自有理的。因为现前事物既不能不假定为实有，那末不能说他是诡怪不可把捉的，不能说他是杂乱无章的，他自有定律法则等等令人可以揣准辨析的，即此定律法则等等名之为理，所以物自有物之理而非阳明所谓即心的。伊川在物为理之说，按之物理世界，极是极是，不须阳明于"在"字上添一"心"字。心不在而此理自是在物的。阳明不守哲学范围，和朱派兴无谓之争，此又其短也。吾今日因汝之问而答之晓晓不已者，则以心即理与理在物直是朱子阳明两派方法论上之一大诤战。主心即理者，直从心上着工夫而不得不趋于反知矣。主理在物者，便不废致知之功，却须添居敬一段工夫，方返到心体上来。朱学以明体不能不有事于格物，主张甚是。王学力求易简直捷，在哲学上极有价值，惜不为科学留地位。

立民问：先生尝言，明智虽是人固有的，却因形拘习囿，锢蔽甚深，不得显发。然立民以为明智之存乎人者，固未尝有一瞬之或熄，似不当谓其绝无显发时也，如太阳为阴曀所蔽，然阴曀中亦非绝无阳光者。先生曰：此说固是。然阴曀中底微阳与皎日较，这个差别太远了。显发云者，如皎日丽天，更无些子蔽障。取喻不能尽符。阳光显发之后，仍屡有蔽障起，若明智显发，则不再受锢蔽矣。阴曀中底微阳不曾显发，毕竟是阴曀世界。明智乍动于锢蔽之中，如梦寐不相接续，如何说得显发？佛说众生无始已来颠倒，凛凛可畏。只为将固有的明智锢蔽了，所以如是颠倒。

立民问：知识的来源自是先天底理性的活动力，先生纯归之经验，何也？曰：先天底理性的活动力，本不可否认，他当然是明智的功能，没有他，不会成功知识，我非不解此事。然而我以知识来源归之经验者，此必有故。汝试设想，若把我们底日常经验剥夺得干干净净，空剩下先天底理性的活动力，看他会发生知识否？须知经验的材料喻如模型，材料谓所经验的，详后注。知识便依着这模型摹写出来。没有经验的模型，哪能凭空制造知识？至于先天底理性的活动力，可以说是摹写的画师，不过画师摹写底时候，他底自身也没入模型中去了。易言之，他也化作模型了。所以绝不是明智之本然。在理论上，经验似应分能所，能经验的，可说即理性的活动力；而所经验的，就是客观事物底自相或共相。此即前云经验的材料。而事实上，则能随所转，直是有所无能。或曰：吾人对于经验的材料，不过是一种意义，此言不是事物底自相共相亲现于脑际故也。何不可说经验唯是能知？殊不知这种意义完全物化了，谓此意义全现似物之相，即其自身已物化。毕竟是所非能。总之，知识是从经验而发生，并随经验扩张而滋长,若乃理性的活动力,固埋没于经验的所有的模型之中,不曾超脱于其外,所以说经验是知识底唯一来源。问:知识既是从经验得来的,是不能超物的,如此岂不为明智之障?曰:这个障是事势所不能免的。人底理性何曾甘埋没于经验界?不过他在实际生活方面,不得不顺应周围底事物,元来只合恰恰顺应,却因顺应而遂埋没于其中,便是人生底大不幸了。然而人自有本来的明智,只要锢蔽不过于深重者,便时有一种旷观游履高明,能照见他底知识是物化了的,是限于经验界的。这个旷观就是明智的乍现,只惜暂而不常,不是明智显发的境地。若涵养有素,常得明智现前,则不妨于经验界极尽其知识之能事,而亦自有超脱的气味。

先生曰:《论语》君子无终食之间违仁,造次颠沛必于是,这是何等精进的工夫!何等充实的生活!人不宜妄自菲薄,要振作起来亦无难事。立民因问仁即明智否?曰:仁智不二,只是本心显现。从其无私说为仁,从其不惑说为智,其实一也。

笑春问:明智与良知说不异否?曰:本无异旨,彼此见到真处,何堪立异?然吾不仍良知之说而言明智者,则亦有故。良知一词,似偏重天事,明智则特显人能。《易》曰"圣人成能",这个意义非常重要。人只要自成其为人之能,此语吃紧。不可说天性具足,只壹意拨除障蔽就够了。先儒以为良知本来自足,但把后天底染污涤尽,而其本体之明自然显现。宋明儒者都是偏于这般主张,此与晚周儒大不同处,当别论。我也承认天性是具足的,是无亏欠的,无奈人之生也,形器限之,他既限于形,就难把他具足的性显现出来。你看自然界,从无机物到生物,乃至从动物到人类,从人类到其间底圣智,一步一步渐渐改造他底形,解放他底形之限,完成他自己底能,才得显现他底性。如果没有成能工夫,从何处见性来?老实说,成能才是成性。性之显乎人者具足与否,就看其人成能之小大强弱。成能小而弱者,其性分便亏损;成能大而强者,其性分便充实，此中言强者，不是强暴之强，乃日进于高明而不退坠之谓。若强暴之强，正是颠倒退坠，正是弱也。这是从自然界底进化可征明的。先儒多半过恃天性，所以他底方法只是减，明道说："学者今日无可添，只有可减，减尽便没事。"此虽明道一人之言，实则宋明儒大概都作这种工夫。他们以为只把后天底染污减尽，天性自然显现。这天性不是由人创出来。若如我说，成能才是成性，这成的意义就是创。而所谓天性者，恰是由人创出来。此非我之私见，上稽晚周故籍，《易》曰"圣人成能"，又曰"成之者性也"，又曰"成性存存，道义之门"，乃至孟子言性善而主扩充，荀卿言性而曰"善者伪也"，伪，为也，非虚伪。都可与吾说相印证。夫天性是固有的，何可说由人创得？且是具足的，又何待人创得？不知固有具足云者，原夫人之所以生之理，初非有待于外而诱焉自生，不谓之固有具足焉不得也。若乃当其有生而即性以成形，形既成矣而日趋于凝固，性且受范于其所成之形而流行或滞，则形有余而性若不足矣。况复人有是形，而其惑也忽与形俱起。则又听役于形体以与物相靡，目靡于色，耳靡于声，口靡于味，意念靡于货财等等，由此而物化，将他固有具足的天性剥丧了。虽剥未至尽，也不过保留一线残余，如草木摧折之余，仅有一点萌蘖。所以《大易》立乾坤，以阳显天性，以阴显形体，阳数奇，阴数偶，阳少阴多。盖人生总受限于形体，形累日甚，结果把他所以成是形者之天性剥丧到最少甚或等于零了。人只有一副顽固的形，他底天性、本心、明智，不过是残余的萌蘖，所以唯物论者不承认有心了。吾人若不积极的利用这点萌蘖去努力创生，若火始然，若泉始达，而徒消极的减去染污之足为害者，则安可望此萌蘖之滋长盛大，若火势燎原，若泉流洋溢成江海乎？减的工夫亦不可少，然一味注意减则不可。或问：宋明诸大师岂徒用力于减而不知创者乎？曰：此固难言。若全不解创，他如何生活得下去？即以其文言考之，自有时说到创的意思。不过他们底根本主张总是偏于减的。所以他们的末流不免空虚、迂固抑或狂废,绝少活气。吾侪今日求为己之学,只有下创的工夫。凡言创者,皆有所依据凭借以为创也,不是突然凭空撰出甚物事而始谓之创也。汝自有残余的天性底萌蘖幸未斩绝,此便是汝所可依据凭借以为创者。这个萌蘖如丝之端绪,握着这端绪,便创出无限经纶来。若不去创,则端绪虽具,也没有经纶。创只要不懈怠。若问何得不懈怠,且思如何是懈怠。当知懈怠即无心也。心者即前所说萌蘖,无心即无这萌蘖了。才觉得心亡失,没感发,没新机,即已物化而成乎槁死,便努力振作,直从枯木生华、死灰发燃一般,将令新新不竭,有施于四体不言而喻之乐矣。故夫人之有是天性也,本心也,明智也,自人创之而已。若过恃固有具足而徒以减除物欲为功,则夫物欲者亦斯人生生之具,岂其皆恶害而皆可减哉? 纵减到至处,亦非体天立极之道。故吾之为学也,主创而已,此乃吾所切验而亦征之孔孟遗训以得其符者也。故吾言明智,与阳明良知说有不同者。彼以良知为固有具足,纯依天事立言,而明智则亦赖人之自创,特就人能言也。故阳明可以说草木瓦石有良知,而吾不能谓草木瓦石有明智也,此其与阳明异也。然吾之说明智又有与阳明不异者何也? 明智之端绪,即斯人残余的天性底萌蘖。此在阳明谓之良知。阳明言致良知,盖亦见其为萌蘖,故言致也。后来他却说向深处去了。故据端绪而言,亦可曰明智与良知殊名同实也,吾不能与阳明异也。昔者阳明自谓见到良知“为千古之一快”。见《书魏师孟卷》。以其理之至近而神,故人恒易忽而难悟也。近故易忽,神故难悟。呜乎! 人有生而顾昧于其所以生之理而不知求之,有亡其鸡犬则知求之,是独何心哉? 立民按:宋已来儒者,用功多著意于消极方面。先生揭明形之累性而归于创性,却不须绝欲以见性,真发前贤所未发。

先生常教人努力向上。立民因问曰:如何是向上? 曰:且思如何是向下? 夫过徇躯壳之欲以丧其心者,是谓向下。躯壳之欲,未即是恶,未即成丧心之害,而其终于恶,终于为丧心之害者,则以过徇故耳。过徇者,自溺而无节,亦必损人伤物以求逞无厌之欲，乃以自戕其生理而不觉也。则不累于躯壳而有以识其本心萌蘖处，常使之展扩得开者，斯为向上。学者未遽识得本心，且努力将自家胸量放开。放开胸量，才识本心。又曰：须是本心作得主，则欲皆从心而一裁于义以莫不至当。戴氏言欲当为理，却未省欲如何当。

本心虽是一点萌蘖，扩充得开，天地变化，草木蕃。

一日，先生语同学曰：日常用力，涵养得凝聚清肃气象，即见萌蘖的心息息滋长。

一人问：谁见得？曰：心自见。曰：刀不自割，指不自指，如何心自见？曰：刀不自割，指不自指，所以心自见。其人益惑。先生曰：汝道心是顽然一物否？

李笑春问：先生所言本心，心理学家却不承认，奈何？曰：本心者，生生不息的实体也，是人之所以生之理也，是人之一身之主也，人人固有之而不能自发见之。昔者朱子盖亦辛勤用力，年三十七而后稍有以自明，《与张钦夫书》曰："验之于日用之间，则凡感之而通，触之而觉，盖有浑然全体应物而不穷者，是乃天命流行生生不已之机。虽一日之间，万起万灭，而其寂然之本体则未尝不寂然也。"又曰："而今而后，乃知浩浩大化之中，一家自有一个安宅，正是自家安身立命主宰知觉处。"先生曰：此言一人之心自是一个完整的实体，无有亏欠，切莫误会到神我或神识上去。又曰："通天下只是一个天机活物流行发用，无间容息。"又曰："即夫日用之间，浑然全体，如川流之不息，天运之不穷耳。"朱子恳切言之如此，学者以其言而反之于己，抑其粗心浮气而验之于操存之间，当不难自见之而自信之矣。然此所谓心既即本体，自属哲学范围，殊与心理学不相涉，其不能承认也固宜。问：先生言心主乎身，然自心理学观之，则所谓心者，似是脑筋底副产物，何其相反太甚耶？曰：心底发见，固必凭借神经系统，未可即以心作用为脑筋底副产物也。脑筋只是物质已耳，心力何等灵妙。深广的思想，精严的论理，幽邃的情感，这些形容不到的神秘，岂是一块物质产得出来？尤可异者，愚夫愚妇都知道他不过数十寒暑底生涯，而他总有充盈的生意，作无穷无尽的计划。许多学问家、事业家、艺术家等等相信天地终归毁坏，人类一切伟大庄严的创造将与天地同毁，然而他并不以此灰心，仍努力创造不已，满腹无穷无尽的希望。这种古怪，又岂是物质发生底？如果物质是这样玄之又玄，众妙之门，那末物质真是大神，便不成为物质了。人人有个心为他一身底主宰，这是绝对不容疑。心理学家预先拿定神经系统以为说明心作用底根据，而用治物理的方法来甄验他、分析他，结果自然把心作用讲成物质作用了。学问殊涂，须各认他面目，不要作无谓抵触。

友人或疑明智之说。先生曰：明智者，元来只是萌蘖的心底一点微明，却因日常存养工夫精纯不懈的长养，他底势用便逐渐增盛以至圆满无亏。如西沉之日渐升自东，初小如盘，渐达中天，大明遍照，这不是无而忽有、傥然突来的东西。人人有这家珍，只是不曾发掘，所以不敢自信。又曰：吾人亦间有丝毫不假推度、直下明白那事理的时候，这也可说是明智的乍现，只不得继续。这个就是前所说底微明。尚未成功为明智，却也不妨叫做明智，因为明智便是从他扩大的。记得象山《语录》有云："某昔见人，一见便知其是不是，后又疑其恐不然，最后终不出初一见。"王船山《易传》说人底初念是最明了的。章实斋也说，道理有最初突然识得，及经多番思考，转益昏眩，后来还觉入识最初，终不可易。他三人所说底话，我自家也觉得如此。那个最初之知，以是创起，初念之动，故云创起。或距创起不远，过去忆念未甚参入，亦无粗动推想，直是明白纯净，烛理照境，自尔分明。这个相貌，不妨强说为明智底相貌，只未扩展得开，故不能继续。或曰：佛家根本智亦是这个否？曰：佛家似说得高玄，不欲援拟。又曰：我已说过最初之知了，还要附说一句，你们要得到那最初之知，须先理会得自家尝有个初念没有。若是清明在躬底人，他底心是念念皆新，即念念皆初，所以神解明利，对于已前未发见底或种道理，或种事情，如今碰着了。就在最初碰着底一会儿，把他迎刃而解。这个最初之知，就是由他念念皆初，故能如此。至若一般人底心，念念是旧习缠缚，即没有初念，哪得有最初之知呢？言已，闻者悚然。立民按：末段难得解人。

先生语立民笑春曰：日常每觉得精神散漫，即没有心在，只是完全物化了。所以收敛精神是为学切要工夫。这工夫虽少不得静坐，然而好用思想底人，静坐反不妙。才坐着，脑筋里便有许多思虑纷纷跳跃起来，不由人制伏得。我尝以此为苦，始知静者不是讨个静境便得。往往静室瞑目端坐底人，实在在甚嚣尘上底世界。后来转向动中理会静的意思，始有入处。每日把静坐的时间改用之于动，或临流观水，或登高苍茫望天，渐觉思虑澄清，煞有滋味，时有所悟，却不曾劳索，从此确信《大易》变动不居底道理，可以应用无穷。学者如果屏动求静，便成大错。须知静者只是动之静，动而不纷不乱之谓静也，绝不容有屏动之静也。周濂溪说："动而无静，静而无动，物也；动而无动，静而无静，神也。"这话极透，却向你们道，还要解释。濂溪意谓，物件是死的东西，如使他动时，他只是动，便没静；如使他静时，他只是静，便没动。至若动而无动，则是即动即静也；静而无静，则是即静即动也。此动静合一之妙，非可以物推测，乃神之不可度思者也。然而我要解释的却是动静字义。物底动，是依使他动底力之大小，经历若干时间，通过若干空间，才叫动。物底静，是依地心吸力使他安止于其所占据的空间而不移，才叫静。至若以神言动静，则此动静两字与在物上说底动字静字，其意义完全不同。凡字底引申义与本义，往往有绝对的不相侔者，此语言演变之势也。这动字静字都不含有时空的意义，更没有旁底力使他动静，他就是自己如此而即动即静、即静即动的，所以谓之神。动以言其非固定的物事，直是变化不穷；静以言其极变化不穷而

362

又有则而不可乱也，顺自然之则而不乱故静。只此谓之神。这神不是宗教上底神，盖即形容吾心之妙而已。若乃动静乖分，随有所滞，则是丧其心而失其所以神，故下同乎物耳。又曰：记得张东所叙陈白沙先生为学云，自见聘君归后，静坐一室，虽家人罕见其面，数年未之有得，于是迅扫夙习，或浩歌长林，或孤啸绝岛，或弄艇投竿于溪涯海曲，捐耳目，去心智，久之然后有得焉。盖主静而见大矣，白沙即于动中得静。

问：儒先言变化气质，大抵从偏处下自克之功，先生以为然否？曰：如令自克，亦未必佳，何不从他偏处引令向上？如偏处在刚，此属血气之刚，不是道义之刚。也是他体质上底一种长处，正不须消磨，只使他利用这偏长底刚去进德修业便佳。若偏处在柔，亦是他生来底长处，叫他矫拂这柔去学刚强，却恐失其故步，亦不济事，尽教他努力德业，成就一个温柔敦厚底人，岂不甚善？总之，先儒处处有减的精神，所以对于气质偏处，要克要矫，这样极有弊。

问：好名心极难克去，如何？曰：好名心底本质就是个好美，正是天性底发现，不容说坏得。"见贤思齐焉，见不贤而内自省也"，这个才是真好美的心，亦即是真好名的心。如此直须扩充，岂容克去？若夫不务实而求炫于外者，这不是能好名底人，只是庸凡卑屑人，力量不足，亏乏于内，诳耀于外，这个正是一种亏空的表现，迹似好名而实不知好名者也。好名近于知耻，知耻由于有力，故曰"知耻近乎勇"。

穷理到极处，说为不可名，却已名了他；说为不可道，却已道了他；说为不可思议，却已思议了他。

问：《易》曰"不疾而速，不行而至"，何义也？先生以手上下指之曰：天地空中一大物也，你以为他是渐长底么？实则他是刹那刹那、别别顿起，就和那电光一闪一闪似的了。他起得这般速，却不曾着力，故曰"不疾而速"。他才起就是至了。常识以为凡言至者，必行而后至。行者，历如干时，通过如干空间之谓。他这个顿起，元不曾有所经行，不可夹杂时空底观念去推想他，故曰"不行而至"。庄子曰："变化密移，畴觉之欤？此盖神之不测也。"

先生欲俟《新唯识论》成书后，次为书评判佛学。大抵先勘定佛家根本主张，而后其系统虽博大，而无不可穷其蕴也；其条理虽纷繁，而无不可究其归也；其议论虽圆妙，而无不可测其向也。先生尝言，唐已后言佛者，务为八面玲珑，而实陷于浮泛乱杂。兹举其根本迷谬之点。佛家主张有迥脱形骸之神识，因欲超生，超生见《慈恩传》。推其归趣，本属非人生的，而佛者之徒则恣为圆融之论，以谓不舍世间。不知佛氏固亦不舍世间，要其义则以成佛已后须度众生云尔，岂即人生主义之谓耶？于此主旨，一有模糊，则其他言说莫不可任意圆融，四通八达，此言佛者所以为有识者所厌弃也。夫各家学说自非绝对无相通处，吾亦岂不云然？但系统不堪紊乱，未可以节取之同而忽其全体之异。若乃博涉诸家之后而融会贯穿于无形，此正古人所谓别有会心之境，如动植等养料入口后，经胃消化而成为体中精液，斯则自有创新，而非杂取各家陈言以为比附勾通者所及喻也。今日言古学者，无不乐为浮乱，而佛学尤甚。且佛家之弊，不自今始，唐已下则皆然矣。先生盖深恶之，殆欲一扫其弊。

次为书论述中国哲学思想，大抵以问题为经，家派为纬。问题则随时代而有初民先发及后来继续进展，抑或向不经意而后应境创发，皆一一穷其所以焉。则此土哲学之根柢与其进展之序，大端可睹矣。先生尝言，凡人思想，大抵先具浑沦的全体，而后逐渐明了，以及于部分之解析。故哲学发端，只是一个根本问题，曰宇宙实体之探寻而已。方其探寻不获而欲罢不能，孜孜求进，却因此一个根本问题而劈分无数问题来。若其人善疑，富于勇气，不肯轻舍者，则其所劈分之问题必愈多，及夫析理入微，豁然大通，才把元来一个根本问题解决了。到此便见得道理平铺地，显现地，不劳探寻，前此直是枉费气力。然欲不枉费，却没奈何。又曰：哲学家谈实体者，各有所见，仁智浅深，千差万别，此等差别，不须厌弃，直大可玩味。各人所见，虽错误亦必有其所以错误之故，须理会得来。又曰：凡人对于实体之探寻，其动机则有二：一曰求真之欲，主乎知也；二曰人生之感，发乎情也。情之至而真知出，则足以究极真理而践之不贰。至其失也，则易以接近于宗教，如佛家大乘学，实哲学上最高之诣，而不能脱宗教思想。否则亦流于偏重伦理观念。如中国哲学若三玄，可谓致广大，尽精微矣，然其言无不约之于人事。即程朱陆王诸大师，其思想亦莫不广渊深邃，盖亦博涉物理事变而后超然神解，未可忽视。然而彼等绝不发抒理论，只有极少数深心人可由其零散语录理会其系统脉络及其精微之蕴而已。盖彼等不惟不作理论文字，即其语录亦只肯说伦理上底实践工夫，此等精神固甚好，然未免过轻知识，则有流于偏枯之弊。若乃纯粹主知者，则又徒逞空洞的和形式的理论与浮泛的知识，而毫不归宿于人生所日用践履之中，则吾不知人间学术必于科学外而另有所谓哲学者，其本务果何在也？故私怀尝谓中国他无见长，唯有哲学比于西人独为知本。诚当舍己之短，求人之长，抑宜以己之长，救人之短？又曰：时人好言方法，后生唐摹而卒莫知所运用。余以为学者须自发问题，不徒能发之已也，若旋发旋失，与不发等，直须一发便成为问题，不容放下。如此认真，则解决问题之方法自出，否则日日空言方法，终不于自家相干。然则先生之书虽未及作，而玩其自得之辞，可知其于此土先哲必有独见而不容已于言者矣。

又次为书略论中国文化，依据历史，不侈空谈，大旨期于复活晚周精神而扩大之，冀将有所贡献于世界。凡先生所苦心自得，欲布之书，以俟来者。意念诚挚，固非外人所及喻。近年病苦，忽患脑部及背脊空虚，时觉思想滞塞，以此郁郁，恒悼所志将不获申。是秋复病疫，卧德国医院。先生虑将不起，因友人来省视，先生与语，以不及著述为惧。立民曰：学之显晦，亦有其时，任之可也。先生曰：此理吾亦了

然。吾即著书,天地间何尝增得些子? 吾不著书,天地间又何尝减得
些子?

问:偏重知识底人,他底生活上亦自有意味,何必如先哲所谓涵
养本原而后为是耶? 先生曰:无知识底田夫野老,他底生活或者比富
于知识底学问家更好得多。然则我们何不推尊田夫野老,去从他游,
而还在这里讲甚涵养工夫? 须知这个道理是人人固有的,只是一般人
行不著、习不察耳。譬如醉人也同醒人一般举手动足,却于自家举动
不著不察。在他醉时,并不自觉得昏迷之苦,及一旦醒来才知自怜了。
又曰:这道理不可向不见底人开口,须你自家有个见处,才好商量。
人只是被许多知识锢闭,不曾超脱得开,易言之,即被许多见网笼罩
住,见网者,见即是网故。无缘见得本来面目。

一人言于先生曰:科学尚实验,佛家道理何尝不经实验? 先生
曰:安得出此鄙言! 若单言佛家道理不由虚构,他自有实验的工夫,
此话却不妨说。若必以之与科学的实验比并为言,则吾不知何所取
义。他两个底实验明明不同,毋庸较量。如说牛羊吃草,人却也吃饭,
这个比并语有何意味? 今人多有这般胡乱话,此病不小。

问宗教。先生曰:人类思想由浑而之画。宗教在上世,只是哲
学、科学、文学、艺术等等底浑合物,后来这些学术发达,各自独立,宗
教完全没有领域了。如今还有一部分人保存着他底形式,只是迷信神
与灵魂,和原人底心理一般,这也无足怪。天地间有进化的现象,亦有
保持原状的现象,如生物进化到人类,却还有原生物存在。问:宗教
何以是哲学等等底浑合物? 曰:宗教底神与灵魂便属本体论上底一
种说法。后来哲学进步,则谈本体者始有唯心或唯物或非心非物等等
说法,故哲学实自宗教出来。宗教底解释事物,大抵归于神的创造,这
个即果求因的观念便是科学思想底发端。宗教有事神底种种仪文,如
祭器等庄严具及舞蹈,即艺术底起源。宗教有赞颂祷祝之词,则文学

自此始。如上所说，宗教是哲学科学等等底浑合物，明白无疑。

钟伯良治中国文化史。先生语之曰：汉魏及李唐两次大变端，极须注意。汉魏之际是中国文化寖衰而将变底时机，李唐之世是印度佛化统一中国成功底时期。两汉承周秦余烈，民德不偷，是时民俗任侠尚义，故武帝卫霍能用之以夷胡虏。国力极盛。北逐强胡，西通西域，西南拓地亦复广远。推迹政治，则地方制度之良，吏治之美，饶有民治精神。器不楛恶，工艺足称，商旅远涉异域，不避险难，可谓盛矣！独以大一统之故，天下习于一道同风，朝廷又开禄利之涂以奖经术，于是思想界始凝滞而少活动，则衰象已伏于此时矣。又自光武宏奖名教，士大夫皆思以气节自见，始于激扬，终于忿矜，气宇日以狭小。晚周先民各用其思而莫不渊广，各行其是而莫不充实，不尚众宠，不集一途，浩荡活泼，雄于创造之风，于斯尽矣！夫标名教而使人矫拂天性以奔赴之，历久则非人之所能堪也。故曹氏父子兴，始倡文学，恣情欲，尚功利，求不仁不孝而有治国用兵之术者，其为汉氏之反动思想也甚明。文学者，本以摇荡情感，倡之者既主于邪僻，绝无深根宁极之道，则率一世以为猖狂混浊，逞兽欲而失人性者，势所必然，而莫之能御也。故五胡乘中夏无生人之气，得入而据之，以恣其杀戮，所以招致者渐也。故夫中国文化自两汉盛时已伏衰象，迄于曹魏而破坏遂不堪矣。是时中国民性固已稍颓，然奋厉之气犹有存者。则魏晋间文学披靡之余，乃复有上探晚周思想，玄言宏廓深远，名、数、礼典、音律、医术，精擅者亦众，工艺复极其巧。魏马钧为木人，能令跳丸掷剑，缘绳倒立，出入自在。尝试作指南车，又为发石车，飞击敌城，使首尾电至。又作翻车灌水，更入更出。钧巧若神变，惜未尽试所作，传玄序而叹之。见《魏志·杜夔传》。又魏世为陵云台，先平众木轻重，无锱铢相负，揭台高峻，常随风动摇，终无倾倒。见《世说·巧艺篇》。略征一二事，足见当时制造已极精矣。至其社会政治思想，则盛倡自由。鲍生之论，则为无政府主义者导先路。郭象《庄注》亦曰:"伯夷之风,使暴虐之君得恣其毒而莫之敢亢也。"见《让王篇》。向秀明治道之极在于物畅其性,而恶夫为治者之自任而宰物,其言闳深,异乎嵇康辈只为愤辞者矣。郭象《庄注》原出向秀。汉世帝制之势已高严。自汉已降,而奸雄草窃迭起不穷,生灵涂炭,惨酷已极,此自由之声所为疾呼。然内乱未弭,五胡又乘之,真人道之大厄也。要之六代衰乱,实汉氏之结果,而曹魏亦助长焉。中国文化在汉世顿呈凝滞不进之状,思想界已僵固而无活气,空以名教宪章牢笼天下,其积弊之深,必将发泄于后,固事理所必至者。曹操虽反名教,然彼实生于思想涸竭之世,而纯为名教陶铸之人物,值汉德衰,不能明白以自树立,乃伪托文王之迹,故虽富于机智,而识见不能超特,局量不能宽宏,气魄不能伟大,毕生精力尽耗于猜忌与掩饰之途。其卑小如是,比于新室,已不足当仆圉。及司马氏效之,其细益甚,故石勒小胡犹得窃笑于其后。识者观魏晋开基,已卜世运升降之机矣。魏晋已下,大领袖人物遂不多见,故民质日以脆弱。是时所幸者,则思想界承两汉积衰之后,而忽呈奇伟之观。自玄家逮于众艺,纷纷崛起,辨物理,达神旨,浸淫返于九流,是《易》所谓穷则变之兆。盖中夏民族本伟大之民族也,所资者深,所蕴者厚,宜其剥极而必复也。此转变之机势虽经胡尘蹂躏,不少衰息。延及隋氏,遂一南北而纾祸乱。迄乎初唐,威武广被于四夷,文教普及夫群蛮,固泱泱大风也。此岂一二君相之力骤致于一旦者? 盖六代已来,哲人艺士之努力所蕴蓄于社会者,深且大故也。夫自汉魏之际肇始变化,爰及隋唐,国力既盛,宜其文化日益发展,不至夭殇。然而初唐之盛未几,社会复归混浊,政治乱于武夫。六代已来之学术造端虽宏,至此而一切斩焉绝迹,此何以故? 则印度佛教思想正于初唐之世而告统一中国之成功,是以举中国之所固有者而尽绝之也。此治中国文化史者所万不可忽视之一大变也。佛法东来,本在季汉之世。僧徒多来自西域,初亦不能盛行。唐窥基法师《唯识述记序》："在昔周星闳色，至道郁而未扬；汉日通晖，像教宣而遐被。多窥葱右之英，罕闻天竺之秀。音韵壤隔，混宫羽于华戎；文字天悬，昧形声于胡晋。"据此可想见推行之困难矣。及罗什来华，以其精通三藏，又门下多材，盛事翻译，玄风始畅。然犹乘三玄余焰，附之以彰，未能独旺也。盖佛法东来，得餍乎国人之心者，虽原因不一，而主要之因则以玄家喜谈形而上，<small>三玄于形而上之理只是引而不发，魏晋玄家才偏重及此耳。</small>极与佛家接近，故迎合甚速也。如远公著《法性论》曰："至极以不变为性，得性以体极为宗。"罗什见论而叹曰："边国人未有经，便暗与理合，岂不妙哉？"远公故玄家，而特歆净土，以逃于佛，其理解固未尝得力于佛也，罗什之言可证。又僧肇著《般若无知论》，罗什览之曰："吾解不谢子，文当相揖耳。"肇公此论，亦不出玄家见地。当时玄家既接近乎佛，而佛者亦乐援玄以自进，故佛法未遽独盛也。时国内释子，颇多艰苦卓绝，只身渡穷塞，犯瘴疠，履万险，求法天竺者甚众，然发生重大影响于祖国者，盖亦罕见。及唐玄奘西渡，研精群学，在印土已有大乘天之称。回国已后，而太宗以英伟之帝，竭力赞护，于是聚集英俊，大开译场，高文典册，名理灿然，沃人神智，况复死生问题，足重情怀。则自汉魏已来，缓兵进攻于中国思想界之佛法，至此得玄奘与太宗之雄略，大张六师，一鼓作气，遂举中国而统一于印度佛化之下。自此儒道诸家，寂然绝响，此盖中国文化中断之会也。佛法既盛，不独士大夫翻然景从，而其势力直普遍齐民，愚夫愚妇莫不向风而化，祷祀殷勤，盖社会观感所系，不在学校而在寺宇，不在师儒而在僧徒矣。汉魏之际，方变而上复晚周，萌芽骤苗，遽折于外来之佛教，此固当时华梵间不可思议之遇合，不可阻遏之潮流。<small>佛法急图东展，而中国之玄学与其环境又恰与之应合。</small>然佛教徒亦未免过于倾向外化，而将固有学术思想摧抑太甚。如佛道论衡，诋毁老庄，其词多顽鄙不足一笑。僧徒既不习国学，又妄以褊心嫉异己，此所以造成佛教大一统之局。由今观之，不得不谓为吾国文化史上之大不幸也。夫佛家虽善言玄理,然其立教本旨,则一死生问题耳。因怖死生,发心趣道,故极其流弊,未来之望强,现在之趣弱,治心之功密,辨物之用疏。果以殉法,忍以遗世,六代僧徒多有焚身殉法者,然莫肯出而救世。沦于枯静,倦于活动,渴望寄乎空华,求生西天。盲修绝夫通感。近死之夫,不可复阳,此犹有志苦修者也。若夫托伪之流,竞权死利,患得患失,神魂散越,犹冀福田,拜像供僧,诵佛修忏,其形虽存,其人已鬼。复有小慧,稍治文学,规取浮名,自矜文采,猥以微明,涉猎禅语,资其空脱,掩其鄙陋,不但盗誉一时,抑乃有声后世,苏轼、钱谦益、龚自珍皆是此流,今其衣钵授受未已也。至于不肖僧徒,游手坐食,抑或粗解文辞,内教世语,胡乱杂陈,攀缘势要,无复廉耻,等诸自桧,亦无讥焉。是故自唐已来,佛教流弊普遍深中于社会,至今方蔓衍未已。民质偷惰,亦有由来。凡在有知,宜相鉴戒。然则佛法可绝乎?曰:恶!是何言?昔者佛法独盛,故其末流之弊愈滋,今则势异古昔,扶衰不暇,而可令其绝乎?佛家卓尔冥证,万事一如;事事皆如,故曰一如,所谓一叶一如来也。荡然无相而非空,寂然存照而非有,智周万物,故自在无挂碍,悲孕群生,惟大雄无恐怖,虽悲而无怖于险难。仰之莫测其高,俯之莫极其深,至哉佛之道也!是故会通其哲学思想而涤除其宗教观念,则所以使人解其缚而兴其性者,岂其远人以为道也哉!

　　中国文化既被佛家倾覆了,直到两宋时代,大儒辈出,才作中国文化复兴运动。他们都推本于晚周底儒家,定孔子为一尊,却无形地踵了董仲舒、汉武帝底故步。魏晋人上追晚周,派别却多,后人提及六朝,便以清谈家了之,而不肯细察当时学术流别。宋人比之似觉规模狭隘,然而他们所以宗主儒家,也有道理。儒家有两个优点:一是大中至正,上之极广大高明而不溺于空无,下之极切实有用而不流于功利。二是富于容纳性,他底眼光透得远大,思想放得开阔,立极以不易为则,应用主顺变精义，儒家根本思想在《易》。规模极宏，方面尽多，善于采纳异派底长处而不专固，不倾轧，他对于道家法家等等都有相当的摄受，这也是不可及处。《大学》格物的主张与名家不相忤，荀子言礼治亦有法家影响。周礼言政治经济也有法家精神。《易·系传》谈治理，大致在辅万物之自然，绝不自任以宰物。儒家各派都守这个原理，是与道家相通的。我和宰平在北海快雪堂曾谈到儒家这两个优点，他也和我同意。所以宋儒特别提出儒家来做建设中国文化底基础，他们在破坏之余，要作建设事业，自然须有个中心势力，不容如魏晋思想那样纷歧。因此宗主儒家尚不算他们规模狭隘之征。

自佛教入中国已来，轮回之说普遍于社会，鬼神和命运的迷信日益强盛，佛教分明是多神教，不过他底说法很巧妙。他把旁底神教如大自在天等极力拨倒，所以人说他是无神论。殊不知人家底神打倒了，他底神又出来。试问十方三世诸佛非多神而何？又如人人有个不死的神识，非多神而何？所以信佛教者必信鬼神，其教义固如是。若乃三世因果之谈，别为世俗命运观念所依据，这个影响极坏。人生屈伏于神权，沉沦于鬼趣，侥幸于宿定，贪求世间利乐者，则妄计命运或可坐致。人情侥幸大抵如此。这不能不说是佛教之赐。三百篇是中国先民底思想的表现，都是人生的、现世的，无有迷于神道者。如二《南》于男女之际及凡日常作业、习劳之间写出和乐不淫与仁厚萧勤厉之意，表现人生丰富的意义、无上的价值。孔子曰："人而不为《周南》《召南》，其犹正墙面而立也欤?"其得力于是者深矣。故迷信鬼神之风，非吾先民所固有也。古时虽重祭祀，特由慎终追远与崇德报功，以致其仁孝不容已之心耳。战国迄汉世方士始假神怪以骗人主，然民间不必被其风。自佛教东来，而后迷信普遍于社会。幸有宋诸先生崛起，倡明儒家之学，以至诚立人极，《通书》阐发此旨。形色不得呵为幻妄，日用壹皆本于真实。念虑之微，事为之著，无往非诚所发见。原吾生之始，则此生非用其故，若有神识，则是故物传来。是生本创新，而新乃无妄而皆诚。故君子至诚无息，以其日新而日生。迄夫形尽于百年，则虽生随形尽，而曾有之生、曾有之诚，其价值则亘古常新而不以百年尽也，又何待有个别的实物遗于当来而后为快乎？神识即个别的实物。若果有之，则生生者将皆用其故而莫或创新，造化亦死机尔。岂其然哉？是故杜绝神怪以至诚建人极，道尽于有生，未知生焉知死。知止于不知，生何自来？此不可说，所谓不知也。然已曰不知，岂真不知哉？故冥会于斯而存诚以践形，则生之所自，即生是已，知至此而止矣，何必以私意推求，妄执有个别的实物若神识者，以为吾生之所自哉。物我同乎一体而莫不各足，物各足于其性。显微彻夫一实而无有作伪。仰不愧，俯不怍，至诚塞乎天地。饮食男女，凡生人之大欲，皆天则之实然。循其则而不过不流，故人欲即天性而不可丑恶。尼父曰："道不远人。人之为道而远人，不可以为道。"至哉斯言乎！自周、张、二程诸儒崛兴，绍宣圣之绪，而后知人生之尊严而不可亵侮也，人生之真实而不为幻化也，人生之至善而不为秽浊也，人生之富有而无所亏欠也。本性具足，故发为万善而通感不穷。故鬼神既远，人性获伸，这是诸儒莫大的功劳。然而他们却有短处，现在不妨略为说及。他们涵养本原的工夫，虽说绍述孔氏，却受佛家禅宗影响太深，不免带着几分绝欲的意思。实则欲亦依性故有，不一定是坏的东西，只要导之于正便得。如孟子教齐宣王好色好货，都可推己及人，使天下无旷夫，无怨女，及使百姓同利。这欲何尝不可推扩去做好的？如果要做绝欲工夫，必弄得人生无活气，却是根本错误。或谓今人纵欲已极，正要提倡绝欲以矫之。不知讲学唯求其理之真而已，如何存得一个矫弊的意思？矫又成弊。俟鸟兽之风息，人道反诸正，将皆投诸真理之怀抱而何至纵欲无已乎？我辈服膺儒先，不要漫无拣择。他们因为主张绝欲，故用功亦偏于主静。如伊川见人静坐便叹其善学。静坐本是他们共同的主张，后来李延平更看得重要，尝曰："学问之道，不在多言，但默坐澄心体认。天理若见，虽一毫私欲之发，亦退听矣。久久用力于此，庶几渐明，讲学始有力耳。"在他们底理论，动静是一致的。所谓即动即静，即静即动的，他们根本不承认是废然之静。这个理论我也未尝否认。不过道理是很古怪的，往往差之毫厘，谬以千里，这个差谬大须注意。静中固然不是没有动，但吾人才多着意在静，便已把日常接触事物底活动力减却许多。此语吃紧。所以他们虽复高唱格物致知，而其弟子已沉禅悦而惮于求知，他们虽复不忘经世致用，而卒以养成固陋偷敝的士习。因为他们把主静造成普遍的学风，其流弊必至委靡不振，这个是不期然而然的。后来陈同父、叶水心一辈人才起来反抗他们底学说。同父思想虽粗，却甚可爱。那时候确少不得同父一派底功利思想。同父云："禹无功何以成六府？乾无利何以具四德？如之何其可废也？"同父和朱晦翁辩论底几篇书极有价值，最要紧的是两个意思：一是反对他们尊古卑今而否认进化的思想。二是反对他们自信未免于狭，而又把道理说得太高，所以误视三代已下底人都是盲眼。同父是个文学家，只惜气力太虚浮，毕竟振作不起来。水心思想较同父精细，而不及同父开张，他是一个批评家，颇似汉王仲任之流，然本领不大，虽博辩而无宏规足以自树，故虽有一时摧陷之功，终亦不能别辟生路。总之，周程诸儒虽复树立儒家赤帜，而实受禅宗影响太深，未能完全承续儒家精神。虽则学术不能不受时代化，亦不能不容纳异派底思想，而他们却于儒家有未认清处，所以骨子里还是禅的气味多。他们主静和绝欲底主张都从禅家出来的。这两个主张殊未能挽救典午以来积衰的社会。因为群众是要靠士大夫领导的，而当时士大夫都去做绝欲和主静底工夫，玩心无形之表。用超世的眼光看他，诚然超越人天，大可敬服；用世间的眼光看他，不能不说是近于枯槁了。

问：宋明儒绝欲工夫却能保持非功利的生活，于此见得人生无上价值，似未可反对也。先生曰：此须识我立言意思。我不是主张纵欲的，但用功去绝欲，我认为方法错误。只要操存工夫不懈，使昭昭明明的本心常时提得起，则欲皆当理，自不待绝了。如果做绝欲工夫，势必专向内心去搜索敌人来杀伐他。功力深时，必走入寂灭，将有反人生的倾向。否则亦好执意见以为天理。因为他一向孤制其心，少作格物的工夫,结果自非拿他底意见来做天理不可。宋明末叶底理学家都是好闹意见,至国亡而犹不悟。举一个例子,如吾家襄愍公,清乾隆帝常思之曰,明朝不杀熊廷弼,我家不得入关。可见襄愍在当时是关系中国存亡底一个人。而黄宗羲《明儒学案》上良知大家邹元标等就是甘心亡国以杀害我襄愍公底主要犯。元标顽猂不足责,宗羲以遗老自命,于此事亦为元标文其奸,可见宗羲把意见做天理了。宗羲最不光明,《原君篇》系窃人之说以为己说。孔孟都没有教人绝欲。孔子举克己复礼之目,曰"非礼勿视,非礼勿听,非礼勿言,非礼勿动",只是教颜子在视听言动间操存此心,不流入非礼处去便是了。这工夫何等切近! 何等活泼! 至于孟子教人集义以养浩然之气,集义便是致知,便于事事物物知明处当。分明不是离事物而孤求之心。只集义养气,则欲不待绝而自无违理之欲。所以我觉得宋明儒底方法不对,还是上求之孔孟为好。以上评宋明儒绝欲实太过,理学诸儒尚未至绝欲。但节欲工夫不可无耳,欲不可绝而不可不节也。今仍存旧说者,志吾过故。十力记。

　　一人言:世界终有末日,人类终当倾向佛家寂灭之说。先生曰:汝见一切人都死否? 其人曰:自古皆有死。先生曰:人当死时,他底世界还存在否? 其人默然。先生曰:汝底世界底末日已不远,何不早去求寂灭? 时座中有李君者言曰:佛家寂灭却不是断尽了也,先生恐亦多饶舌。先生斥之曰:我不解寂灭的意义,汝却会解得? 寂灭本是污染断尽,不是教本体也都空了。然而他这个境界切不可和宋儒人欲净尽,天理流行之说一般理会。他却是超脱轮回而证得佛果底境界,易言之,便是非人生的境界。我们本人生主义底眼光看去,他这个寂灭恰似断尽了之谓也。所以儒先反对佛家寂灭,亦有道理。

　　先生登杭州南高峰,慨然曰:六代虽衰乱,犹能产出唐太宗如许伟大局量、伟大材略底人物。太宗即位已后,本大公之心,求人共治,不私不忌。当时本无甚人才,他却善陶铸而用之,又能谦虚而尽人之善,故能创一代盛治。唐季迄五代虽复凌夷,而宋祖出于其间,其宽和谨畏,犹可敬服,所以收拾五代昏乱之局。两宋迄元,中夏鲜雄才,然明祖奋起,犹能安定神州。不图今日如此衰耗。余因问:伊川却痛诋太宗何也?先生曰:伊川极狭小,用一孔之见衡人。孔子称管仲以仁,许齐桓以正,便是大气象。伊川又不取《礼记·儒行篇》,不知此正是儒者精神。所谓侠者,即是儒之分派。伊川却要士大夫都奄奄无生气便好。

近来社会上有一种流行的议论,以为政界底领袖人物必定是狡诈险谲卑劣的,否则不能任天下事。如历史所载圣帝明王,实则没有如他所颂谀的那样明圣。远者勿论,即如汉唐宋明诸祖,哪个不是狡谲卑劣的东西?这般议论,我时闻诸相识之口。他们全是根据衰世底顽猘以推论历史上成功底人物,而敢于武断政界领袖必定出于狡诈险谲卑劣的。这样不仅是推理的错误,而实有生心害政之忧。因为这般议论既流行于社会,即已无形的成了社会底信条。而狡狠卑劣之狗盗一旦因缘时会而盗据领袖的地位,将依据此信条而以无所不为者,为事势之当然,乃至凶于国,凶于家,灾及其身而犹不悟其失。又凡屈服于狗盗之下者,亦将依据此信条而视狗盗之狡诈险谲卑劣为彼应有尽有之长技,毫不足怪,因甘受宰割而不思反抗。这是何等可忧的事?须知人群不能一息离政治而生活。吾尝说,世界将来进化到无政府时代,仍不能说无政治。因为人群相生相养,总要有一种组织,这种组织就叫做政治。在群品未进,政制尚低,倚望领袖底时代,而居领袖地位底人如果只要狡诈险谲卑劣而不必需要道德,则政治何得不败坏?人群亦何所赖以维系?故孔子删《书》,称述二帝三王之德业,盖乃信而有征,不仅欲为后人树之模范也。老庄目击列强残民以逞,因极诋前王,无所许可,是徒愤于时主,故武断一切,斯与今人议论同一错误。儒者何尝不非桀纣、轻五伯?然卒不泯贤圣之绩。若谓人主皆坏物,则是天下真可以无道驭之,非教猱升木而何?汉唐宋明诸祖所以开基致治,自非偶然。汉高欲易太子，及老衰将死，谋实行之，卒因四皓而不果。夫其衰竭之余，犹敬服善类，顾畏天下清议而毅然取消其生平深藏之一念而不敢恣，此岂恒人所可能者？唐太宗励精图治，求谏以防私意之渐，周谘以悉间阎之情，陆宣公奏议多述其行事，故当时国威之隆，文化之盛，后莫能继，其领导之功不可忘也。宋祖宽仁，尝一日罢朝坐便殿，不乐者久之。左右请其故。曰："尔谓为天子容易耶？适乘快指挥一事，故不乐耳。"其兢兢业业，不敢有恣肆，类如此。明祖能率吾民以脱离蛮族压制，功德不细，然以不学之故，卒流于狭小，其立政规模便差，然晚世顽獝之所为，又明祖之所不屑为也。

某君云：先儒言人者天地之心，此即人类中心观念。自达尔文进化论出，其说已不能成立。先生曰：汝未之思也。人类中心观念本不可摇夺，只是旧的解释错误，自达氏进化论出，乃予以新解释耳。今站在进化的观点上说，自然界从无机物而生物，而动物，而人类，层层进化，人类进至最高级，他渐减却兽性而把宇宙底真善美发展出来。易言之，宇宙底真理在人类上才表现得完足，所以说人者天地之心，所以人类中心观念得进化论而益有根据。

同学请说《克己复礼》一章。先生曰：人方越乎礼，即此便是己。克己则已复于礼矣。故克己复礼是一回事，却分做两层来说，意义才完足。下文请问其目，并没有分别是克己之目，抑是复礼之目，可见克复是一回事，不可打做两截了。这章书，先儒解得很糟，今将字句一为分疏。伊川说："须是克尽己私，皆归于礼，方始是仁。"实则克之义为胜，元来不含尽义。《朱子语录》："圣人下个克字，譬如相杀相似，定要克胜得他。"此云相杀，便与伊川言尽者同。己字，朱子训为"身之私欲"，伊川说为私意，愚谓意欲未即是私，必意欲为习所移、物所引而流于邪僻，方是私意私欲。记者词虽略，然证以下文非礼勿视等言，则可反会得非礼之视听言动便是意欲为习移物引而流于邪僻，只此叫做私意私欲，只此谓之己。克己者，只是此心恒时操存而不放逸，有以克胜乎这个己，令他不得乘隙而起，故名克己。不是待他起来方克杀去，朱子克杀之云，必是起了方杀。亦不曾说向寂灭处去，要照察这个己的根苗将他克杀净尽。伊川说克尽己私，势必除断欲根而入于寂灭。夫子指出克复的条目就是"非礼勿视，非礼勿听，非礼勿言，非礼勿动"，分明教颜子在视听言动间着工夫，不要流入非礼处去，这工夫就是个操存，极切近，极活泼。若如程朱之说，势必收视返听，向心窝里搜杀敌人，令其净尽。孔子分明没有说到此。此条不妥。向心窝搜杀敌人，此工夫不可无。复礼之说，宜参考卷二《答李景贤》。十力再记。

佛化东来，经过三期变化。初期以附会中国固有者，为吸收之便利，六朝人托于三玄，以此也。如肇公《般若无知论》，纯以道家为骨子，而傅以佛典中语耳。《物不迁论》可谓极有价值之创作，文约义深，广大备矣，然亦原本《大易》，不必尽从佛典来也。次期极端求佛家真面目。奘公西度而后，广出诸经论，大乘空有两宗，巨典略备，学人研寻，始有准绳，不事附会。三期求华儒道。梵佛家。融和而别为创造，禅宗首启其机，至宋明儒而此种运动益剧，然其结果不必好，因吾儒底人生态度参不得佛家意思故。

清季学人都提倡王船山民族主义。革命之成也，船山先生影响极大。然船山民族思想确不是狭隘的种界观念，他却纯从文化上着眼，以为中夏文化是最高尚的，是人道之所以别于禽兽的，故痛心于五胡、辽、金、元、清底暴力摧残。他这个意思，要把他底全书融会得来，便见他字字是泪痕。然而近人表彰他底民族主义者，似都看做是狭隘的种界观念，未免妄猜了他也。他实不是这般小民族的鄙见。须知中夏民族元来没有狭隘自私的种界观念，这个观念是不合人道而违背真理且阻碍进化的思想，正是船山先生所痛恨的。

船山志在中夏文化之复兴，而以蛮族暴力与印度佛教思想视为有一致排斥之必要。

邱希明先生曰：孟氏有言,《春秋》作而乱臣贼子惧。彼已公然冒大不韪而为乱贼,岂以文士摇笔而加诛贬为惧耶？先生曰：太史公云,不知《春秋》,前有谗而不见,后有贼而不知。可谓达圣心者。圣人所以作《春秋》,盖明著谗贼之诡谋秽术,使其纤悉毕露,尽人知之,然后其技无可售,其奸不得逞。孟氏所谓乱贼惧者,殆亦此意,特辞略耳。《春秋》文成数万,其指数千,今之所传,盖非其本。夫子当时已不便笔之于书而散为口说,公谷之徒盖多传之,顾辗转授受,不能无变易耳。道家刺前王,非礼而薄仁义,则取王者所假托以号召天下之美帜而毁之已耳,其剧烈过《春秋》。盖儒道二宗并深详人间黑暗,勿使得匿。不得匿故不得逞也。夫非以搏击为快也,是其恻隐之仁,坚贞之志,聪睿之慧,足以为大宇之智炬,人类之福音,非晚世曲谨小儒所及测也。希明先生曰：大哉言乎！史迁已后,未有达斯旨者。朱元晦作《纲目》,书莽大夫扬雄死,悻悻而施笔伐,何当于前圣作史之本意哉？先生曰：子云《剧秦美新》,意存讽刺,故惧而投阁耳,其心则犹可谅也。

附记：邱先生名蘖,字晞运,一字希明,江西宜黄人。诗文有奇气。孤峻,修诸苦行。少与欧阳竟无大师同禀佛法于石埭杨文会居士。后复皈依竟师,通大小乘学,兼综世典。民二十八年夏卒葬四川乐山乌尤寺山下。

明季王船山、颜习斋、顾亭林诸巨儒,都是上溯晚周儒家思想而不以宋明诸师底半倾佛化为然,这个精神极伟大。吾侪当继续努力。

与林宰平

上午写一纸未邮。午后得来书,甚喜！大端清得,弟未以之自喜,谓不欲改混乱。此语半是半不是。十力并无真实力量，只是感情作主，此等药石之言，非吾兄谁肯发者？弟正在此处自省耳。感情所以易动者，习气鼓于中故也。多一分习气，便减一分力量。吾兄之所云，诚有以也。矜胜则悟至而不能实体之以使理为己有，愤甚则悲心乍动而易间，无以担苍生之罪福。此弟所时以自惧，而世人岂识之哉？连年隐念时艰，终徘徊审顾，不敢轻图天下事，仍决意作学人者，此意兄或未窥也。即就学问方面言，弟亦勉强自持。唯识旧稿，辍而弗出，亦恐出后则无心于改造矣。凡此勉强而不轻试之念，唯自察其力量之有未实，而徐徐求所以充实之耳。混乱之在根本者，指习气言。弟确已发见，而未始不欲改之。兄言不欲改，此半不是也。混乱之形于枝节者，弟碻不欲在此处对治。兄言不欲改，此半是也。弟迩来为学，自信不拘文字而求道理，诚有其可自信，而不必自喜。兄或未察也。敝书十二叶小注，谅兄弗肯同意。午节在北海白塔下尝言之。此意自是弟所珍重，虽一世诮为顽固所不敢辞。

与梁漱溟

胸中时若有千言万语急欲迸发，才把笔则已呼唤不出，灵机鼓动，气力不足以申引畅发之也。贱体太亏，如何如何。

真正人生之感，不是凡夫所有。其感是悲情，不是凡情。如来当初出家之感与其最后成佛时情感，仍是一般，所谓彻始彻终也。如当初一感未真，哪会几年工夫便尔成佛？我往者之感，兄向者之感，颂天近者之感，都是凡情。不过此等凡情大不易得，盖由外缘有所引发，回向真处。但是向真不是真机勃尔自露，犹如浮云里透露日光耳。此等情机发动，若得着路，便一直向上，生机不绝，不遇着路，则宛转间，不激而狂，必流于萎。颂天昨秋已来，愤郁不解，如尚听其自然，必萎败矣。

连年病废，心情昏乱。昨与孑老及某辈缄，偶述近况及已前所经，颇露窘苦难堪之状。已发而悔。继思之，此又何足深悔？平生心事皎如白日，只堪自信，何须求谅于不相干之人？然孑老自足知我，未堪一例抹煞也。世事至此，已如船山所云，害已成而不可挽，挽则横流。在此恶势周流六虚之会，于此于彼，形式虽殊，恶流则一。即有善良加入一方，恒随流转，势不自由。惟有超然静立乎恶流之外而隐有所持，虽哀矜而不容骤挽，藏之于慎密而持之以悠久，则造化在我，而默运于无形矣。此力之所志而实未能逮，终必颠连倒跌而强起以疾赴之者也。吾兄今日自居局外，但尽友谊，可谓得宜。任潮、真如与吾侪夙抱原自不同，即其经过以言，亦只好努力始终撑拄其间，结果只是做一日和尚撞一日钟，成败利钝不能计尔。

手示敬悉。公开二字，是我生来之良能。然我慢之重，亦积习太深。黄河万里，拖泥带水而行，本素所自喻。然今且将老矣，又病矣，病益为拖带之缘。今欲自行克治，尤以养好此病为先着，否则一切修养说不上。黄梅前身见四祖，四祖以其年老乏精力，嘱再来。此虽神话，然修养须精力好才办得，自可于此故事中会意也。颂天得力处当有之，但恐易缘时又复故态。此事大不易言，须此心从事上磨练得勿忘勿助，方是到家。若现在养病期间，屏除一切外诱，借典册警惕，引发静气，才得一段清明，此未足据。吾年来病困，兼以时事刺激，引起心绪恶劣，然屏弃书籍已久，静观万事万物之变，亦时有所得，仓卒不能言也。

昨讯有欲言未言，终觉不合。承示颂天函，似有念念不迁之说，真自欺语也。尼父七十不逾矩方是不迁之实，后生谈何容易？又引先儒收放心之谈而云只不放便收。不知吾侪有生已来，此心便尝放失而不觉,对治已放,故说收。终古是收字工夫,岂容掉以轻心,高谈妙悟?吾所努力,唯欲先做到不自欺一段工夫,以图复我久放之心。凛然求孟氏所谓视民如伤、望道未见之念,看吾心真实有此痛痒否?不此之务而高言禅悦,猥以浮明,托于窃似,居以不疑,此晚世狂禅与陆王末流,所以获罪而不自逭也。此片务转颂天。

与严立三

凡人心思若为世俗浮浅知识及肤滥论调所笼罩,其思路必无从启发,眼光必无由高尚,胸襟必无得开拓,生活必无有根据,气魄必不得宏壮,人格必不得扩大。力一切言论总是要人反省,承认自家无知,必将平日所习见习闻于世俗名流之一切浮泛知识、肤滥理论剥得干干净净,才可由此努力,以接近善知识,而深研真实学问。力所以说话便好骂人,全是悲心行乎不容已,非吾兄所疑为褊心嫉俗之谓也。然力亦只是口头便及之,却决不于文字上批评时贤,此正不敢不自重之意,贤者察之。立三名重,湖北麻城人。他日有暇,当为作传。力记。

答友人

去家难,兄其有细人之情耶?否耶?吾以兄之所难为细人之情也,恐局外高谈,而不了兄之处境,则将谓弃其骨肉,是而可忍,孰不可忍哉!足下若自谓非细人之情也,则须返检念虑之微,其果有妻子之私而愿为之鞠躬尽瘁欤?抑实逼处此,且任坦荡之怀,尽所得为,毋相弃，亦毋过虑欤？又于家人儿女外，此心更有痛痒相关处欤？明明在上，赫赫在下，鸢飞戾天，鱼跃于渊，何拘何碍？而以有生之年，尽于禽犊之爱，古今众生，皆如此矣。吾不敢谓兄其然，吾不敢信兄之不尽然。弟秋节后，为侄辈亦大有所苦。若琐琐奉告，又太累耳，不如无言。

与彭云谷

别来，时于从理处藉悉近况。得来书，更谂其详。吾无以教子，唯即前所欲谭而未尽者郑重明之。所谓人群，所谓社会，无实物也，只是无量势力摩荡运行而已矣，质言之，只是变而已矣。此意在宁时已略谈一度。吾侪一方在万变中旋转，而行乎其不自知，推于其不容已，固若机械矣。一方又为变化之原动力，而于万变之大流中，恒得以吾之力左右其间，故吾人又有自由而非纯然机械也者。先世仁人任士，毅然恻然，以担荷天下转移风会为己任，岂唐大无稽，侈陈志事哉？诚有其实效也。吾子若识得此意，固将履变化之途而充恻隐之仁，裕宏毅之智以期于不挠不惑。《传》曰："取法乎上，仅得乎中。取法乎中，斯为下矣。"吾与子语上而不语下，幸勿妄自菲薄。居常总宜留心体察人情事变，尤当抽暇读书，藉作指导。读书又略分两面：一关于应用之知能，若政治经济种种问题，非有精研则不能致用。一关于立己之德慧，欲自培植，必资观感，故须留心伟人文集，若近代曾、胡及前世陆宣公、诸葛武侯、王阳明、熊襄愍、杨椒山、张江陵之伦，其仁心诚意之所昭宣，精神毅力之所流布，明慧刚断之所垂示，莫不散在简篇，可以探索。苟能会心于文字之外，则德慧之薰发，有不知其所以然者。《易》曰"君子多识前言往行以蓄其德"，《论语》"温故而知新"，皆此意也。足下勿以作事不暇读书自诿。曾文正在军中，犹日必读史写字，足下事务纵繁琐，较彼身为大将者，整暇冗忙之相去，岂可以道里计哉？《记》曰："君子不使其躬儳焉如不终日。"今人无论作事或闲居，皆令其身心惰散，无安顿处，即"儳焉不可终日"之谓也。曾有志士而忍如此？吾与人相与无久暂，以平等心，说老实话，吾子其熟察之也。

答陶闿士

得赞非转到惠书，知又被火。天下遭际之奇，固有如是古怪者耶？审观书辞，虽在艰困中，不曾改其坦荡之度，足征学有得力处也。船山《俟解》有云："堂堂巍巍，壁立万仞，心气自尔和平，如强壮有力者，虽负重行赤日中，自能不喘，力大气必和也。"王龙溪家为火焚，其往来书牍言之不置。平生讲良知，至此躁气浮动，其所谓良知者，非良知也。吾谓龙溪大抵未能破除迷信，以谓失火殆由神谴，此亦与佛家业报之说相通。在凡夫中无所主，平日自省不切，自勘不明，故未能自信而炫于祸福。若夫中有主而自修密、自知明者，则不迻于神道矣。子疾病，子路请祷。子曰"丘之祷久矣"，自了自信，坚固炽然，不可摇夺，细人何足测其情哉？来书业重天谴之云，弟以为不须作此说。火能为炎，物理之常，何得有天？何所谓谴？平叔顷在此，并主兄出门教学，闻见较阔，心机较活，寿命较易延长。弟已五年不回家，中心藏之，何日忘之？一兄一弟两姊皆穷病。欲济其厄，不独无力，纵设法解其困，又恐以此害之。乡间得一饱者，几能免于匪祸乎？今之世变，往代所无，不知古人处此，更有何道？怆然独念，亦只有付之无可奈何，知其无可奈何而安之若命，庄生先获我心欤！为吾兄计，若拳拳手足而不忍远离，徒以忧郁厚自伤损,终无补于彼,何若珍重担当道义之身,屏绝家乡烦苦,出门因声气应求而广善以延其生理?若有大心,当知得失取舍,仁者慎勿自误。

毁人不当,于人无干,自形其陋;誉人不当,于人无干,自彰其浅。誉人不当者,复有过不及之殊。彼其实不足,而吾誉之太甚,斯过誉也;彼其实有余,而吾誉之不称,斯又不及之誉也。过与不及,皆君子之所耻,以其识浅不足以衡人故也。孟子自命知言,他是何等识力?伊川辈论人,便往往差误,何况今日凡夫眼孔琐琐如蚁者乎?

与梁任公

秘魔岩倾谈方乐,适为游客所阻,未免败兴。《唯识》书经北大印至四十五叶,顷托宰兄转致,便中省览,幸有以教也。书中谈变义处,宰兄初尝有疑,以为心法可云刹那生灭,色法或不尔。如此见解,正是滞迹,不知色法亦是变化密移,唯有新新,都无故故。力与宰兄议论数番,渠近亦见得此理。不审先生于此有疑否耳。

与陈真如

前嘱看各书,不审实行否?自来担天下大事者,必有浑含之气象,深沉之思虑,广大之规模,整暇之情致。老弟书词尝露褊急浮浅态度,此殆心不自主而为事所牵也。弟本朴实人,才略殊不足,唯当裕之以学。《传》曰"物有本末",为学有本,发皇志愿,此其本也。志不虚大,愿不虚立,日用云为动静语默之际,须时时有心在。觉得浮,便收拾;觉得躁,便镇摄;觉得有一毫虚伪便皈诚;觉得有一毫畏葸顾忌便发强刚毅。心也者,与万物万变相酬酢者也,不于此处加培养,纵有知识技能,亦不济事。愿留心阳明之学,作一番立本工夫,或堪投大遗艰。吴康斋诗曰:"伫看风急天寒夜,谁是当门定脚人?"唯心定而后脚立得定耳。赞非案:先生此札似在十三四年间。其后真如先生有与先生论良知书略云:良知之在于人人之心,是断无不知是,非断无不知非。知是知非,既人人之所同,其为周遍显易如此,宜乎人生日用所践履之中无不能顺其良知之本然者,而实乃不尔。盖人恒放失此良知之心而莫或操,则失其所以易矣。放失者,非谓其遽泯灭也,谓其锢蔽之深而不得发现也。既不得发现,则失其所以显矣。锢蔽者,以人各有其习气,即各有其僻执,如是而人各以其习气或僻执者为心,则千差万别,所谓人心不同如其面,而所同然之良知之心遂致汩没,则失其所以周遍矣。由是乃知良知虽至周遍显易,而其致知之功实天下之至难能至难行也,非有真实切己之志,则不足与言此学云云。先生得此书,谓其把致良知"致"字看得吃紧,甚善。故附存之。

与或人

《新唯识论》须从头另造,原稿可就者甚少。吾十年来精力尽萃此书,在此欧化时代,唯物思潮汹涌之际,吾所为者,极不合时宜。然掉背孤行,以亢乎往古来今而无所悔,则吾志也。

夫学必博求之而后大,实践之而后深,后生何敢妄自矜持?来函疑余孤寂,尤不相干。八宝庄严,宗庙之美,百官之富,吾既皆备,何孤寂之有哉?若乃宇宙无量,群生异习,咸其自己。不齐故齐,庄义葳蕤,吾所夙契者矣。然旷怀言理,固自尔尔,至诚通物,恒欲云云。斯理之玄,古今圣智莫能自解,尼父欲无言,又曰:吾党小子,莫知所裁,此何心哉？佛说吾是如语者、实语者、不诳语者，反复自明，唯恐人之不见信，是何心哉？爱我若慈父，教我若严师。晋世清流，用讥儒者，不知此正儒家真切处也。吾病剧矣，性不绝人，来无不谈，能虚能受，驰驱坦途，不受不虚，彼自有以，吾亦任彼。洪河载舟，堂坳载芥，用法眼观，同其有载，何所判于大小哉？吾有事在，夏令不宜吾病，爱我者不来。

与或人

护法《唯识论》近于机械，此说固是，然出于足下之口，则全不相干。凡反对古代大人物之说者，必始也于其人之苦心孤诣与其学说之大纲众目，一一理会清晰，且咀嚼有味，兴高采烈，直与其人之思想合而为一。到此境矣，忽然百尺竿头，顿不满于前之所欣，则此反对为有价值，而亦无负于古人，自己方是真得力，真受用处，此何易言哉？今人粗心浮气，才了人家一二皮毛，便已开口批评，试问自己有何见地？胸中有何生涯？寡浅不若堂坳，且欲荡芥为乐，以测大海泛舟之事，此可哀而不足鄙也。此习不戒，将欲入学，吾未前闻。

足下一向少作真实工夫，故于物情事理犹欠分晓，只落在世俗拘碍与惰散路径去，此吾所为深忧者也。吾昔所期望于子者甚远，不幸今已堕落而无一成。以吾年来函牍提撕，而子之狭陋褊浅如故，毫未有感发兴起，然且以良民自许。良民者庶民也，庶民者禽兽也，饥则思食，渴则思饮，血气旺则思排泄，此外无感触，无蕴蓄，故于禽兽无别也，此岂大丈夫所愿为者乎？凡暴弃已甚之人，只有反而自觅其心。诸葛武侯《诫外甥书》曰："使庶几之志，揭然有所存，恻然有所感。"此非大菩萨不能为此语，非志希大菩萨者不能如实了解此语。此未可以了解文字者了解之也，须灼然发现自己渊深恻隐，包络天地，孕育群物，广大无边，不可思议之心体，乃识得此中理趣。凡夫心灵，一向汩没，昂然七尺之躯，息息与物为构，即是一块硬物质，与许多硬物质相攻取，孟子所以谓之物交物也。若此乌知所谓"揭然有所存，恻然有所感"者乎？此吾子所以万劫沉沦也。

答汤锡予

细勘佛家神识之义，明是个体轮转，不必为之作圆妙无着之说，以避人攻难。世俗灵魂观念盖亦与此相近。无论陈义精粗，其为死后犹有物，均也。力尝不契此说，欲主大化流行之义，以功能为万物之统体，而无所谓个人独具之神识。唯人生所造业力，则容暂时不散，此世俗幽灵之事实，所以不尽无耳。

答张俶知

吾向者望人亦太过。望人过者，其失望愈多；失望愈多，则内将无以自堪而外将轻人以至乎绝人，斯人己皆病矣。吾每见人，与之言，刺刺不休。言之无效，又自苦。且多言损气，尝引起身体上之疾病。率是以往，恐遂自损其生，而此道一线之几，更属何人？念此不寒而栗。继自今，唯务澹放天怀，自得而不必私之于己，爱人而勿流于沾滞之情。太和涵摄，人己相得于无形，此道也，吾所未能而勉企也。

吾自儿时多病,尝起怕死之念。三十左右,此念又经一度炽然。大约此念起时,能转一新方向,便可无虞,所谓死中得生也。若此念牵缠而不能放于日新自得之场,其死必矣。吾望共学诸子,时以一种新锐之气,互相感召,将必有开拓无穷之新生命。

答马乾符

与子别后,讯问极稀,胸间总少闲适趣味,无所足告耳。来书每欲屏事以养心,此大不可。心非是孤孤另另独立之一物,事之著见,即心之著见也。屏事而求心可乎?静坐,事也,只任昭昭灵灵之心而静坐,即事即心也。读书,事也,只任昭昭灵灵之心而读书,即事即心也。教课,事也,只任昭昭灵灵之心而教课,即事即心也。吃饭穿衣,事也,只任昭昭灵灵之心而吃饭穿衣,即事即心也。一切仰观俯察,纯任昭昭灵灵之心以通万象之感。是故天下莫非事也,即莫非心也,恶可屏事而求心乎?酷热写此,不能尽意。

来书收到。日常涵养工夫,切忌收敛太紧,总宜时时有活气,坦然直往。不怕有坏念起,只要觉得,便当下斩断,切勿随顺。至于求知之功,不蕲捷获,不厌烦琐,不惮强探,循序无躐等,析理无笼筒,真积力久,不患不忽然贯通也。赞非按:乾符先生,太原人。天资甚高,自励极切,不幸短命死矣,先生深痛惜之。

示张立民

立民昨谈,现在从不知天高地厚傲然自足里,忽然起了一个空虚与恐慌,此中是生死关头,能向上求进便生,否则死。此段话大有意思,中外古今学者,殆无不经过从不知天高地厚傲然自足之中忽起空虚与恐慌,然后向上求进以成就其人格与学问者。唯在空虚与恐慌之阶段却甚危险,非有大量,即不能向上求进以生,只有陷于空虚恐慌以死。你既感觉到此,便须万分努力,生死之机,自操而已。

凡人若非下愚,中资已上,即各有天才。世间各种学问,其难易标准,唯随学人之天才而定。有某种学问,自一辈人看来若绝非难事者,而却有他方面底大聪明人硬不了解。又有某种学问,在许多人看来以为神秘奇怪,而却有人看得易入。故人之为学,必自审其天才近于何学,不可胡乱干去,亟须留意也。古人有言,士别三日,便当刮目。或曰,一日千里。此皆实话。唯择其天才所近而努力焉,自有此效。汝虽欲治哲学,却未知汝天才近于哲学否?且哲学派别亦复杂,又宜自度天才近于何派。佛学须神解卓特。章太炎谓为贵族之学,可谓知言。世人喜谈佛法,猥以糊涂,托于玄妙,有识所厌也。

凡科学上之大发明家,皆属上智,不消说得。然其理既经发明之后,则凡在中资皆可循其方法,一步一步经实验与推理而逐渐了解,但患不肯用笨工耳。若哲学家所穷究者,其理不离乎事事物物,而实不滞乎事事物物,故非神解卓特,则未有不终其身于肤泛支离的知识中,而无以窥真理之奥也。

与黄存之

凡人当时时有策励振作气象,不可有一毫瞀懂散漫,此在自己留心反省也。健行者,生命之本然。吾人才有一息不上进,便化于物，而瞢懂散漫矣。每日须常有清明意趣，超然神解，直凑单微。有所不能究了，则悬为疑问，随时随地研索。读书必返诸自家经验，有所抉择。如不尔者，虽读万卷书无益也。存之，北平人。笃实好学。惜年事不永。

答王平叔黄艮庸

平叔怀郁而有疾，时或强力挣扎而不能有恒，激发兴趣则怡悦进趣，操之过急又忽焉伤沮，此大可虑也。艮庸今年来讯，屡表疾痛。以子怀抱清简，未更世务，此行尽目所见，尽耳所闻，皆刺心事，固不能无闷苦也。人间世本来如此，知之而不能无忧，忧之而不可或过。颜之推曰："杨朱之徒，世谓冷肠；墨翟之流，世谓热腹。肠不可冷，腹不可热，要当以仁义为节制耳。"此言极有理趣。

附记：平叔，四川巴县人。少有奇气，颖悟甚高，闻梁漱溟讲学北庠，走京师从之游。旋问学于余。素行脱略，触及世事，辄慷慨泣下。合浦陈真如与为至交，约居幕府，多所赞画。余方期其有成，不幸短命。十力记。

示郝心亮李敬持

读书必心有所存，然后于古人精意之流于文字者，能触目而起深切之感。或遇指着自己病痛处而恻然伤，怵然惧，惶然羞；或遇触发平日所绝不能窥，抑或略窥而不能深透底道理，忽焉不觉手之舞足之蹈。如此方是能读书者。汝侪且漫读书，须先理会此心。

与高辂庄

大作看过,其中精透语虽不少,然以云论,则难言也。若不作论文看,尚有可取。倘欲名论,便没意趣。梵天论体,博大深沉,包罗万象。吾土周秦诸子,其文皆论,一本众干,枝叶扶疏,方之梵制,盖无让焉。贾生《过秦》,称名为论,实则当列杂文之侪。自尔已来,作者不兴,鸿论遂绝。韩愈之徒,思理短浅,适比牧竖,杂文薄有气势,妄自惊宠。后来迁儒小生,无知逐臭,更相崇尚,始开古文之宗。单篇鄙制,竞冒论名。吾尝以为中土学术思想,自唐已下,日就埋塞,推求其故,虽不一端,而文体劣陋,实乃最大之因。《语》曰:"工欲善事,必先利器。"文字者,发表学思之利器也。累世之人,相习于油腔滑调之古文,词无容纳,议乏条贯。方其举笔,不必平日夙有问题,实事求是,精以周察,广以总揽,深以达微,率尔吐词,缴绕字句之间足以尸文宗、传后世,夫谁不愿为如此者乎?故古文风行,而晚周六代盛唐学术思想之盛,旷乎其不可闻焉!<small>盛唐儒家无人,而佛家乃如日中天。</small>韩愈辈蚁智羊膻,实始作俑,此罪不可逭也。吾兄志正而好学,宜深维流俗之所以失。学未成熟,有所偶获,随时笔札,勿庸袭名为论,必力戒苟且,而后可几于大人之学矣。酷热甚倦,不能多陈。

附记:辂庄,山东郯城人。<small>贫苦好学,胸怀高旷。初闻梁漱溟讲学北庠,通函请益。漱溟介之晤余,问《大易》及佛家唯识论。余以《新唯识论》稿本与之,欣然有得。蔡孑民先生荐之审计部。复参宜黄大师,亦时请益丹阳吕秋逸。其为学不拘门户,参访无虚日,与吾通信,月必数至。晚而笃好船山,思传其学。民国二十七年,倭寇陷郯城,辂庄携夫人投水死。次子佩经从之死。佩经</small>

与兄赞非俱从吾游甚久。佩经沉静有慧,好哲学。其死也,余有丧予之恸。一门伟烈,可谓盛矣!十力记。

示高赞非

汝与某生年事相悬,不能以同门之故而妄作兄弟称呼也。昔见一后生致函长者,自称以弟,乃曰忘形。不知人伦有礼,忘形而不容泯分。心情无碍,是谓忘形。先后无序,则为泯分。忘形故宇宙太和,泯分即社会混乱。末俗灭礼,不可不知。

昨与伯良、从理谈及交游间称谓之宜颇关礼数,今以示子。先进后进,相为嬗续,人道所以弗替也。凡有齿长于我,虽不必有盛德可称,而其行己亦无亏辱者,则我宜以先进礼之。纵彼谦光下逮,不以长者自居,而在我切不可有一毫苟且,当呼彼以先生,而自称名焉。如此不亢不卑,分之宜也。今后生无耻,苟遇无名无势者,不顾齿德悬殊,辄以同等称之,此自形其污贱也。魏晋人恣为通脱,交游略无少长分际,然卒甘臣妾于胡虏。

后进守分而不敢犯,先进亦忘分而不敢亢焉。故长者对年少称之以兄,而自称曰弟也。即在姻戚,除舅甥等直接亲属外,自余尊长对卑幼,书函皆可自称弟而呼彼以兄也。长不凌幼,下同而相济,人道之和也。

同志曰朋,同道曰友。古人朋友之义极为严格,所以预在五伦。晚世朋友之交,或不必志与道之同符也,往往因同学同事等关系而情感投契,谊均手足,始终无间,此亦人情之至,人道之乐耳。朋友互相称以兄,礼也。然有初交即序齿,而长者对年少直以弟畜之,则亲极而文杀也。

朋友之义，系于两人相与之际。然推恩好以上礼其亲、下逮其子者，情之隆也，义所予也。然上礼必有辨，友之亲，齿在父行，德又可尊，则以父执视之，称为世伯可也。忽齿德而不亲，则同人道于牛马。齿德二者，若缺其一，则不得用伯父之称，相见以宾礼遇之可也，与友函问，曰尊大人可也，毋自亵也。今人订交，向友问其亲，辄不辨其德，遽称曰老伯，此所恒见也。称之者，爱敬不自中心，受之者又何以自安？市道也，不可行。

凡往来相识而实不必有朋友关系者，只宜泛称彼以先生而自具名焉，似不必遽作兄弟称呼。

示高佩经

读书时须自得。吾有解处，却是真解；吾不解处，是真不解。如此方是能读书人。若似解似不解，一任含糊过去，则不治之病也。

与邓子琴宋莘耕张諤言

每见青年问学，开口必曰方法，此极可惜。须知学问方法必待学成而后能明其所以。至求学时代，则全仗自家一副精心果力暗中摸索，方方面面不惮繁难，经历许多层累屈折，如疑惑、设计、集证、决断、会通、类推等等，其间所历困难与错误，正不知几许，穷年屹屹，而后有成。一旦豁然，回思经历，方自见有其所循之方法可举以告人者。然亦略举大端而已。至其甘苦隐微，终不能揭示于人，庄子斫轮之说是也。今日后生开口便问方法，至于自家是否具有真实心力，则一向怠慢，不会反省。譬如懦夫，自无能行之力，空访路途，其能举步否耶？吾每遇人询吾学方法，皆默然不答。彼昧吾旨，转相诮讪，吾亦任之。世间妄人，可教诫耶？又在京时曾与诸君谈及读书，冗忙，苦未尽意，今且重申。凡读书者，须有主观方面之采获，有客观方面之探求。先言主观。读书胸中预有模范，如作屋者，栋梁未建，基局已定，是谓模范。有计画，则任读何书，随在有足供吾之触类而融通者。若无模范，无计画，而茫焉读古今人书，读一书即死守一书之文义，读两书即死守两书之文义，是谓书蠹，何关学问？次论客观。某一学派之大著，必自有其独到之精神，必自有其独立之系统。读者既有其主观之采获，遂谓得彼之真，窥彼之全也，如是必以主蔽客也。故必屏除一己所触类融通者，而对彼之宏纲众目为纯客观之探求，方见吾与彼之异及吾与彼并其他诸家之异，益征理道无穷，宇宙无量，而免于混乱或管窥之诮矣。读书不即是学问，而学问必有待于读书，此意自是二三子所知，愿各努力而已。吾来杭，忽忽二十余日，每夜分十二时大咳不已，略无佳趣，此病不知何日得转机也？

附记：张諟言，江苏无锡人。豪迈不可一世。于西洋哲学，独推德国人能深到。尝欲贯穿中德之间。不幸短命死矣。十力记。

与侄非武

非武：汝尚在做梦乎？不看新旧书，不作日记，汝知识全无，长成一副小流氓样子，汝将来何以立身？何以吃饭？吾教汝课外暂将《曾文正公集》《资治通鉴》各买一套，苦心攻读，请云谷讲。于此二书，通其文字，解其义理，则于持身涉世之常经，审事察变之弘轨，皆可以资兴发矣。现在之世事，根据过去之世事演变得来，不能鉴古，何足知今？凡古代大人物之精神流露于其著作中，后人读古书而默会古代大人物之精神，则于不知不觉之间感怀兴起，力求向上，不甘暴弃，而以与小人或禽兽为伍者为最痛心事。使心胸开拓，魄力伟大，日用间，事事是精心毅力流行，则已上追古代伟大人物，而与之为一矣。吾最恨汝好修饰，柔弱委靡，成女人模样。吾见汝面，则痛不能言。汝在云谷处，读书不懂，尽可请问，云谷断不至厌烦，断不至疏外。书中典故，云谷纵有不了处，而典故所表示之意义，云谷自可按索上下文而得之。无论如何，云谷总足以教汝，汝当虚心请教，谨守规矩。我家几世治学守礼，若至汝而坠，真伤心事也。吾思汝父一生行善，将何以报之乎？吾兄弟六人，汝父居长，六爷早逝，五爷又已逝且十年。汝亲兄弟六七人，汝兄居长，未读书。自汝而下，大者十岁八岁，小者二三岁，目前穷困已极，衣食为难，皆有不能读书之势。吾又病夫，精力短促，念先人之遗芳，睹子侄之零落，吾心戚戚有余痛也。吾先文学府君，孤寒励学，讲程朱学于举世陷溺八股之代，以作绅士、行敲诈为子弟及生徒戒，至今乡人诵其风范。吾平生恭守先训，幸未有大辱也。吾长兄仲甫处士，初治宋学，继读《金刚经》而好焉，即戒肉食，体弱不堪素食，憔悴以死。此真难行之事，吾愧吾兄也。吾仲兄及诸弟皆以贫故不能学，仲兄深达物情，四弟天资较钝，五弟六弟皆有大聪明，发言卓特，惜以贫苦早丧。盖尝严冬衣被不完，体力受创，故死之速也。吾年来若稍服暖衣，则默念亡弟，中心饮泣，不敢告人。汝习奢侈，不了吾心之痛，何其丧心若是哉？汝年亦二十零耳，已往之失不足校，及今改行，足成完人。吾年十六七，便以革命从戎，狂野不学。三十左右，因奔走西南，念党人竞权争利，革命终无善果，又目击万里朱殷，时或独自登高，苍茫望天，泪盈盈雨下，以为祸乱起于众昏无知，欲专力于学术，导人群以正见，自是不作革命行动，而虚心探中印两方之学。自恨前此一无所知，至遇人不敢仰首伸眉，其衷怀之怆痛甚深也。余信学问之事不由天启，不由人授，唯自心之诚，发不容已，将夙昔习染痛切荡除，而胸无滞碍，则天地万物之理自尔贯通，而不知其所以。古人所谓至诚所感，金石为开，至此始信其非妄语也。汝其念哉。及今愤发，其成就可限量哉！但患汝不发真心耳。吾所欲为汝说者，万千心事，但恐汝难了解。又病体未健，不能多写，姑止于此。《传》曰："我欲托之空言，不如见之行事也。"故上述先德，下道吾之历练，冀汝有所感焉。人之异于物者，以其能感也，汝而不感，则草木禽兽矣，余复何言？亦已焉哉。

与文德扬

入院已来，觉得如何？汝好用思，病困，亟须减省。学问成否，姑置度外。天下道理无穷，尽古今哲人所知者而通计之，亦不过尔尔。学者唯本其平平淡淡，落落实实之心，而尽力所及，不迫不倦以求知，切勿慕学问家之名。人之所以自尊自乐者，唯其在己有实得于心者而已。

与邓子琴

昨台城之游，子琴问吾不令赞非治哲学之故。适吾病困，不耐说话。念此意不可终秘。聊裁数行，以酬前问。吾尝言，哲学思想，夫人而有之也，不待学也。哲学则不必夫人而能之也。学之不善，不唯自害,亦社会上之臭秽物也。人生而有知,非草木之顽然,非土石之块然,即其对于宇宙人生,莫不有相当之解释,而隐然自视其生活为有价值、有意义。七八龄之牧童,登高而发其天籁,静心聆之,则哲学思想于是乎在,而且比学人所推度者为纯实而无妄。故曰哲学思想夫人而有之也,不待学也。至若条达综贯其思想以为哲学,此则天才睿智之事,必其仰观俯察,近取远观之余,知显而不昧于隐,索隐亦必据夫显,析微而不闇乎大,穷大亦必尽其微,迹迩而以推之远,致远要不泥乎迩,极天下之至有而荡其执,有而无也,<small>无者,无迷执也。</small>会天下之至变而贞于一,变亦常也,体神化不测之妙于日用践履之中,无所袭于古今,无所异于庸众,而自巍然为宇宙真理之担负者,如是则可谓能治哲学者已。今世学子,徒终日搜求中外哲学书籍而攻读焉,辨析其文字,推明其论证,空袭糟粕,都无精英,治哲学愈久,闻见愈驳杂,思想愈糊涂。此辈胸罗杂乱知识,生活上既无根据,又不能练习世事以济时用,故此类哲学家,实社会上之秽臭物也。今者禽兽横行,民无死所,稍有人心,仰视天,俯视地,何以为怀? 与其驰逞于杂乱知识之中而无当于哲学,何不朴实头地,求一材一艺之长,期效用于社会? 赞非者,为当世之哲学家自无不足,而吾不忍其为此。子琴若得吾不忍之心焉,则亦慎择所学也夫。

与胡炳

为人之道,志必欲高,而脚必欲低,两者不可任失其一。志欲高者,不昵于世间荣华,而尝存乎远大,不为物引,不为境移,超然万物之表。脚欲低者,审才智之所堪,得自处之善道,尽性安分,循实而行。唯有超然之志,故无出位之思焉。

答或人

名物度数,固亦有赖于考据之学。至于玄览而妙物为言,_{不限于一}_{部分之事理故。}深造而归于自得,则其学必有在于考据之外者。先生又举陈兰父调和汉宋,则与力意殊不必合。兰父虽洁行,通声律,要自于思想界无能为役。若简竹居先生者,力固钦其高谊,惜未见其书。

与余越园

来教敬悉。尊书_{龙游县志。}创见极多,而物价表尤为可贵。任公序称卓识有过实斋章氏,无溢美也。然弟犹思略贡刍荛,则以为县志之作,宜于地方政治制度有专篇为系统之论列,称之为政制考。如乡镇区市各有长,由民间公选,禀请县官札委,其行政组织,犁然不紊。又时因公共利害,有绅耆会议之举,更有许多不成文之公共规约,并当详访而著之此篇,为言自治者鉴观焉。愚者千虑,或有一得,愿兄俯察。比得来书,仓卒写报,未能尽意。

政制考名称不甚妥,弟亦有此感想。唯典制二字,复有未能包举者。定名之不易也如是夫。近欲改名治法考,未知尊意云何?如犹不可,须再熟思也。且县志所当注意者,不独地方行政组织及各种会议并一切公共规约而已,如人民对于贪官污吏及政府苛税用暴力抵抗或采和平办法以相拒绝者,各县时有其事,修志者务须博采详征,纪载其事之本末。又如时平则有豪强兼并之酷,_{如侵占田地及放债苛息等等。}世衰则有流民暴乱之惨,亦不可不分别调查详确,悉心记注。凡此都须各为作考，但名称尚待酌。使留心经济问题者得以览焉。其他或更有当措意者，仓卒不能细也。

与胡展堂

径启者。黄梅宛君思演，年十五六，补博士弟子员。始游江汉，颇治船山梨洲诸大儒书。又窥世变，苦思焦虑，密图改革。辛亥已前，曾在汉口规设《商务》《大江》诸报，灌输革命思潮，鄂军兵士人手一纸，受影响至深。故武昌首义，易于反掌。至今峙立旧督署前之纪念丰碑起义烈士刘尧澄及前驻汉军政分府詹大悲，并该报主笔，自余有功之人，鲜不与该报有关系者。而荡尽家产，以创办《商务》《大江》诸报之宛思演，竟始终不为世所知。元二之交，袁世凯叛形未著，举世且为所欺。思演与张芸天樾等早识朱温，乃就汉口规设《震旦民报》，持谠论，昌正气，大揭袁逆阴私，并力攻附逆之黎元洪。张方遇害一案，世凯除异己，为盗国计，迹已著矣，天下方聩然莫之抗，独《震旦报》声其罪。黎元洪以是封闭《震旦》，芸天愤郁下世，思演遂潜迹田里，绝足城市，忽忽将二十年矣。家资既尽，妻子穷饿，甘之如饴。最近世变愈剧，黄梅地方糜烂，士人不堪立足，思演益无生理。在思演诚能安命，而社会待遇仁贤，要自不宜冷酷。窃谓湖北省立图书馆尽可添设指导员一名，备阅览者之询问，月薪定为二百元，聘请思演充任。思演坚苦卓绝，其身长隐，其名长晦，求之前世，盖介之推陈仲子之伦。图书馆本学人聚集之所，思演常在其间，可为士林矜式，其所补益甚大。为此函请台端函属湖北教育厅长将此议提出省政府，为省立图书馆增加此项薪俸。唯他人不得援例加入，以杜浮滥之弊。事属养贤，义关讽俗，敢渎高明，尚希垂察。

与韩伴生

吾子自离北庠，一意田居，绝无向外驰逐念头，此正为学有得力处，堪励末俗，何慰如之。今日青年都不耐处乡间，纷纷出门图禄利，乃大可虑耳。吾连年病苦，顷来杭州，暂寓西湖香山洞，亦无客中飘泊之感，不足劳念。

峰头夕照，松涛怒号，此境奇绝，使人乐而不能言其乐也。吾子山居，想常得此佳趣。

答友人

所举时人迻述唯物思想之小册子，暇时当购阅。弟固喜留心反对方面之议论者。大抵学问家各欲完成其系统，则不能不偏。而宏通者，则尝留心偏见之减除，而于自家系统之中，势又不能泛滥，则唯有慎重立言之分际，常留余地以处人，此其所以为通也。小智者则务在某种学问底系统之下拾其肤表，而持之以武断一切，此正今日俗子之蔽。弟之《新唯识论》，虽从印土嬗变出来，而思想根柢实乃源于《大易》，旁及柱下漆园，下迄宋明巨子，亦皆有所融摄，囊括万有，要归于认识本心。而此所谓心，固与西洋唯心论者之心截然不为同物。此意未可以简单言之也，更难为不知者道也。此学不能向禽兽讲，亦难为一般人讲，唯中材而能有志者乃可期之共学耳。吾有生，而固有所以生之理，此理在日用间流行不息，即所谓主乎身而不为形役之本心。昧于此者，则失其所以为人。贤兄长此纷扰于世俗知识之中，于本原处更没理会，此大可惧耳。弟近数年来，对于佛家思想追求益切，故于其根本主张即所谓轮回问题者，深心参究，不肯放松。盖于此没理会而徒笼统谈些玄理，_{佛学家者大抵如此。}抑或于法相唯识之统系与条贯及夫一名一义之微，无不条达综明，要皆是在文字言说中头出头没而已，谓已参透真理而约之于己，则谁欺乎？其欺天乎？前语蒙君文通云：轮回问题不可看轻，当知轮回虽就染识而言，要其断染而得净识，仍是不断。佛家固无有对于个人之生命而持断见者，否则何所事于修证乎？不修证而染识的个体生命尚存，修证而染识断，更无所有，则彼亦何取于是乎？明乎此，则知佛家始终主张有迥脱形骸底个体的生命。是故本此以言实体，则实体不是一元的，而是交遍的；《金刚经》说，非一合相。本此以言人生趋向，则是倾于寂灭，易言之，即是非人生的。_{彼所谓十地菩萨，便已不是人底生活，何况成佛？此义须另详。}此略举大义而言也，要其全盘思理，皆从其根本主张而出发，所以我对于那个根本主张，特别苦心参究，而最终之结果，则仍表同情于儒家底人本主义，以此为大中至正而无贤智之过焉。此年来心事所略可言者，残病中运思不能细，笔语不足达意，唯兄察之。

又顽躯表面并无病容，唯脑部及背脊仍感空虚，迄未恢复。中医切脉，皆云命脉若有若无，以为难久。_{唯左手脉尚好。}然弟一切不计，且清心宽养，好自振作，看后效何如。若寿命果得延长，则信乎心理的势力可以起生理的废坠也。_{立民案：此一首系先生最近答友人者，乃于印刷中加入之。十九年夏记。}

附录周通旦记

先生云：第一次世界大战，梁任公、汤济武诸人都无先见之明，独严又陵谓德国必败,且预言战后世界必有一番群众运动,吾国地大人众,如非自觉自主,则国覆种奴之痛,殆难免云。第二次大战,当倭人肇祸时,英美皆置若罔闻,美且以资源助倭弗辍,吾侪颇引为忧。其时胡适之于《独立评论》有一文,谓美人性情,刺之亦不易动,及刺之过深,必一动而不可御。尔时阅者多不注意,后乃果验。窃叹适之与又陵同一前识。

先生当抗战时,盛称汪大绅《绳荀》之论。其文曰:贾子之论秦也,秦以强兼天下,二世而亡,虽并六国,仅后六国十五年而同亡耳。非强之辜,强而不审于本末之辜也。古之天下,未有不得之强失之弱者。强者百治,以喜则怀,执政者所喜乐,必其利于国而顾及人民之生活者,故民怀之。以怒则威,以令则行,以禁则止,以守则完,以攻则破,以礼乐则雍,以政刑则肃。弱者百乱,以喜则狎,执政者害国病民,其所喜乐,人皆以狎邪视之。以怒则离,以令则梗,以禁则匿,以守则削,以攻则疲,以礼乐则饰,以政刑则玩。得失之数可睹矣。详此所说弱者之象,恰是吾国今日状态。

汪子又曰:强于本者植,强于末者折。强于本者,开无尽之藏,塞无隙之窦,强于末者,尽其藏矣,隙其窦矣,此本末之效也。秦之强,本耶?末耶?刑赏农战,强之具也;今日强者所持以号召之工具与其挟持群众之严密组织及其生产绩效并军备等等,亦皆强之具也。道德仁义,强之本也;今之强者全不用此。刚决刻急,强之末也。强之具,藏之深则愈完,暴之深则速败。刚决刻急,所以暴之也。观德与倭之事,已有明征。而强者不知戒。道德仁义,所以藏之也。今之强者不知此义。古者藏刑赏农战于道德,道德威;藏刑赏农战于仁义,仁义张。吾三代盛时皆然,此后如文景休养而武帝收功,隋文唐高休养而太宗收功,皆非仅从事于强之具者。秦孝公商鞅知有强之具,不知有藏,以强立强,势已易竭。德倭皆以强立强,而不得不竭也,犹不监诸。始皇李斯更从而暴之,暴之不已而具竭。强之具既暴而无藏,何能不竭?

希特勒之亡其国，犹吕政李斯也。盖其始也，以强立国，以民力立强，以刑立民力。此刑字义宽。凡今强者之法制、威令与组织等等，凡所以驱策、鼓舞与挟持民众之具，皆刑也。德、倭强时，皆以刑立民力。凡强者罔不如是。其继也，以强竭强，以民力竭民力，以刑竭刑。其卒也，以强败强，以民力败民力，以刑败刑。宜深玩。强之所由立者刑，并民力于农战；刑字注见上。秦以刑威，并民力于农战。今之强者以刑威并民力于生产与战备。其事同也。所由竭者刑，并民力于恣睢；向者德倭之民恣睢已甚。所由败者刑，并民力于昏虐。人人习于残酷、侵略、猜刻、争斗，全无理性。立于孝公商鞅，竭于始皇李斯，盖失其本也久矣，此藏之不深之祸也。余观汪子论秦之得失，而实通亿万世，举大地上凡有国者之得失，皆已烛照而数计之，未有能外其定则者也。德、倭之事既验，后有为德、倭者，可知也。以强立国，以民力立强，以刑立民力，古今之强者尝以此致一时之强。而其继也，以强竭强，以民力竭民力，以刑竭刑，终于以强败强，以民力败民力，以刑败刑。凡古今强者所以毁人国而卒自毁者，罔不如是。人类何故如斯昏愚、惨毒，岂不痛哉？其愚且惨之端，实在其妄冀以强立国。将以强立国也，自不得不以民力立强。将以民力立强也，自不得不以刑立民力。凡强者所以驱策、鼓舞与劫持民众之一切具，皆刑也，虽有所持之美名，亦成幌子，而变为强之具，易言之，变为刑。皆所以立民力也，而终无可逃于以强败强，以民力败民力，以刑败刑之归宿。古之秦，今之德、倭，非其明效大验欤？继今之为国者，若壹意以强立国，则其得失之数可知。昔者子贡问为国之政于夫子，子曰："足食足兵，民信之矣。"子贡曰："必不得已而去，于斯三者何先？"曰："去兵。"子贡曰："必不得已而去，于斯二者何先？"曰："去食。自古皆有死，民无信不立。"大哉圣言！真千古治术之大准也。一切生产皆足食之政，一切军备皆足兵之政，此与以强立国者未始有异，而其与强者天壤悬隔处，则归本民信是已。信者，诚信。孟子曰："诚者，天之道也。诚只是实理，生天生地，生人生物，只是一诚。

思诚者，人之道也。"人裹实理而生，必思所以存其诚、尽其诚而后乃尽人道合天德，否则不成为人。民皆尽其诚信而远于狡变、猜疑、凶暴等等恶德，则人极立而太平之休可致也。以民信言于足食足兵之后者，仓廪实而武备修，然后教化可行，所以异乎后世迂儒之论。朱子《集注》释民信，以民信于君上为言，此则帝制思想误之。下文"自古皆有死，民无信不立"，则信乃人之所以立，即谓人必存其诚信，尽其诚信，始得树立为人，否则不成为人。此"立"字与《雍也》篇"仁者己欲立而立人"之"立"同。朱注殊失圣意。夫曰"自古皆有死，民无信不立"，则是以诚信立国，而与以强立国者根本截异。以诚信立国，则不待以民力立强，而实以诚信结集民力，自无不强，而不至为凶狡、猜刻、暴戾之强。刑措弗用，民力充实，无待驱策，更无可劫持，民皆自由于诚信之中。食足而将导养其灵性于美善的创造，非可沦溺于食之中以厚自利而食人也。兵足则以御强暴侵略，非以杀人而动兵也。故以诚信立国者，将率人类而皆畅其天性。以强立国者，将率人类趋于自毁。二者觉与不觉之分，善恶之辨，得失之数，吉凶之应，昭然判矣。今日世界人类所急需者，孔子之道。惜乎吾国人莫之究，而外人又无从传习六经四子也。

后生有为文妄攻《新唯识论》语体本者，徐君以示通旦。取阅未竟，则皆摘字摘句而议之，不解上下文意，不究立言根底，又且以肤浅知识为依据而诋毁玄义，迷离倒妄，不可究诘。因乘间言之于先生。先生笑曰：哲学本不可为一般人言，必有颖悟而又能虚怀穷理者，始可会吾意耳。凡著书者如期庸俗之共喻，则其书无着可也。老氏曰"下士闻道大笑之，不笑不足以为道"，此至言也。《春秋》之义，微者不责，贱者不书，任之可也。

丁亥秋通旦记